史学·史识·文化

刘桂生史学论文集

刘桂生 ◎ 著

中国书籍出版社
China Book Press

图书在版编目（CIP）数据

史学·史识·文化：刘桂生史学论文集/刘桂生著.

北京：中国书籍出版社，2024.7. — ISBN 978 - 7 - 5068 -

9956 - 7

Ⅰ. K0-53

中国国家版本馆 CIP 数据核字第 2024EV9292 号

史学·史识·文化：刘桂生史学论文集

刘桂生　著

责任编辑	牛　超
责任印制	孙马飞　马　芝
封面设计	中联华文
出版发行	中国书籍出版社
地　　址	北京市丰台区三路居路 97 号（邮编：100073）
电　　话	（010）52257143（总编室）　　（010）52257140（发行部）
电子邮箱	eo@ chinabp. com. cn
经　　销	全国新华书店
印　　刷	三河市华东印刷有限公司
开　　本	710 毫米×1000 毫米　1/16
字　　数	422 千字
印　　张	23.5
版　　次	2024 年 7 月第 1 版
印　　次	2024 年 7 月第 1 次印刷
书　　号	ISBN 978 - 7 - 5068 - 9956 - 7
定　　价	95.00 元

图片 1：1947 年春，就读上海大同大学附中一院高中部期间留影

图片 2：1950 年 6 月，岭南大学政治学会庆祝教师节暨欢送毕业同学摄影留念，前坐者为陈寅恪、唐篔夫妇，第二排中立者为刘桂生

图片3：1979年，在北京与美国威斯康辛大学
东方语言和历史系终身教授周策纵亲切交谈

图片4：1988年1月，当选为北京市政协委员时留影

图片5：1980 年代末，在清华大学家中接待前苏联科学院东方学研究所
高级研究员格鲁尚茨，左一、左三为北京大学历史系教授张柱洪、中国
人民大学《教学与研究》主编张步洲

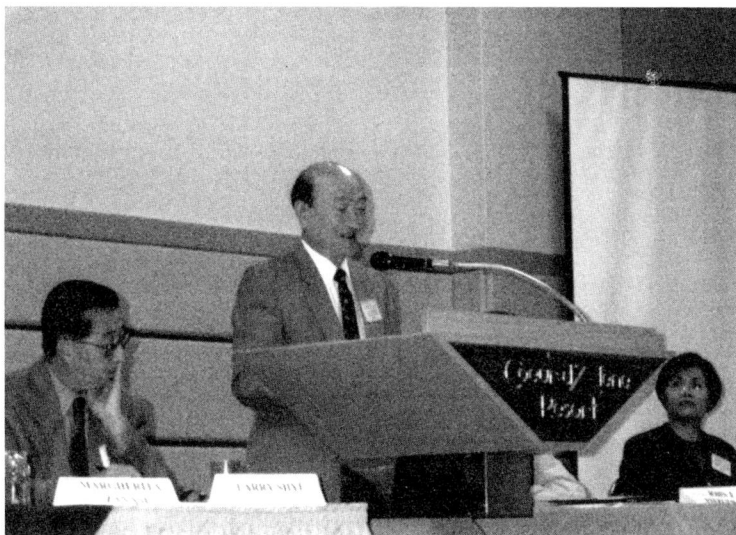

图片6：1997 年 10 月，应邀赴美国科伦达参加美国"二十世纪中华史学
会"年会，在会上作"论近代学人对'罢黜百家、独尊儒术'的曲解"
主题发言

图片 7：1998 年 6 月，在德国海德堡大学讲学期间，与曾赴中国访学的外国学生相聚，左一史奈德（Axel Schneider，曾任荷兰莱顿大学汉学院院长，现任德国哥廷根大学教务长），左二为林茹莲（Marilyn A. Levine，曾任美国中央华盛顿大学副校长、北美二十世纪中华史学会会长），右二为魏格林（Susanne Weigelin-Schwiedrzik，曾任德国海德堡大学副校长，现任奥地利维也纳大学副校长）

图片 8：1999 年 3 月，在清华大学参加由清华大学历史系与《历史研究》编辑部联合发起的"五四运动研究历程回顾与检视座谈会"

图片 9：2000 年秋，在清华大学家中接待美国斯坦福大学胡佛研究所资深研究员墨子刻（Thomas A. Metzger）

图片 10：2002 年 7 月，在北京师范大学参加博士学位论文答辩会时留影，中为北京师范大学历史系刘家和教授

目　录
CONTENTS

三、中西文化交流互释

四、史家与史学理论

五、讲座与访谈

六、为师之道

七、清华园溯源

八、文献辑佚

九、简历和年谱

一、五四新文化运动与马克思主义在中国的早期传播

辛亥革命时期李大钊政论试析

李大钊是中国共产主义运动的先驱、伟大的马克思主义者、中国共产党的主要创始人之一。研究他的思想发展道路，特别是他从非马克思主义者转变为马克思主义者的历程，对于了解共产主义运动在中国的兴起，有着重要的理论意义和现实意义。对于这个问题，建国三十多年来，我国学术界几乎一致地认为李大钊是从资产阶级激进革命民主主义者转变为马克思主义者的。早在辛亥革命时期，他就是一个成熟的"激进革命民主主义者"。在这个问题上，各家所列举的论据不外他曾对以袁世凯为首的军阀官僚，进行过"揭露"和"批判"，写出了像《大哀篇》这样"申讨军阀专政的檄文"①。笔者认为，这种论断与实际情况相差很远。问题出在用来支持这种论断的各种"论据"不是别的，而是一些对李大钊早期著作中的词语的误解，其中最主要的又是把他早期著作中不时出现的"暴民""豪暴者""骄横豪暴之流"等词误认为对袁世凯之流的批判性的称谓，因而便把载有这些词的文章误认为是对以袁世凯为首的军阀官僚的批判文章，并据此作出判断，认为李大钊早期就是一个激进的革命民主主义者。事实上，辛亥革命时期的李大钊只不过是一个满怀热忱的有志青年。他有着一般的民主主义思想和觉悟，一心一意希望国家早日实现统一，以便"一力进于建设"。② 我们只要把他这一时期所写的政论文章仔细阅读一篇，就不难看出，他在一些重大政治事件上的态度往往以进步党人以及同盟会温和派的意见为依归，而与同盟会激进派（以《民权报》为代表）言论明显地站在对立的位置上。那么，怎么证明这一点呢？我认为，最好的办法就是把李大钊这一时期的言论和同盟会激进、温和二派以及进步党的言论分别进行对比。只要一比就能看出他的言论，究竟与哪一派相似，与哪一派不同。而且，通过这样的比较，

---

① 戴鹿鸣. 五四思想解放运动的先驱李大钊［M］//胡华主编. 五四时期的历史人物. 北京：中国青年出版社，1979：13.

② 隐忧篇［M］//李大钊文集：上. 北京：人民出版社，1984：1.

就能把上面所说的那种误解，从根本上纠正过来。下面，我们就以当时的一些重大政治事件为背景，把这几个派别的言论和李大钊的言论，分别进行比较，以便读者从中探索究竟，引出结论。

一

民国成立后，在同盟会内部引起激进、温和两派公开论战的第一桩政治事件是张振武案。① 这一案件引发出"弹劾"总统袁世凯的问题。在有关这一问题的争论中，李大钊发表了《弹劾用语之解纷》一文。② 我们只要把这篇文章的论点，拿来和同盟会激进与温和两派的言论分别进行对比，就能看出李大钊这时赞成的究竟是哪一方的主张。

张振武案是民国成立后反动势力屠杀革命元勋的第一桩大血案。主谋者是袁世凯和黎元洪。此案发生后，同盟会激进派义愤填膺，立即提出"武力解决"的主张。③ 而温和派却认为应当在法律范围内求得解决，他们在《民立报》上发表文章，批评提出"武力解决"这种主张的人是"于国基未固之时，作动摇国本之论"，是"鲁莽灭裂""意气用事"，欲"陷我国于不可挽救之境"。④ 这时，激于义愤的湖北籍的议员在议会中对袁世凯政府提出一项弹劾案。温和派对这件弹劾案亦持否决态度。这样，双方的争论，就从"武力解决"问题转入"弹劾"问题。反对弹劾的温和派的意见，可以归纳为以下两点：

一、张振武案件的责任，不应由总统（袁世凯）来承担，而应该由陆军部长（段祺瑞）来承担。这是因为，中国采用的是责任内阁制，而"在责任内阁之国，总统当然不负责任"。况且，这次杀害张振武的命令，又是由段祺瑞附

---

① 此文刊载于 1913 年 4 月 1 日所出版之《言治》月刊第 1 年第 1 期。

② 张振武，原名尧鑫，字春山，湖北竹山人，早年入武昌两湖师范，后入日本早稻田大学。1905 年加入同盟会，不久即回湖北从事革命活动。武昌起义后担任湖北军政府军务部长。袁世凯、黎元洪等人为了消灭湖北革命力量，合谋杀害领导这股力量的张振武。由袁出面，诡称有重要军务商议，电召张进京。张自湖北启程后，黎即密电袁要求将张处决。张于 1912 年 8 月 2 日抵京。袁假意殷勤招待，亲自设宴洗尘，又令段祺瑞、冯国璋等轮流宴请。13 日袁又得黎密电，再次要求将张处决。14 日晚，袁设伏于张所居住之旅舍周围。张宴毕归来，即遭逮捕，送往军政执法处，即被杀害，时方 15 日之清晨。此事是民国史上屠杀革命元勋的第一桩大血案。

③ 天仇（戴季陶）. 张振武案之善后策 [N]. 民立报，1912-08-21. 接着天津《民意报》也于 8 月 26 日发表题为《讨袁黎两民贼》的社论，力主讨袁。

④ 疾世. 再论鼓吹武力解决说者乱法误国 [N]. 民立报，1912-08-26.

署。因此，他们认为，"张振武案之责任，当归之于陆军部长，而不当归于总统"。①

二、再就案件的性质说，此案只不过是陆军部长的"行政过失"。按照西方议会制度的原理，"弹劾"的适用范围，只及于政府的法律犯罪（如受贿、叛国等），而不及于政治问题。因此，此案不能用弹劾的办法来处理。议院如就这一事件而通过弹劾案，那就是议会"自紊其政制之理"。②

正当此时，梁启超派的《庸言》杂志编辑吴贯因在一篇介绍美国议会制度的文章中谈到他对"弹劾"适用范围问题的理解。他的意见与章士钊在《民立报》所发表的意见正好相反，即认为弹劾的适用范围既及法律，也及于政治。③这种言论等于从议会制度的理论原理的角度反驳章士钊的主张，实际上起着支持弹劾案的作用。于是，章士钊又写文章反驳，指责吴贯因把"弹劾"和"投不信任票"两件事混为一谈。他说，议会"课责"政府的方式，本来有两种，一种是"投不信任票"，另一种是"弹劾"。前者专门针对政治问题，后者专门针对法律问题。两者性质不同，决不容混淆，混淆了就会引起政海"无谓之风潮"。④

针对章、吴二人围绕"弹劾"适用范围问题的论战，李大钊发表了自己的意见。他的态度究竟怎样呢？

一、他明确支持章士钊的意见，文章这样说："《独立周报》记者秋桐君⑤，以'弹劾'专属法律问题，于政治问题则行不信任投票，无'弹劾'之发生。而《庸言报》记者吴贯因君，则并立法部对于行政之课责，无论关于政治或法律，概以'弹劾'该之。……吾以为弹劾之语，兼用于政治、法律二方，究属不合，宜专用于法律问题，吾与秋桐君有同情焉。"原来，李大钊赞成章士钊的意见。

二、李大钊进一步从学理上阐述他之所以支持章士钊的理由。他回叙欧洲议会制度的发展史，然后指出：在这种制度初创时期，"弹劾"本来包含着法律和政治两方面的含义。后来，由于政府由议会多数党组织这样一种做法渐渐成

---

① 行严（章士钊）. 张方案之解决法［N］. 民立报，1912-08-20（天声人语）。（袁世凯杀害张振武时，亦将其部将湖北军政府将校团团长方维同时杀害，故此案亦称"张方案"。）

② 行严. 再论总统责任问题［N］. 民立报，1912-08-22.

③ 吴贯因. 共和国之行政权［J］. 庸言（创刊号）：1-10.

④ 行严. 弹劾发微［J］. 独立周报，1912，1（13）：13-14.

⑤ 秋桐，章士钊的号。

为惯例，此后议会和政府在政治问题上的分歧便渐渐减少，此后弹劾在政治问题上的作用也便渐渐消失，只剩下了法律问题上的作用。这样，当1875年法国制定新宪法时，便正式作出规定，将二者明确加以区分：政府的法律犯罪，用"弹劾"的方法来解决；政治问题则用"投不信任票"的方法来解决。这样，流行于当前的"弹劾"只限用于法律问题的新观念便产生了。这无异说，吴贯因的意见从西方政治理论发展史的角度来说也早已过时，而只有章士钊的意见才是正确的。

三、接着，李大钊又指出，由于（一）"弹劾"一词由日文译成中文时，未能分清上述两种不同含义；（二）南京临时政府在《临时约法》中使用"弹劾"这个概念时，又将政治责任与法律责任二者混为一谈，因此中国多数人迄今搞不清楚这两个概念的区别，后果便是议会中屡次有弹劾案提出，使国家的政局变得很不稳定。"不独研斯学者，滋其惑误，而政局不时之动摇，……亦缘兹而起"。他郑重地表示自己对这个问题之所以"不能已于置辩者"，正是为着这一点。①

根据以上所述，读者自能看出，李大钊在弹劾问题上的态度与章士钊基本上是一致的。站在相反方面的是激进派"武力解决"的主张和国会议员中对袁世凯政府的弹劾案。因此，假如我们把李大钊的政论说成是"激进革命民主主义者"的政论，那么，与那些当时真正的"激进革命民主主义者"的政论相差实在太远，历史研究也就很难有什么准则可言了。②

二

民国建立后另一个使同盟会内部发生意见分歧的问题是袁世凯所提出的"裁撤都督"问题。

袁世凯政府一成立就扬言都督应由它这个中央政府来任命。激进派从保护革命力量出发自然反对。事实很明显，如果让袁世凯来任命，那么，"将来各省都督皆为其爪牙"，"一旦袁世凯破坏共和，……则吾国民之死命，遂为其所制矣"。③ 因此，他们提出都督应由各省议会选举的主张，与之对抗。

---

① 弹劾用语之解纷［M］//李大钊文集：上．北京：人民出版社，1984：8-12.
② 张振武案发生未满一月，章士钊就因态度调和深为同盟会员所不满而辞去《民立报》主编职务，可见他之以调和著称，确是事宜。
③ 讨袁世凯：（一）［N］. 民权报，1912-04-26.

袁世凯见一计不成，便又生二计。1912 年 7 月，他授意黎元洪提出"军民分治"的主张，① 要求裁撤各省都督，改设督军，专管军事，而由中央另派民政长（后来改称为省长）来管理各省民政。对这种主张，革命党人同样懂得它的根本用意就是取消革命党人都督手中的权力（如广东胡汉民、江西李烈钧，安徽柏文蔚等）。因此，他们便提出"地方自治"的主张来与之对抗。然而，在这个问题上，同盟会温和派的主张与激进派不相同。他们认为，只有维护国家的统一和团结才是处理此事的最高准则。在这一条原则下，便是革命党人都督手中的权力，也应该交出去。他们完全赞成"军民分治"的主张，接着便在《民立报》上发表文章，批判激进派的意见，认为："吾人深观今日之大势，为拥障政权计，为恢复秩序计，为整理财政计，为消弭外侮计，……在法无各省设都督自管军事之理"。他们声称：在立宪之国，都督实为"无法保存之一物"，因此，"必须裁撤"。②

李大钊在裁督问题上的观点究竟怎样，与激进派一致，还是与温和派一致呢？在 1913 年 6 月发表的《裁都督横议》一文中，李大钊明确表示都督必须裁撤，并列举了五条理由：（一）解除军法，不可不裁都督；（二）拥护宪法，不可不裁都督；（三）巩固国权，不可不裁都督；（四）伸张民权，不可不裁都督；（五）整顿史治，不可不裁都督。他认为，只有把都督裁了，才能"拔本塞源"地消除今日这种"割据之局"的"隐患"。这就是李大钊在裁撤都督问题上的基本态度。通过上述这些言论可以看出，这时的李大钊还不能从革命民主主义的立场和观点来看待都督问题。他分不清哪些是作为革命民主派的代表而掌握的都督，哪些是真正的实行割据的军阀都督。因此，他才不加区分地一律反对。他完全从抽象的国家观念出发，把它们一律视为妨碍统一的"隐患"。唯其如此，他才对那些敢于"上抗"袁世凯"中央"命令的革命党人都督十分反感，在上引文章中指责他们说："皖、赣、湘、粤，③ 傲岸自雄，不待宋案发生，借款事起，始有离异之迹"。在他看来，此时的中央并"非专制之局"，因

---

① 关于袁世凯授意黎元洪提出"军民分治"主张一事，李宗一《袁世凯传》一书是这样记述的："1912 年 6 月中旬，袁世凯派袁乃宽到武汉，要求黎元洪发起实行'军民分治'。当时，黎在和同盟会的斗争中正迫切需要袁的支持，自然不敢违命，遂于 7 月 1 日通电各省，倡议实行'军民分治'，……黎还表示湖北愿意率先实行。"见李宗一. 袁世凯传 [M]. 国际文化出版公司，2006：200.

② 啸秋. 再论军民分治 [N]. 民立报，1912-07-31.

③ 安徽都督柏文蔚、江西都督李烈钧、广东都督胡汉民三人都是同盟会会员。湖南都督谭延闿虽不是同盟会员，但由于该会在该省的力量较大，因此在袁世凯之流的心目中，湖南也是一个"暴民专制"的省份。

而"跳梁违宪者，实不在总统，而在都督；实不在中央，而在地方。"他甚至提出对那些敢于"抗不解兵"的都督，不仅"挞伐宜速"，而且还要"雷厉风行，不少宽假"。① 从这些言论看，他的态度是十分温和甚至是"拥袁"的，怎么能说他是个"激进革命民主主义者"呢？

三

为着把这个问题彻底辨析清楚，还有一个多年来一直被人误解的问题，不得不在此说明，即李大钊早期政论中经常出现的"暴民""豪暴者""豪暴狡狯者""骄横豪暴之流"这几个词，究竟指什么人？对于这个问题，我国学术界一向认为指的是以袁世凯为首的军阀官僚。其实，这几个词指的是以孙中山为首的革命党人，请看下面列举的理由：

在1913年4月所发表的《大哀篇》中，李大钊两次使用"暴民""豪暴者"等几个词，一次说他们"击柱论功于烂然国徽之下"，另一次则说他们"拾先烈之血零肉屑，涂饰其面，傲岸自雄，② 不可一世"。③ 读者只要稍加思索，就不难看出，这是指革命党人而言。试问，在民国初成立之时，在革命党人和军阀官僚这两种人之中，究竟谁更有条件去"论"革命之"功"，谁更有条件去从革命先烈身上窃取声誉以自饰，是前者？还是后者？当然只可能是前者，而不可能是后者，这是十分明显的。因此，在这里，这几个词与军阀官僚是没有关系的，它们是从贬义上指责革命党人——尤其是那些掌握军权和政权的党人都督的讽刺性的称谓。

《论民权之旁落》一文中有这样一段话："所望仁人君子，奋其奔走革命之精神，从事于国民教育，十年而后，其效可观；……不劳尔辈先觉君子，拔剑击柱，为吾民争权于今日"。④ 这里说得很清楚，那些"拔剑击柱"的争权者不是别人，而是"奔走革命"的"先觉君子"，明白无误地指革命党人而言。

《一院制与二院制》一文中还有这样一段话："一国之中，富者少而贫者多，

---

① 裁都督横议［M］//李大钊文集：上．北京：人民出版社，1984：31-39.
② 注意，《裁都督横议》一文中指责胡汉民等四都督时同样使用"傲岸自雄"四字，恐非偶然。
③ 大哀篇［M］//李大钊文集：上．北京：人民出版社，1984：4.
④ 此文发表于1913年6月1日。引文见李大钊文集：上［M］．北京：人民出版社，1984：43.

愚者众而智者寡。若听其杂处于一院，则富者、智者将为多数贫者、愚者之豪暴所压倒，意思卒不得表现于国会"。① 这里，作者不是明明白白地说出，被他称为"豪暴"的那些人，正是"贫者"，而不是"富者"。如果认为这是指袁世凯之流而言，那么，难道李大钊竟无知到连此等人是"贫者"还是"富者"都分不清楚吗？可见，把这个词断定为军阀官僚的代称是与李大钊文章的本意完全不符的。

以上列举的是李大钊著作中使用这几个词的情况。

为了说得更充分一些，我们再来看看当时的社会舆论是怎样使用"暴民"这个词的。

激进革命民主主义者朱执信 1914 年 6 月在《民国杂志》第 1 年第 2 号发表了一篇文章，题为：《暴民政治者何》。文中谈到"暴民"这个词指什么人这一问题时，明确说："暴民者，泛指非旧官僚党与之人人，而以革命党为其代表"。又说："凡非旧官僚及其附和者，即悉入于暴民之列"。这里说得再清楚也没有了，"暴民"正是以"革命党为其代表"。朱执信还指出，袁世凯之流攻击广东、湖南等省是"暴民专制"，其用意"不重专制，而是暴民"，这是因为，只有这样才便于对革命党进行"征伐"。他接着说，只要"暴民"不变为"忠奴"，那么，袁世凯之流凭借武力，就不可能把他们"坑诛悉尽"。尤其值得注意的是，他还在文章中鼓励革命党人说；"暴民，勉之矣"。② 可见，朱执信不仅不回避，而且反借用"暴民"这个词来称呼革命党人。

革命民主主义者蔡元培于 1912 年 7 月 27 日在《民立报》发表《答客问》一文，其中非常坦率地说："吾党虽不必无执拗粗暴之失德，而决无敷衍依阿之恶习"。这里，蔡元培虽把"粗暴"视为"失德"，但却不讳言它是革命党人们的一种习性。在他看来，这种习性比起立宪党人一贯依附权势"敷衍依阿"的"恶习"来，要高洁得多。

让我们再来看看章士钊、李剑农、梁启超等人的言论。

1914 年 5 月，章士钊在《甲寅》月刊创刊号发表《政本》一文，其中说："清鼎既移，党人骤起，……国人乃惶惶然忧，以谓暴民终不足言治"。可见，在章士钊心目中，"暴民"就是指革命党人。③

---

① 此文发表于 1913 年 9 月 1 日。引文见李大钊文集：上［M］.北京：人民出版社，1984：43.

② 以上引文均见暴民政治者何［M］//朱执信集：上.上海：上海民智书局，1925：173-176.

③ 章士钊.政本［J］.甲寅，1914（创刊号）：1-18.

1917 年 6 月，李剑农在《太平洋》杂志第 1 卷第 4 号发表《时局罪言》一文，其中回叙了民国元、二年间革命党人与袁世凯之流斗争的过程。他说："壬癸之交①，顽旧者据历史传来之势力与军队，以倾其所嫌恶之暴民。暴民据纸墨《约法》之势力与议会，以抗顽旧，……暴民倾而顽旧胜矣。及其既胜，顽旧之势力，一发而不留有余，……洪宪乃覆，……世所指为暴民者，亦于是而复其固有之位"。② 十分清楚，李剑农这里所说的"暴民"，同样是指以孙中山为首的革命党人。

还可看看梁启超的言论。1913 年 4 月 14 日，他在北京万牲园举行的一次公开演讲中，毫不隐讳地指责以孙中山为首的革命党人是"横行骄蹇之新贵族"，是专搞"暴民专制"的"暴乱派"。他对这种人表示深恶痛绝，宣称"暴民政治之祸更甚于洪水猛兽，不可不思患而预防之"。③

最后再看袁世凯所说的"暴民"又是指什么人。他在 1913 年 11 月发表的解散国民党的命令中宣称："二次革命"是由"少数暴民"，"煽惑"而起，因此不能不对他们进行"讨伐"。可见，袁世凯口中的"暴民"同样是指国民党人。

不必再引。这些材料足以说明，在民国初年，在各派政治人物笔下，"暴民"这个词都是指革命党人。把这一点弄清，那么，对于李大钊笔下的"暴民"这个词究竟指什么人，就更容易判断了。只要把多年来存在于李大钊思想研究中的"暴民"一词的误解澄清，那么，建筑在这种误解之上的把李大钊这时的政论，断定为"激进革命民主主义者"的政论的说法，想来是可以重新考虑的了。④ 又，同一时期——1913 年 4 月，李大钊发表在《言治》月刊第 1 年第 1 期上的《更名龟年小启》中，亦反映着同样的对形势的看法。现特将此文略加注释，附在本文后，以供参考。

四

综上所述可知：李大钊在民国元、二年间曾经把国家早日统一的希望寄托

---

① 壬，即壬子，民国元年；癸，即癸丑，民国二年。
② 李剑农. 时局罪言 [J]. 太平洋（上海），1917，1（4）：1-12.
③ 以上引文均见梁启超年谱长编 [M]. 上海：上海人民出版社，2009：667-668.
④ 参见刘伟. 李大钊早期思想的阶级属性 [J]. 社会科学辑刊，1985（4）：11-17. 作者认为，李大钊早期思想是自发状态的无产阶级思想，与陈独秀思想之代表小资产阶级、胡适思想之代表资产阶级、形成三大典型。这种论断可真谓"奇"，然而却举不出任何文献根据，且理论上亦不能自圆其说，真所谓"一误再误"。

在袁世凯政府身上。他对这个政府是支持和拥护的。在这一点上，他与同盟会中温和派的态度是一致的，而与激进派坚决反袁的态度则是相反的。因此，我们不能认为他这时已是一个激进革命民主主义者。

李大钊之所以"拥袁"，是出于切望国家早日实现统一的爱国热忱。这显然是建筑在民主主义和爱国主义的思想基础之上的。正因为如此，当稍后袁世凯帝制自为的反动面目一旦暴露时，他立即由"拥袁"转变为"反袁"，投身到护国运动中去。这个从"拥"到"反"的转变过程，正好说明李大钊的民主主义和爱国主义思想是始终如一的，正是这种思想推动着他随时代前进的步伐而前进。

反袁斗争胜利后，李大钊思想发生变化。在这之前，他希望通过统一和制宪，把政治生活引上民主主义的正轨。他心中有一个抽象的"调和立国"的政治信念。然而不久之后种种事实向他证明，这种美好愿望已被那种宪法之外的强大势力所粉碎。这种势力倒行逆施，使他痛心疾首，然而不知有什么办法来对付这种"法外势力"。这时，正是这时，云南起义的枪声响了。他没有想到，在这刀光火海的鏖战之中现出一线希望。原来，破坏宪法的"法外势力"，是可以用另一种"法外势力"来对付，这就是革命的法外势力。这样，他便在反袁斗争胜利后的第一个国庆纪念日，满怀信心，用酣畅淋漓的笔触写道：

"法外之势力而与宪法为敌，国民执宪法而无如之何，势亦以法外之势力制之。制造此种势力之代价，虽至流血断头而有所不辞。法兰西帝政之旋起旋仆，卒绝其根株于共和宪政之下者，法兰西革命军之势力也。洪宪帝制之消灭于初萌者，西南护国军之势力也。法外之势力能摧残宪法，法外之势力即能保障宪法"。①

有了这样一种新认识，他便信心十足地宣称：

"异日苟有冒不韪，而违叛宪法者，吾民亦何敢避锋镝戈矛之惨，而各卫障宪法之血代价，以失先烈艰难缔造之勇哉！"②

一贯信奉"调和立国"，政治态度极为温和的李大钊开始注意到反抗流血了。这难道不是政治思想中发生的变化吗？

对于李大钊早期的思想，即其思想发展的起点，必须根据文献，实事求是地进行探讨。因为这个问题不搞清楚，我们无从研究他的思想发展道路，更不可能去探索他怎样从非马克思主义者转变为马克思主义者这样的问题。本文写

---

① 制定宪法之注意［M］. 李大钊文集：上．北京：人民出版社，1984：222.

② 制定宪法之注意［M］. 李大钊文集：上．北京：人民出版社，1984：222.

作的用意，就在于提出这个问题，与大家一起探讨。不当之处，敬请指正。

（原载《清华大学学报》哲学社会科学版 1986 年第 1 期）

附一：何兆武教授来信

刘桂生同志论李大钊政治思想一文，材料翔实、论证精确，对长期以来学术界流行的一种似是而非的见解以及广大读者中间人云亦云的一个问题，给出了断制性的答案；这个问题是：辛亥时期李大钊的思想是激进的革命民主主义吗？从来在历史上，思想的发展当是可以而且必须采取多种形式和途径的，这里并没有一种唯一无二的绝对模式可循；它不像古典力学中的物体运动那样只能是遵循一条唯一的途径。假如社会的发展有其一定的阶段或形态的话，这在任何意义上都不意味着思想的发展必然经历几个固定的、不可变易的阶段或形态，比如说；改良主义→民主主义→革命民主主义→社会主义之类的公式。本文功绩在于两个方面：一是它理清历史学上一个具体疑难问题，即李大钊早期思想的性质，从而对近现代史的研究、党史研究、思想史研究和社会主义史研究做出了有价值的贡献；一是它通过对这一具体问题的具体研究阐明了一个历史学研究的方法论问题，即应该以怎样的方式和态度来研究思想发展和变化的规律问题。中国近代历史的主潮流是要求解放，但具体到每个个人，则其途径可以是百虑而一致、殊途而同归。这一点可可以反映出历史发展面貌的复杂性和多样性。我读本文，深受启发，谨赞数语。

附二：《北京社联通讯》报道

此文发表后，《北京社联通讯》1986 年第 5 期和北京《李大钊研究会通讯》1986 年第 1 期，相继发表学术界座谈此文情况之消息，现将社联所发之消息，转录如后：

8 月 21 日至 23 日，北京市李大钊研究会召开了学术座谈会。会议的主要议题是：讨论修改《李大钊生平史料汇编》第一卷提纲、交流近期李大钊研究工作的信息及成果。

清华大学社会科学系刘桂生教授，就辛亥革命时期李大钊的思想发表了自己的看法。他对李大钊早在辛亥革命时期就是一个成熟的激进民主主义者这一我国学术界几乎一致肯定的观点，提出了异议。他认为，研究当时发生的重大政治事件、分析比较同盟会进派与温和派对这些事件的态度及李大钊在这一时期的言论，不难看出，李大钊在民国元、二年间曾经把国家早日实现统一的希望寄托在袁世凯政府身上。在这一点上，他与同盟会中温和派的态度是一致的，而与激进派坚决反袁的态度则是相反的。因此，不能说这时的李大钊已是激进革命民主主义者，而是只是一个满怀爱国热忱的有志青年。刘桂生教授在发表观点时，强调历史研究应该实事求是，必须依据文献，进行探讨。与会同志在讨论刘桂生教授的观点时，一致认为，李大钊研究必须打破框框，实事求是，坚持从历史事实、历史文献出发，客观地评价李大钊在各个不同时期的思想，否则无从研究他的思想发展道路。大家感到，有必要逐篇研读李大钊的文章，为李大钊研究的深入发展提供坚实的基础。（姜庆明）

A Critical Analysis of the Political Thought of Li Dazhao during the Period of the 1911 Revolution

Li Dazhao was in the vanguard of the Chinese Communist Movement, a great Marxist theoretician, and an important founder of the Chinese Communist Party (CCP) . The study of the developmental path of his thought, especially the process of transition from a non‐Marxist to a Marxist, has both a theoretical significance and a current relevance in understanding the rise of the Communist movement in China. In this regard, since the establishment of the PRC more than thirty years ago, our scholarly world has almost consistently considered that Li Dazhao developed from a radical revolutionary democrat (jijin geming minzhu zhuyi zhe) of the capitalist class and metamorphosed into a Marxist. It has been argued that during the early 1911 revolutionary period has was already a mature "radical revolutionary democrat. " Concerning this argument, every specialist points as evidence that Li "exposed" and "criticized" Yuan Shikai, the chief warlord official, writing things such such as " The Great Lament" (da aipian), an "official denunciation of the warlord dictatorship. "[1] This judgment diverges widely from reality, and for the most part, in each type of "argument" the misunderstandings arise from misconstruing Li Dazhao's original text, the most important of which are taken from his early writings. Terms such as " rioters " (baomin), "bullies" (haobao zhe) and "clique of arrogant bullies" (jiaoheng haobao zhiliu) are considered as representative criticisms of Yuan Shikai's clique, thus distorting the original essay as critical of Yuan Shikai as the head warlord official. In this way one "pulls one hair and moves the whole body", taking the whole of Li Dazhao's early thought and misconstruing its nature. In reality, the Li Dazhao of the 1911 period was

---

[1] *Wusi shiqi de lishi renwu* (*Historical personages of the May Fourth era*) ［M］. Beijing: China Youth Press: 13.

not a radical revolutionary democrat, but only an idealistic youth full of ardent patriotism. He had both democratic and patriotic ideas and was wholeheartedly hoping for the early realization of a unified nation, in consequence exerting all his will toward reconstruction. ①

Obviously the consciousness of revolutionary democratic thought, when it is still not fully mature, does not totally recognize how the nation should in the final analysis unify, by revolutionary ideology or constitutionalist. We have only to scrutinize the detailed political writings of this period to observe their attitudes toward political events, contrasting those such as members of the Republican Party (e. g. , Liang Qichao and the periodical Commonsense Talk [Yongyan]) with moderates of the Tongmenghui (e. g. , Zhang Shizhao, chief editor of The People's Independence [Minlibao]), and radicals of the Tongmenghui (e. g. , Zhu Zhixin and the People's Rights [Minquanbao]), all of those clearly articulate stances are in opposition. Therefore, how do we prove this point?

The best method is to take the political opinions of Li Dazhao during this period andrespectively distinguish the contrasts with the political views of both the moderate and radical factions of the Tongmenghui. Having made such a comparison, it will be possible to see which faction has was similar to and which faction he was different from. Moreover, pursuing this type of comparison, one is then able to redress the misunderstandings noted above in a fundamental way.

Below, against the background of momentous political events that transpired during this period, we shall respectively distinguish the contrasts between the varying political attitudes of the radical and moderate factions of the Tongmenghui and the political views of Li Dazhao. Thus the reader will be able to draw conclusions from this probing research.

I

After the establishment of the Republic, the first political event of note that promp-

---

① Yinyou bian (Secret Worries) [M] //Li Dazhao Wenji (The Collected Writings of Li Dazhao), 1: 1. Beijing: Renmin Press, 1984.

ted the open debate between the radical and moderate factions of the Tongmenghui was the case of Zhang Zhenwu. This episode prompted a debate on the issue of Yuan Shikai's "impeachment."

Li Dazhao, writing in "Tanhe yongyu zhi jiefen" (Resolving the term impeachment),① clearly expressed his attitudes. We must take the substantive viewpoints of this essay and contrast them with the ideas of both the radical and moderate factions of Tongmenghui so that we can ascertain, in the final analysis, which position Li Dazhao advocated during this period.

The case of Zhang Zhenwu is the first major episode involving a veteran revolutionary and the conservative powers after the establishment of the Republic. The plotters were Yuan Shikai and Li Yuanhong. ② After this episode unfolded, the radical faction of the Tongmenghui was filled with righteous indignation and immediately advocated proposals for an "armed solution". ③ In contrast, the moderate faction recommended that a solution be found within the realm of legal recourse. In an article published in the Minli Bao, they criticized the proponents of a "solution by force" as, "at a time when the foundations of the nation are unstable, causing the roots of the nation to wa-

---

① This essay was published on April 1, 1913, in the monthly *Yanlun* (*Discussion*) [J], 1: 1.

② Zhang Zhenwu, originally named Yao Xin, alias Chun Shan, from Hubei, Zhu Shan. In his early years he entered the Wuchang Hubei/Hunan Normal School, later attended Waseda University. In 1905 he joined the Tongmenhui, and shortly thereafter he returned to Hubei and participated in revolutionary activities. After the Wuchang uprising, he held the post of chief of millitary affairs for the Hubei millitary government. Yuan Shikai, Li Yuanhong, and others recognized that to destroy the revolutionary capacity in Hubei, they had to eradicate the staunch leadership of Zhang Zhengwu. Yuan concocted the convening of an important meeting on millitary affairs and called Zhang to the capital. After Zhang set out from Hubei, Li secretly cabled Yuan, demanding Zhang's execution. On August 2, 1912, Zhang reached the capital. Yuan feigned an eager round of entertainment, throwing a welcoming banquet himself and ordering Duan Qirui, Feng Guozhang, and others to take turns feting Zhang. On the 13th Yuan again received a secret cable from Li, once more imploring him to deal with Zhang. On the evening of the 14th, Yuan set up hidden troops surrounding the hotel where Zhang was staying. At the end of the banquet Zhang returned and was arrested. He was led to the enforcement area of the millitray government, where he was executed on a clear morning on the 15th. This was the first time in the annals of the Republic history wherer a veteran revolutionary was executed.

③ Tian Qiu (Dai Jitao). "Zhang Zhenwu an zhi shanhou ce" (The Best policy for the aftermath of the Zhang Zhenwu case) [N]. *Minli Bao* (*The People's Thought*), Aug. 21, 1912. On August 26 Minyi Bao (The People's Will) of Tientsin published an editorial entitled "Tao Yuan Li liang minzei" (A Discussion of the two criminals Yuan and Li), chiefly a discussion of Yuan.

ver," they were "rash and reckless", "impulsive," wanting to "sink our country beyond the boundaries of recovery. "① At this time the indignant senators of Zhang's native Hubei raised a case of impeachment. In this manner, the debate of both sides was transformed from the "violent solution" issue to the question of "impeachment". The opinions of the moderate faction on the question of impeachment can be summarized in two points.

1. The accountability of the Zhang Zhenwu case ought not to devolve upon the president (Yuan Shikai), but should be assumed by the head of the army (Duan Qirui). This was because China was relying on the cabinet system of responsibility, and therefor ' in a country of cabinet responsibility, and therefore "in a country of cabinet responsibility, the president naturally was not responsible. " Moreover, the order of Zhang Zhenwu's execution was countersigned by Duan Qirui. Because of this they considered "the clear responsibility for the Zhang Zhenwu case ought to return to the head of the army and should not be ascribed to the president. "②

2. Furthermore, speaking of the nature of the case, this episode was an "administrative excess" of the army section head. According to the principles of Western parliamentary systems, the proper sphere of "impeachment" was only applicable to transgressions of law by the government (such as bribery or treason) and did not extend to political problems. Because of this, impeachment could not be used as a method of resolution. If the parliament passed an impeachment in this matter, it would be a case of the parliament itself "operating form a stance of political disorder. "③

During this period, the editor of the Liang Qichao faction's magazine Commonsense Talk, Wu Guanyin, in an essay that introduced the American congressional system, discussed his rationale about the appropriate sphere of usage for impeachment. His o-

---

① Ji Shi. "Zai Lun guchui wuli jiejue shuo zhi luanfa wuguo" (Another discussion of the disordered methods and misunderstandings of the nation by the advocates of violent solutions) [N], *Minli Bao*, Aug. 24, 1912.

② Xing Yan (Zhang Shizhao). Zhang Fang an zhi jiejue fa (A resolution of the Zhang Zhenwu case) [N], *Minli Bao*, Aug. 20, 1912. "Tiansheng renyu" (Heaven's voice, people's words). (When Yuan Shikai executed Zhang Zhenwu, his lieutenant with the Hubei millitary government, the head of the school corps, Fang Weitong, was also murdered, and for this reason the episode was also called the "Zhang Fang case").

③ Xing Yan. "Zai lun zongtong qingren wenti" (Another discussion of the responsibility of the president) [N], *Minli Bao*, Aug. 22, 1912, editorial.

pinion was diametrically opposed to that published by Zhang Shizhao in Minli Bao and considered the sphere of impeachment usage appropriate both to the law and to government. ① This type of political opinion was the equivalent of a high-level refutation of Zhang Shizhao's propositions from the principles of the parliamentary system; hence, it actually raised support form the case to use impeachment. Zhang Shizhao thereupon penned an article blaming Wu Guanyin for confusing "impeachment" with a "vote of no confidence." He explained that the prospect of parliamentary responsibility, the duty of taking to task the government, originally had two methods, one of which was the "vote of no confidence," the other "impeachment." The former was meant to treat governmental problems; the latter was aimed at legal issues. The two were by their nature dissimilar and did not allow for confusion. The confusion could cause a so-called senseless trouble in the sea of politics. ②

In the expanding debate of Zhang and Wu, revolving around the concern of the proper use of the word "impeachment", in the last analysis what was Li Dazhao's attitude?

1. Clearly, Li Dazhao supported Zhang Shizhao's opinion. He concurred with "the reporter of the Independence Weekly, Mr. Qiu Tong, ③ that "impeachment" especially belonged to the sphere of legal issues, whereas political problems were relegated to the vote of no confidence, and not generally "impeachment". Moreover, Wu Guanyin, the reporter of Commonsense Talk, had maintained that the judicial branch cannot castigate the executive branch, no matter whether it concerned politics or the law, and in general "impeachment" ought to be included…I consider the term impeachment inappropriate to use in both areas of politics and law. In the specialization of legal questions, I am in agreement with Mr. Qiu Tong."

Obviously, Li Dazhao approved of Zhang Shizhao's conviction.

2. Li Dazhao went a step further from an academic viewpoint in his support of Zhang Shizhao's rationales. He reviewed the development of the European parliamentary system and pointed out that when this system was first created, "im-

---

① Wu Guanyin. "Gongheguo zhi xingzheng quan (The executive powers of a republic) [J], Yongyan, 1912 (12) .

② Xing Yan. "Tanhe fawei" (Tips on impeachment) [N], *Duli zhoubao* (Independence Weekly) 1, Dec. 15, 2012-12.

③ Qiu Tong was an alias of Zhang Shizhao.

peachment" originally contained both legal and political implications. Afterward, form the government, parliament, and the majority of political parties, the conventional usage gradually diminished into a division of political problems, and the utilization of impeachment for political problems was abolished, and instead reserved for legal issues. In this manner, in 1875, when France promulgated a constitution, they formally decreed two clear divisions, legal crimes of government and those of law, which were resolved by the "impeachment" method; and political problems then used the "vote of no confidence" for their resolution. In this way, the current popular usage of the new concept of "impeachment" had been produced. Thus in truth, Wu Guanyin's opinion was long ago an outmoded one, and only Zhang Shizhao's opinion was correct.

3. Next, Li Dazhao pointed out that (1) the Chinese translation of the term "impeachment" originally came from the Japanese, which did not distinguish clearly between the two different implications; and (2) the Nanjing temporary government in its Provisional Constitution, when the concept of "impeachment" was utilized, mixed together both the political and legal responsibilities of the term; hence the majority of the Chinese had not clearly distinguished between these two concepts, with the result that the Parliament several times raised a case of impeachment, therefore creating a totally unstable political situation in the nation. He considered, "not only confusion has been caused by scholars in this field, it has also led to political instability." He seriously declared that it was because of this he "could not help becoming involved in this controversy."[①]

Based on the above, the reader can see that Li Dazhao in his attitude on the impeachmentquestion was fundamentally in agreement with Zhang Shizhao. Standing on the opposite side were the proponents of a "violent" solution by force and the radical faction with the case of impeachment of the Yuan Shikai Parliament. Because of this, if we conceive of the political argument of Li Dazhao as a radical revolutionary democratic political stance, in the context of this question, should the political stance of Zhang Shizhao which was totally in agreement with that of Li Dazhao also be considered as that of a radical revolutionary democrat? As everyone knows that Zhu Zhixin and colleagues

---

① The quote is from "Tanhe yongyu zhi jiefen" (An explanation of the term impeachment) [M] // *Collected Writings Works of Li Dazhao*, 1: 8–12, Beijing: Renmin Press, 1984.

were revolutionary democrats, then why was Li's stance the opposite? Which judgment is after all in accord with reality?①

II

Another problem that caused dissenting opinions within the Tongmenghui after the establishment of the Republic was the question of "dissolving the commanding generals."

Concerning this issue, when the Yuan Shikai government was established it announced that every provincial millitary governor ought to be appointed from the central government. The radical faction in the Tongmenghui strongly opposed this in order to protect revolutionary power. They understood that if Yuan Shikai were allowed to make appointments, then "in the future in each province, all the military governors would be in his clutches." "Soon Yuan Shikai would destroy the Republic…then our Democracy would suffer the fate of death, coming under his control."② Because of this, they proposed that the military governor ought to be elected in each province, and they were able to mount an opposition to Yuan Shikai.

When Yuan Shikai's first plan went awry, he hatched a second one. In July 1912 he incited Li Yuanhong to propose "the separation of military and civil powers,"③ demanding the dissolution of the military governor in each province, the reform of the mil-

---

① The Zhang Zhenwu case did not last a full month. For his compromising attitude, Zhang Shizhao was released from his responsibilities as editor of Minli Bao by the dissatisfies members of the Tongmenhui. Obviously his moderate label was genuine.

② "Tan Yuan Shikai" (Discussing Yuan Shikai) [N], *Minquan Bao (The People's Rights)*, April 4, 2012.

③ Concerning Yuan Shikai receiving the proposal of Li Yuanhong on "the separation of military and civil powers," Li Zongyi records in Yuan Shikai Zhuan [The Biography of Yuan Shikai], "in the middle of June 1912 the Yuan Shikai faction had extended to Wuhan, and demanded that Li Yuanhong should begin to practice the 'separation of military and civil powers.' During that period, Li needed the support of Yuan amidst the political conflicts within the Tongmenhui, and naturally he could not go against this order. Thereby on July 1 he telegraphed each province, supporting the practice of 'the separation of military and civil powers.' …Li further expressed that Hubei would be the first go step into line (Li Zong Yi. Yuan Shikai Zhuan. Guoji Wenhua Chuban Gongsi, 2006: 200)."

itary inspectorate to specifically oversee military affairs, and the sending from the central government of a political head of the people's government (later the name was changed to provincial head), to attend to the civil government of each province. In terms of this proposal, the people in the revolutionary parties all understood its fundamental purpose was to abolish the power that lay in the hands of the revolutionary party military governors (such as Hu Hanmin of Guangdong, Li Liejun of Jiangxi, and Bo Wenwei of Anhui). Because of this, they raised the opposition slogan of "regional autonomy." But on this issue, the proposal of the moderate faction of the Tongmenghui was very different. They considered that the highest principle in dealing with this affair was to protect the unity and cohesiveness of the nation. Therefore, even the power in the hands of the governors who were revolutionary party members should be handed over [to Yuan]. They approved of the proposal to "separate the military and civil powers," and in the Minli Bao they published an article criticizing contrary opinions, pointing out, "We have explored today's power configuration, and in order to promote a plan of political power, a plan to restore order and a plan to arrange finances, and in order to prevent foreign aggression⋯under the principle of law each province should not have a commanding officer to manage its own military affairs." They exclaimed that in a nation established on a constitution, the post of military governor "could not be preserved," and therefore should be abolished. ①

What attitude did Li Dazhao display toward the issue of abolishing military governors? Was he in accord with the radical faction or the moderates? In his article published in June 1913, "On the Abolition of the Military Governors," he clearly expressed that the military governors should be abolished, and the separation of the military and civilian spheres should be effected. At the same time he submitted five rationales: (1) To remove military law, the military governors must be abolished; (2) to protect the constitution, the military governors must be abolished; (3) to consolidate national power, the military governors must be abolished; (4) to promote the power of the people, military governors should be abolished and (5) to reorganize civil government, military governors should be abolished. He considered that only with the abolition of military governors could one "pull up the weeds at the source" and elimi-

---

① This quote is from "The Great Lament", in *The Collected Writings of Li Dazhao*, 1: 4, Beijing: Renmin Press, 1984.

nate the hidden peril of the current "regionalism of the warlords." This was the fundamental attitude of Li Dazhao on the issue of abolishing military governors. From the above discussion, we can see that Li Dazhao during this period was still not able to think about the question of military governors from the standpoint of the revolutionary democrats. He could not distinguish clearly between the support of military governors as representing the revolutionary democratic faction, and the support of the military governors in sustaining the rule of feudal warlords. Because of this, he was against them all without differentiation. From the abstract concept of nationalism, he perceived of them as a single entity that constituted a "hidden worry" to unification. Because of this, he was dissatisfied with the revolutionary military governors who dared to "oppose the superiors," or the central government of Yuan Shikai, and in his essay cited above he criticized them, saying, " [Governors of] Anhui, Jianxi, Hunan and Guangdong are haughty, self-proclaimed heroes who did not wait for the Song case to transpire, raised loans, and began to show their designs or separation." He did not perceive of the central government during this period as a dictatorship. Thus, he said that "it was not the president in the central government who violated the constitution, but the military governors in the provinces." He even proclaimed that those military governors who dared to "refuse to disband their soldiers" should be attacked "with the speed of lightning and without mercy."[①] From this we can clearly conclude this was not the argument of a radical revolutionary democrat.

III

To explore this debate on a deeper level, there is an issue that has been consistently misunderstood for many years and must be explicated here: the issue of the political argument of Li Dazhao during the early period. He frequently used such terms as "oppressors of the people", "bully", "treacherous bullies," and "clique of arrogant bullies," but to whom did he refer? Concerning this issue, our scholarly world tends to consider that he refereed to bureaucrats and warlords headed by Yuan Shikai. Actually, these terms refer to the revolutionary party headed by Sun Yat-sen. Please consid-

---

① Quote from *The Collected Writings of Li Dazhao*, 1: 31-39.

er the following reasons:

In April 1913 in his essay "The Great Lament," Li Dazhao, while numerous times using "rioters," "bullies," and related terms, in one instance said that they "hit at the supports [while] discussing the merits of [being] under the brilliant national banner." In another instance he said "collecting the bits of blood and flesh of the revolutionary martyrs, whitewashing their faces, haughty self-proclaimed heroes, insufferably arrogant."① The readers needs only to add some reflection, and it is not difficult to perceive that this passage refers to the revolutionary party. It may well be asked: when the Republic was first established, in the final analysis, who—the revolutionary party or the warlords—had the greater power to "discuss" revolutionary "success"? Who had the greater power to appropriate the self-adorning label of carrying the poor on the bodies of the revolutionary martyrs? Was it the former or the latter? Naturally, it could only be the former and not the latter. This is perfectly clear. Thus, in this instance these terms have no relation to the warlord officials; they are an appellation that depreciated the revolutionary party.

In the essay "A Discussion on the Decline of the Rights of the People," an excerpt reads, "You gentlemen who righteously dreamed and struggled in the spirit of a rapid revolution, serving in the education of the people, ten years later, the results are obvious…in all humility we have not asked you older party members to draw your swords and strike the post, grasping the power of the people in recent times."② Here it says quite clearly that those who grabbed power by "drawing the sword and striking the post" were none other that those first gentlemen of the party who "rushed the revolution." Naturally, this points to members of the revolutionary party.

Moreover, in the essay "A One-yuan System and a Two-yuan System," there was this kind of discussion: "In the country the rich are few and the poor are many, the ignorant are the masses and the wise are few. If one hears of the various activities in a one-yuan system, then the rich and the wise are working on behalf of the majority of the poor. The prevalence of the ignorant bullies means, in the last analysis, expression

---

① "Arguments on the Abolition of the Military Governor" accuses Hu Hanmin and the other four governors, while at the same time using the phrase "haughty, self-proclaimed heroes." This is not coincidental.

② This was published June 1, 1913. *The Collected Writings of Li Dazhao* [M], 1: 43.

in a national assembly. "① Here, is not the author explicitly stating that it is not the rich but the poor who are in reality called bullies? If one were to consider that this refers to the Yuan Shikai's clique, then it is difficult to conceive that Li Dazhao could not distinguish clearly which set of people were poor or rich. Obviously, it is inappropriate to link the appellation as describing the warlords with Li Dazhao's original intention.

The works of Li Dazhao utilize these terms fundamentally in this way.

To substantiate this position, we will take a look at how terms such as "bullies" were used in the social opinion during that time period.

The radical revolutionary democrat Zhu Zhixin wrote an article, which he published in Republic magazine [vol. 1, no. 2], entitled "What is the Rioters' Government." He discussed the meaning of the term "rioters," clearly stating: "Rioters, in general, do not refer to party officials and the people, but they are represented by the revolutionary party members." He went on to say: "All the new officials and their subordinates are cognizant of the example of the 'rioters.' Here it is inconvertibly clear, "rioters" is really represented b the "revolutionary party members." Zhu Zhixin pointed out that when Yuan Shikai's clique attacked Guangdong, Hunan, and other provinces, the latter were "a dictatorship that oppressed the people." His intention was not to emphasize dictatorship" but the aspect of "oppressors of the people," which was the necessary condition for the "punitive expedition" to be launched against the revolutionary party. He directly stated that it was a necessity that the oppressors of the people did not transform [the society] into devoted slaves." Hence, the Yuan Shikai cliques's temporary reliance on forceful measures [when he] had no option but "extermination." It is especially worthwhile to note that he still encouraged the revolutionary party members in his essay: "Let us be rioters." ② Obviously Zhu Zhixin did not avoid, but on the contrary used, the term "rioters" as a label for the revolutionary party members.

The revolutionary Cai Yuanpei, on July 27, 1912, in Minli Bao published Da Ke Wen (Answering some questions), in which he forcefully articulated, "Although our party must not necessarily have lost its virtue by promoting random violence, it must

---

① This was published June 1, 1913. *The Collected Writings of Li Dazhao* [M], 1: 53.

② For quotations see "Baomin zhengzhi zhe he" (About political oppressors of the people), *The Collected writings of Zhu Zhixin*, Volume 1 [M]. Shanghai: Minzhi Shuju, 1925: 173–176.

definitely not elaborately rely on this evil habit. " Here Cai Yuanpei equates the "loss of virtue," with "random violence. " Nevertheless, he could not avoid the fact that it was a habitual behavior of revolutionary party members. In his eyes, this kind of habit in comparison with the reliance of constitution Party members on political power "was an elaborate reliance on an evil habit, which needed to be greatly sanitized. "

Let us reexamine the public debates of figures such as Zhang Shizhao, Li Jiannong, Liang Qichao, and others.

In May 1914, Zhang Shizhao wrote in the monthly *Universe* an essay entitled "Zhengben" (The Basis of government), in which he stated, "The Qing dynasty collapsed and the party suddenly arose, ···the nation was exceedingly restless and the so-called oppressors of the people in the end were not sufficient to be called a government. " Obviously, in Zhang Shizhao's view, "rioters" pointed to the revolutionary party members. ①

In June 1917, Li Jiannong wrote an article in *Pacific* magazine, "Shiju Zuiyan" (Confessions of an age), in which he recounted the Republic's beginnings, the first two years of struggle between the revolutionary party and Yuan Shikai's minions. He said, "In the first and second year, the reactionaries in the transmission of power and troops tended to loathe the rioters. The rioters relied on the power of paper and ink, the Provisional Constitution, and the Parliament to resist the power of the reactionaries. The rioters were were beaten by the reactionaries. In their victory, the power of the reactionaries, as soon as it appeared, did not remain in excess. The *Hongxian* was left to appear, and it signaled the rioters to return to their original positions. "② It is quite clear that when Li Jiannong here says "rioters" he is referring to Sun Yatsen and the revolutionary party members.

We can also view the words of Liang Qichao. On April 14, 1913, at Wanxing Park in Beijing, he delivered a speech in which he blamed SunYatsen as the revolutionary party leader who led "the new aristocracy of arrogant renegades" and [whose party] was becoming "the dictatorship of the rioters," and the "faction of violent anarchy. " He expressed deep repugnance for this kind of people, proclaiming that "the

---

① Zhang Shizhao. "Zhengben" (The basis of government) [J], *Yuzhou*, May 10, 1914.
② Li Jiannong. "Shiju zuiyan" (Confessions of an age) [J], *Taipingyang* (*Pacific*), 1 (4), june 15, 1917.

misfortune of government by rioters is greater than a flood of wild beasts. One cannot but worry deeply and prepare for them. "①

Lastly, we return to the object of Yuan Shikai's allusion to "rioters." In November 1913 he published an order dissolving the Guomindang. In the announcement he said," The Second Revolution" is from a "minority of the rioters," "agitators" who arose. Because of this it was impossible not to "repay them with chastisement." Obviously, Yuan Shikai's reference to rioters meant members of the Guomindang.

There is no need for further quotes. This material is enough to demonstrate that in the beginning of the Republic, among the writings of various personages form each political faction, the term "rioters" referred to revolutionary party members. If we make this point clearly, then in terms of Li Dazhao's writings, "rioters" is more than easy to analyze. One must clarify misunderstandings of the term "rioters" from many years of existing mistaken usage in the study of Li Dazhao's thought. Therefore, building on this kind of misconstruction of Li Dazhao's political opinions during this period, the explanation of the political theory of the "radical revolutionary democrat" can be reevaluated with new reflections. ②

IV

In the final analysis we can know that Li Dazhao during the first two years of the Republic transported his desire for the realization of national unification onto the shoulders of YuanShikai government. He endorsed and protected this government. In this respect he was consistent with the moderate faction of the Tongmenghui, and in opposition to the attitude of the radical faction, which opposed Yuan. Because of this, we cannot consider him a radical revolutionary democrat during this period.

---

① The quote is from *Liang Qichao Nianpu changpian* (*The Extended chronology of Liang Qichao*) [M], Shanghai Renmin Chubanshe, 2009: 667–668.

② *Shehui kexue yuan jikan* (*The Collected writings of the Academy of Social Sciences*) [J], 1985 (4: 11–17) contained an essay discussing the early thought of Li Dazhao and considered that Li was a spontaneous kind of proletariat thought, with the thought of Chen Duxiu equivalent to petit bourgeois thought, and Hu Shi's thought representing capitalist thought, together forming three models. This kind of theorectical analysis, as we see it, is very daring. The documentary basis is insufficient, however.

Li Dazhao's "Support for Yuan" stemmed from his patriotic sentiments and a total desire to see the early realization of national unity. Obviously this was built on the theoretical basis of democracy and patriotism. Because of this, when after a while a reactionary face of Yuan Shikai became apparent, he immediately was transformed from a stance of "supporting Yuan" to "opposing Yuan," shifting toward the movement to protect the nation. This transformation is precisely explained by the consistency of the democratic and patriotic thought of Li Dazhao; it was really this kind of thought that simulated him during the succeeding time periods to advance and press forward.

With the success of the anti-Yuan movement, Li Dazhao's ideas clearly experienced a change. Before this he had hoped to pass through a peaceful constitutional system, which would guide political life toward the path of democracy. Until the capacity of the nation was unified, he was not deeply studying [the issues]. In his mind there was an abstract political belief in "establishing the nation by compromise." Afterward, it was not long until his type of formulation in the face of the evidence, this type of pleasant hope, was obliterated by the extralegal power of configuration. This influence produced a countercurrent, a false plan to resurrect the monarchic feudal system. He regretfully realized that he did not know how to deal with this kind of "extralegality." During this period, the Yunnan uprising exploded. He hardly realized that a thread of hope ran through this struggle of glinting swords in a sea of fire. Originally, the "extralegality" that destroyed the constitutional system could be in itself addressed as a kind of treatment by "extralegality," that is, revolutionary extralegality. In this way, after the first anniversary of the victorious oppose-Yuan movement, in two penetrating letters he wrote with fervor:

Extralegality is an enemy of the constitutional system. Citizens who uphold the constitution no matter what must deal with those who control the system with extralegal means. In building the value of this kind of influence, it was unavoidable to spill blood and lose heads. As the French monarchy revolved up and down, it was destroyed utterly under the Constitutional Republicans and the French Revolutionary Army. The first seeds of destruction of the Hong Xian imperial system were in the powerful circumstances of the Yunnan Military Protectorate. Extralegality can wreck a constitution, and *extralegality can guarantee the constitution.* ①

With these fresh insights, his beliefs found adequate expression. "Each day there is an increase in those who defy the opinion of others and betray the constitution. How can our people dare escape the tragedy of the piercing sword and lance. The value of the blood spilled in each defense of the constitution is lost in the difficult creation of heroes!" ②

Li Dazhao, who had consistently believed in "establishing the nation by compromise," who had been extremely mild in his political attitudes, began to sing the praises of an opposition of blood. This meant that he finally concluded the first phase of the development of his thinking and began the process toward a new objective—a progression toward revolutionary democracy.

During the 1911 revolutionary period of Li Dazhao's thought, for the turning point of his development one must base an investigation on documents. If this problem is not clarified, we will not be able to study the development of his thought, and moreover, we will not be able to probe the reasons for his transformation from a non-Marxist to a Marxist. The intention of this article is to bring out this question, and to discuss it with scholars in the field. If there are errors, I invite the reader's correction.

Translated by Marilyn A. Levine, in Chinese Studies in History, Vol. 22, No. 4 (Summer 1989)

---

① "Zhiding xianfa zhi zhuyi" (Paying attention to constitutional formulations), in *The Collected Writings of Li Dazhao*, 1: 222.

② Ibid.

"宗彝"故训与"民彝"新解
——李大钊民彝思想试析

一九一六年李大钊发表《民彝与政治》一文，同时又将自己所主编的留日学生总会机关刊物取名《民彝》。"民彝"思想是他早期政治思想的核心内容。但对李大钊所说"民彝"一词的确切含义、主要内容究竟是什么，学术界的认识颇为纷纭。有的研究者认为，'民彝'的主要含义是人民的意志（心理）和要求。① 有的认为为"民彝"就是人民的权利。② 有的则认为"民彝"是"包括政治、宗教、伦理等观念在内的人民的认识"。③ 还有的认为李大钊笔下"民彝"的含义是以"'民主''自由'精神阐明"的。④ 以上四种见解，由于研究的角度、着眼点等等的不同，看法颇不一致。但是，众所周知，李大钊本人对"民彝"这个概念曾做过不少解释。正如朱成甲先生在《李大钊早期思想与近代中国》一书中所说："在《民彝与政治》一文中，李大钊对'民彝'作了多方面、多层次的解释和运用。他既有总的解释，又有各别的、具体的解释；既有本义的诠训、考释，又有譬喻、引申和发挥。"⑤ 显然，我们要全面、正确地理解"民彝"的基本含义，应当，也必须以李大钊先生本人的这些解释作为指导和重要依据。

因此，我认为研究"民彝"问题的首要之学，是充分地确切地理解李大钊本人对"民彝"所作的解释。李大钊对"彝"字曾做过"训器""训常""训法"三项训诂，在这基础上又做了一些考释、诠解。显然，这是我们把握"民

---

① 戴鹿鸣. 五四思想解放运动的先驱李大钊［M］//胡华主编. 五四时期的历史人物. 北京：中国青年出版社，1979：3.

② 崔涓. 反袁复辟斗争中的李大钊同志——学习《民彝与政治》［N］. 天津日报，1979-05-03.

③ 卫真. 从民主主义到马克思主义——五四时期李大钊的世界观转变［N］. 文汇报，1979-05-05.

④ 中共北京市委党校中共党史教研室编. 李大钊传［M］. 北京：人民出版社，1979：20.

⑤ 朱成甲. 李大钊早期思想与近代中国［M］. 北京：人民出版社，1999：307.

彝"基本含义最重要的依据。因此，只要把李大钊本人做过的这些训诂的内容透彻地搞清楚，也就能把"民彝"的基本的含义和内容搞清楚，进而也就可以大有助于对李大钊早期思想的研究。本着这样的认识，我们就从对这三条文字训诂的理解出发，谈谈我们的看法，希望就此引起进一步的研讨。

一、关于"彝训'器'"

李大钊先生说："诠'彝'之义，古有殊训。一训器"。这是理解"民彝"之"彝"字最关键的一条训诂。如把这条训诂的含义弄清楚，那么，"民彝"这个概念的基本内容就不难把握。然而问题也常常出在这里，即有些作者把这个"器"字简单地理解为"器物"的"器"。其实，这里所说的器，非指一般器物，而指一种具有特殊社会、政治、历史意义的"器"，即中国古代所谓"神器"的"器"，亦即"宗彝"，其上标载着本民族的历史和文化，有了它，才知道本民族的渊源与历史发展，失去了它，就意味着亡祖、亡宗、亡历史、亡文化。在古宗法社会时代，国家和民族有多种多样的"器"，如祭器、养器、徵器、旌器、约剂器等等，而其中最重要的是宗庙之常器，即宗彝。因为在那个时代，"即祭即政。盖政莫始于宗庙，地莫严于宗庙，器亦莫重于宗彝也"。所以宗彝为重器（"称其重以概其余而为百器之总名"）。李大钊引用龚自珍《说宗彝》一文中的话，指出古代"国家于冠、婚、丧、祭、征讨、聘盟、分封、赂献、旌功、平讼诸典，必以器从"，'器'为国家神明尊严之所托，有敢窥窃神器者，律以叛逆"。① 这里说的神器或曰重器，便是宗彝。李大钊说，他之所以不厌其烦地作这样的考订，目的仅在于"明古者政治上之神器在于宗彝，今者政治上之神器在于民彝"。②

由于古代彝器上一般有刻词，如"旌器"上一般刻祖先的功绩，"约剂器"上一般刻祖先的讼事。前者为"功词"，可以"矜子孙"；后者为"讼词"，可

---

① 以上引文均见民彝与政治 [M] //李大钊文集：上.北京：人民出版社，1984：154.

② "民彝"二字，据我所知，《尚书》中至少两见，一在《康诰》："王曰：封，元恶大憝，矧惟不孝不友。……惟吊兹，不于我政得罪，天惟与我民彝大泯乱。曰：乃其速由，文王作罚，刑兹无赦"。（王说：封，大的罪恶，就是不孝顺，不友爱。……到了这地步，还不由行政人员去惩罚他们，上天赋予老百姓的常法，就会大乱。我说，赶快使用文王制定的刑罚，惩罚这些人，不要赦免。）另一个《洛诰》："朕教汝于棐民彝，汝乃是不蘉，乃时惟不永哉。（我教你辅佐民众的经常法则，你若不努力办，你的善政就难得推广。"）并非李大钊新创，而是给予新的解释。

以"传信子孙"（使子孙明白事理的是非曲直）。一件件彝器，一篇篇刻词，就把古代社会生活的各个侧面记录了下来。正如李大钊所说："三代以上无文章之士，而有群史之官。群史之官之职，即在以文字刻之宗彝，是则宗彝至于有周，不啻文史、舆诵、箴规、典要之渊源"。① 这就是说，宗彝不是别的，乃是我国古代文献之所在，书面文化的源头，正像罗马的十二铜表为嗣后欧洲法律的源头一样。② 所以，彝，既是一种实体的器，如周室宗庙中的十二鼎，更重要的是器上铭刻的文——种种的思想、精神、文化。宗彝，既具有作为国家、民族权力与传统的象征意义，也具有在政治、思想、文化领域施治、施教的实践意义。相应地，李大钊提出：民彝是"悬于智照则为形上之道，应于事物则为形下之器，虚之则为心理之徵，实之则为逻辑之用也"。它是精神的，也可以转化为具体的实践或实体。但它不像宗彝是具体凝刻在某种器上（包括某种体制上），它只存在于人民的思想、精神、心理之中。所以，李大钊指出："宗彝可窃，而民彝不可窃也；宗彝可迁，而民彝不可迁也"。③

根据李大钊对彝训器的考释与阐发，并由宗彝而提出民彝的种种论述，我们可以认定，李大钊所说的民彝，是一个多层次的概念，既包括历史、传统在人民心理、精神上凝聚起来的思想、文化心态，也包括从历史与现实生活出发提出来的人民的意志、要求和愿望以至智慧、才能、道德等等。对一个民族来说，"民彝"是神器，外来侵略者无法劫走或摧毁（除非毁灭整个民族），内部统治者也许可以窃劫、屈郁之于一时，但终究无法违逆它而横行无已。人民要保护"民彝"，善于运用"民彝"；"民彝"则指引和保证着人民不断继承和发扬过去，创造未来。

二、关于"彝训法"

李大钊提出彝训"法"，并在引证《尚书·囧命》"永弼乃后于彝宪"之后，明确指出："民彝者，民宪之基础也"。

一些作者根据"彝训法"这一句，把"彝"的含义理解为"法律"，这样，

---

① 民彝与政治［M］//李大钊文集：上．北京：人民出版社，1984：155.

② 十二铜表是罗马法律最早的形态，它由德西姆维里（Decemviri）收集民间习俗（不成文法），编纂而成，然后刻在十二支铜表之上（起初只有十面，增至十二面），为此后罗马法的基础。

③ 民彝与政治［M］//李大钊文集：上．北京：人民出版社，1984：155.

当他们读到下一句："民彝者，民宪之基础也"时，便觉得不好理解。因为，众所周知，宪法是一切法律的基础；而按李大钊上面的说法则法律变成宪法的基础，这岂不是颠倒了吗？李大钊是法政专门学校的毕业生，怎能出现这样的失误呢？不少研究者曾为此感到困惑。其实，李大钊的上述论述丝毫不错，也没有矛盾。问题的症结在于李大钊所说的法，是习惯法，而不是成文法，弄清这一点，困惑必然冰释。

习惯法是一切著名宪法的祖宗，可以说史有明文。李大钊在《民彝与政治》一文中作了确切的说明。他以英国宪法为例，指出这部世称最完美之宪法，"非制造而成者，乃发育而成者，非空玄理论之果，乃英人固有本能之果也。"什么是英人的"固有本能"？李大钊直截了当地做了解释："英人固有之本能，即英之民彝也"。什么是"固有本能之果？"李大钊说，就是顺从"民彝自然之演进"，"一循其常轨"，"积习成性"，从而形成的"不文之典"。这种"典"，不但"勿需编纂之劳"，而且还要"力避编纂之举，以柔其性，而宽其量也。"由此可见，英国宪法所以被认为是当时最完美的宪法，就因为它是遵循英国的民彝自然演进的轨迹，在自然形成的习惯法、不成文法、自然法的基础上形成的。

大家知道，在世界各国历史上，几乎都有这样那样的不成文法，它们无一不是依据风俗、习惯来断案，或依原有案例为基础来断案的，因而是地地道道的约定俗成的东西。它们具有一定的效力或约束力，但并不需要什么官方的批准和立法机构的通过。在欧洲，不成文法也叫自然法（Natural Law）或积极法（Positive Law）。它一方面是从人民中间自然而然产生出来（"发育而成"）的，毋庸政府机构或团体人为地刻意制造（"编纂"）；另一方面它比起成文法来，更符合人民群众的生活实际，更符合人民群众的习性、心理、道德伦理等等，也可以说是更顺乎"自然"。一个国家的政治体制、法律等等的形成和确立，必须有也必然有一定的社会基础，包括特定的人民的心理、习性、意识等等与之相适应，其中有的就是上述的不成文法。如果不是这样，那么那种生硬地建立或形成的政治体制、法律等等，不是没有力量和难以持久，便是一纸空文。对这一切，受过多年资产阶级法学教育的李大钊是知之甚稔的。正因为如此，他才对民国初年的政治体制与宪法，与当时民风民俗不相适应，甚感忧虑。这就是说，李大钊为"彝训法"所作的诠释与阐述中所讲的"法"，便是他早年研究有素的"风俗"，或"不成文法"。弄清了这种含义，也就可以明白民彝是宪法的基础的道理。由此，也就更深入地了解民彝的内容、含义及其作用。

三、"彝训常"

"常"怎样解释？

李大钊分析说："《书·洪范》云：'彝伦攸叙'①。彝伦者，伦常也。"这里的"常"究竟指什么呢？只要我们把《洪范》一篇的基本内容稍加了解，就能明白，这里所指不是别的，而是篇中所记周武王与箕子对话中谈到的那种能使臣民各安其业、和睦相处的根本大法，尤其是大法中体现的人文价值。② 这种法的中心思想则是顺从民性以施政施教，与人民的大多数同样地过平常的生活，这样才能治国安民。李大钊认为："为治之道，在因民彝而少加牖育之功，过此以往，即确信一己所持之术足以福利斯民，施之实际亦信足以昭其福利，极其越俎之害，必将侵及民彝自由之域，荒却民彝自然之能，校量轻重，正不足与其所被之福利相消，则毋宁於牖育之余，守其无为之旨，听民之自器其材，自踏其常，自择其宜，自观其成，坦然以趋于至当之途为愈也"。③ 同时，又强调："为治之道不尚振奇幽远之理，但求平易近人，以布帛菽粟之常，与众共由。所谓以其易饱易暖者自过吾之身，以其同饱同暖者同过人之日，故能易简而得理，无为而成化也"。④

这既是李大钊对"彝训常"的理解，也是他借以阐发他自己的政治思想。这是在为"彝训器"、"彝训法"做诠释的同时，所作的进一步的论述。由讲明"彝"是什么，进而讲到如何用"彝"，即如何施治。这是李大钊"民彝"思想的要旨所在。其内容简括地说来便是：为治，必须遵从"民彝"（即依据人民的文化素质、心理气质以及建立于其上的意志、要求等等），而且要"如量"，既要能使人民"尽其心量"，又不能超越过度，否则就是"戾乎吾民好恶之常"，

---

① 彝训"常"，伦训"理"，攸训"所"，序训"顺"，故"彝伦攸序"即"常理所顺"。
② 《洪范》一篇中记载着周武王和箕子的如下一段对话。武王问：你可知什么是上帝使下界臣民各安其业的常理常法？箕子答：请让我在回答你的问题以前先讲个故事。从前，鲧奉命治水，采用防堵、阻塞的办法，违反了水性，了五行运转的规律，上帝闻知，十分震怒，决定把本来想传给他的可使臣民和睦相处的九种大法，收回不传。后来，鲧的儿子禹用疏导、开凿的办法治水，与水性相符，成效大著，上帝闻知，非常高兴，便把这九种大法传授给他。这九种大法的基本精神是顺从民性，才能治国安民。
③ 民彝与政治［M］//李大钊文集：上．北京：人民出版社，1984：153－154．
④ 民彝与政治［M］//李大钊文集：上．北京：人民出版社，1984：155．

就是"伦纪宪章失其常"，这样，民众的"天赋之德"必然"黯然日亡"。①

四、文献复勘

通过李大钊上述的三条文字训释及所作的阐发，我们感到李大钊所标举的"民彝"，确实是一个多层次、多方面、内容十分丰富的概念，很难以一两个词或一句话来概括（如勉强用简单的术语来概括，则以"历史形成的人民的文化素质""风俗人心"等庶几近之，但并不相等）。在找不到合适的词语表述以前，我们还有必要回过头来，用文化史的眼光，从文献着手，对"彝"字及其所派生的各种观念，重新做一番历史性的考察。

上文说过，作为一种思想或观念，"彝"字在《尚书》的《洪范》篇中就已经出现，篇中有"彝伦攸叙"（彝伦顺序须理定）、"彝伦攸斁"（彝伦顺序被破坏）这样的名言。对"彝"字的解释，《说文·糸部》说它是"宗庙常器"，是一种"通称"，是一个"总名"。龚自珍《说宗彝》一文说："彝者，百器之总名也。"王国维《观堂集林·说彝》一文也指出："尊、彝皆礼器之总名。"桂馥在《说文解字证》中进一步解释道："古者德善勋劳，铭诸彝器"，提醒人们注意彝器上面还刊刻有"古者"的"德善勋劳"。写到这里，我们不能不介绍徐复观教授在这个问题上的重要研究成果。他在所著《中国人性认史》一书中这样说："西周金文中，出现有许多'彝'字"，但"皆指的是宗庙常器，找不出一个作抽象名词用的'彝'字"。随后，他继续研究了十多个西周后期的"彝"字，发现同一个字，在西周前后期有一种意义上的转变，即：前期所使用的"彝"字，基本上是继承殷代所使用的宗教性很强（如祭神等等）、外加威仪、法典意义上的"彝"字，但到西周的中后期，"彝"上各种铭文中的人文意义、人文价值被突出出来，彰显开来，表扬起来。这样便造成一个"新"的、完全不作为"抽象名词"使用的"彝"字。这个新"彝"字所承当的，主要是人文价值、人文意义。徐教授在书中这样说："周初的所谓'彝'，完全系'人文'的观念，与祭祀毫无关系。周初由'敬'而来的合理的规范与制度，皆包括在'彝'的观念之中，其分量远比周初的礼的观念为重要。这是远承《洪范》的'彝伦'观念而来的。"但是，这个"彝"字所表现、表达的各种新意义、新内容，"终于在不知不觉之间，……吸收在原始的礼的观念之中。""诗经

---

① 民彝与政治［M］//李大钊文集：上．北京：人民出版社，1984：153.

末期之所谓礼，乃是原始的'礼'，再加上抽象的'彝'的观念的总和，而成为人文精神最显著的征表。"徐教授的著作为我们研究李大钊的"民彝"思想，提供了很大的帮助。这一项研究成果让我们认识到：第一，作为一个抽象观念、专门集中地表现人文价值、人文精神的"彝"字，在历史上是怎样形成的。第二，这个"彝"字连同它的"新观念"，又怎样被再次吸纳到原有的"礼"的范畴之中。第三，这个新的礼的观念，正像徐教授所说，"孔子所说的殷礼，当然不像周初周公所说的殷礼那样狭隘，除了祭神的仪节而外，更包括了殷代的法典、威仪在内；换言之，孔子所说的殷礼，实际上是周初所说的殷礼加上了殷彝；这应当看作是由彝向礼的移植扩充的具体证明。而这种由彝向礼的移植扩充，即意味着宗教人文的转移。"① 第四，徐教授的论断，也使我们更加认识到李大钊政治、文化眼光的犀利。在几千年的文化史中，他举起"民彝"这面最具人文精神的旗帜，把它"树立"起来，指引政治方向，这是何等眼光，何等气魄。因此，在这个问题上，我们认为还应该多多按照李大钊本人所曾做过的解释来理解它。

五、几点认识

下面谈几点我们自己的认识，在这一方面，我们不怕失之过繁，宁可说得啰嗦点、复杂点，而不要简单化。

（一）"民彝"是一个民族的全体人民在其历史发展过程中，通过其社会生活实践形成积累起来的全部智慧、才能、德性等等的禀赋，也是一个民族生存和发展的意志与愿望。一个民族所处的社会、历史与自然条件，全部对其"民彝"的内容有影响。一个民族的"民彝"可以说就是这个民族的文化素质，包括其风俗、习惯等等，但又不只是静态的文化素质，还包括动态的，如保卫和发展自己的意志、愿望、要求等等，对这些也许可以概括为民族的气节、民族的风骨。

（二）它是发展变化的。从李大钊的文章可以看到，"民彝"不仅可以"本"，可以"用"，可以"悬"，可以"应"，而且可以"显"，可以"彰"，可以"信"，可以"伸"；它也可以被"夺"，被"蔽"，被"障"，被"迷"，被"惑"，被"荒"，被"屈"，被"背"，被"郁"；就是说，"民彝"要伸张扩

---

① 以上引文均见徐复观. 中国人性论史 [M]. 台湾：商务印书馆，1980：44-45.

展，但也可能被抑制，被障蔽。它常常植根于人民的精神与心理之中，因此，虽可被外力劫夺一时，但只要民族没有灭亡，人民对"民彝"就应不仅勇于"本"，而且善于"用"。"民彝"本质上是精神的，是虚的；但可以物化，可以转化为实，如"彰""显"之于典章制度。而典章制度一旦形成，反过来自会再影响人民的精神。由此可见善为治者，应当善于对"民彝"作虚实之用。

（三）民彝是一个民族的群体精神意识，但它的本性也尊重和强调个体"己"的自由发展。同时，它又突出强调要遵从庸众（普通的大多数绝大多数民众）的庸言庸行和他们的生活常态。这种庸言庸行和生活常态，可以简言之为风俗。或者按"彝"训"常"的道理，可以称之为"民常"。从这个角度来说，"民彝"与风俗可以作为同义词来用。李大钊在《民彝与政治》一文中就说过："大盗窃国，……戕贼风俗之大本。"而风俗是一个国家、一个民族以至一个地区的群众在长期共同生活中形成的风尚、礼仪、习惯等等的总和。它涵蕴了政治、经济、文化等各方面生活与心理活动的内容，比较深层次地多方面地而且自然地体现一国一族或一区的人民群众的表质与特点。它通常便是上文说到的不成文法的重要内容。而不成文法又是国家根本大法—宪法的基础，这在前面已说过了。风俗、不成文法，各国、各民族各有其特色。它较多地体现一个民族的特殊素质，由此也决定了一个国家的宪法——如果健康地充分地以不成文法为基础，也必然具有独具的特色。

"民彝"思想还有许多方面与层次，在此不能尽述。仅由上述几点，已可概见李大钊提出"民彝"思想，虽然尚非以马克思主义为指导，但已把握住中国国情这个基本点，以此作为讨论的出发点，因此，这种"民彝"思想无论在当时以至在今天，都是很有启发与教育意义。李大钊何以能迅速地在中国率先转向马克思主义，我们从这里自可寻见许多轨迹。仅此，也足可表明，"民彝"问题值得我们反复地深入探究。

（原载《中华文化的过去现在和未来——中华书局成立八十周年纪念论文集》）

民本·德治·反专制

——李大钊政治思想的儒学底蕴

作为伟大中华民族杰出人物的李大钊，他的人格、思想、精神基本上由我国优秀文化遗产熔铸而成。过去，学术界对他思想中的马克思主义成分研究较多，对其中中国文化遗产成分研究较少。所以如此，原因很多，其中之一与对马克思、恩格斯在《共产党宣言》中说过的一句话产生误解有关。这句话就是："同传统观念实行最彻底的决裂"。如果机械地理解这一句话，并奉行这一句话，那么，谁也很难去谈什么李大钊思想与儒学的关系这样的题目。其实不然，马克思、恩格斯在这里所说的"彻底决裂"指的不是别的，而是指同反映私有制要求的传统观念实行"决裂"，而不是泛指一切传统观念，即否定一切传统思想。要看到马克思、恩格斯时常为他们自己曾经批判地继承康德以来的德国古典哲学遗产一事感到自豪。因此我们完全没有理由不开展李大钊对我国优秀文化遗产的批判继承这种课题的研究工作。下面，我试着把李大钊早期政治思想中所容涵的儒学思想成分，列举几种，介绍如下。

一、民本思想

在古代，民本思想的主要代表人物是孟子、邓牧、黄宗羲等。这种思想有几层含义：

1. 国以民为本，如《尚书·五子之歌》："民为邦本，本固邦宁"。①

---

① 《五子之歌》是《夏书》的篇名，原文久佚，然东晋梅赜伪古文《尚书》中则有之。

2. 民事最为重要，如《孟子·尽心下》："民为贵，社稷次之，君为轻"。[①]

3. 民之好恶决定国家命运，如《荀子·王制》引古语："君者，舟也；庶人者，水也；水则载舟，水则覆舟"。

4. 民意即天意，如《尚书·泰誓中》："天视自我民视，天听自我民听"。《尚书·皋陶谟》："天聪明，自我民聪明；天明威，自我民明威"。

…………

"民本"是李大钊政治思想发展的起点。这种思想在他的早期著作中随处可见。1916年，在反袁斗争中，李直接运用这种思想，向袁世凯之流展开批判，著文说，"大盗窃国，予智自雄，凭借政治之枢机，戕贼风俗之大本。凡所施措，莫不戾乎吾民好恶之常"。而人民的好恶却决定着国家的命运——"天视自我民视，天听自我民听"，民意就是天意，而天意是不可抗拒的。如今，袁世凯之流的所作所为，已经"戾乎吾民好恶之常"，因而，他们面临的，必然是失败。不仅如此，他还把"民意即天意""人民的好恶决定国家命运"这两条基本原理列为政治活动的"纲领"。他说，"方今求治之道虽广，论治之言虽庞，而提纲挈领，首当审谛兹理，以为设施"。否则，"去治日遥"，"泯纷之端"一定"迭起环生"，这样，政治就永无清明的希望了。[②]

这里需要说明一点，民本思想，就其性质而言当然不能等同于民主主义思想。然而，它与人本思想却有着互相关联之处，因此，我们可以把它看作人本主义精神在政治领域里的发挥，进而也可以把它看作民主思想的一种萌芽状态。

二、德治思想

德治思想的主要代表人物是孔子、孟子等，它有以下几层含义：

1. 治理国事者的主观条件是有德，如《论语·颜渊》："政者正也，子率以正，孰敢不正"。又如《论语·子路》："其身正，不令而行；其身不正，虽令不从"。

---

① 这三句话，学术界历来有不同理解。一种认为是：人民最贵重，社稷（指国家的庙宇、祭坛等）其次，君主最轻。另一种认为是：民的问题最重要，社稷的问题其次，君的问题不大。意思是说，对一个国家而言，君主不好，可以更换；社稷不好，也可以改变；只有民是无法换掉的，所以民的问题最重要。这里，我们采用后一种理解。诚然，孟子是不会"为民争权"的，他不过是从维护君权的角度，说这样几句话罢了。

② 民彝与政治 ［M］//李大钊文集：上．北京：人民出版社，1984：154.

2. 德来自修养，如《论语·宪问》："修己以敬"，"修己以安人"，"修己以安百姓"。（意思是说，为政者不修养则无德，这样就不能收德治的效果。）

3. 教化是治理国事的主要方式，礼是主要工具。① 如《论语·为政》："道之以政，齐之以刑，民免而无耻；道之以德，齐之以礼，有耻且格"。

…………

德治思想在李大钊早期著作中同样数见不鲜。他对民初政党的分析，表现最为集中。在他看来，政党这种东西本来是立宪政治的产物，"用之得当，相为政竞，国且赖以昌焉"，然而，中国的政党，人民把它们看作"亡国之媒"，"警之，惕之，箴之，式之，衹之，祺之"。这是为什么，就是因为它们的"党德"坠落。好话说尽，坏事做绝。"以言党风，有一主政，亦足以强吾国而福吾民；以言党德，有一得志，吾国必亡，吾民无噍类矣"。这些党的领袖们天天忙于"结纳挥霍"，"花天酒地"，"华衣美食，日摇曳于街衢"，耗尽民脂民膏。他们反而"给吾蠢百姓曰：'吾为尔作代表也，吾为尔解痛苦也'"。这种敲吾骨吸吾髓的政党，② 人民是不会信任它们的，因而也就决定了它们必然失败的命运。李大钊就这样用德治思想分析了民初政局中的政党。使人们得以认清它们的真正面目。

必须指出，德治思想有一个根本缺点，它谈政治而不触及政治的核心——权力问题，这样就不免流于空想。但同时又要看到，它的积极意义是儒学士人用它来和专制君主作斗争，限制君权。在这方面，在历史上是起过积极作用的。要知道，"仁政"的话语，不是对老百姓说的，而是对皇帝说的，这一点不可不明白。

三、反专制思想

在中国古代社会历史上，专制权利的泛滥，是久已存在的大问题。因此，抗议专制权力的声浪，在中国历史上出现的也很早。代表著作有《吕氏春秋·贵公》《汉书·谷永传》、《后汉书·汉阴老父传》等，主要人物有嵇康、阮籍、叶适、吕坤、黄宗羲、唐甄、谭嗣同等。反专制思想有以下几层含义：

---

① 儒家认为，治人者以身作则，固然是教化的根本，但治人者本人，不能一个一个地去教化百姓。因此就必须"制礼"，用礼来教化人民，只要人民习礼、守礼、行礼，国家就能收到"德治"的功效。

② 大哀篇［M］//李大钊文集：上．北京：人民出版社，1984：5.

1. 天下是天下人的天下，《吕氏春秋·贵公》："天下非一人之天下，天下人之天下也"。（《汉书·谷永传》转引此语）《后汉书·汉阴老父传》；"请问天下乱而立天子耶？理而立天子耶立天下以父天子耶？役天下以奉天子耶？"

2. 君为天下之大害，如黄宗羲《明夷待访录·原君》："天下之大害者，君而已矣"。"以天下之利尽归于己，以天下之害尽归于人，……久而安焉，视天下为莫大之产业，传之孙子，受享无穷。……荼毒天下之肝脑，离散天下之子女，以博我一人之产业，……敲破天下之骨髓，离散天下之子女，以奉我一人之淫乐"。

3. 专制之法是一家之法，如《明夷待访录·原法》："后之人主，既得天下，唯恐其祚命之不长也，子孙之不能保有也，思患于未然，以为之法。然则所谓法者，一家之法而非天下之法也"。

4. 二千年来的统治是大盗和乡愿的统治，如谭嗣同《仁学》；"天下为君主囊橐之私产，不始今日，固数千年以来矣"。"悲夫，悲夫，民生之厄，宁有已时耶！故常以为二千年来之政，秦政也，皆大盗也；二千年来之学，荀学也，皆乡愿也。① 惟大盗利用乡愿，惟乡愿工媚大盗，二者相交资，而罔于托之于孔"。

…………

反专制、抗强暴之精神贯穿李大钊一生。他把"君祸"看作二千年中国人民遭受苦难的总根源，说"暴秦以降，民贼迭起，虐焰日腾，陵轹黔首，残毁学术，范于一尊，护持元恶，抑塞士气，摧折人权，莫敢谁何！口谤腹诽，诛夷立至，侧身天地，荆棘如林，以暴易暴，传袭至今，噫嘻！悲哉！此君祸也，吾言之有余痛矣"。② 他把"乡愿工媚大盗"看作二千余年"君祸""虐焰日腾"的罪因，说"中国一部历史，是乡愿与大盗结合的记录。大盗不结合乡愿，做不成皇帝；乡愿不结合大盗，做不成乡愿的代表"。因此，中国二千年来无学术，有的只是"李斯之学"；中国二千年来无政治，有的只是"赢秦之政"。再看目前"这些跋扈的武人，无聊的政客，那个不是大盗与乡愿的化身呢？"③ 这样，他就承袭着我国古代反专制思想的战斗传统并将它应用于现实政治生活之中。特别是在反袁斗争时期，他指斥袁世凯一身串演"曹操、王莽、石敬瑭、张邦昌、刘豫、路易十四、拿破仑第三"的罪恶历史剧，用"酷烈之典诰"和残暴的武力对人民实行高压，搞的就是这一套"大盗"与"乡愿"狼狈为奸的

---

① 《论语·阳货》："乡愿者，德之贼也"。

② 大哀篇［M］//李大钊文集：上．北京：人民出版社，1984：4.

③ 乡愿与大盗［M］//李大钊文集：上．北京：人民出版社，1984：619.

统治术。殊不知具有深厚反专制传统的人民一眼看穿它们的诡计，对他们的历史审判已为时不远。

结　语

以上，我们对李大钊早期政治思想中继承我国古代优秀文化遗产的成分作了一些初步考察，目的之一是加深对李大钊思想的理解，其次也是为着强调继承民族优秀文化遗产的重要性。因为，在目前世界上，民族之间的差别还未消失，对每一个民族来说，头等重要的事是维护民族独立。讲民族独立，意思不是说要独立于世界文化发展的进步潮流之外，而是要在其中争得一份光荣而独立的地位，这一点不能误解。其次，这种独立可以从政治、经济、文化三方面入手，不过，人们常对政治、经济方面的独立认识比较深刻；而对文化方面的独立，往往认识不足。事实上，文化上的独立与民族独立本身不能分离。如果文化不独立，就必然沦为其他民族的文积附庸。这样，所已取得的政治、经济独立，也必然随之而丧失。讲维护民族文化独立，第一必须注意继承和发扬本民族的优秀文化遗产，其次必须主动吸取其他民族文化的优秀成分，并将它溶于自身肌体之中，发扬创新精神，促使民族文化的更新和发展。认识到这几点，那么我们对李大钊继承我国古代优秀文化遗产的考察，就有了新的、更有启发性的现实意义。

（原载《北京社联通讯》1989 年第 6 期）

语际、语境、时空

——李大钊早期文稿校注中的一些认识和体会

经过三年多的工作，我们承担的新版《李大钊文集》（第一，二卷）的编注工作终于完成了。总结这次的编辑、注释工作，感到所作的工作与承领任务后计划实现的目标尚存在一定距离。当时，我们的想法是：（一）必须汇聚和反映已有的收集、整理、编辑出版和研究的成果；（二）必须在已有成果的基础上有所前进；（三）必须尽可能完整、真切、扎实地呈现李大钊同志的思想风貌、学术成就；（四）必须尽可能地对读者读懂李大钊的文章、理解李大钊思想有所帮助。而现在看，我们的目标并未能完全实现。比如，对李大钊同志的文章，我们自己至今还有许多不懂的地方，有的是文句读不懂，有的是名词概念不懂。例如《政论家与政治家》这篇文章中，有一个词，叫"苦罗马家宗"，（第一卷第365页），怎么断句，都不通，问题出在哪儿，是哪个字印错了，也搞不清。再如《论官僚主义》中有一句："惰萧之习"，我们查遍了工具书，还是搞不清。这是属于名词概念的。还有句子不懂的，比如《中国国际法论》的序言中"返顾夏宇邦之人"，（第一卷第122页）这样一句，不解其意，是不是有错？但错在哪，不得而知。再有像《大哀篇》《裁都督横议》当中，我们都有读不懂的地方。为什么读不懂？有时代原因，也有我们认识的水平问题，可见，我们要读懂大钊同志的文章，理解李大钊、还得老老实实地下功夫。在新编文集的注释中，凡是正文读不懂的地方和弄不清楚的人名或地名，我们一律写上"不详"两个字。我们期待着继续做注释工作的同志，特别是年轻同志进一步搞清楚，做出新的贡献。这是学术文化发展的正常现象。

当然，在这次编注《文集》的过程中，我们弄清楚了一些以前没有弄清楚的问题，积累了一些心得体会，现在写出来，希望得到大家批评指正和帮助。

一、我们的体会

要读懂李大钊同志的著作，我们的体会主要有三点：（一）首先需要注意语际关系；（二）要注意语境关系；（三）要注意时空观念的交融。

（一）语际关系

我们知道，李大钊同志的文章多是浅近文言文或白话文，从文字上讲，我们通常以为比较好懂，因为文字并不艰深。但是，实际上，李大钊同志生活的那个时代——清末民初，正是中外文化在学术界、文化界大规模交流之际，因此，在他的文章中就包含着中文、日文、英文、法文、德文、俄文等多种语言和文字的关系即"语际"关系。这种种语言文字的名词、概念都纠缠、搅和在一起，若不从语际关系清理起，在很多情况下是弄不明其所以然的。特别是，这种种语际关系都掩盖在同一种文字即中文之下，从表面上看是中国文字，实际上后面埋藏着外语和汉语之间的关系。这种被掩盖起来的语际关系特别不好处理。试举一例，有个人名叫"腊利翁"，用语音来理解（即音译"腊利翁"），查不到；从意译的角度去理解，似乎可以把"翁"解释为"老先生"，"腊利老先生"，好像通了，但"腊利"老先生是谁呢，还是弄不清楚，也查不到。后来，又发现"马肯陶士翁"一词，李大钊在他的英文姓名之后加了一个"Sir"，这一下明白了，原来这个"翁"不是别的，而是"爵士"的意思，倒过去看，所谓"腊利翁"即"腊利爵士"。又如《弹劾用语之解纷》一文中，有一个叫"唐弼卿"的人，这个人名我们查找了很多工具书，都查不到，那么，怎么办呢？所幸我们从李大钊文中知道这位先生曾涉及英国法制史上的一桩弹劾案，于是我们去查有关英国法制史的著作，这样才算把问题搞清楚。原来这位先生的英文名字叫 Thomas Osborne Leeds，今译为托马斯·奥斯邦·利兹。利兹与唐弼卿，无论就音、意哪一方面来说，相差都很远，怎么回事？原来这位人物是英国的财政大臣（1632 年生，1712 年去世）。因对改善英国的财政状况有大功，被英皇封为伯爵。Earl of Danby，称为丹比伯爵。李大钊是在日本留学的，很多语言习惯是根据日文，日本人把"伯爵"翻译成"卿"，"丹比伯爵"就成为"唐弼卿"了。这是人名、爵号的转换，表现出多种复杂的语际关系。李大钊文中举他为例，是因为他一方面以对法战争为借口，在英国国内筹集资金，另一方面却又与法国密谈，以和平为条件，要求法国政府给予补贴。他由此受到议院的弹劾，于 1678 年被捕。这成为弹劾史一个典型案例。如果不从英国法制史书上去找，只从一般工具书中是找不到的。

再举一例，李大钊在《大战中之民主主义》一文中讲到法国的爱国主义，说"法国之民重质不重量，其爱国心纯为优美思想之所凝化"，并举姜达库时代为例，那么，"姜达库"是哪一位呢？就是众所周知的圣女贞德，法文是 Jeanne d'Arc，可能在日语中，发音为"姜达库"，李大钊沿用了。这里表现的也是语际关系。

（二）不同语境的重合与变异

在多种语际的关系上，又产生了多重的语境。语境即语言交际的情景，一般指的是一篇文章或讲话所处的条件，如时间、地点、场合、交际内容和对象等。人们在使用语言的过程中，总是和特定的语境相联系，而语言的含义和表达的效果也总是在特定的语境中表现出来。大钊同志的文章，词汇用语及一些特有概念，典型地反映了不同语境的重合，或多重语境的交合。通常，他运用的是中文词汇，表达的也是中文意思；但也有时候，他运用的是中文词语（汉语），表达的却不是中文意思，而是其他语言的意思。这不仅仅是一个词语的问题，而是一个思想的问题、观念的问题。概略而言，有这样几种语境关系：（一）大钊运用的是汉语词汇，表达的则是在西方文化或日本文化的语境中的含义；（二）大钊运用的词汇，在古代汉语和他所处的时代，词语一样，他所解释的含义则大不一样；（三）大钊同志运用的是清末民初汉语词汇，表达的意思则既有此词在中国传统意义上的概念，又具有西方语境中的概念；（四）大钊运用的词汇，在他所处的时代和我们今天的时代，词语一样，而他与我们对同一词语认知的含义则有本质的区别。这样几种不同的语境交合在一起，就会形成种种误解、曲解及不理解，只有仔细体会大钊同志所处时代的真实环境、理解他所用词语的真实含义及其特定语境，才能够理解大钊同志的思想、观念与认识。下面举几个例子说明。

首先，就第一种情况举个例子。如"调和"这个词，李大钊在早年政论中多次提到，并撰有《调和之法则》《辟伪调和》《调和剩言》等专文论述。通常，人们一般理解，是按中国传统意义的语境去理解，"调和"就是儒家的中庸、调适思想，实际上，李大钊文中所用的"调和"，并不是中国语境中的意思，而是西方近代文化语境中的含义，其英文为 Compromise，现代汉语译过来就是"妥协"。"妥协"精神是西方近代政治活动中的最重要的政治原则，是法治主义下政治活动的最常见的解决问题的办法，也是英国自由主义思想家洛克、约翰·密尔及斯宾塞等一再阐发的思想。在清末民初的中国，"调和"观念最早经严复介绍予国人，此后，章士钊、张东荪、李剑农、杜亚泉等人在民初的思想舆论界大力提倡，成为五四前启蒙思想的一个重要方面。李大钊阐释的"调和"观念，也正是这一思潮与时代精神的体现。如果我们用传统儒家思想的中庸观念去理解它，那就大错特错了。

如果说"调和"这个词反映了中国与西方不同的语境的话，那么，"华严之泷"则反映了中国与日本之间不同的语境。李大钊在《厌世心与自觉心》中提到"华严之泷"，后又写有《北京的华严》一文。"华严"这个词，如果按字面意思理解，我们马上就会联想到佛教，以为是佛教术语，但实际上，大钊文中指的是日本一个著名的瀑布，而且是有某种寓意的瀑布。这个瀑布位于本州枥本县日光市日光山，是日本著名的宗教和观光胜地。明治三十六年（1903年），京都帝国大学学生藤村操因人生问题而感到困惑，于此间一树上题写"岩头之感"，投入瀑布自杀。以后，常有青年来此地自杀。因此，李大钊在论厌世、自杀等问题时，就举"华严之泷"为例来说明。

第二种情况，典型的例子有"风俗""民彝"。"风俗"这个词在古代汉语中就有，指相沿积久而成的风气、习俗。如《诗·序》："先王以是经夫妇，成孝敬，厚人伦，美教化，移风俗。"又如《史记·李斯传》："孝公用商鞅之法，移风易俗。"这两处的意思都是风教、风气、习俗的意思。在中国传统社会中，人们对风俗教化的作用非常重视，李大钊在《风俗》一文中，运用的是这一词语，也沿袭了中国传统语境中的解释，但他又做了一些新的解释与发挥。他运用西方近代社会学的知识，予传统观念新的解说，他认为：风俗的好坏决定着国群的兴亡；一群之中，群枢即领袖人物对风俗的形成起着关键作用；但群与个人互为因果，有如何之人群，就会产生如何之人物，有如何之人格，就会造就如何之人群。这样，他就将传统意义上的"风俗"与近代意义上的"群"之观念联系在一起，并开始将倡导、转化风俗的力量从领袖人物转向民间群体。因此，他得出结论说："群枢倾于朝，可以兴于野；风俗坏于政，可以兴于学。"

第三种情况，最典型的例子为"政治"。"政治"这个词，在古代中国，有两层含义，"政"指政理，治国之道即治国大政方针即原则，"治"则指治术，即治国的具体措施、手段与方法。在西方语境中，"政治"则仅具有中国古代的"治术"这一层含义。李大钊在《政治对抗力之养成》《民彝与政治》《暴力与政治》《强力与自由政治》等文中，多次运用了这个词，那么，李大钊的"政治"究竟是什么意思呢？这就要区分不同的语境、不同的观念，在《政治对抗力之养成》《民彝与政治》等文中，李大钊用的是汉语语境的意思，即政理层面的"政治"，他所探求的是治国之道，是用民主主义还是用专制主义来作为治国的方针。而在《暴力与政治》《强力与自由政治》等文中，李大钊则用的是西方语境、西方文化中的含义，相当于英文的 Government 一词，今天译为"治理""管理"。这两种不同的语境，使李大钊非常难于处理，他不得不一再强调，他所讲的不是中文的"政治"概念，而是指欧洲的"政治"概念。李大钊有时用中文概念，有时用英文概念，如果不注意加以区别，就会产生错误理解。

第四种情况，也有很多典型的例子。如"官僚主义""模仿""暗示"等词。先谈"官僚主义"。在我们当代人的意识中，这个词是个贬义词，在古代汉语中，没有这个词汇，这个词语是近代从英文的 Bureaucracy 翻译而来，在西方文化的语境中，Bureaucracy 一词一般含有强烈的贬义，一方面指政府机构不公平、不近人情、人浮于事、效率低下等行为；另一方面则又与君主专制、民主等形成对照，特指政府官员的专断横行。这种强烈的贬义经过翻译，逐渐为中文世界所普遍接受。今天我们正是在这个意义上用它的。但是，在李大钊《论官僚主义》一文中，有"欲张官僚主义之帜，以清政界之缘"一语，又有"非取官僚主义，无以绝流杜渐"这样的话，按我们现在的意思，就无法理解。"官僚主义"明明是贬义词，而李大钊却要用它"绝流杜渐"，"清政界之源"，怎么回事呢？原来，"官僚主义"在十九世纪、二十世纪的西方，还有一层意思，即指一种由训练有素的职业行政官员担任主要行政职务的政府管理体制，实际上就是现代文官制度或公务员制度的理想化的构想。李大钊在这里，正是按一种理想化的文官制度这一意义来使用"官僚主义"这个词的。

又如，"模仿""暗示"这两个词，现在我们都认为是心理学的术语，主要是个人的行为或心理活动。这些词及意义，都是从西方传来的。但在清末民初这个时候，正是西方近代心理学、社会学形成之时，两门学科之间的分界线尚不明显，所创新词往往混用，同时，人们将各种新词常常用于分析人类社会现象，"模仿""暗示"就是这样的词语。"模仿"为英文 Imitation 的译语，"暗示"为英文 Suggestion 的译语。它们成为固定的术语是近代西方社会学发展的产物。十九世纪末年，法国社会学家达尔德（Jean-Gabriel de Tarde，1843—1904）发表《模仿律》一文，专门系统地阐述了模仿理论，认为模仿现象是一切社会现象形成的共同规律，不仅儿童之语言服饰、成人之风俗习尚，皆由模仿而成，就连法律、政治制度以及宗教信仰、艺术等，无不由模仿而成。模仿由是成为术语，并很快成为社会学研究等领域中的基本概念之一。李大钊正是在此种意义上使用这一术语，因而在《风俗》《民彝与政治》等文中多次阐发转移风俗、改革制度等，都存在模仿、暗示之作用。由此可见，对李大钊所用的术语，单纯从我们当代人的语境出发去理解，不但远远不够，甚至还会曲解。因此，必须弄清李大钊所讨论问题与运用词语的真实语境。

（三）时空观念的交融

在不同语境重合的关系上，就形成了不同时空观念的交融。如何一种语境及观念，总是分布在特定的时间、空间环境中。而任何时代、环境下的思想家又总是围绕着他所处时代、环境的某个中心问题而展开自己的思考的。李大钊同志的著作，充分反映了他生活在清末民初那个时代的特色，而那个时代的现实问题，又迫使他不停地思考，并不断更新和推进他的思想与实践的活动。他的思想的演变，反映出随着时空的变化而转变发展的特征。

李大钊对"二次革命"与"护国运动"的评价，就是这样一个典型的例子。"二次革命"是1913年7月至9月，由孙中山领导国民党人发动的反对袁世凯独裁的战争，本属于正义的、革命的行为，但在1913年冬，李大钊将这次革命称之为"南天动乱"，直到1914年8月，他到日本留学半年之后，他仍称其为"南中再乱"（《物价与货币购买力》）与此同时，他在文中多次称国民党人为"狡横豪暴之流"，称国民党人的统治为"暴民政治"。对二次革命及国民党人的这种称谓，说明李大钊在此一时期，尚分不清立宪民主主义和革命民主主义的区别，对国民党人缺乏了解，因而将国民党人的反袁活动称为"动乱"。而到后来，当反袁称帝的护国运动爆发后，李大钊称其为"南中倡义"（《民彝与政治》）。对反袁活动，从称"南天动乱"到称"南中倡义"，反映了李大钊在特定的时间（1913—1916）与空间环境（中国—日本）中的思想发展变化。

二、我们所作的工作

由于考虑到、注意到了语际、语境、时空观念这三层的关系，我们在编辑、校勘、注释《李大钊文集》时，就发现了一些新的问题，改正了原刊及通行版本中的一些断句、标点及其他错误，从而在帮助人们读懂读通李大钊同志的文章方面，也相对向前推进了一步。

（一）校勘

校勘方面，我们的原则是以最初刊行的文稿为准，参校以其他较好的或通行的版本。凡我们认定错误的地方，均作出了修改。这些错误一般分以下三种情况：一种是原刊错误，通行本已改正；一种是原刊正确，通行本改错了；另外一种是原刊错误，通行本仍然沿袭。对此，我们采取的办法是，第一种情况，我们吸收通行本的成果；第二种情形，一律据原刊，将通行本之误加以改正，恢复文稿最初发表时的原貌；第三种情形，我们在作出修改的同时，保留原文，如为印刷之误，则校改，如为作者在史实、引文方面的失误，则以注释说明。有些存疑的，大半仍其旧。我们这次所作的校勘工作，主要是后两种情况，下面分别举例说明。

1. 大钊同志在《宪法与思想自由》一文中，由这样一段论述："政教相混，原为人类进化必经之一阶级，世界各国莫不循此轨辙，而今尚有存此遗习者也。彼法、西、英诸国，关于教会与教育分离问题，纷议尚炽，其明证焉。盖政教相混，每酿绝大之纷争，欧洲一部历史，皆其纷争之记录也。东洋自古无宗教之纷争也，此最不幸者。而吾中国，儒、释、道、回、耶，杂然并传，含容甚广，是信仰自由之原理，已为吾先民所默契。"此段论述的主要意思是主张政、教分离，并以例说明中国古代人民已承认信仰自由的精神。问题在于"东洋自古无宗教纷争也，此最不幸者"，则与该段主要意思不合。从该段论述的上下文即语境来考察，无论如何，也不应该出现这样一段话；从我们今天所理解、认识的中、西方历史及文化观念看来，这句话的意思也不符合东方及中国的历史。由此推断，此处可能有错。核对原刊，果然错了。原刊文字是："东洋自古无宗教之纷争也，此最足幸者"，通行本多了一个"不"字。这一个简单的"不"字，有没有，意思就会产生根本的不同。我们依据原刊，改正了通行版本中的误处。通行本之所以误，多半因时代变迁，语言变异，对原刊文字未索确解，又以意度之，误认原文不当而径改者。此类误处尚多，此处不拟一一列举，典型之例，参见附表（一）。

2. 上述情形是以原刊纠正通行版的错误。实际上，这比较容易，以原刊为准就是了。困难在于李大钊著的文稿本身即错了，这需要花大力气、下苦功夫才能发现。例如，在《朱舜水之海天鸿爪》中，李大钊写了一大段讲述朱舜水"寄郑成功书曰：六七八日，入南京，兵围瓜州，十七晨克城。……二十三日，镇江内降。……七月八九日至南京。……今退守舟山、闽、浙，意在重来。……"等等，从文中内容看，朱舜水所述之事，均为郑成功的活动，既然是郑成功自己的活动，怎么又要朱舜水在信中叙述？从语境关系来分析，此处肯定有误，经查阅朱谦之编《朱舜水集》，发现这封信是朱舜水写给一个日本人安东守约的。这说明，此处是大钊同志自己弄错了，或他所引用的书搞错了。类此作者本人的失误，也列表如下，参见附表（二）。

此外，原刊中尚有一些印刷之误，致使文字错漏。典型错误，参见附表（三）。

（二）标点

由于时代原因，原文无标点，或者有，也甚为粗疏。如不加细究真意，容易误点，因而误导读者，以至改动原意。以前通行的版本（84 版）中有不少误点，误点的根源，在于标点者未注意作者文字中所包含的不同语际、语境及时空观念的变化。下面分别举例说明各类误点、误断之处。

第一类误点，是语际关系未搞清楚而致。如人名问题：有将一个人当成两个人的，如《俄国大革命之影响》中，有这样一句话："吾之东邻，寺内内阁之成立，即以是为招帜者也。其国之学士文人，如上杉、慎吉、茅原、华山辈，又从而为之鼓吹。"此句中，上杉慎吉本为一个人，茅原华山也为一个人，但上引文字就将一个人断成了两个人。也有将两个人当作一个人的，在《〈晨钟〉之使命》中，有"萨兰德、海尔特尔、冷新、乃至改得西尔列尔之流"这样一句，"改得西尔列尔"实际上就是歌德和席勒，故正确的标点应为"改得、西尔列尔"。误点的原因也在于语际问题，即未能从英文或德文的音、意方面去考虑这两个人名的读法。

第二类误点，是未注意语境关系所致。在《省制与宪法》一文中，大钊同志在论述联邦制时，讲到国人对联邦制的看法，其中有一句，通行本（84 版）是这样断的："联邦之名，国人至今多相惊以伯。有以为联邦之制一见实行，莽莽神州必且四分五裂，演成割据之局统一殆无可望。"如果不认真体会，此种断句似乎也通，文意上可以顺下去。但如果考虑到大钊同志撰写此文时，国会正在为省制是否入宪而展开激烈的争论：部分议员（主要是国民党）主张省制入宪，以扩大地方的权利；而另一些议员（原进步党）则反对省制入宪，力主维护中央政府集权。李大钊此时的思想已倾向国民党，他撰写此文，也还是为了配合国会的斗争。此文的主旨，在于论述地方分权的重要性与省制加入宪法的必要性。因此，李大钊在论述"联邦"时，以为"联邦与统一"并非相背而驰，而一般国人却对联邦不理解乃至惊恐惧怕，故李大钊用"伯有"这个中国古代传说中的厉鬼来形容国人对联邦的态度。而原标点者则将"伯有"断在两句话中，失去了作者用"伯有"的特定含义，根本曲解了文意。因此，该句正确断法应为："联邦之名，国人至今多相惊以伯有，以为联邦之制一见实行，莽莽神州必且四分五裂，演成割据之局，统一殆无可望。"

再如在《政论家与政治家（一）》一文中，李大钊论述了人类精神文化与实际政治方面二者相互促进、相互影响的关系，关于德国思想家、文学家，李大钊列举了康德等人，通行本断为："德意志有康德、圭得别、特文于思想界为欧洲之宫殿，……"从该句的上下文即语境判断，"特文"也应该是个人名，否则，"特文于思想界为欧洲之宫殿"，句意不通。正确断法应为："德意志有康德、圭得、别特文，于思想界为欧洲之宫殿，……"文中的"圭得"即歌德，

"别特文"即贝多芬。

第三种误点，是由于未考虑时空观念的交融而产生的。李大钊在《〈甲寅〉之新生命》中，从宇宙进化即时空变化的观点，论述了《甲寅》随环境变化而变化的特征："《甲寅》者，亦于天演中而有其生存之资能者也。故亦不能外此大法，而不从此大机轴以为回旋；故亦不能不择其适于生存之道，以顺应厥环境。环境而之画也，《甲寅》不能自封于浑；环境而之杂也，《甲寅》不能自守于一；环境而日趋于流动也，《甲寅》不能自拘于固定；环境而日趋于频繁也，《甲寅》不能自胶于迟滞；环境而日趋于短促也，《甲寅》不能自废于恒久。"以前的通行本（84 版）则断为："《甲寅》者，……以顺应厥环境，环境而之画也。《甲寅》不能自封于浑环境而之杂也，《甲寅》不能自守于一环境而日趋于流动也，《甲寅》不能自拘于固定环境……。"以此断为准，文意将不知所云。如果我们从近代时空观念的意识出发去理解该段文字，就不会产生这样的误断。

再如李大钊在《省制与宪法》中，引用了《虞书·舜典》中的一句话，通行本断为："《舜典》'协时、月正、日同、律度量衡'云云，所以谋国家之统一也。"该句的意思是说，天子巡守四岳，会盟各诸侯国之前，要预先约定准确固定的时间。因为在上古时代，各诸侯国或部落所用的历法各不同，时、月、日的规定均不一致，也即时间观念不同，而互相之间的信息传递又较少，且不畅通，故天子在出巡时，一定要提前计划，预定时间，以便各诸侯国据此标准时间协调各自的时间，这就首先要求"协时月"，而时月之差由积日而成，因此要"正日"，而在此基础上，则"同律度量衡"，即统一各诸侯国不同的度、量、衡。从古代特定的时、空观念的角度理解该句文字，就会发现此处的误点。正确的标点是："《舜典》：'协时月、正日、同律度量衡'云云，所以谋国家之统一也。"

此类误点之典型事例，也列表如下，参看附表（四）。

（三）注释

注释工作从何处下手，也是值得讨论的。李大钊同志的文化素养是很高的，在他的文章中，既有丰富的中国传统语境中的词语，也有很多外来词语。这些词语中，有些是一般知识性的词语，有些是典故，还有一些是思想观念性的词语。我们替《李大钊文集》作注释，"注什么？"这是首先要解决的问题。这个问题解决了，然后才谈得上"怎么注"的问题。因此，条目的择定为注释工作之第一要着。而择定条目之依据，也是依据语际、语境、时空观念等三层关系，着眼于疏通古今变迁、中外文化交流而产生的异义、异解、误解，尤其着重思想观念性的词语。此类词语也可分为几类：

第一类词语，属于语际关系方面的有：

唐弼卿	义公	马肯陶士翁
姜达库	人见传	西尔列尔
罗邦德	圣一国师	约翰 贾克 卢骚
载切夫	茅原华山	耶德互德七世
别特文	田鹿素行	麻謌末二派互抗
改得	女皇安	那札雷一木工之子

第二类词语属于语境关系方面的，如：

风俗	官僚主义	之推仕人
模仿	惟民主义	华严之泷
政治	国家主义	
暗示	暴民政治	
调和	非常之原	

第三类词语为特定的、具体的事件或特指的人物，因时代变迁，而现在不易所解者，如：

某省	江西近事	载明刺李
某督	南中再乱	狡横豪暴之流
	南中倡义	王孙满严辞拒之

关于上述词条的解释，典型例子已见本文第一段的论述，其余词条参看新版《李大钊文集》，此处就不一一注出了。

总之，通过这次编注《李大钊文集》的工作，我们明确了以下几点认识：

1. 李大钊同志著述的语言文字，充分地反映了他所处时代的鲜明特色。在他的文章中，不同时空的语言文字在碰撞、交流，在沟通，在融会，从而体现出复杂的语际关系，多重的语境关系。因此，理清语际关系，特别是理清语境的变异与重合，是今天如实呈现李大钊著述的一个关键。

2. 从时空观念出发了解李大钊同志所处的时代，有助于充分认识和理解那个时代。我们认识到，在他生活的清末民初，政治、文化、社会及社会生活的各个领域都存在着外来的与本土的、新生的与旧存的、或者说中国的与西方的（经过日本而来）、传统的与现代的、古的与今的、精神的与物质的多方面力量的较量、斗争。而各领域之间又在相互影响。这一切较量都是有退有进，相互影响、相互作用，也就是互动。这种互动关系相当深刻地、多方面地反映在李大钊的著述中。

3. 李大钊的著述，也反映了他的政治时实践与思想活动以及他的精神追求几方面的互动关系。李大钊的政治实践，推动着他的思想理论及学术活动；他的思想理论活动（包括他的著述）本身，实际上又是其政治活动、政治实践的一部分；而他所从事的一切政治实践及思想理论活动，都与他的精神追求分不开。他的精神追求，就是为了探索近代中国的救亡之路、富强之路。正是这种精神促使他从一个爱国青年，一个立宪民主主义者，转变为一个革命民主主义者；又从一个革命民主主义者率先转变为中国最早的马克思主义者。在李大钊同志身上，政治实践与理论探索、政理与学理是统一的，其人格与实际活动是融为一体的。这种统一又是与他所秉承的文化、传统及所处时代的特征分不开的。可以说，李大钊的人格、中外文化的交融、近代中国的时代要求，在李大钊身上也处于互动的关系之中。

4. 最后，需要指出的是，不仅李大钊同志的著述反映了时代的特征、具体鲜明的时代性，而且，我们研究者，对李大钊同志著述的整理、编注及认识、研究也充满了时代性，反映了时代的变化。李大钊牺牲后不久，中共地下党员李白余同志（后改名李乐光）冒着生命的危险，即开始搜集李大钊的遗文，并编成四卷文稿。原稿第一、二卷曾寄给上海北新书局出版，但当即遭到查禁。五十年代，先后有《守常文集》《李大钊选集》问世，但受时代限制，大钊同志的很多文稿还是不能公开出版。八十年代编辑的《李大钊文集》，是当时搜集最为齐全的大钊著作集，但是，在已刊的文章中，也删去了当时认为不适宜于现实的文字。而今天，我们再一次编注《李大钊文集》，凡以前被删的文字，全部予以恢复。由此可见，编辑李大钊的著述也充分反映着时代的变化。至于认识李大钊、研究李大钊，更是如此。因此，今天我们之所以能比前人做的工作前进一步，能比前人认识清楚一些、深刻一些，既是我们吸收了前人的已有成果而取得的，也是由今天这个时代的整体认识水平决定的。

总之，我们体会：李大钊著述的语言文字充分反映了时代特色，不同时空的语言文字在交流、沟通和融合。我们在读李大钊的著作时，要注意文章的语际、语境和时空观念，才能正确了解李大钊著作的面貌，读懂读好李大钊的著作。

附表（一）

篇目名称	原刊	通行版（84版）	新版处理	新版页码
朱舜水之海天鸿爪	大贼管效忠	犬贼管效忠	恢复原刊	卷一　14

续表

篇目名称	原刊	通行版（84 版）	新版处理	新版页码
覆景君函	其笔迹……手札、图象则拍以写真	其事迹……手札、图象则拍以写真	恢复原刊	卷一 28
裁都督横议	竭其脂膏，以供养兵之用	竭其脂膏，以供养民之用	恢复原刊	卷一 38
政治对抗力之养成	心所谓危	必所谓危	恢复原刊	卷一 98
宪法与思想自由	东洋自古无宗教之纷争，此最足幸者	东洋自古无宗教之纷争，此最不足幸者	恢复原刊	卷一 231
宪法与思想自由	人之于世，不自由而不生存可也，生存而不自由不能忍也	人之于世，不自由而生存可也，生存而不自由不能忍也	恢复原刊	卷一 235
矛盾生活与二重负担	自戊戌以迄辛亥，其间政派，无问其为温和为激进……	自戊戌以迄辛亥，其间政派无间，其为温和为激进	恢复原刊	卷一 239
一致与民望	惟论者告余，吾既非政党内阁之国	惟论者告余，吾既非政党之国	恢复原刊	卷一 290
议会与言论	或其性质轻躁易激	或其惟质轻躁易激	恢复原刊	卷一 300
调和之法则	当知音之最美者，皆由宫商角徵羽调音而出也	当知音之最美者，皆由宫商角征羽调音而出也	恢复原刊	卷二 26

附表（二）

篇目名称	原刊	新版处理	新版正文页码	注释页码
朱舜水之海天鸿爪	先生寄郑成功书	应为寄安东守约书，保留原文，以注释说明	卷一 14	卷一 336 注 15
朱舜水之海天鸿爪	田鹿素行	应为"山鹿素行"，以注释说明	卷一 15	卷一 338 注 28
东瀛人士关于舜水事迹之争讼	圣一国师，佛光禅师，同为宋之亡人	圣一国师非中国人，应为日本人，以注释说明	卷一 26	卷一 346 注 19
文豪	歌离黍之章	应为"歌黍离之章"以注释说明	卷一 70	卷一 368 注 30
警告全国父老书	铜山东崩，洛钟西应	应为"铜山西崩，洛钟东应"	卷一 115	卷一 400 注 17

续表

篇目名称	原刊	新版处理	新版正文页码	注释页码
民彝与政治	孔子云：舜何人也，予何人也，有为者亦若是	非孔子所云，以注释说明	卷一 153	卷一 416 注48
民彝与政治	老子云："圣人不死，大盗不止"。	非老子语，应为庄子语，以注释说明	卷一 158	卷一 421 注99

附表（三）

篇目	原刊	新版处理	新版页码
隐忧篇	祺之	諆之	卷一 1
法律颁行程序与元首	因不待公布始然也	固不待公布始然也	卷一 66
文豪	药屋愉闲	药屋偷闲	卷一 69
风俗	益群云者	盖群云者	卷一 89
警告全国父老书	中国不敢于坐亡	中国不甘于做亡	卷一 117
厌世心与自觉心	雏倡分飞	雏侣分飞	卷一 139
厌世心与自觉心	更安可望者	更无可望者	卷一 143
民彝与政治	群之人视彼性圣之嘉言懿行	群之人视彼往圣之嘉言懿行	卷一 153
民彝与政治	文明闻敷	文明开敷	卷一 155
民彝与政治	蚩蚩者泯	蚩蚩者氓	卷一 155
民彝与政治	异邦干禄之子，……以致祸水横流，滔滔未已，使吾民不得不别觅表现，以与乡愿大盗相周旋。民彝之道，湘贤谭复生而生于今日，更不知作何沉痛之语。	异邦干禄之子，……以致祸水横流，滔滔未已，使吾民不得不别觅表现［民彝之道］，以与乡愿大盗相周旋。湘贤谭复生而生于今日，更不知作何沉痛之语。	卷一 154—155

附表（四）

篇目	通行版（84版）	84版页码	新版处理	新版页码
《晨钟》之使命	萨兰德、海尔特尔、冷新、乃至改得西尔列尔之流，	上册180	萨兰德、海尔特尔、冷新、乃至改得、西尔列尔之流，	卷一 171

续表

篇目	通行版（84版）	84版页码	新版处理	新版页码
政论家与政治家（一）	法兰西有约翰、贾克、卢骚、福禄特儿之徒出，……	上册319	法兰西有约翰·贾克·卢骚、福禄特儿之徒出，……	卷一　305
政论家与政治家（一）	德意志有康德、圭得别，特文于思想界为欧洲之宫殿，	上册319	德意志有康德、圭得、别特文，于思想界为欧洲之宫殿，	卷一　305
俄国大革命之影响	其国之学士文人，如上杉、慎吉、茅原、华山辈，又从而为之鼓吹。	上册363	其国之学士文人，如上杉慎吉、茅原华山辈，又从而为之鼓吹。	卷二　21
战争与人口	惟在今日，……则鸵鸟之说，只可视为南华、蝶梦之类。	上册385	惟在今日，……则鸵鸟之说，只可视为南华蝶梦之类。	卷二　47
省制与宪法	联邦之名，国人至今相惊以伯，有以为联邦之制一见实行，	上册236	联邦之名，国人至今相惊以伯有，以为联邦之制一见实行，	卷一　223
弹劾用语之解纷	《六书》故	上册8	《六书故》	卷一　4
东瀛人士关于舜水事迹之争讼	自舜水归化入江户之水户，第于今二百有五十年矣。	上册26	自舜水归化入江户之水户第，于今二百有五十年矣。	卷一　26
文豪	目击社会，悲惨痛心，阶级制度之不良，发愤著书，有十九世纪沙翁之目。	上册71	目击社会悲惨，痛心阶级制度之不良，发愤著书，有十九世纪沙翁之目。	卷一　69
文豪	必至末日，忏悔始有解脱之期。	上册73	必至末日忏悔，始有解脱之期。	卷一　70
风俗	亡群之罪，不必全尸助长之人群之自身，亦实有自作之业。	上册92	亡群之罪，不必全尸助长之人，群之自身，亦实有自作之业〔孽〕。	卷一　91
厌世心与自觉心	溯其建国伊始，或纵有国，而远不逮，今斯其爱国，又将云何！	上册147	溯其建国伊始，或纵有国，而远不逮今，斯其爱国，又将云何！	卷一　139
省制与宪法	"协时、月正、日同、律度量衡"	上册228	"协时月、正日、同律度量衡"	卷一　216

续表

篇目	通行版（84版）	84版页码	新版处理	新版页码
省制与宪法	五等之君，为己思政郡县之长，为吏图物。	上册230	五等之君，为己思政；郡县之长，为吏图物。	卷一 218
矛盾生活与二重负担	自戊戌以迄辛亥，其间政派无间，其为温和为激烈……	上册252	自戊戌以迄辛亥，其间政派，无问其为温和为激烈……	卷一 239
《甲寅》之新生命	《甲寅》者，……故亦不能不择其适于生存之道，以顺应厥环境，环境而之画也。《甲寅》不能自封于浑环境而之杂也，《甲寅》不能自守于一环境而日趋于流动也，《甲寅》不能自拘于固定环境而趋于频繁也，《甲寅》不能自止于简单环境而日趋于迅捷也，《甲寅》不能自胶于迟滞环境而日趋于短促也，《甲寅》不能自废于恒久。	上册255	《甲寅》者，……故亦不能不择其适于生存之道，以顺应厥环境。环境而之画也，《甲寅》不能自封于浑；环境而之杂也，《甲寅》不能自守于一；环境而日趋于流动也，《甲寅》不能自拘于固定；环境而趋于频繁也，《甲寅》不能自止于简单；环境而日趋于迅捷也，《甲寅》不能自胶于迟滞；环境而日趋于短促也，《甲寅》不能自废于恒久。	卷一 242
孔子与宪法	须知一部之失效宪法，全体之尊严随之。	上册259	须知一部之失效，宪法全体之尊严随之。	卷一 246

（与张步洲等合作，原载《北京大学学报》哲学社会科学版2000年第2期）

朱成甲《李大钊早期思想与近代中国》序

在中国近代史上，李大钊是一个具有特殊历史意义的人物。他活了仅仅 39 岁，但他跨过了中国近代史上的几个重要的历史时期。他开始探索救国救民道路的时候，起点并不高，主客观条件又很不利，但他锲而不舍，一往无前，冲破重重艰难险阻，一步一步地越过曾经走在他前面的同时代人，勇敢地站到了新的历史潮流的最前列，亲手揭开了中国革命史的新篇章。他不愧是我国共产主义运动的先驱和最早的马克思主义者。

李大钊走过的道路，和近代中国的历史具有广泛密切的联系。从思想史的角度来考察，这种联系还具有别人所不能比拟的一贯性与连续性。

李大钊出生于 1889 年 10 月。他出生的时候，古老的中国正缓慢地向近代社会转变。严重的民族危机使积弱的晚清政府在资本主义列强的野蛮侵略面前，已经遭受了多次（鸦片战争、第二次鸦片战争、中法战争、中日战争等）重大失败和屈辱。由统治者上层所设计的所谓自救自强运动，正在进行。同时，一批新的社会成份和社会力量也正在这种新的历史条件下孕育和成长起来。这种新的社会力量登上历史舞台的主要代表，起先是康有为、梁启超、谭嗣同、严复等维新志士；后来，则是以孙中山、黄兴、章太炎等人为代表的资产阶级革命派。

李大钊小于严复 35 岁，康有为 31 岁，谭嗣同 24 岁，孙中山 23 岁，章太炎 21 岁，梁启超 17 岁。当李大钊开始了学习生活进入少年时代以后，以这些人为代表的企图挽救中国命运的斗争，正分别顽强地进行着。李大钊在开始寻找救国道路的探索过程中，首先受到了他们不同程度的启迪或影响。

这里所说的李大钊早期思想，是指 19 世纪末戊戌维新以后到 1921 年中国共产党正式成立以前这一时期的思想。在此大约 20 多年中，中国社会尤其在政治思想和文化方面发生了最迅速最急剧的变化。这是中华民族历史上最关键的时期，是在思想文化上最活跃、历史急剧变化的时期，是真正孕育人才、造就人才的时期。近代中国的主要优秀人才，很多都孕育成长于这一时期。他们先后在不同的历史阶段，为中华民族作出了最宝贵最卓越的贡献。

由于世变日亟，新旧更替加速。昨天的新人物，今天就会变成旧人物；今天的新思潮，明天忽又被认为是旧思潮。中国的先进分子，就是这样，在短短的 20 多年中，前进的历史把一代代英雄人物推到幕前来。

从政治思想史的角度来看，李大钊是继康梁、孙黄之后奋起的探索救中国真理的第三代人。

李大钊既不同于康有为、严复、梁启超，也不同于孙中山，他是一场新的革命运动首先发难带头举旗的人。但是李大钊的思想历程又不同于中国共产主义运动中的其他一些人。在这一批人中很少有人像他那样曾与中国戊戌以后所兴起的各种新思潮具有那么深的联系，在学理上作过那么严肃认真的追求和探讨。在众多的共产主义者中，也很少有人像他那样曾对民主革命的一系列最基本的理论与实践问题作那么多的、那么持久不懈的探讨和追求，并且对专制主义那么深恶痛绝，在理论上进行最彻底无情的批判。另一方面，在中国也还没有第二个曾经信奉过民主主义思想的人，像李大钊那样率先信仰马克思主义，率先成为一个共产主义者。从历史发展的总体来看，代替康梁维新派而成为历史主潮的是以孙中山为代表的资产阶级革命派，代替资产阶级革命派而成为历史主潮的中国共产党人所领导的革命斗争。凡此，无不具有新旧交替、新陈代谢的涵义，几乎绝大多数的前一类成员不易实现向后者的转变。所以，在我们研究中国近代史时，从康梁身上只能看到他们所代表的那个时代的维新思想，而不能确切充分地看到代之而起的革命民主主义；从孙中山身上只能看到他所代表的那个时代的革命民主主义，而不能确切充分地看到代之而起的马克思主义。在这里，只有李大钊真正与时俱进，在他一个人身上，我们既可以通过对他的研究，看到 20 世纪初期的民主主义，又可以研究与之相互制约进而代之而起的革命民主主义，更可以研究究竟是在何种条件下，通过何种转化的机制、环节和途径，中国的革命民主主义者又毅然地接受并传播了马克思主义。李大钊的这种思想转变历程，在一个人身上连贯地反映了 20 多年中国历史发展的轨迹，留下了相应的具有理论性、学术性的思想文化史料。可以说，在其同代人中确是罕见。

此外，李大钊不仅是近代中国著名的启蒙思想家、革命家，同时，他又是知识渊博的学者。他研究过中西文化，特别是政治学、法学、经济学、哲学、伦理学、史学以至于文学。他在北京大学这样的学府担任图书馆主任并且兼任经济学和史学两学科的教授，同时在广阔的社会领域和思想文化领域写了大量的著述。他的这种学术地位，这种兼有学者和革命家两种品质的人，在同时代人当中，也是罕见的。

李大钊的上述特点，决定着他在近代中国的历史地位，决定着研究他的意义，决定着研究他的难度。人们为了认识中国近代社会，认识这个社会的矛盾和社会思潮演变的复杂过程，认识中国的民主革命从旧的历史范畴向新的历史范畴转变的必然性，认识中国共产主义运动的源流发展和早期特征，认识并学习具有典型意义的中国革命者和共产主义者，都需要认真地研究李大钊这样的历史人物。

珍惜李大钊的思想遗产，对他的思想和业绩进行研究，是在马克思主义旗帜下获得解放的中国人民义不容辞的责任，同时又是不可剥夺的权利。建国以后，对于李大钊著作的搜集整理和研究，曾经出现过好的势头。李乐光、贾芝、刘弄潮、金毓黼、方行等同志最先从事这项工作。1957 年张静如写成《李大钊同志革命思想的发展》一书，是建国后，也是李大钊殉难后研究李大钊的第一本专著。

到了十一届三中全会以后，李大钊研究日益广泛而深入地开展起来，并获得了比较可喜的研究成果。朱成甲同志的《李大钊早期思想与近代中国》一书，就是这些成果中极为重要的一种。

坚持从客观历史事实出发，是该书的一个显著特点。以李大钊的早期思想为例来说，他曾经接受过各种思想的影响；曾经一度对袁世凯认识不清，表示赞成的态度；曾经对当时的革命党人持有种种批评。在成为民主主义者和马克思主义者的途程中，他经历过曲折的转变过程。这是客观的历史事实，是李大钊自己的文字中所明白表示了的。该书严肃冷静地对待这些事实，在严格地弄清这些事实的前提下，进一步对李的思想发展过程进行系统的分析和研究。经过这样的一番细致工夫，李大钊早期思想的形成和发展的内在机制就被真实地清理出来了。

马克思主义告诉我们，"在自然界和历史的每一科学领域中，都必须从既有的事实出发"①，而不应从主观虚构出发。这是人们进行科学研究或进行科学思维的一个最最起码的前提。因此，在历史领域中的任何有价值的科学成果，都必须充分尊重历史事实。但是，必须承认，由于种种原因，过去在我国的历史研究中，自觉或不自觉地违背上述科学研究要求的现象，是并不少见的。这样，就严重地妨害了我国历史学的发展。在李大钊研究中，过去有些同志似乎有这样一种思维模式，就是按照人们所熟知的李大钊成为中国最早的马克思主义者，

---

① 马克思恩格斯选集第 3 卷 [M]. 北京：人民出版社，2012：878.

特别是他光辉献身的那种崇高形象来规范他的早期思想。这自然是出于对这位历史伟人的崇高感情和良好愿望。但是，在科学研究领域中，人们崇高的感情和良好的愿望只能作为进行研究的一种动力，而不能用它来代替科学研究的指针和方法，更不能由此推衍成具体的结论。如果不首先尊重既定的客观历史事实，回避历史上先进人物探寻真理所经过的曲折历程，主观愿望虽然是为了维护或树立一种崇高形象，但实际上却人为地抹煞或削弱了先辈们在寻求真理过程中所遇到的那种艰难困苦，给人们造成一种平坦的笔直的、一帆风顺的假象。这样就使人们不能充分认识到革命先辈在后人难以想象的那种艰难困苦中所表现出来的崇高品质、顽强意志和无私无畏的奋斗精神。将历史上有志、有胆、有识、有鲜明个性、有无比丰富的精神世界的先进人物，用后来流行的简单化、直线化的思维方式人为地加以改造，主观愿望上即使是为了维护先进人物，但实际上却形不成或达不到预想的效果。朱成甲同志的这本著作力求避免过去研究中常见的这一类缺陷，从而使人们对于李大钊的理解和认识，建立在客观事实的基础之上从而使这个人物显得更加丰满、生动、可敬、可亲、可信，自然便可从中获得更多的启示和教益。

　　不把李大钊当作孤立的个人，而是把他和一定的时代、一定的社会环境、一定的文化氛围、一定的社会政治力量联系起来加以研究考察，是这本书的又一个特点。李大钊出于对祖国命运的高度关心，对政治形势和社会问题十分敏感，从本世纪初年开始，直到他遇难以前，各个时期的社会思潮和重大事件，都在他思想上引起强烈的反应，并留有他自己思考的记录。因此，为了比较确切地理解李大钊这些思考记录，比较深入地理解思想形成、发展演变的主客观条件和原因，比较恰当地说明他在各个历史时期所起的作用和所处的位置，就必须认真地研究李大钊生活的整个时代。在这一方面，我们在朱成甲同志的这本著作中，可以看到作者所作的十分成功的努力。

　　从这本书中，人们所获得的知识决不仅仅限于一个李大钊，它不是单让历史人物自己来解释自己，而是让时代来解释人物，又通过人物来解释他所处的时代。所谓时代，也不是那种照相布景一般的老生常谈，而是与李大钊的思想和行动密切相关的气氛、矛盾、事件和人物。书中以李大钊为中心，以李大钊的早期思想为线索，对这一时期的所有重大政治事件和主要历史人物，其中包括孙中山、黄兴、宋教仁、章太炎、梁启超、汤化龙、孙洪伊、白坚武、章士钊、陈独秀、胡适、高一涵等都曾涉及。有些人物关系，例如与章士钊、孙洪伊、白坚武的关系，是过去很少有人研究的。书中通过对一些历史人物之间的比较研究，提出了一些新的看法，使本书具有更为深广的内容，增加了分析和论断的份量。

另外，在丰富翔实的材料基础之上，结合必要的分析，使"史"与"论"较好地结合起来，也是本书的一个特点。书中的一些论点和研究方法，虽然人们还可以继续探讨，不可能完全一致，但著者这方面的努力，将对李大钊研究本身的进一步深入，有一定的启发作用。

自然，书中也有一些不足之处，例如，李大钊1918年以后向马克思主义的思想转变，论述得不够，和前面相比，这部分线条较粗，显得急促，未能充分展开。又如，全书是按历史发展过程来安排的，因此对于有些问题进行集中的综合论述不够。当然究竟对这本书应该怎样评价，自然还是请有关的专家和广大读者来发表意见为最好。

对照李大钊在中国近代史上所作的贡献与所占的地位，我们对于李大钊的学习、研究和宣传，还是很不够的。我们希望在不久的将来在这方面能够出现新的局面，能够出现更多的新的研究成果。

（本文系与已故的李新先生合作写成。原载《李大钊早期思想与近代中国》，河北人民出版社，1989 年版）

朱成甲《李大钊早期思想与近代中国》跋

　　我国"李大钊研究"曾长期存在着一些重大史实性错误。如把早年——辛亥革命时期的李大钊说成是一个政治上完全成熟的"激进"革命民主主义者，把他当时的政治思想觉悟说得比孙中山和黄兴还高，是他，而不是孙黄，"最早"认清袁世凯盗权窃国的"反动本质"，"首先"发表反袁文章。这种与历史事实完全不符的论断，长期被认为是正确的，甚至是天经地义的。这种状况，经三十余年而无人提出异议。由此可见，它的产生和存在有着复杂的历史原因。

　　误解与曲解，究其思想根源，是和我国现代史研究中长期流行的某些先验性的历史观与方法论紧密相联系着的，是和我国长期以来所形成的历史论述的框架和理论逻辑相适应的。如果不在历史观和方法论上纠正原来的某些缺点与弱点，如果不使历史论述的角度在逻辑上作出新的实事求是的调整，要想彻底纠正李大钊研究中的种种违背史实之论断，是很难办到的。正是在这一方面，朱成甲所著《李大钊早期思想与近代中国》一书，以其本身所蕴涵的史学功力，文化眼光使这种状况得到很大改善，并以学术贡献之形式呈现于读者之前。

　　此书严格地从历史实际出发，将李大钊早期思想研究与相应的中国近代史研究紧密结合起来，寻求其间的内在联系，从而使李大钊思想发展与中国近代社会变迁及思潮演进之间的联系，得出合乎历史逻辑的学理性的阐述。例如，该著以 6 章篇幅，对李大钊所受清末的新政与改良主义的影响进行探讨，使人们看清李大钊当时的思想倾向及其拥袁的原因，从而使人们正确地理解和评价李大钊早期思想获得最基本的历史依据。接着该著又以 3 章篇幅，以确凿的史实和严密的论证，说明李大钊拥袁的具体表现和反袁思想的形成过程，从而彻底澄清和纠正种种违背史实之论。作者此方面的成果，1983 年又曾撰成论文——《李大钊对袁世凯的认识过程》，发表于《历史研究》第 6 期。对于作者的研究结论，国内外学者一致赞誉，国内有学者因一时不明究竟，出于对原有史学结论的维护曾计议反驳，后来也因真象渐明而终于表示信服与认同。朱著这方面的成就，使李大钊的早期思想第一次获得全面客观的阐述。同时，我国李大钊研究也随之而进入一个更为实事求是的新阶段。

中国近代社会思潮的变迁，在李大钊思想上有着深刻的反映。这一切，由于原来的史学研究工作无视或抹煞李大钊思想发展所具有的种种内在规定性，因而，对研究对象本人——李大钊曾经思索探讨的一系列理论问题，如"民彝"问题，"青春"问题，"调和"问题等等，自然也不可能分别进行考察和研究。在这一方面，朱著又以其丰富的内容，使这种状况大大改进——对上述理论问题逐个进行了深入的解析和探讨，从而使我国的李大钊研究向前推进了一大步。

（本文系与李新先生合作写成。原载《李大钊早期思想与近代中国》，河北人民出版社，1989 年版）

晚清"墨学复兴"与社会主义学说传入中国

社会主义学说，是从外国传入中国的。但是，它的传入，又是受到中国的历史发展进程，包括文化发展进程的影响和制约的。

下面，谨就社会主义传入中国时，中国的政治、文化状况以及这种状况同社会主义传入的关系，作一简略叙述。

社会主义是什么时候传入中国的？根据现在掌握的文献材料来看，最早，包括开始时的片段接触，不会先于1871年（即巴黎公社出现）。①

这是一个什么时期呢？在中国，恰好是处在李鸿章所谓"三千年来未有之大变局"时代和张之洞所谓"亘古未有之大变局"时代。的确，这是一个空前大震荡、大变动的时期，特别是甲午战后，中国意想不到地败给了一个从未认真重视的敌手——日本，而且败得那么惨，战后受到的屈辱与损害又是那么严酷。这使得中国人普遍强烈地感到民族危机的严重。康有为1898年在保国会的一次演说中疾呼："二月以来，失地失权之事已二十见，来日方长，何以卒岁？""吾四万万之人，吾万千之士大夫，将何依何归何去何从乎？"② 这确实喊出了中国亿万人民、万千士大夫共同的心声。"救亡"成了天字第一号的最大最大的课题。政治文化领域无不以此作为关注的中心。从此，中国人的一切聪明智慧首先用来考察探索怎样挽救国家、民族的危亡！一切思想、理论、主张和学术都要在是否有益于救亡这个问题面前接受衡量和考验。社会主义学说之受到关注而逐步传入，并愈来愈深入人心，就是因为在这种形势下，中国的思想文化界逐步认识到它有助于救亡。

为着找到解决救亡问题的途径，中国的思想界比拟性地说来，曾经"兵分两路"地进行探索。一路到中国古代的思想文化中找出路；一路就到西方，到欺负自己的那些国家中寻求救国的方案。两路人马并非各不相干，有的是同时

---

① 参见姜义华编．社会主义学说在中国的初期传播［M］．上海：复旦大学出版社，1984．

② 见汤志钧编．康有为政论集：上册［M］．北京：中华书局，1981：239、240．

在两边探求；有的是先到传统中找，不得，又转向西方；或者反过来。还有不少人是力图从两边都找到些东西并使之融合起来。

到古代文化中去找寻的人这时摸出一条"新路"，即把二千来年的"绝学"——墨子学说重新发掘出来，使它与儒家思想相结合，熔铸成新的拯救民族危亡的思想武器，有些思想家甚至主张用墨家学说来代替儒家思想。的确，传统的儒家思想中是缺乏"救亡"这种积极内容的，于是，以"振世救弊"著称的墨子学说便应运而兴，以至形成一次"墨学复兴"运动。

本来，在春秋战国时代，儒墨两家同是"显学"，同样盛行。可是，到了汉代，由于墨学所代表的独立小生产者阶级本身不断向两极分化，由于"慢差等"（即否认等级差别）的主张使墨学本身与等级制度处在绝然相反的地位，不能为统治阶级所利用。因此，墨学便逐渐衰落下来。从汉代到清中叶的二千年间，除了晋代鲁胜和唐代乐台二人为《墨子》一书做过注释之外，① 从来没有人研究这部书。墨学之冷落，确像晚清俞樾所说："传诵既少，注释亦稀，……阙文错简，无可校正，古言古字，更不可晓，而墨学尘埋终古矣！"② 后来连《墨子》一书都失传了。直到清代乾隆年间，情况才开始有所变化。这时由于汉学家研究的领域，逐渐从经学、史学，扩大到子学，一批以校勘、训诂著名的汉学家如孙星衍、卢文弨、毕沅等人才从《道藏》中把《墨子》一书找了出来，稍加整理，写成《墨子注》一书（此书由湖广总督毕沅署名，因为这件工作是在毕沅的幕中完成的）。后，又经王念孙、王引之父子、苏时学、洪颐煊等一批学者诂释文字，张惠言注解经说，到了光绪年间，孙诒让集各家之大成，"覃思十年"③ 写成《墨子闲诂》一书。从此，中国人才开始把尘封近两千年的《墨子》读懂，从而才有可能重新认识它在中国思想史上的杰出地位。④

《墨子闲诂》成书于1892年至1893年间，出版于1894年。这一年，甲午战争爆发，民族危机从此笼罩中国大地。联系这一历史背景，我们就不难理解为什么孙诒让在书中极力称颂墨子"摩顶放踵利天下为之"的献身精神和"勇于振世救敝"的笃厚用心。他多次引述前人称赞墨子"救世多方"的话，如：

---

① 鲁胜之《墨辩注》已亡，《晋书·隐逸传》中保存着一篇序。乐台之注亦亡，不过郑樵的《通志·艺文略》中记载着这件事。

② 俞樾.《墨子闲诂》序［M］//孙诒让.墨子闲诂.北京：中华书局，2022：1.

③ 孙诒让.《墨子闲诂》自序［M］//孙诒让.墨子闲诂.北京：中华书局，2022：4.

④ 孙诒让于撰成《墨子闲诂》后，又续写《墨子传略》、《墨子年表》、《墨学传授考》、《墨子绪闻》、《墨学通论》、《墨家诸子钩沉》等篇，合为《墨子后语》二卷，附于《闲诂》之后，俞樾誉之为"自有墨子以来，未有此书。"

"国家昏乱，则语之尚贤尚同；国家贫，则语之节用节葬；国家憙音湛缅，则语之非乐非命，国家淫僻无礼，则语之尊天事鬼；国家务夺侵陵，则语之兼爱非攻"等。① 同时，俞樾在为《墨子閒诂》一书所写的《序言》中，也盛赞墨子是"千古之有心人"，对"春秋战国百余年间时势之变"，观察极深，他是为着"补弊扶偏"才撰写《墨子》一书。俞樾认为中国当时也处在一个新的更大的战国时代："今天下一大战国也"，只有用墨子学说来补充儒家的德治学说，才能做到"安内而攘外"。②

《墨子閒诂》一书印成后，孙诒让寄了一部给梁启超，希望他"宣究其说，以饷学子"。③ 此事又一次激发了梁对墨学的兴趣。梁启超本来"幼而好墨"，④在万木草堂读书时就已"诵说其兼爱、非攻之论"。⑤ 经再次深思熟习，两年之后，即 1896 年，他就毅然决然响亮地喊出："墨子之学当复兴"。⑥ 1904 年，他写成《子墨子学说》一书，1921 年和 1922 年，又分别写成《墨子学案》和《墨经校释》二书。梁启超与孙诒让不同，他不是用墨子学说去补充儒家学说，而是去批评儒家学说。他指出，墨子主张"非命"，是"儒学与墨学反对之一要点"，因而是"救时最适之良药"。这是因为几千年来，儒家"死生有命，富贵在天"的思想使中国人吃尽苦头。信命，社会就不进化。所以，墨子提倡"非命"是"直捣儒家的中坚，对社会最为有益"，因而是"千古之雄识"。他把墨子学说的宣传年作"思想界的一线曙光"。⑦ 他把墨学看作救中国的精神药方。因为在他看来，"今举中国皆杨也，…呜呼，杨学遂亡中国，杨学遂亡中国。今欲救亡，厥惟墨学，惟无学别墨而学真墨"。⑧ 他十分推崇墨家"摩顶放踵利天下"、"赴汤蹈火"的牺牲精神，一再强调"欲救今日之中国，舍墨学之忍苦痛则何以哉？舍墨学之轻生死则何以哉。"⑨

稍后，到了五四时期宣传墨学最力的，还得算在《新青年》上发表第一篇

① 孙诒让.《墨子閒诂》自序［M］//孙诒让. 墨子閒诂. 北京：中华书局，2022：1.

② 俞樾.《墨子閒诂》序［M］//孙诒让. 墨子閒诂. 北京：中华书局，2022：2.

③ 孙诒让. 与梁卓如论墨子书［M］//孙诒让. 籀頙述林. 出版地、出版者及出版时间不详：卷十第 27 页.

④ 墨经校释·自序［M］//饮冰室合集：专集三十八. 北京：中华书局，1989：2.

⑤ 清代学术概论［M］//饮冰室合集：专集三十四. 北京：中华书局，1989：61.

⑥ 见梁启超. 西学书目表后序［M］//梁启超. 饮冰室合集：文集之一. 北京：中华书局版，1989：128.

⑦ 子墨子学说［M］//饮冰室合集：专集三十七. 北京：中华书局版，1989：17.

⑧ 子墨子学说［M］//饮冰室合集：专集三十七. 北京：中华书局版，1989：1.

⑨ 子墨子学说［M］//饮冰室合集：专集三十七. 北京：中华书局版，1989：1.

评孔文章的易白沙。1915 年 10 月 15 日，易白沙在《新青年》第一卷第二号发表《述墨》一文，把《墨子》中的救亡思想，发挥得淋漓尽致。作者说："周秦诸子之学，差可益于国人而无余毒者，殆莫如墨子矣。其学勇于救国，赴汤蹈火，死不旋踵；精于制器，善于治守。以寡少之众，保弱小之邦，虽大国莫能破焉。"作者针对当时中国形势，进一步指出："今者四郊多垒，大夫不以为辱，士不以为耻，战既不能，守复无备，土地人民，惟人之宰割是听"。他认为："非举全国之人，尽读墨经，家有禽子之巧，人习高何之力，不足以言救国。"

对墨子的人格，梁启超等人更是佩服得五体投地。梁自认为是"极为崇拜墨学的人"。他说："论到人格，墨子真算是坚苦的大实行家，不惟在中国无人能比，求诸全世界也是少见。"① 他认为墨子之道的根本精神是一个"任"字。什么是"任"呢？就是"士损己而所为"，"为身之所恶，以成为之所急"，这样一种以天下为己任的责任感和精神。正因为如此，他把自己的号取为"任公"，并解释说："我是醉心墨学的人，所以自己号称'任公'。"②

综上可知，晚清墨学复兴，就其主流言，实际上是挽救民族危亡的政治斗争在意识形态上的反映。不仅如此，中国人还从墨子学说中找到大量有助于提高和发扬民族自尊心的精神财富。这是因为，墨子学说中包含有大量自然科学（几何、数学、光学、力学）知识和逻辑学（墨辩逻辑）知识。这种学问本来是西方文化傲视中国文化的地方，也是中国人自愧不如的"难处"。但从来想到两千年前的墨子学说中就保藏有这么多足以和西学媲美的宝贵的知识。这些"千古未发"之秘一旦被揭示出来，中国人对墨子学说的兴趣便更加浓烈起来。研究墨学的人越来越多，终至使它"由微而得以大显于世"。③ 据王重民先生编的《清代文集分类索引》中的材料，可以统计出：在清代 650 部文集中，有关墨子的文章只有 4 篇（实际当然上不止此数，因王先生的统计不全，但据我所知也不超过 10 篇）；而从 1912 年前后到 1949 年，据新中国成立后北大历史系编的《中国史学论文索引》来统计，那么有关墨子的文章共 127 篇。两两相较，清末及民国以后墨学复兴的景象十分明显。

---

① 墨子学案：第六章［M］//饮冰室合集：专集三十九. 北京：中华书局版，1989：30.
② 亡友夏穗卿先生［M］//饮冰室合集：文集之四十四（上）. 北京：中华书局版，1989：22.
③ 栾调甫. 墨子研究论文集［M］. 北京：人民出版社，1957：140.

二

　　向西方去找寻救国真理的人，他们的收获又怎么呢？概括地说，一方面，他们看到了较之中国先进得多的物质文明，优越得多的政治制度和富有活力的、与古老的中国迥然不同的新的社会；另一方面，他们同时也看到西方的资本主义制度已经呈现出种种的矛盾，在那里已经明显地存在着两股力量——资产阶级的力量和无产阶级的力量在较量着。资本主义世界并非一切都美妙，它的前途远非那么坦直、宽广、美妙。

　　正是由于看到了这样两方面的情况，我国近代的先行者，无论是主张维新的康有为，还是主张革命的孙中山，在以西方资本主义作为疗救中国的药方的同时，都极力访求和把握防治资本主义弊病的药方。孙中山就想着既要在中国发展资本主义，又要防止资本主义的弊病发生。因此他搞起了政治革命与社会革命"毕其功于一役"的主观社会主义。这就是他的"三民主义"中的"民生主义"。这是孙中山本人最得意的创造。但是那样的主张、方案是脱离中国社会实际的主观臆想——主观社会主义毕竟是无法实现的。而康有为则在向西方学习的过程中，同时接受了某些空想社会主义思想，他在为改良奔走的同时，也搞起了《大同书》。

　　所以，尽管在马克思主义传入中国之前，没有任何人指出社会主义是我们下一段需走的路，但是中国人在向西方资本主义学习的同时，已经在寻找能疗治资本主义弊病的药方则是历史的实际。这就是社会主义传入中国的重要的思想政治背景。

　　中国先进人物开始认真看西方，已经是十九世纪后期的世界。他们最早了解西方的一个重要窗口是当时很流行的一种刊物——《西国近事汇编》，它是李鸿章的江南机器制造局于1873年创刊的。康有为于1879年读到这份刊物，同年十一月游历香港。他十分明确地说，他了解西方情况是从看《西国近事汇编》开始的。① 梁启超在《读西学书法》中也讲："欲知各国近今情况，则制造局所译《西国近事汇编》最可读"。② 而《西国近事汇编》在反映欧洲现实时，自然不可避免地报道了当时正在西方蓬勃兴起的社会主义运动。由王韬在1878年编

---

　　① 康南海自编年谱［M］. 北京：中华书局，1992：9.
　　② 中西学门径书［M］. 上海大同译书局，光绪二十四年（1898）石印本.

辑出版的《普法战纪》，以纪实的形式报道了巴黎公社的斗争消息。此书在中国颇为流传。所以近代中国人了解到的资本主义，从一开始就带有大量的社会主义运动的信息。这就说明，考察社会主义传入中国，研究中国式的"启蒙运动"，不仅不应当忽视这种时代性的历史特征，而且还要以此为出发点来理解一切与之有关的文化现象。在这个问题上最值得注意的是：当中国的先进人物接触到西方社会主义学说时，他们只能从他们原来所具有的文化和思想基础上来加以理解，从而很快就把西方的社会主义思想和当时中国的墨家学说混为一谈。他们有时讲"墨家学说"，实际上指的是社会主义思想，或反过来，有时从表面上看是"宣传"社会主义，实际上则是从墨学出发来理解社会主义。在今天看来，这是一种非常有趣的现象。比如把墨子的"赖其力则生"，解释为社会主义的"人人劳动"；把"有余力以相劳，有余财以相分"误认为"财产公有"，把"兼"以易"别"说成是"消灭阶级差别"，只要稍加注意，这种误解随处都能找到，从"革命派"的孙中山、"改良派"的梁启超，到"只手打孔家店"的吴虞、新民学会的创始人蔡和森，无不具有类似的经历。孙中山曾把墨子思想中的"兼爱"误认为社会主义，这已是众所周知的事。① 梁启超的墨学研究也是如此，当他畅论"兼爱"学说时，竟与孙中山一样，认为"其根本观念，与今世社会主义所持殆全合"。② 吴虞于1921年写《墨子的劳农主义》一文，一方面明确指出墨子学说与儒家思想"根本上绝对的不相容"；另一方面把它同列宁在俄国所提倡的"劳农主义"，完全等同起来，视为一回事。③ 中国第一代无产阶级革命家蔡和森，十月革命后曾热诚表示要向列宁学习。但在这时，也同样把列宁学说和墨子思想当作一回事。1918年7月21日，他在写给毛泽东的信中这样说："只计大体之功利，不计小己之利害，墨翟倡之，近来俄之列宁颇能行之，弟愿则而效之。"④

从以上所述可以看出，历史人物，哪怕是被认为是"极其杰出"的人物，在接受先进的思想时，总是不能不从其原有的思想基础出发，因此，把外来思想同原有的"文化老底"混而为一，是不可避免的现象。问题是我们要善于辨别，特别是对"你中有我，我中有你"这一条基本"法则"，不可忘记：有时名为"古学复兴"，实际上则是"西学泛滥"，有时名为"传播新学"，实际上则是"翻卖旧货"，对这些我们都需要细细加以把握和识别。对马克思在《拿破

---

① 胡汉民编．总理全集：第二集［M］．上海：民智书局，1930：105.
② 饮冰室全集·专集第三十七［M］．北京：中华书局，1989：22.
③ 吴虞集［M］．成都：四川人民出版社，1985：190.
④ 蔡和森文集［M］．北京：人民出版社，1980：8.

仑第三政变记》中所说的那种"穿着古人的服装"，"演出历史的新场面"的现象，我们更要时时牢记在心。我们对清末民初社会主义学说传入与"墨学复兴"两者的关系作了如上考察，目的也就在于更好的贯彻马克思主义经典作家的有关教诲，以增强识别真伪的眼力。

又，晚清西方社会主义思想传入中国激起的另一股浪潮是《礼运·大同章》的崛起。在清代以前，《礼运》篇不大为人注意。清末对《礼运》篇的研究与阐释则渐多，这是同社会主义学说的传入中国这一历史进程有着密切关系的。值得注意的是，像《礼运》中一些被后世称为儒家思想的思想，实际上是汉初墨家思想与儒家思想融合的结果，这一点，学术界早有定论。所以，若从思想渊源上说，一切有关社会主义与中国传统思想关系的问题又回到墨家学说身上，故在谈完晚清墨学复兴与社会主义学说传入中国之后，特将《礼运·大同》之事附记于此，以明全貌。

（原载中国人民大学《教学与研究》1986 年第 4 期，此处有删节）

马克思主义在中国"早期传播"问题辨析

多年来，我国学术界对于马克思主义在中国传播史的研究一直非常重视，并取得很多进展。但在所谓"早期传播"这一课题的研究中却长期存在一个令人费解的问题：有些文章把外国学者歪曲或批判马克思学说的言论，当作介绍和传播马克思主义的言论；把这些言论在中国报刊上的发表，当作马克思主义在中国的传播。这种现象在最近发表的一些文章中表现得尤为明显！① 常见的几种提法，如"中国第一本介绍马克思主义的书""第一个传介马克思主义的中国人"等等，就是这种情况的表现。下面，谈一点对这个问题的认识，希望得到大家的批评和指正。

所谓"中国第一本介绍马克思主义的书"——《大同学》

有些同志把英国社会学家颉德②写的《社会演化》一书的中译本——《大

---

① 见刘巨才. 辛亥革命前马克思学说在中国的介绍 [N]. 光明日报，1983-03-09 (3)；李双璧."五四"前后马克思主义在中国的传播 [J]. 贵州社会科学，1989 (2)：22-27；黄超然. 十九世纪末二十世纪初马克思主义在中国的传播 [J]. 北京大学学报（哲社版），1983 (1)：14-24 等。

② 本杰明·颉德 (Benjamin Kidd, 1859-1916)，英国社会学家，曾任国家税务总署官员，又曾以《泰晤士报》记者身份，于 1899-1902 年间，多次往来于美国、加拿大和南非之间，以了解英国政府之殖民地收入状况。所著《赤道的控制》一书，对英国政府殖民政策之制定，产生重要影响。在学术界，颉德以专长社会哲学 (Social Philosophy) 著称，代表作有：《社会演化》 (Social Evolution 1894 年)；《赤道的控制》 (The Control of the tropics，1898 年)；《西方文明原理》 (The Principle of Western Civilization，1902 年)；《未来在有机演化理论中的意义》 (The significance of the Future in the Theory of Organic Evolution，1906 年)；《利己主义及其后》 (Individualism and after，1908 年)；《社会学的两项主要定律》 (the two Principal laws of Sociology，1909 年)；《文明，达尔文主义》 (Civilization，Darwinism，1910 年)。国外对颉德学说的评价，可参看西塞尔 (Hugh Mortimer Cecil) 所著之《十九世纪末叶的伪哲学》 (Pseudo-Philosophy of the end of Nineteenth Century)；戴·荷维尔 (France de Hovre) 所著之《颉德之社会哲学》 (La Philosophie de Benjamin Kidd) 以及阿奈 (Henry Anet) 所著之《基督教与社会演化》 (Christianisme at Evolution Sociale) 等书。

同学》称为"中国第一本介绍马克思主义的书"，并认为它的发现是"研究马克思主义在中国传播史"的"重大贡献"。他们的根据是：此书的第一、三、八章，① 三次提到马克思，一次提到恩格斯。但是，是不是凡提到马克思和恩格斯，引述了他们的话，就是"介绍"了马克思主义呢？这个问题，不能抽象地回答，必须弄清这本书的基本内容才能下结论。现在，我们就来看看这本书的基本内容吧！

《大同学》是英国资产阶级社会学家本杰明·颉德的《社会演化》一书的中译本。原书 1894 年出版于伦敦。② 译文 1899 年在《万国公报》上连载。书中提到马克思和恩格斯的那三章的基本内容可以归纳为四点。

1. 作者把马克思、恩格斯作为"德国讲求养民学者"来介绍。（这里所说的"养民学"，指的就是"社会主义"即 Socialism）。作者认为英国的"养民之法"最好，"即在他国，亦皆以英之善法为宗"。

2. 作者说，英国的养民之法虽完善，但仍不能把贫民从"疾苦颠连"之中完全拯救出来。然而与此同时，"泰西有教会焉"，亦以"养民"为职志。近世以来，教会"末流多弊，教律渐乖"，然"砥柱中流，正复大有人在"。

3. 作者接着说，养民学者常常把眼光局限在"贫富之相争"这一范围极狭窄的问题上，而忘即"世人历代之讲道德"。而基督教则与此不同，他们不把眼光局限在人们眼前的物质上，而是从根本上即从道德上着手。

4. "养民"一事，当如何进行呢？作者认为应由国家依靠教会来进行。"养民"一事，不能不依靠教会，"若无善讲天道之人，国家无论设何等法，皆不能有益于民"。由此可见，"教会之于世道，大有关系"。

所以，对这样一本书，我们不能称之为"中国第一本介绍马克思主义的书"。的确，中国人最先从这里知道了马克思和恩格斯（在没有发现比它更早的

---

① 这三章的题目是：第一章《今世景象》（*The Outlook*，第三章《相争相进之理》（*There is no Rational Sanction for the Condition of Progress*），第八章《今世养民政策》（*Modern Socialism*）。

② 此书出版后，风行全欧，五年之内出三版，先后被译成九种文字。语种及出版年份见下：德文本，1895 年；瑞典文本，1895 年；法文本，1896 年；俄文本，1897 年（米哈依洛夫斯基作序）；意大利文本，1898 年；中文本，1899 年；捷克文本，1900 年；丹麦文本，1900 年；阿拉伯文本，1913 年；在所有这些国家中，没有一国有人把此书某些章节作为传介马克思主义的著作看待，唯我国知识界除外。继柏林斯基之后，俄国报刊上介绍马克思学说的文章愈来愈多，车尔尼雪夫斯基的好朋友谢尔古诺夫 1861 年介绍恩格斯的《工人阶级状况》；经济学家西伯尔 1871 年在《基辅大学通报》上介绍马克思的经济学说等，就是突出的事例，但这些，毕竟没有在俄国形成一个独立的马克思主义的派别，所以仍不能与马克思主义在俄国的传播混为一谈。

材料以前），但这一点并不意味着它就是一本"介绍"马克思主义的书。因为它向中国人民所推荐的显然不是马克思主义，而是基督教的救世思想。试问，如果我们认定《大同学》"介绍"了马克思主义，那么，我们将怎样向读者来介绍这本书呢？我们岂不是只能说"这是一本介绍马克思主义的鼓吹基督教救世的书"吗？

所谓"第一个传介马克思主义的中国人"——梁启超

继《万国公报》连载《大同学》之后，1902 年，梁启超在《新民丛报》第十八期上刊登了自己写的《进化论革命者颉德之学说》一文。他在这篇文章中两次提到马克思，说马克思是"日耳曼人，社会主义之泰斗"，还引了他的两段议论。有的同志根据这几点便认为："《万国公报》的介绍，毕竟出自一个外国人的手笔，还不是中国人自己著文传介马克思主义。由中国人自己著文传介马克思主义，肇始于梁启超。"这样，梁启超便成为"第一个传介马克思主义的中国人"。①

梁启超是不是"第一个传介马克思主义的中国人"？看来，这个问题的答案取决于《进化论革命者颉德之学说》一文究竟讲了些什么？

这篇文章包括五个要点。

1. 进化论之出现，使"全球思想界，忽开一新天地。""近四十年来之天下，一进化论之天下也。"

2. 进化论虽已把人类以往的进化之迹说清楚，但还不能把人类未来的进化途程讲明白。

3. 梁启超明确指出，马克思看出这一问题，并曾提出批评。（写到这里，他在夹注中说明马克思是"日尔曼人，社会主义之泰斗"。）接着便引马克思批评进化论的话道："今世学者，以科学破宗教，谓人类乃由下等动物变化而来，然其变化之律，以人类为极点乎，抑人类之上，更有他日进化之一阶级乎，彼等无以应也"。② 然后梁启超对马克思提出反批评，指责他"虽能难人，而不能解难于人。"那么，谁能解此难呢？在梁启超看来，只有颉德才力排众议，为人类将来之进化，指出了一条途径。

① 饮冰室文集之十二 [M]．北京：中华书局，1989：79．
② 饮冰室文集之十二 [M]．北京：中华书局，1989：79．

4. 这条途径是什么呢？这就是颉德提示的一条真理，即：生物的个体和群体，必须为全体将来进化之长远利益，勇于自我牺牲，甘于灭亡。他认为，生物界普遍存在着这样的规律：个体传代转换的速度越快，群体所获得的进化素质越优。所以在他看来，只有迅速传代，即迅速死亡，才能使后代更优秀，因而"死亡"就是"进化之大原"。① 他认为这就是颉德为人类未来之进化所发现的一条新途径，因而人人应从理智上服从它。

5. 接着梁启超便进一步介绍颉德怎样用他发现的这一条人类进化的新途径来衡量古往今来的一切社会政治学说。他说，颉德认为人类以往的一切学说都是只为部分人眼前的利益打算，而不是为全人类长远的利益着想。他说："今之德国，有最占势力之二大思想。一曰麦喀士（即马克思）之社会主义，一曰尼志埃（即尼采）之个人主义。麦喀士谓：今日社会之弊，在多数之弱者，为少数之强者所压伏。尼志埃谓：今日社会之弊，在少数之优者为多数劣者所钳制"。他批评说：这二人的学说"虽皆持之有固，言之成理，要之，其目的皆在现在，而未尝有所谓未来者存也。"他们眼光如此短浅，"其谬误固已不可掩"。②

看了上面的介绍，便知梁启超的文章，根本不是"传介"马克思学说的文章，而是一篇传介颉德学说、批判马克思学说的文章。写这样的文章的人，怎么能称为"第一个传介马克思主义的中国人"呢？反之，如果把他称为"第一个写批判马克思学说文章的中国人"岂不是更恰当一些吗？

梁启超之不是马克思主义者，这在国内是尽人皆知的事——亦可谓世人皆知。他写过的批判马克思学说的文章，又何止这一篇？我们这里既无意贬低，也无意抬高梁先生，只不过要辨清称他为"第一个传介马克思主义的中国人"之不当。

所谓"热忱地传播马克思主义的思想家"——朱执信

1905 年，中国资产阶级革命民主派的著名理论家和活动家朱执信在《民报》第 2 号上发表《德意志社会革命家列传》一文，用六千多字的篇幅来介绍马克思、恩格斯的生平和学说，还摘译了《共产党宣言》的一些段落。根据这

---

① 饮冰室文集之十二 [M]. 北京：中华书局，1989：81.
② 饮冰室文集之十二 [M]. 北京：中华书局，1989：86.

几点，有些同志便把朱执信称为中国"热忱地传播马克思主义的思想家"，甚至说他的贡献是"马克思主义在中国传播史上的一次重大突破"。①

对朱执信介绍马克思学说应怎样看待呢？我们看看朱执信自己是怎样说的。他说："吾华之为革命所最当注意者"是"社会革命"与"政治革命"二者之"并行"。② 为此，他专门写了一篇题为《论社会革命当与政治革命并行》的文章登在《民报》第5号上（1906年6月26日出版），强调必须向西方各国的社会运动去寻找借鉴。而西方各国的社会运动，又以德国为最发达，而德国的社会运动的成功，又是马克思、拉萨尔、倍倍尔等人的功绩。因此，他愿将这几位革命家的学说介绍到中国来。可见，他的目的不是别的，是为着在中国寻找一条使"社会革命"和"政治革命""毕其功于一役"的道路。

那么，朱执信探索"社会革命"和"政治革命""毕其功于一役"的目的又是什么呢？他自己回答是防止资产阶级"跋扈"。③ 他说这是一些欧洲国家革命的主要教训所在。"欧洲十八世纪之末，以至十九世纪之前半期，凡有革命，皆牺牲社会革命，以成政治革命者也。"④ 这些国家的"政治革命幸得成功，而不行社会革命者，则豪右之跋扈国中，不转瞬政权复入于彼手，而复于未革命以前之旧观矣"。⑤ 为了防止这种情景在中国出现，他提出，要对"竞争"加以"限制"。因为"竞争"是"资本跋扈"的"本原"。那么，怎样才能对"竞争"进行"限制"呢？他说从欧洲各国的经验看，最好的办法是实行土地国有、铁道国有和推行累进税制。用这样一些"善良之法"来从生产资料的占有和财富的积累等方面对"竞争"加以"限制"，就能财富的分配渐趋"平均"。在他看来，所谓"毕其功于一役"，指的就是在"政治革命"的同时，加上这样一些措施，这也就是"社会革命"。所以，他保证，这种革命进行的结果，除了使"富之集积"逐渐"休止"之外，"决无损于今日之富"，⑥ 何况，所采用的又是"至秩序、至合理之方法"。⑦ 为了把他的主张阐发得更清楚，他特别针对深

---

① 见刘巨才. 辛亥革命前马克思学说在中国的介绍［N］. 光明日报，1983-03-09（3）；李双璧. 五四前后马克思主义在中国的传播［J］. 贵州社会科学，1989（2）：22-27；黄超然. 十九世纪末二十世纪初马克思主义在中国的传播［J］，北京大学学报（哲社版），1983（1）：14-24等.

② 蛰伸. 德意志社会革命家小传［J］. 民报，1906（2）：1-17.

③ 朱执信. 论社会革命当与政治革命并行［J］. 民报，1906（5）：48.

④ 朱执信. 论社会革命当与政治革命并行［J］. 民报，1906（5）：11.

⑤ 朱执信. 论社会革命当与政治革命并行［J］. 民报，1906（5）：59.

⑥ 朱执信. 论社会革命当与政治革命并行［J］. 民报，1906（5）：60.

⑦ 朱执信. 论社会革命当与政治革命并行［J］. 民报，1906（5）：59.

谋远虑对《民报》的攻击进行反驳。

1. "社会革命"并不是"强夺富民财产而与之人人"，因此，中国的富人对此可不必恐慌。可是，欧洲的富人为什么一听到"社会革命"就害怕呢？那是因为他们把"社会革命"和"共产主义"混为一谈了。

2. 他指出，正与梁启超的论断相反，"社会革命"的前途，必须不会导致"下流社会"当权。既然"下层社会"的代表在地方议会中占了多数，但他们可议决之事的范围却是有限度的。所以，政治革命保证贫民专政的事不会发生。

看了上面的介绍，我们便知：朱执信本人并不认为《民报》所提倡的"社会革命"与共产主义有什么关系；他所提出的种种"社会革命"的措施，其目的不是动员无产阶级去进行社会主义革命，而恰恰是要防止这种革命的发生，不是要推翻资本的统治，而是要使资本的发展更"健康"，使它从根本上免受无产阶级革命的威胁。

所以，从思想体系的角度看，《德意志社会革命家列传》这一类文章之不能列入马克思主义在中国传播史文献系列之中，应该是无疑义的。否则，如果有人批评作者"自乱宗系"，我不知作者将会怎样辩解？

两点认识

这里，回顾一下中国马克思主义派别历来对于马克思主义在俄国传播历史的基本观点和认识，将有助于我们对这一问题的理解。众所周知，中国马克思主义者认为俄国马克思主义的传播应由普列汉诺夫 1883 年在日内瓦建立劳动解放社算起。可是，在这之前四十年，即 1843 年，俄国激进民主主义者别林斯基主编的《祖国纪事》杂志上已经有人介绍恩格斯的小册子《谢林与天意》，有些地方还逐字译出，别林斯基看后，对作者的战斗的无神论精神非常赞赏。如果按照我们有些同志那种说法，岂不要得出这样的结论：马克思主义在俄国的传播不应从 1883 年开始，而应从 1843 年开始，第一个传播者不是普列汉诺夫，而是别林斯基。由此可见，在中国，不谈马克思主义传入则已，要谈，还得承认是从"南陈北李"开始的。这是历史事实，必须尊重，也是对马克思主义理论本身的尊重，这是我们得出的一点结论。

其次要看到，理论工作须以学术为基础，而不能单纯以宣传需要为依据。今年是马克思诞生 150 周年，对这位伟大思想家对人类所做出的贡献，我们应充分表示感谢。但这种感谢必须是充分说理的。用寻章摘句、断章取义，甚至曲解原义的手法拼凑而成的宣传稿，尽管"若干个第一"的说法十分醒目，十分引人入胜，但毕竟不能令人心服，因为"真""假"二字，起码是要分清楚的。当然，我不是说这些言论在中国的流传没有意义，甚至研究它们在中国的流传，也是很有意义的事。因为它们毕竟使人较早地知道了马克思、恩格斯其人其事，特别是他们学说的要点，（哪怕解释得不恰当），但这毕竟是文化现象，与作为政治现象的马克思主义在中国的传播，不能混为一谈，其次，单纯从文化现象来说，那么肯定马克思学说和否定马克思学说，毕竟是泾渭可分，性质不同的两回事，这难道不能分清楚吗？

（原载《人民日报》1983 年 5 月 25 日，发表时编者将注释删去，文字亦有删减，今补上）

附：赵宝煦教授来信：

《马克思主义在中国"早期传播"问题辨析》，是一篇拨乱反正的好文章。它材料翔实，辨析精确，具有无可辩驳的说服力。它不但纠正了被有些学者弄糊涂了的历史事实，而且对于端正学风和文风，会产生非常积极的作用。

作者详细引证了本杰明·颉德、梁启超、朱执信等人的原作，令人信服地表明他们并不是"真正持马克思主义观点的马克思主义者"。因此，虽然他们的著作曾经较早地使中国人知道马克思、恩格斯的名字，却不能认为他们是早期在中国"传播马克思主义"的人。作者在此提出列宁关于马克思主义在我国早期传播问题的基本观点，尤足发人深省。

然而本文的价值和意义并不止此。它不只是纠正学术界某一两个错误论断而已。更重要的是它对于一种感染面相当大的不正确学风，可以有所匡正。近年来，有些社会科学的所谓"学术论文"，实际上已远远走出"科学"的范围。这些文章望风运笔，随意成文；材料信手捏合，但求哗众；论断可右可左，唯赶时髦。此风不止，将极大地危害着中国社会科学的发展前景。而本文针砭时弊，切中要害。且有很大的拨乱反正作用。

留法勤工俭学的历史渊源

关于五四和第一次国内革命战争时期的留法勤工俭学运动，国内外学术研究成果已不少。但关于这一运动的历史渊源，即民国初年兴起的留法俭学和留法勤工俭学这两种活动，则论述者尚不多见，即或有些书中虽曾提及，但往往语焉不详，且多舛误，更未能依据原始材料立论。有鉴于此，本文乃将平素接触到的原始材料，排比成文，以史实为主，以期有助于加深对这一段历史的认识，既明其源流变迁，又悉其内情实况。不当之处，尚望读者批评指正。

一、民国初年的留法俭学会

要了解五四时期的留法勤工俭学运动，不能不了解民国初年在北京发起的留法俭学活动。要了解这一活动及其发起组织状况，则不能不从其主要发起人李石曾的生平谈起。

李石曾（1881-1973），名煜瀛，号扩武，笔名真民、真、石僧，河北高阳人，晚清大学士李鸿藻之次子，为我国最早的留法学生。他于 1903 年初来到法国①，进入巴黎以南一小城蒙塔尔纪的农业学校，经过一年预备班，二年正科的学习，于 1906 年毕业。后进入巴斯德学院及巴黎大学理学院学习。由于法国是无政府主义的故乡，各种无政府主义书籍很流行，李石曾逐渐接受了无政府主

---

① 关于李石曾赴法时间，原始材料记载多误，如 1916 年秋华法教育会编撰出版的《旅欧教育运动》一书，说他于"民国纪元前十一年"（即 1901 年）赴法。其实，根据有关记载和他自己的回忆，他是"壬寅岁杪"即 1902 年底（按阳历计算即 1903 年初）在上海乘法国邮船安南号启程赴法。"舟行三十日"，于"癸卯年初"即 1903 年初到巴黎的。见静江先生传略之一［M］//李石曾先生文集：上册. 台北，1980：377-378.

义思想。① 与此同时，和李石曾同船到法国的浙江吴兴富商之子张静江，② 也同样成为无政府主义的信奉者。

1906 年，曾在英国"实行苦学生活"的吴稚晖，也从伦敦来到了巴黎。③ 吴也信仰无政府主义，同年 7 月，他们三人便在巴黎创立世界社，创办《新世纪》周刊，发行新世纪丛书，介绍和宣传无政府主义，同时提出实行无政府主义的政治主张。参加这一组织的还有褚民谊以及从东京到巴黎的早期无政府主义者张继（字溥泉），于是他们数人就形成了以李石曾、吴稚晖为代表的无政府主义小集团。（为叙述方便简称为《新世纪》派）留法俭学会就是在他们中间经过酝酿准备而建立起来的。

他们几人中，李石曾出身官宦世家，张静江出身富商家庭，都富于资财。他们先后在法国着手兴办工商企业，如李石曾办了中华印字局和豆腐公司，张静江经营通运公司和开元茶店。他们以此等机构为"桥梁"，宣传其主义，并为他们筹集活动经费。④ 这样，这些企业的所在地，就自然而然地成为当时留法学生经常出入的场所和活动中心，"有若自费生之机关"。⑤ 这样，就为后来留法俭学会的建立做了某种组织上的准备。

第三，进行了俭学活动的试验。1906 年吴稚晖到法后，便与李石曾、褚民谊住在一起，三人共同"试验节俭生活"。试验结果，生活费用仅及普通学生的一半。后来，他们又在豆腐公司的工人中试验以工兼学，结果证明费用更省。这就为他们日后发起留法俭学会提供了客观依据。

---

① 李石曾后来在谈到自己的思想发展过程时说：小时爱打抱不平，"后愤于国事之不振，而外侮迭乘，欲学陆军（以武）以泄吾愤"，不就；"继欲学法律（以文），以冀为一大律师"，为社会不公平之事辩护。后来，看了克鲁泡特金的《告少年》，才知道社会不公平的根本问题，是"社会组织之问题"，即社会上存在政府，要去掉政府，社会才能得以正当。见李石曾. 无政府说［M］//张枬，王忍之编. 辛亥革命前十年间时论选集：第 3 卷. 北京：生活·读书·新知三联书店，1977：170.
② 张静江（1877—1950），原名人杰，谱名增澄，别署钦光、卧禅，后任中华革命党财政部长。
③ 1902 年李石曾自京赴法，途经上海，曾拜访吴雅晖，谈留学问题，吴对他说，到海外去的留学生，愈多愈好，用苦学的方法，可以多去许多人，我盼望你在这方面注意，多想办法，李石曾接受了他的建议，并在法国加以贯彻。后来，李石曾回忆说，这次谈话，是以后发起留法俭学会的"张本"。见谈吴稚晖蔡子民两先生［M］//李石曾先生文集：下册. 台北，1980：111.
④ 李石曾. 静江先生传记之一：注（7）［M］//李石曾先生文集：上册. 台北，1980：382.
⑤ 留法俭学会的发起及简章［M］//清华大学中共党史教研组编. 赴法勤工俭学运动史料：第一册. 北京：北京出版社，1979：167.

最后，他们与法国政界朝野、特别是文化教育界人士有着广泛的联系。这就更便于留法俭学会在法国打开各种渠道，安排留学生的学习和生活。如学生到法后，李石曾便与巴黎、蒙达尔纪、枫丹白露、墨兰等地的学校联系，而各校也能按俭学会的要求接纳学生，并为他们开设专班。

综上所述可以看出，以李石曾为代表的《新世纪》派在法国的活动为留法俭学会的建立奠定了基础。但是，只看到这一方面还不够，还必须看到李石曾等人在国内开展活动的客观条件。而这就不能不从李石曾等人与同盟会的关系谈起。

二、《新世纪》派与同盟会的关系

如前所述，以李石曾为代表的《新世纪》派，在法国进行了广泛的活动。但对他们日后活动影响最大的，是他们在法国时就加入了的以孙中山为首的同盟会。这难道不奇怪吗？李石曾等人是无政府主义者，怎么竟加入了"有政府"派的"民主革命"呢？原来，李石曾等人从无政府主义的互助进化论的观点出发，把革命分为三类：一是旧世纪革命，这只是易朝改姓；二是新旧过渡时代的革命，这是倾覆旧政府，建立新政府；三是新世纪革命，这是要扫除一切政府。孙中山领导的革命，要推翻清朝政府，建立民国，是属于过渡时代的革命，有政府的革命。但这和他们主张的无政府革命，有一致的地方，因为他们认为"无政府的革命与有政府的革命于实行时固无冲突，同抱倾覆政府之方针"。不仅如此，他们还把这种有政府革命作为无政府革命的必经阶段，认为："社会革命必自倾覆强权始，倾覆强权必自倾覆皇帝始"① 政治革命者，社会革命所必由之"。②《新世纪》派的这种态度，亦为孙中山所容纳，并把他们团结在推翻清王朝统治的旗帜之下。因此，《新世纪》派的成员，都无例外地加入同盟会。

李石曾后来回忆说："我加入同盟会在法国"，"是我的朋友张静江先生，在南洋作主，替我向孙中山先生介绍参加同盟会的。所以我加入同盟会，虽然是个人，事实上还是群体"。"我加入同盟会，孙中山先生是特许免除一切手续的。张先生也没有完成全部手续，只填了部分的表"。"我们当时主要的是反对对天

---

① 李石曾．革命［M］//张枬，王忍之编．辛亥革命前十年间时论选集：第 2 卷下册．北京：生活·读书·新知三联书店，1977：999.

② 与友人书论新世纪［M］//张枬，王忍之编．辛亥革命前十年间时论选集：第 2 卷下册．北京：生活·读书·新知三联书店，1977：985.

发誓这一条。因为我们认为物质的天，没有上帝，用不着发誓"。①

其后，张静江担任同盟会的财政部长，李石曾则主持过京津同盟会，他们的这段历史便成了他们日后发起组织留法俭学会的政治资本，以及日后与广东革命政府保持联系并得到资助的历史渊源。因此，当辛亥革命后，他们以老同盟会员、"革命元勋"的身份号召留法俭学时，就立即得到老同盟会员、时任教育总长蔡元培的支持，并向他们提供各种物质条件。

三、留法俭学会的指导思想与教育主张

留法俭学会成立于1912年2月间，根据1916年秋由华法教育会编辑出版的《旅欧教育运动》一书的记载，它的发起者有吴稚晖、汪精卫、李石曾、张溥泉、张静江、褚民谊、齐竺山等七人。②（当时担任教育总长的蔡元培，虽然支持留法俭学会事业，但并不是它的发起人。）上述七个发起人，每个人的作用也并不是一样的，其中李石曾是最主要的倡导者和组织者。③

留法俭学会的建立，是《新世纪》派在辛亥革命后新的政治形势下转移活动重点的结果。

《新世纪》派依据社会进化论的观点，历来就把教育和革命放在同等地位上。李石曾认为：实行无政府主义，教育与革命并重，二者应该"并行"。教育是人类进化的原动力，是"积极的进化"，而"革命是消极的进化"。但如果只有积极进化之教育，"苟无消极进化之革命相并行"，④ 则不能有今日的世界。辛亥革命后，他们认为革命已经成功，教育成为首位。当时，他们既是无政府主义者，又是同盟会员，这种双重身份使他们处于一种自相矛盾的境地。作为无政府主义者，他们是反对一切国家和政府的，理应也要继续反对刚刚建立的民国政府；但作为同盟会员以及他们同民国政府的历史因缘，当然不能这样做。作为同盟会员，他们应该去"建立民国"；但作为无政府主义者，则不容许这样

---

① 见李石曾. 中山先生襟胸浩瀚［M］//李石曾先生文集：上册. 台北，1980：410。关于李石曾、张静江的入盟手续，冯自由在《新世纪主人张静江》一文中，也有类似的记载。见《革命逸史》第二集，第212页。

② 李石曾. 无政府说［M］//张枬，王忍之编. 辛亥革命前十年间时论选集：第3卷. 北京：生活·读书·新知三联书店，1977：164.

③ 李石曾. 无政府说［M］//张枬，王忍之编. 辛亥革命前十年间时论选集：第3卷. 北京：生活·读书·新知三联书店，1977：164.

④ 李石曾. 法兰西教育：总论［M］. 文明书店，1913年版.

做。因此他们就采取"功成不居"的态度，退出"政治斗争"，去专门从事教育。但他们所从事的，不是一般意义上的教育——国家主义的教育，或爱国主义的教育，而是彻头彻尾的无政府主义的教育。这一点，只要将留法勤学会所发布的八种基本文献认真仔细阅读就能分辨清楚，而不至于如有的研究者那样，信笔一挥，就贸然断定：留法勤学会的指导思想或宗旨是"仿效法兰西资产阶级共和国方案"进行教育，从而达到"国家富强"的目的。① 首先让我们看看李石曾亲自起草的《留法俭学会会约》和《北京留法俭学会预备学校简章》这两篇文献。他在其中公开宣称，该会的指导思想是无政府主义的"正当教育"。李石曾说"今吾人组织留法俭学会和勤工俭学会，即以正当教育为宗旨"。所谓"正当教育"，指的是以西班牙教育家傅来尔的名字著称的无政府主义思想的教育。关于这种教育的性质和内容，李石曾在《无政府说》，特别是一九一三年的《法兰西教育》一书中，做过具体说明。他首先指出"正当"必须成为衡量教育的标准，这是因为"教育以身体为本位，以智能为方法，以社会为结果，是故以学术为改良人类之具，以实业为养育之术，以人群组织正当为归。学术人格愈正当，实业生活亦愈正当，而人群社会亦愈正当。故正当所关者至重，吾人正以正当与不正当以定教育之良否去取可也。"② 如何才能使教育正当呢？"欲教育正当，必定先以一正当之目的"，"欲教育正当，不可不以无政府为目的"。③ 所以他认为，以有政府为目的之教育是"不正当的教育"，因为目的已"不正当"，教育也就无法"正当"。以无政府为目的之教育，才是"正当"的教育。他还具体指出：科学、文学、实业、美术、音乐、体育、群学等科，"皆人生之必须，人群之必须，故可定为正当"。而另一些科程的性质就不同了，"宗教强人之信仰，军备教人以杀，其背于教育之旨明矣"。政治、法律等科，"则少数人之臆断为规章，难容于科学之真理。"道德、经济等科"其误谬处恒多，而性质不可废，必将有以改良"。所以他在介绍法国教育一提倡留法俭学时，劝告人们要按"正当教育"的要求进行选择，他说："所谓法国教育较宜，亦非绝对言之"，因为"人类末及于正当，则不能有正当之教育"，因此只有

---

① 李石曾. 法兰西教育：总论［M］. 文明书店，1913 年版.
② 李石曾. 法兰西教育：总论［M］. 文明书店，1913 年版；李石曾. 无政府说［M］// 张枬，王忍之编. 辛亥革命前十年间时论选集：第 3 卷. 北京：生活·读书·新知三联书店，1977：164.
③ 蔡元培. 对教育方针之意见［M］//商平叔编. 蔡元培教育文选. 北京：人民教育出版社，1980：1.

"一方求其较正当者，一方自持正当之义，以自精选之"。①

留法俭学会的会约及简章，正是体现了"正当教育"的这些要求，会约第十五条规定："本会以科学、实业及一切有裨于人生，与有益社会之智、德、体育为重，不事政法、军备各科。所入学堂，以不背以上之意及节省经费为准。"② 可见，这一条规定是带有鲜明的无政府主义的性质。其他的一些条文，亦是如此。再者，我们不能不看到，留法俭学会是一个提倡留法的社会团体，毕竟不是无政府主义组织，因此在它的会约和简章中当然不能公开标明无政府主义。但它却也明显地避免一切带有国家色彩的措辞，诸如什么"救国"之类的用语，而只用"有裨于人生""有益社会""改良社会"等不悖于"正当教育"的提法，这自然也是表明留法俭学会的指导思想是无政府主义的一条佐证。

如果按照有的同志的看法，留法俭学会的根本指导思想是要人们"仿效法兰西资产阶级共和国方案"，要"国家富强"，要以什么来"救国"，那么就难以解释为什么要禁止俭学生去学习政治、法律和军备；如果说是蔡元培的"资产阶级自由主义"的教育路线占主导地位，那就应该与他在当时所强调的"强兵富国之主义"的精神③相一致，可是为什么又不许学这些课程呢？

有的研究者根据《留法俭学会简章》曾宣称："欲输入世界文明于国内"，同时又对"自由、平等、博爱"大肆称颂，据此便断定这里所说"输入世界文明"就是要人们去仿效资产阶级共和国方案来建国。这又是一个彻头彻尾的误解。因为在李石曾等人看来，自由、平等、博爱，乃是"天地间一种良德，凭个人之心理，互相感化而产生"，它是一种道德的名称，不能因为别人用了，无政府主义者就不能用。李石曾说："自由、平等、博爱，'吾辈主张无政府者，亦讲之'。"在他们的字典中，自由就是排除强权，平等就是排除压制，博爱就是排除私利。所以这不仅与无政府党人的主张不相冲突，而且正是他们要为之

---

① 李石曾. 法兰西教育·总论［M］//李石曾先生文集：上册. 台北，1980：159、173。

② 留法俭学会的发起及简章［M］//清华大学中共党史教研组编. 赴法勤工俭学运动史料：第一册. 北京：北京出版社，1979：167.

③ 这一点，不仅为当时社会所公认，而且蔡元培、吴玉章等人，在此后很长时间内，一直明确地把李石曾作为发起组织留法俭学会的总代表。1912 年 11 月 10 日，汪精卫给稚晖的信中说："石曾兄发起俭学会后，来学者源源不绝，居恒数人相聚议，以为此举必于中国有绝大之影响"。（汪精卫论学书. 民立报［N］. 1912-12-10.）稍后，1915 年蔡元培在《勤工俭学传序》中也说："昔者李石曾、齐竺山诸君之创设豆腐公司于巴黎也，设为以工兼学之制，试之有效，乃提倡俭学会"。（清华大学中共党史教研组编. 赴法勤工俭学运动史料：第一册［M］. 北京：北京出版社，1979：186.）直到解放以后，玉章仍然认为"留法俭学会是由李石曾等无政府主义分子创办的"。（吴玉章回忆录［M］. 北京：中国青年出版社，1978：97.

奋斗的理想，所以李石曾说："欲见人类真平等、真自由、真博爱，吾不得不提倡无政府主义，鼓吹无政府革命，以速达此境"。① 他们还认为，以自由、平等、博爱的原则用于教育，就是自由教育（非压制教育）、平等教育（非强制教育）和博爱教育（非私利教育）。这也就是无政府主义"正当教育"的要求。

综上可知，正是基于以上两种原因——组织上：与同盟会的关系；思想上：宣传无政府主义教育思想，李石曾等人才把主要活动方向转到教育领域。一方面，他与吴稚晖、张溥泉、汪精卫等，于1912年1月发起进德会，鼓吹不作官、不作议员、不吸烟、不饮酒等所谓八不主义，去唤起人民的"公德心"。接着，李石曾又在迎接袁世凯南下就职专使团北上的船上，与蔡元培、唐绍仪等发起社会改良会，以贯彻其主张。这些都是给他们在国内的活动预留张本。另一方面，他又着眼国外，提倡留法俭学，具体措施就是以《新世纪》派成员为骨干，1912年2月，在北京发起组织留法俭学会。所以，从形成和发展的渊源来考察，我们说：留法俭学会是以李石曾为代表的《新世纪》派在辛亥革命后的新形势下展开活动的产物。

四、从留法俭学到留法勤工俭学

1912年2月，留法俭学会成立于北京，附设预备学校。校址由教育总长蔡元培指拨方家胡同直隶师范学堂原址使用。不久，吴玉章、朱蒂煌、黄复生等也在成都创办四川俭学会，送学生入北京之预备学校。1912年，两地所收学生，分三批送往法国，共约百人。当第三批学生送走不到一个月，二次革命爆发，教育部将所拨给的校址收回，国民党人退出北京，留法俭学会的活动全部停止。李石曾、蔡元培、汪精卫、吴玉章等人也相继转移到法国。这时，原先送到法国的学生已全部进入蒙塔尔纪男子公学所办之中国学生班学习。但不久——1914年，第一次世界大战爆发，巴黎成为前线，中国学生又不得不随着法国政府迁往法国西南部，李石曾等人也赶快成立"旅法学界西南维持会"来帮助学生维持生活。但战争已使俭学活动很难正常进行。在这种情况下李石曾等人又将主要精力用在工人的"勤工俭学"活动方面。具体说就是将豆腐公司中的工人（约三十多人，都是李石曾从他的家乡高阳县招募来的），组织起来，推广

---

① 张枬、王忍之编. 辛亥革命前十年间时论选集：第3卷［M］. 北京：生活·读书·新知三联书店，1977：162-163.

"工学"，即以工兼学。这样，"留法俭学"就转而朝着"留法勤工俭学"的方向发展。

1915 年夏，李石曾指导他豆腐公司中的工人李广安①、齐致②、张秀波等，组织"留法勤工俭学会"。

李石曾等人组织勤工俭学会，开展工人教育，真正目的是想组织工党。

李石曾认为，勤工俭学是实现这一目的的最好形式。这样做有三种好处：一、可以防止工人革命；二、不致使工人变为资产者；三、还可以传播无政府主义思想，为建立真正的"工党"打下基础。他在豆腐公司工人中试行"工余求学"时，看到了工人经过文化和科学知识学习后，"烟酒赌博之风，为之绝无"的效果。更使他高兴的是，像李广安、齐云卿这样的工人，经过工余求学，还"渐能试读"无政府议的论著进化论和互助论。这就促使李石曾把勤工俭学和传播无政府主义联系起来。所以他极力要推广这种以工兼学的制度，并先后在人造丝厂和劬业公司（从国内招工来法之机关）的工人中试行。他认为最不好的是两种情况：一种是，公司纯照商业办法，得利不归工人。这样，工人更不能实现工作数年后求学的目的。"长期不改，必有工人革命之举动"。另一种是，如不实行工余求学，那么，工人就会重蹈"美洲华工与欧洲卖花者之故辙"，积资甚多、回乡买田，变成小富翁。这两种结果都不好，因此必须在工人中推行工余求学、以工兼学的制度。李石曾主张要使工人"每人每年可存六、七百方（法郎，下同）"，以四年为期计算，"共可存二、三千方，可供学费，入费廉之工农诸学，数年后可成为一工党基础"。他强调要对工人进行专门技艺的教育、以防止他们变成"寄生虫"和"政客"。这样工人才"不但有工党之思想，且有工党之能力"。③

但是，这计划实行不久，又因国内形势发展而夭折。

第一次世界大战爆发后，中国没有参战，守中立。但是，为表示对协约国的支持，派工人到欧洲战场担任战地勤务——具体说是挖战壕。为此，先后派出十五、六万人。抵法的华工人数那么多，又分散在各地，怎么进行教育和管理？法国政府李石曾代为拟定华工教育方案：并盼他出来主持这件事。李石曾的初步计划是：在已到法的华工中挑选出一批文化水平较高的人，对他们"授以普通知识及中、法文"，然后将他们分派到各处华工比较集中的地点做翻译，

---

① 李广安，字光汉，在李石曾扶翼下，后来成为北平市公用局局长。
② 齐致，字云卿，在李石曾扶翼下，后来成为中国农民银行总经理。
③ 以上引文均见谈留法诸事致吴稚晖函（1915 年 6 月 5 日）［M］//李石曾先生文集：下册，台北，1980：305-311. 纪事［J］. 旅欧杂志，1916（1）：1-10.

而"以工余转教华工"。① 这一计划得到法国政府的认可后，他便和蔡元培着手创办一所"旅法华工学校"，以培训这一批从各地挑选出来的华工。1916 年 4 月 3 日，这所学校终于开学，从各地挑来的华工共 24 人，其中一人就是后来成为早期共产党员的马致远。但是以后的事情进行得并不顺利。原因是法国军方与政界在这个问题上意见不一致。政界支持李石曾办华工学校的主张，可是军方特别是陆军部不愿意从他们管辖下的华工中不断把工人一个一个地抽调出去，因此每当办理一个华工"解除劳务"的手续时，很不容易得到陆军部的批准。这样，李石曾便又想出一个办法，即不在抵法华工中抽调有文化有知识的工人，而到国内去招收一批有更高文化程度的知识青年学生到法国来做"工"——"勤工俭学"。这里所说的"工"，就是对华工进行教育，兼做翻译。李石曾 1916-1917 年间到广东、福建（这两省当时是国民党势力的地盘）等地动员知识青年来法实行"勤工俭学"，用的就是这套理由。正因为如此，所以当时积极响应这一号召的蔡和森，才在他给邹彝鼎的一封信中，说出这样的话："须知十五、六万华工，消纳五六十教员及翻译，当不为那样不可能"。② 这是什么意思呢？原来，邹彝鼎对到法国去"勤工俭学"，心中有些疑虑，怕去了以后找不到工作。为解除邹的疑虑，动员他去法，蔡和森才向他说了那样一番话，意即：有那么多华工在，不怕没有做华工教员的位子。由蔡和森对邹彝鼎所说的话中，可以看出他心目中的"留法勤工俭学"观念，正是李石曾动员他们去法国的那些理由中描述的一套。

这样看来，"留法勤工俭学"概念中的"工"和"学"两个概念，经历了先后两阶段的变化：第一阶段所说的"工"，指的是李广安、齐致一批豆腐公司工人为谋生而做的"工"，"学"则是提高工人的思想和文化，为准备组建"工党"而进行的"学"。用李石曾的话来说，这叫作"工者当学"。所以，这时在"工"与"学"二字中，强调的重点是"学"，而不是"工"。与此相反，到了第二个阶段，即动员国内知识青年到法国去实行"勤工俭学"时所说的"工"，指的是进行"华工教育"，或替华工"当翻译"。用李石曾的话来说，叫"学者当工"。所以，这时在"工"与"学"二字中，强调的重点是"工"，而不是"学"，也就是"以工求学"，重点与前一种已经完全不同了。

当以蔡和森、赵世炎、王若飞等人为代表的一批留法勤工俭学生于 1920 年

---

① 纪事［J］. 旅欧杂志，1916（1）：1-10.

② 清华大学中共党史教研组编. 赴法勤工俭学运动史料：第二册（上）［M］. 北京：北京出版社，1979：23.

到达法国时，情况又发生很大变化。欧战已经结束，华工分批遣送回国，不需要什么华工教育，因此大批学生只好到劳动市场上去出卖劳动。加上这时大批法国士兵复原，劳动力市场人满为患，这样就引起了留法勤工俭学运动中的种种矛盾和斗争，如争取"生存权""劳动权"的斗争等，这样，历史就又翻开了新的一页。说到这里，话题已开始进入五四时期留法勤工俭学运动的范围之内，也就是说已离开"历史渊源"这相范畴。因而，我们也就不能不搁笔了。

综上所述，李石曾等人发起组织的留法俭学会和留法勤工俭学会，在加强中法文化交流，积极倡导青年到法国去学习近代文化科学知识等方面的历史功绩不可埋没，应给予历史性的肯定。否则，就与马克思主义史学"实事求是"的原则背离了。

其次要看到，弄清留法俭学会和留法勤工俭学会的形成及其指导思想，对于正确认识五四时期兴起的留法勤工俭学运动的性质和结局有直接关系。因为后一时期的留法勤工俭学运动仍然是在留法俭学会和留法勤工俭学会领导下进行的，它只不过是早期俭学、勤工俭学活动在五四运动后的历史条件下的继续和发展。在无政府主义思想的基础上所形成的工读主义，贯穿了留法勤工俭学运动的整个过程，决定着运动的发生、发展和失败。后来，随着马克思主义的传入，坚持还是摒弃工读主义的旗帜，便成为勤工俭学生激烈争论的中心问题，并且由此，整个勤工俭学生队伍分裂成为两大派；最后，还是由于工读主义在实践中破产、勤工俭学运动的失败，勤工俭学生中的先进分子，才摆脱了工读主义、最终完成向马克思主义的转变。所以，只有把留法俭学会和勤工俭学会的指导思想搞清楚，才能正确认识赴法勤工俭学运动的性质。这样，我们今天对这一运动形成的历史渊源的考察，也就不是没有意义的了。

（原载《〈社会科学战线〉创刊 20 周年纪念专号》，1998 年 5 月）

章士钊与《甲寅》月刊和《新青年》

在我国近代人物中，章士钊先生是一位久为人所"知"，而未为人所"深知"的历史人物。人们通常知道他早年参加孙中山、黄兴等领导的革命活动，晚年为两岸和平统一而奔走，以身殉职；也知道他曾做过段祺瑞政府的司法、教育总长，在20年代，是一位有名的五四新文化运动的反对者。人们还知道他在学术上有许多贡献，如早年传播西方逻辑学说，晚年写成关于唐代政治文化史的专著《柳文指要》等。但很少有人会想到，这位当年以反对五四新文化运动闻名于世的评论家，在新文化运动的酝酿时期，却曾为它提供了有力的扶持和政治方向的指引。士钊先生所创办的《甲寅》月刊对《新青年》杂志的影响便颇能说明问题。只是由于历史演变过于曲折、复杂，今天的人们对这些知之者恐已不多。因此，有必要做一些介绍。

谈到《甲寅》月刊，不能不在未入正题之前先说几句。士钊先生一生共办过三个以《甲寅》命名的刊物，一个是月刊，1914年5月10日创刊，1915年10月10日终刊，共出10期；另一个是日刊，1917年1月13日创刊，同年6月19日终刊，共出150期；第三个是周刊，1925年7月18日创刊，1927年4月2日终刊，共出45期。三个刊物创办时间不同，政治、文化背景不同，主编者本人思想所处的状况不同，因此刊物的性质也有所不同。本文只就《甲寅》月刊一种，谈几点认识。

1913年"二次革命"失败后，孙中山、黄兴、章士钊先后来到日本。1914年，由黄兴筹款，士钊先生办起了《甲寅》三刊中的第一种——《甲寅》月刊（1914年的干支是"甲寅"），在东京编印，上海发行，但刊物只出到第10期，就被袁世凯政府禁止了。这份刊物从政治思想上以民主、科学理论总结辛亥革命失败的原因和教训，很快就将当时最优秀的一批青年思想家团结在自己周围。这批青年思想家就是：陈独秀、李大钊、胡适、高一涵、易白沙、杨昌济、吴虞、陶孟和、刘叔雅……等。稍稍了解中国近现代史的人都知道，这批人就是后来《新青年》杂志早期的主要撰稿人，而在当时他们在《甲寅》月刊发表了一批论著或作品，详见下表：

作者	篇数	篇名及刊号
陈独秀	11	《杭州酷暑寄怀刘三沈二》等诗7首（3号）、《自觉心与爱国心》（4号）、《述哀》诗一首（5号）、《述游》诗二首（7号）
李大钊	4	《物价与货币购买力》《风俗》（3号）、《国情》（4号）、《厌世心与自觉心》（8号）
胡适	2	《柏林之围》（译文）（4号）、《非留学》（10号）
高一涵	4	《民国之祢衡》（3号）、《宗教问题》《民福》（4号）、《章太炎自性及其与学术人心之关系》（5号）
易白沙	6	《教育与卫西琴》《转注》（2号）、《广尚同》《国务卿》《平和》（3号）、《铁血之文明》（4号）
杨昌济	6	《城南携手日》（3号）、《游赤利蒙公园》（3号）、《蹈海烈士杨君守仁事略》（4号）、《宗教论》（6号）、《改良家庭制度札记》（6号）、《国之大忧》（8号）
吴虞	4	《辛亥杂诗》等四首（7号）
陶孟和	1	《学》（6号）
刘叔雅	1	《唯物唯心得失论》（9号）

以上说明，《甲寅》月刊的创办为《新青年》的诞生准备了作者队伍，这不能不说是士钊先生对历史的一项重大贡献。还须提出的是，当士钊先生因事回国不在日本时，《甲寅》就由陈独秀主编。此事有陈独秀自己的话为证。1916年，一次吴虞告陈，他曾有文章在《甲寅》上发表过。陈立即回信说："《甲寅》所录大作，即是仆所选载。"还告诉他："尊著倘全数寄赐，分载《青年》《甲寅》，嘉惠后学，诚盛事也。"（《新青年》第2卷第5号《通讯》栏第4页）可见，有一个时期《甲寅》和《青年》两刊都由陈主编。

《甲寅》月刊和《新青年》的"发刊宗旨"，在思想上脉络贯通。《甲寅》声言要从政治之根本精神，即"政本"着手，"条陈时弊，朴实说理"，以启迪民智，寻求救国之路。《新青年》则一创刊就提出六项比较具体的"政治理念"："自立的而非奴隶的""进步的而非保守的""世界的而非锁国的"等来告诫青年，激励他们"自觉"与"奋飞"。两份刊物同样声明自己不关心以派系之争为中心的所谓"时政"，而要从政治思想和政治理论的高度来为中国探寻出路。《新青年》一创刊就发表"议论时政、非其旨也"的声明，这些地方明显地表现着它与《甲寅》之间的传承关系。

就刊物版面而言，两者之间也有着惊人的相似之处。两刊的栏目设置几乎完全相同：开头均为"政论"栏，其次则为"社会问题"栏，然后是"文艺小说""通信""读者论坛""国内外大事"等栏。在版式设计上，两刊也都基本上一样。这些地方清楚地表现着《甲寅》为先导，《新青年》是后继。

新文化运动早期的两项主要内容——"打倒孔家店"和"文学革命"都发端于《新青年》的"通信"栏。如胡适的"八不主义"最初就发表在《新青年》第二卷第二号的"通信"栏里，由此在社会上引起广泛深刻的反响。但是刊物设置"通信"这样的栏目，在中国近代报刊史上是由章士钊先生开创的，这一点在今天知道的人就更少了。先生主持《民立报》《独立周报》时期，就设置"投稿"一栏，专门刊载读者来信。后来，在主办《甲寅》月刊时期，他有感于国人"好同恶异"的习惯甚深，特意在刊物中设立了"通信"一栏，以发表读者来信、社外来稿和不同意见的文章，并由主编亲自作复，对来函来文表明自己的观点，加以评说。《新青年》之设置"通信"栏，从形式到许多编辑方法，都沿袭了《甲寅》月刊，实际上也就是陈独秀沿袭了章士钊，而这一沿袭对新文化运动的形成和发展产生了重大影响。今天，理清《新青年》与《甲寅》月刊的这层关系，无疑地有助于更深入全面地认识新文化运动。同时，也有助于我们看清士钊先生与新文化运动的又一方面的关系，和他对中国近代公共舆论的形成所起的"筚路蓝缕"的开创作用。陈独秀、李大钊、胡适等人经由《甲寅》的"通信"栏登上历史舞台；钱玄同、傅斯年、常乃德、俞颂华等人则经由《新青年》的"通信"栏登上历史舞台，这些今天都成为不争的历史事实了。

需要说明的是，首先，章士钊先生在刊物上设置"通信"栏，与一般的刊发读者来信，是性质不同的两回事。"通信"栏是每期必有，不能或缺。其次，对来信、来稿，刊物编者必须一一回答。这种做法是章士钊先生从英国著名作家艾狄生所主编的《观察家》杂志上学来的，以前中国刊物上还不曾有过，因而是具有开创性的。

还有一事必须说一说，那便是，在"文学革命"方面，《甲寅》月刊与《新青年》也有着思想理论上的联系。早在《新青年》提倡新文学的前两年，1915年10月10日出版的《甲寅》月刊第1卷第10号上就发表了黄远庸先生给主编章士钊的一封信，提出：在中国提倡"改革"，最重要的是头脑中的改革，即改变人的思想。只有让"现代思潮"与一般人的思想发生"接触"，"促其猛省"，然后才谈得上其他方面的改革。为此，必须"从提倡新文学入手"，"以浅近文艺，普遍四周"，使新思潮与一般人的生活"发生交涉"，从而在中国发动一场"文艺复兴"，一切才有希望。显然，可以认为，这就是在提倡新文学，并由此入手，改造社会。只是对于这种主张，章士钊并不赞成。他认为，中国文化没有普遍性的宗教背景，"文艺复兴"那一套在这个国度里是搞不成事的。在中国谈改革，还得先从政治入手。黄、章二位先生的意见究竟哪一家对，这里不讨论。需要我们注的是，"新文学"运动因此没有在《甲寅》月刊上开展起来。而陈独秀在这问题上的认识与态度不同，他对留美学生胡适的"八不主义"非常赞赏，极力推广，并亲自撰写《文学革命论》一篇大文章来带头，也因此，《新青年》为"文学革命"打了先锋。无疑，这是《甲寅》与《新青年》的差距，是章士钊与陈独秀思想上的差距，不过如从另一个角度来看，那么，《甲寅》月刊早于《新青年》两年便呼唤"新文学"，正表明《甲寅》月刊与《新青年》两者之间存在着一定的传承关系。

反映《新青年》与《甲寅》的传承关系的实际材料很多，下面略引一二，以为本文作结。

一、《新青年》第2卷第1号上登载着一封读者来信，署名是"贵阳爱读贵志之一青年"，信中说：《甲寅》忽遭政府禁止，在"一般爱读该志者之脑海中，殆为饷源中绝，饥饿特甚，良可惜也，今幸大志出版，而前之爱读《甲寅》者，忽有久旱甘霖之快感，谓大志实代《甲寅》而作也。"

二、《新青年》第3卷第3号上也有一封署名"安徽省立第三中学校学生"的读者来信，其中这样说："前秋桐先生之《甲寅》出版，仆尝购而读之，奉为圭臬，以为中华民国之言论界中当为首屈一指，不谓仅出十册，……仆当时为不欢者累月。然不料续《甲寅》而起者，乃有先生之《新青年》。"

像这样的信，我数了一下，《新青年》头几卷中就有七八封之多，其中一封是后来大名鼎鼎的叶挺将军写的——署名是"湖北陆军第二预备军官学校叶挺"（见《新青年》第2卷第6号《通信》栏第1~4页）。可见，在当时青年的心目中，《新青年》创刊无异于《甲寅》"再世"。这种看法在当时几乎成为"公论"，所以对今天来说也是一件不争的历史事实。

由上所述，我们可以看出，《新青年》与《甲寅》之间有着明显的传承关系（说"传承"并不排斥"发展"，这是不言而喻的）。也就是说，《甲寅》月刊的创办，从某种意义上说，对《新青年》的诞生起过"准备"作用。章士钊先生的这些历史功绩，长期以来未为人所认知。今天，我们有必要按历史实际，更深切、更全面地认识士钊先生与《甲寅》月刊。在这方面，今后还有许多工作要做。

（原载《百年潮》2000年第10期，此次发表，内容有增补）

二、中华文化自信

公羊学与中华民族

公羊学的基本内容，是一套如何评判历史事实的是非标准。它是一种历史观，而不是一门历史学。它所评判的历史事实，范围不出《春秋》一经，数量有限，这样，它就只有史观意义上的周备性，而缺乏内容和体系上的完整性。

为适应时代发展的需要，公羊学内部发展出一种新概念："指"。董仲舒解释说："词不能及，皆在于指"。(《春秋繁露·竹林》) 这就是说，"指"的意思是：由文字所表达的意思，指向文字所不能表达的意思。我们知道，文字所能表达的意思，范围不出《春秋·公羊传》，那么，文字所不能表达的"指"，范围就超出了《公羊传》，而为各个时代的公羊家所独有。这样，公羊学就有了一个十分灵活的体系，可以为任何时代服务。

从汉到清，公羊学几经变迁，基本内容可以用"三科九旨"来概括：

三科：存三统，异内外，张三世

九旨：新周、故宋、以《春秋》当新王

　　　内其国而外诸夏，内诸夏而外夷狄

　　　所见异世、所闻异世、所传闻异世、或据乱世、升平世、太平世

存三统，新周、故宋、以《春秋》当新王，称为一科三旨。

异内外，内其国而外夷狄，称为二科六旨。

张三世，所见异世、所闻异世、所传闻异世、或据乱世、异平世、太平世，称为三科九旨。

在历史上，公羊学在三个时期，即：西汉中期、清代中期和清末，起过较大作用，而各个时期的重点不同：

1. 西汉中期：以"三统"说为重点，代表人物是董仲舒

2. 清代中期：以"内外"说为重点，代表人物是庄存与、刘逢禄

3. 清末：以"三世"说为重点，代表人物是康有为

下面分别说明。

对"三统"说，董仲舒在《春秋繁露》中解释道：

"今春秋缘鲁以言王义"(《奉天》篇)

"故春秋应天作新王之事，时正黑统，王鲁尚黑，绌夏、亲周、故宋"。（《三代改制质文》篇）

"因其国以容天下"（《喻序》篇）

它包含两方面的意思：

1. "鉴二王，立新王"。这就是说，当新王朝建立，新制度形成之时应以前二朝为二统，以备参考、借鉴，即所谓，"三统之说，更相嬗者而相师，新王之于前王，犹弟子之于先师"。这就是说，要根据前二朝的统治经验来进行统治，注意鉴别前二朝经验中的利弊得失。

2. "天下者非一人一姓一家之天下"。

刘向说："王者必通三统，明天命所传授者，非独一姓也"。（《汉书·楚元王传》）

谷永说："垂三统，列三正，去无道，明有德，不私一胜。明天下乃天下人之天下，非一人之天下也"。

综上可知，董仲舒的三统说，肯定了大一统的专制体制，但又不把它看作一家一姓的私天下，他坚持的是"天下为公"的政治理想。"三统"说虽出自汉族，但也为少数民族统治阶层所信守，如匈奴人赫连勃勃建立的大夏国，自认为是夏禹的后代，要恢复禹的统一大业；鲜卑族拓跋氏建立的北魏，自认为是黄帝的后代，抱着统一中国的希望，特别是蒙古人建立的元朝和满族人建立的清朝实现了全国的统一，同汉族人所建立的汉、唐帝国一样，对巩固我们这个多民族国家，起了极为重要的作用，这就使得无论在哪一个少数民族当权的情况下，中国文化都得到了继承和发展，从而保持了延续性，这在世界文明古国中是别无先例的，值得我们引以为自豪。

"内外"说在清代中期悄然兴起，也有它的历史背景。这时，满族贵族入主中土已有一百二十余之久，汉族知识分子一般已放弃清初顾、黄、王诸老所信守的那种夷夏观念，转而采取接纳合作的态度。在这种情况下，"夷狄进入中国则中国之"的重文化而不重血缘的种族观念必然应运而兴。被称为清代公羊学"初祖"的庄存与，在他的《春秋正辞》一书中，对九个正辞，即："奉天""天子""内""二伯""诸夏""外""禁暴""诛乱""传疑"，个个围绕"夷""夏"关系来讲，而把"三统"和"三世"说置于极不重要的地位。他所强调的是，只要满族贵族接受中国文化，就可"以中国视之"。被称为清代公羊学重镇的刘逢禄，在他的《公羊何氏释例》一书中明确地说：

"余览春秋进黜吴楚之末，未尝不叹圣人驭外之意，至深且密也。……慨然深思其故，曰：中国亦新夷狄也。……故观于诗书，知代周者秦，而周法之坏，圣人不可复也；观于春秋，知天下以吴楚狎主中国，而进黜之意，虽百世不可易也。张三国以治百世，圣人忧患之心，亦有乐乎此也。"

这些话，不提满汉血缘上的界限，完全从文化上、政治上着眼。这样，庄存与、刘逢禄所强调的内外义，一方面使当时的政治和文化局面合理化，对稳定大一统的局面，起了别的学说所不能起的特殊作用；但另一方面这种态度也成为清末公羊学者支持清廷政治立场的由来。他们承认，当时中国之衰乱已如"新夷狄"，那么，只要在承认和遵从孔子"为万世制法"这一大原则之下，便可以放手地进行改制，从而又开启了清末公羊学者勇于探索甚至接纳西方学术文化和政治制度的新风气。

从龚自珍到康有为，新"三世"说形成了。龚自珍突出讲"世"，认为"世"有三等，即："治世""乱世""衰世"。（《乙丙之际著议》）他这样讲，目的在于说明："世"不同，人才盛衰的情况不同。这时，他还没有把"世"作为社会发展进程中的阶段的观念。到康有为、梁启超时代，西方进化论思想传入中国，"世"的观念也发生变化，开始具有社会发展进程的含义。梁启超说："中国旧论，每崇古而贱今。西人则不然，以谓愈上古则愈野蛮，愈晚近而愈文明。此实孔子'三世'之大义。"又说："'三世'之立，由据乱而升平，而太平，义主渐进"。（《史记·货殖列传今义》）这就是新的"三世"观念了。

这种观念的出现，有着重大的历史和现实意义：

1. 它给中国一种世界性定位的凭借。自从外国侵略势力把中国传统的"天下"观念打破以后，中国人心目中的世界历史图像破灭了。目前究竟是个什么世界？中国站在什么地方？世界将向何处去？中国将向何处去？这一系列根本问题，如果不能以明确的回答，那么，中华各民族人民在思想上的凝聚就将受到极大的损害。

2. 它给中国人一个新的认知结构。"三世"说跨越历史和未来，把二者纳入一个模式之中，既解释了古史，又预言了未来，从纵向和横向两方面，给世界定向，给中国定位，使中国各民族人民对前途充满信心，所以能起到这样的作用，首先由于"三世"说，把西方知识的新素材揉到传统理论的框架里，有很大的包容性和灵活性，几乎把清末思想家所具有的东西方社会历史文化知识囊括无遗，从而对西方思潮的冲击，迅速作出回应。假如不是在一个文化传统十分深厚的国度里，怎么会有如此强劲的文化消化和理论概括的能力。这就是近代"三世"说出现的重大意义。

（1990—1991学年度在德国海德堡大学汉学研究所讲授"中国古代思想史"课程的提纲）

庄存与事迹及著述系年
——兼析清代公羊学思想复苏之政治文化契机

庄存与，字方耕，号养恬，江苏武进人，梁启超称之为清代公羊学之"初祖"①。然稍读庄氏文集——《味经斋遗书》，则知此人治经，向"不辨《尚书》今古文真伪"②：于《诗经》，专治古文《毛诗》；于《春秋》，既主今文《公羊》《董氏》，又采古文《左氏》《谷梁》，可谓今古文不分。到了晚清，在人们心目中，居然变成一位"今文大家"。变化之大，真令人无所适从。其中种种缘故，对学术界来说，确有勘究之必要。然多年来，似尚未见有专文述及。③兹不揣浅陋，谨从庄氏之生平入手，探析其所以由古文趋向今文之种种原因。所论是否有当，尚望方家学者，多所是正。

一、家世概况

庄存与先世于北宋南渡时自丹徒徙金坛，明永乐中再迁常州府武进县。五世祖廷臣，明万历三十八年庚戌（1610 年）进士④，天启中官上荆南道，曾阻魏忠贤建祠，终湖广左布政，祀名宦。其后两世入清，曾祖鼎纮、祖绛，皆不

---

① 语见梁启超．中国近三百年学术史［M］//朱维铮编．梁启超论清学史二种．上海：复旦大学出版社，1985：314.

② 钱穆．中国近三百年学术史［M］．北京：中华书局，1986：524.

③ 钱穆先生则从清代学风转变之角度，加以说明，其言有云："庄氏为学，既不屑屑于考据，故不能如乾嘉之笃实，又不能效宋明先儒寻求义理于语言文字之表，而徒率缀古经籍以为说，又往往比附以汉儒之迂腐，故其学乃有苏州惠氏好诞之风而益肆。其实则清代汉学考据之旁衍歧趋，不足为达道。而考据既陷绝境，一时无大智承其弊而导之变，彷徨回惑之际，乃凑而偶泊焉。其始则为公羊，又转而为文"。见钱穆．中国近三百年学术史［M］．北京：中华书局，1986：525.

④ 李兆洛．《河南分守河北兵备道庄君家传》［M］//《养一斋文集》卷十二。

仕。父柱，字书石，号南村，雍正五年丁未（1727年）① 进士，官至浙江海防兵备道。子二，长存与，次培因（字仲淳）。存与通籍后在上书房行走；其弟培因亦任职于军机处。兄弟二人俱历宦中枢，屡获上赏。如此家世，如此经历，于存与本人之经学思想有极明显之影响。

二、编年事辑

康熙五十八年己亥（1719年）　　　　　　　　　　　　　　　生

雍正元年癸卯（1723年）　　　　　　　　　　　　　　　　五岁

"五岁，入塾读书"。（臧庸：《礼部侍郎庄公小传》，《拜经堂文集》卷五，以下简称臧《传》）

雍正三年乙巳（1725年）　　　　　　　　　　　　　　　　七岁

父柱得仕内阁中书，"引见，命以知县用。自谓'不可以民人社稷为学，归而读书于天宁寺中三年'"。（彭启丰：《中宪大夫浙江海防兵备道庄君柱墓志铭》，以下简称彭《铭》）

雍正五年丁未（1727年）　　　　　　　　　　　　　　　　九岁

父柱成二甲二名进士。先是，彭启丰②为会试第一，柱则同榜中式。"及殿试，读卷官拟大父（指庄柱）卷第一，外祖父（指彭启丰）卷第三。世宗宪皇帝亲定外祖父一甲一名，大父二甲二名"。（庄述祖：《先妣彭恭人行述》，《珍艺宦文钞》卷七，以下简称《恭人行述》。）

雍正八年庚戌（1730年）　　　　　　　　　　　　　　　　十二岁

是岁，京师地震，屋倾，存与被"压重墙下，掘土五尺许始得，耳目闭塞，良久方出声"。（臧《传》）

约于此时，存与"从舅氏钱公某讲肄"，"力探经史百家"，"平生学业，始基于此"。（同上）

雍正十二年甲寅（1734年）　　　　　　　　　　　　　　　十六岁

父柱任温州知府。（彭《铭》）

---

① 彭启丰.《中宪大夫浙江海防兵备道庄君柱墓志铭》[M]《碑传集》卷八三。

② 彭启丰，字翰文，江苏长洲人，雍正五年会试第一，廷对第一，官至兵部尚书。辞官后掌教紫阳书院十有余年，乾隆四十九年（1784年）卒。子绍观、绍升，其女为庄述祖之母。

乾隆三年戊午（1738 年）　　　　　　　　　　　　　　　　　二十岁

应进士试不第，"研究算学，忘寝食，因得眩晕疾"。（臧《传》）

乾隆四年己未（1739 年）　　　　　　　　　　　　　　　　　二十一岁

七月，父柱任浙江海防兵备道。（彭《铭》）

乾隆十年乙丑（1745 年）　　　　　　　　　　　　　　　　　二十七岁

会试中榜眼。（臧《传》）

阮元《庄方耕宗伯经说序》①有云："公通籍后，在上书房授成亲王经史垂四十年"。按：存与通籍时，成亲王永瑆尚未出世，阮氏误记。然存与在上书房时确有"言官学臣"奏请将今文《尚书》二十八篇"颁赐天下"，冀今后"考官命题，学僮讽书，伪书毋得与"。"公（指庄存与）以翰林学士直上书房为师傅，闻之，忽然起，遒然思，郁然叹，忾然而寡谋……公自顾以儒臣遭世极盛，文名满天下，终不能有所补益时务，以负隆之期，自语曰：'辨古籍真伪，为术浅且近者也，且天下学童尽明之矣，魁硕当弗复言。古籍附湮十之八，颇藉伪书存者十之二，帝胄天孙，不能旁览杂氏，惟赖幼习五经之简，长以通于治天下。'……乃'退值上书房，日著书，曰《尚书既见》如干卷。……公是书颇为承学者诟病，而古文竟藉获仍学官不废。"② 由是知存与著书，乃为古文辨冤，而非为今文张目。

是年，存与弟培因（仲淳）下第归，与妻书云："不作第一人不归"。《先妣行述》）后果以状元及第。

乾隆十三年戊辰（1748 年）　　　　　　　　　　　　　　　　三十岁

翰林院散馆，存与"列二等，仍留教习。奉旨云：'闭户读书，留心经学'"。（臧《传》）妻吴氏来京师。（《恭人行述》）

是年，培因入军机处，"前后七年，銮舆巡幸，屡派扈从。居恒辨色而入，遇事立应。下直即宾朋满座，而求诗文及书者坌集，往往炳烛挥毫，不暇问家事"。（《恭人行述》）

乾隆十五年庚午（1750 年）　　　　　　　　　　　　　　　　三十三岁

十二月，培因之子述祖生。

乾隆十七年壬申（1752 年）　　　　　　　　　　　　　　　　三十四岁

任会试同考官。（臧《传》）

---

① 此文载《味经斋遗书》书卷首，阮氏《研经室集》未收。

② 龚自珍 . 资政大夫礼部侍郎武进庄公神道碑铭［M］//龚自珍全集 . 北京：中华书局，1975：141-144.（以下简称龚《铭》）

乾隆十九年甲戌（1754 年）　　　　　　　　　　　　　三十五岁

培因会试中状元，授翰林院修撰，充日讲起居注官。（庄勇成：《学士仲淳弟传》，庄培因：《虚一斋集》卷首）

乾隆二十一年丙子（1756 年）　　　　　　　　　　　　三十七岁

存与典试浙江。

此行，有佳话一则："浙江巡抚馈金，不受；遗以二品冠，受之矣。及途，从者以告曰：'冠顶真珊瑚也，值千金'。驰使千里馀而返之"。（龚《铭》）

后"数出典浙江试，两典湖北试，督学顺天、河南"。（臧《传》，又，成亲王永瑆有《送庄方耕师傅提督河南全省学政序》一文，参见乾隆二十六年条）

乾隆二十二年丁丑（1757 年）　　　　　　　　　　　　三十八岁

培因"授侍讲学士，奉命提督福建学政"。（《先妣行述》）

乾隆二十四己卯（1759 年）　　　　　　　　　　　　　四十岁

夏六月，存与父柱卒（彭《铭》），弟培因任福建学政十有四月归，旋亦以脾疾卒。（《恭人行述》）培因有《虚一斋集》行世。

乾隆二十六年辛巳（1761 年）　　　　　　　　　　　　四十二岁

是年，成亲王永瑆十岁。约于此时，存与授永瑆经史于上书房。"卯入申出，寒暑无间，皇子时亲讲说，爱敬日深"。（臧《传》）十五年后（乾隆四十一年丙申，1776 年），永瑆有《八怀诗》，其一即《礼部侍郎武进庄方耕先生》，诗云；"成童稍识义，实赖与君居；厌饫游余志，深沉授古书。风遗东首马，字灭北飞鱼；丙舍初非意，承明是旧庐"。此诗载《诒晋斋集》卷一。又卷七有《送庄方耕师傅提督河南全省学政序》一文，未署年月，文云："先生教诲余数年，至意周尽，不可一二记忆。教以《周易》……，教以《禹贡》……，教以《春秋》……，教以《周礼》《仪礼》……"。① 若以此处所列举之科目与存与《味经斋遗书》之篇目对勘，则可看出两者基本上一致，兹列表对比如下：

---

① 此将全文附载于后，以供参考："先生教诲余数年，至意周尽，不可一二记忆。教以《周易》，谢未能也；教以《禹贡》，谢未能也；教以《春秋》，谢未能也；教以《周礼》、《仪礼》，谢未能也。以为时日优远，可以次及耳。而先生今去余矣。志虑闲暇，谓岁月无可重惜，以此忽弃老成人之话言不少，夫岂谓契阔之故，山川间之有如是哉。督学之使，不可易也，将以养士成风，理正文学。夫学所以教人厚也，而或示之以巧，甚非国家之意。时文之弊，莫患于小题，割裂圣言，刺谬经义，紊截辞旨，其言如噎，督学者以此率，则莫不以此诱其子弟，始为学儒而巧已进其心矣。欲士之以厚报国家，不亦难乎！《诗》曰：'不愆不忘，率由旧章'。此言虽大，凡事如之。法之久未有无弊，而轻于易旧，吾所欲改革，岂必倍蓰旧制，增烦而滋启人心，不如其已也，愿先生加以意焉。"

授诸皇子之科目	《味经斋遗书》目录
《周易》	《易》：《彖传论》一卷
	《象象论》一卷
	《系辞传论》二卷
	《八卦观象解》二卷
	《卦气论》一卷
《禹贡》	《书》：《尚书既见》三卷
	《尚书说》一卷
	《诗》：《毛诗说》四卷
《周礼》、《仪礼》	《周官》：《周官说》五卷
	《周官记》五卷
《春秋》	《春秋》：《春秋正辞》十一卷
	《春秋举例》一卷
	《春秋要指》一卷
	《乐》：《乐论》二卷
	《四书》：《四书记》一卷

对五经，庄氏同一时间内所讲授之内容与撰写之稿件，二者之间必有相同相似之处，此乃常理。苟如此，则《味经斋遗书》之内容非他，乃庄氏教授诸王子时所用之讲义也。此意魏源在《武进庄少宗伯遗书序》一文中早已已道及，其言云："武进庄方耕少宗伯，乾隆中以经术传成亲王于上书房十有余载，讲幄宣敷，茹吐道谊，子孙辑录成书，为《八卦观象上下篇》《尚书既见》《毛诗说》《春秋正辞》《周官记》若干卷"。由此可知，《味经斋遗书》即存与当年所用之"讲义"。此为辨明庄氏经学由古文而趋重公羊之一大关键。兹分别论述如下：

一、乾隆中期，满洲贵族入主中土已一百二十余年。汉族士大夫此时已基本上放弃清初顾、黄、王诸大儒所信守之大防、大义，转而采取接纳合作态度。然而在我国往日文化典籍之中，强调"文化"因素而非"血统"因素甚至于以"血缘"为"本位"之民族观念，亦仅只公羊学一种，是故此种学说最为适宜于当时之政治环境。由是推知，庄氏之所以为诸皇子讲授五经时，多引公羊义，此乃合乎常理之事。今将《春秋正辞》一书中所发挥之若干"公羊义例"，分类归纳，列举如下：

（一）在"三统""三世""内外"三例中，趋重"内外"一例。① 全书九个"正辞"："奉天""天子""内""二伯""诸夏""外""禁暴""诛乱""传疑"等无一不围绕"夷""夏"，即"内外"关系，反复申言，其用意不外鼓励满洲贵族接受汉文化：

"夷狄之有君，不如诸夏之亡也，楚子轸知大道矣"。

"王者，天之继也，……欲其子孙之仁且孝，必以中国之法为其家法"。

"不使夷狄之民，加乎中国之君也"。

"以中国而夷狄则夷狄之，以同而异也"。

（二）汉人既以文化而不以血统观念视满人，则满族"天子"亦可进一步接受汉文化中所蕴涵之为君之法，如：

"反诸身不证，不顺乎亲，不信于友，上不获于天，下不可治其民，往而辄穷，与文王之道左，君位危焉！"

"君，国位之本也，南面者无国君之心，北面者有二君之志，位又焉在矣！"

"君不尊贤则失其所以为君"。

"安不忘危，存不忘亡，治不忘乱，是以身安而家国可保"。

根据以上所述，可知，庄存与确曾以公羊义为诸王子讲授《春秋》。

二、明白以上两点，则庄存与之所以从一个非"公羊学家"而趋重公羊并最终被视为清代公羊学之"初祖"② 这种怪现象，绝非单纯从学理上所能说清楚，而必须从政治意识形态之需要着眼，才能一步步理出头绪，稍近真谛。

乾隆三十年乙酉（1765 年）　　　　　　　　　　　　　　　　四十七岁

存与长子逢原成举人，后任山阴县学训导。（臧《传》）

乾隆三十六年辛卯（1771 年）　　　　　　　　　　　　　　　五十三岁

任会试副总裁。

乾隆三十九年甲午（1774 年）　　　　　　　　　　　　　　　五十六岁

九月二十八日，逢原子绶甲生。（李兆洛：《监生考取州吏目庄君行状》，《养一斋文集》卷十二）

乾隆四十一年丙申（1776 年）　　　　　　　　　　　　　　　五十八岁

是年，成亲王永瑆作《八怀诗》，其一即《礼部侍郎武进庄方耕先生》，详乾隆二十六年条。

---

① 汉唐公羊重"三统"，清初公羊重"内外"，晚清公羊重"三世"，反映不同时期政治文化之变迁。

② 语见梁启超. 中国近三百年学术史［M］//朱维铮编. 梁启超论清学史二种. 上海：复旦大学出版社，1985：314.

乾隆五十三年戊申（1788 年）　　　　　　　　　　　　　　七十岁

存与卒。

魏源在《武进庄少宗伯遗书序》（《古微堂集》本）中指出："君在乾隆末，与大学士和珅同朝，郁郁不合，故于《诗》《易》君子小人进退消长之际，往往发愤慷慨，流连太息，读其书可以悲其志云"。①

三、遗著刊印

嘉庆二十三年戊寅（1818 年）　　　　　　　　　　　　　死后三十年

是年，存与之孙绶甲四十四岁，馆于龚自珍家，为言其祖之生平事迹，请为之铭。自珍记其事云："嘉庆戊寅，庄君绶甲馆于余家。一夕为余言其祖事行之美，且曰碑文未具。……明日，绶甲为之请"。（龚《铭》）

嘉庆二十四年己卯（1819 年）　　　　　　　　　　　　死后三十二年

存与之外孙宋翔凤（字于庭）为龚自珍言存与之志趣。自珍记其事云："越己卯，之京师，识公之外孙宋翔凤。翔凤则为余推测公志"。（龚《铭》）

道光二年壬午（1822 年）　　　　　　　　　　　　　　死后三十四年

龚自珍撰《资政大夫礼部侍郎武进庄公神道碑铭》成。（见此文之《自记》）。自珍文中称存与为"史之大隐"，其"学足以开天下"，然却"自韬污受不学之名"。所以如此，盖为"权缓亟轻重，以求其实之阴济于天下"，"百年一人而已"。（龚《铭》）

道光八年戊子（1828 年）　　　　　　　　　　　　　　死后四十年

十月十日，董士锡应庄绶甲之请为存与《易说》作序，有云："方乾隆时，学者莫不由《说文》《尔雅》而入，醰深于汉经师之言，而无溷以游杂。其门人为之，莫不以门户自守，深疾宋以后之空言。故其艺精，抑示术峻，而又乌知世固有不为空言而实学恣肆如是者哉……不知者以为乾嘉间经学之别流，而知之者以为乾嘉间经学之正汇也"。（序载《味经斋遗书》卷首）

同年十二月二十三日，绶甲卒，时年五十有五。（李兆洛：《监生考取州吏目庄君行状》，《养一斋文集》卷十二）

道光十年庚寅（1830 年）　　　　　　　　　　　　　　死后四十二年

阮元约于此时为《味经斋遗书》作序。元于是年在广州兴建学海堂讲舍，

---

①　魏源集：上册［M］．北京：中华书局，1983：238.

为辑《皇清经解》而广泛搜集士人说经之书。刘逢禄乃从庄绶甲处抄录存与所撰之书稿若干种寄赠。元《序》之云："庚寅岁，建学海堂讲舍于粤东，欲搜采皇朝说经之书，选其精当，胪其美富，集为大成，为后学津逮。兹刘君从其外兄庄绶甲录寄宗伯公遗书八种"。元序中又称存与之学，"于《六经》皆能阐抉奥旨，不专为汉宋笺注之学，而独得先圣微言大义于语言文字之外。"又谓其"所学与当时讲论枘凿不相入，故秘不示人。"（序载《味经斋遗书》卷首）

道光十八年戊戌（1838年）　　　　　　　　　　　　　死后五十年

八月，李兆洛（申耆）刊存与之《卦气解》一书成，请薛子衡、宋景昌作跋。子衡《跋》云："先生经说多已刊布，是书则今岁吾师申耆先生始刊行之，余又得先生之孙经饶先生写本校正焉"。景昌《跋》云；"方耕先生遗书，大半多已刊行，是书则吾师申耆先生今岁校刊也"。由此数则，则知存与之书大半忆于道光八年（1828年）至十八年（1838年）间刻成。然可注意者，《皇清经解》所收录之庄书，不过《春秋正辞》一种而已。当可推想，阮元之于庄书，多不以经学深湛之专著视之。元为《味经斋遗书》所撰之序，后亦不见收入《研经室集》中。此中消息，尤堪耐人寻味。此条又为"讲义"之说，增一佐证。

从学术上言，庄氏生当清代考据学日趋衰落之际，"时无大智承其弊而导之变，彷徨回惑之际……常州之学，乃足以掩协晚清百年来之风气而震盈摇撼之"。庄氏身后公羊"初祖"之声誉，实乃时势风气转移所致亟，致亟言之，实实非庄氏其人韧创清代公羊之学，而系清代公羊学之应运而起"韧创"出"初祖"庄存与其人。

（原载《翊运集：北京市文史研究馆馆员文选》）

《〈诗比兴笺〉作者佳话》及其它

前　言

　　1980 年 10 月，我在《中华文史论丛》第 3 辑上发表《〈诗比兴笺〉作者佳话》一文，提出《诗比兴笺》一书的作者是魏源，而不是历来的署名作者陈沆。魏与陈原是老朋友。陈死后，魏源将自己的一部著作移赠给他。我的文章发表后，《中华文史论丛》1981 年第 1 辑发表申君先生的《〈诗比兴笺〉作者辩》一文，提出不同意见，认为此书的作者仍是陈沆，我的说法是"道听途说"。此文同时批评《魏源诗文系年》一书的作者——与我持同样看法的李瑚。我当时没有写文章回答申君，原因是李瑚这时又有新发现，找到了更新更深入的材料说明不仅《诗比兴笺》一书，就是从来没有人怀疑过的陈沆的著作——《近思录补注》，也是魏源的著作。所以，我和李瑚有个默契：申君的驳难，统一由他去回答。李瑚的回答文章发表在 1983 年 10 月出版的《文史》第 21 辑上，题目叫作《关于〈诗比兴笺〉与〈近思录补注〉的作者问题》。自此之后，不见申君有任何表示，我们也就把此事渐渐淡忘了。

　　1996 年 6 月，我在《北京大学学报》第 3 期看见顾国瑞先生的《〈诗比兴笺〉作者考辨》一文，十分高兴。此文为我们十多年前的旧看法找到了既新而又十分确凿的证据——魏源的手稿。这样，这桩历史公案也就可以算是水落石出了吧！

　　下面，我从李瑚和顾国瑞先生的文章中各选一部分文字，附在拙文《〈诗比兴笺〉作者佳话》之后，另取一个题目，叫作：《〈诗比兴笺〉作者佳话及其他》，以记述这一全过程。

一、《〈诗比兴笺〉作者佳话》原文

在《诗比兴笺》的作者问题上，有过一段清代学者非常诚挚的友情佳话。《诗比兴笺》署陈沆撰，实则系魏源为不朽其亡友而以己作移赠的。我曾看到杨守敬手札及汪辟疆言，皆叙其事。兹将这两条材料引述如下：

> "吾乡陈小舫为其尊人刻《诗比兴笺》，实魏默深先生之作，江南人皆知此事。敬以默深先生《诗古微》照之，其说至确"（陶风楼藏《名贤手札》第八册：杨守敬《十二月三日致豹岑书》）。

> "汪辟疆言：……陈太初所著《诗比兴笺》，相传系魏默深、龚定庵之作。因魏、龚与陈交厚，悼陈早逝，遗著仅《简学斋诗集》数十首，不足以寿世，故二人费十日夜，力成此书，以不朽其友。"（荫亭：《永思堂札记·陈魏龚交厚足愧时贤》）

后面一条材料还涉及龚自珍，当系传闻。至于魏源赠稿陈沆一事，从两人的交谊看，或有此可能，因魏知己之感甚深。嘉庆十九年，二人定交，是年陈三十岁，魏二十一岁。陈沆一直看重魏源，期望甚殷。《简学斋诗集》中称赞魏源"直木无卑枝，清漪无杂鳞"。又说他"乾坤朗朗吞复吐"，"出语如有神"。而魏源也一向以未酬陈"知人之明"为憾事。这一点，他在《简学斋诗集序》中说得很清楚："独恨余以君所极期望之人，而蹭蹬半生，流离颠沛，无以报君知人之明"。在这种思想感情的基础上发展到赠稿，是不难理解的。李柏荣《魏默深先生师友记》载陈、魏交往的轶事："源居京师，沆倾身与之。友人谓沆且贵，胡折节乃尔，矧源鳞甲难近。沆不听，交源益笃"。可见沆对源情谊之厚。

再从《诗古微》和《诗比兴笺》二书的内容看，它们可能实际上是一部著作的上下篇。《诗古微》讲的是齐、鲁、韩三家诗的比兴；《诗比兴笺》讲的是汉、魏、六朝、三唐诗的比兴，内容、手法相似，拿魏源的话来说，就是："以笺古诗三百篇之法笺汉、魏之诗"；而其目的，也极相似，即："使读者知比兴之所起，即知志之所之"。这样看来，两部书或是同一体系的前后两个部分。这一点，魏源本人并不隐讳。他在《诗比兴笺序》中十分明确地说：余"治《诗古微》方成，……获读此笺，以汉、魏、六朝、三唐之比兴，补余所未及，盖不期而相会焉！"显然，"不期而相会"是故为其辞，反过来倒证明原属一个体系。

然而有学者对以上论述提出异议，认为"试考事实，未必如此"。（见申君：《〈诗比兴笺〉作者辩》，《中华文史论丛》1981年第1辑）对此，李君又做出答复。

二、李君的答复

1. 答复："杨守敬信札中说：'江南人皆知此事'。而如果能找到某些江南人并不知此事的话，能否作为例证来否定杨守敬的全部结论呢？我觉得这样做是很不妥当的，也是不公允的。因为找到几个江南人不知此事的例证是很容易的。除了'重为镂版，以广其传'的湖北巡抚长洲人彭祖贤'不知此事'之外，还有著名学者长洲人陈奂也'不知此事'。陈奂在《简学斋馆课试律序》中说：'小舫出示尊甫著《诗比兴笺》五卷，奂夙知其用功深，绣心藻思，荟萃于兹，至此始得睹秋舫文'（《三百堂文集》卷上，页12）。陈奂学识比较渊博，见闻也很广泛，而且与陈沆'自嘉、道之际'即已相识，与魏源的交谊也很深，为什么也'不知此事'，直到陈沆逝世后多年，与陈廷经在苏州再次聚会以后始得看到他的文章呢？如此等等，可见有真不知道此事的，也有不便提示此中奥秘的。魏源不是江南人，他与陈沆交谊深挚，陈沆的诗集《白石山馆诗》，或《简学斋诗》，曾经魏源多次评定，每易一稿，或每阅读一次，魏源均有评语（现在见到的凡五次）。陈沆曾孙陈曾则在诗集跋语中说：'公与默深先生有所作必互相质难，期达于精而后已'。而何以独对《诗比兴笺》竟毫无所知？直至陈沆去世后多年，与陈廷经在苏州再次聚会时，才'从君长子小舫太史获读此笺'，而且与陈奂看到此书的时间地点相同。这真是奇怪的事。事实大约是这样：只有到这时，陈廷经'超然引退，就养吴门'，才想起为其先君增加一部著作，以遂其孝思。而魏源也恰于此时完成了《诗古微》著作，有暇了却为亡友增加一项'名山事业'的心愿。故《诗比兴笺》才得于这时最后完稿，并刊刻付印。所以不能单纯根据某人不知此事，便用以反证杨氏的话不对（何况魏氏后人还有不许外传此事的家训）。如果说，江南人不是都知道此事，又怎样看待杨守敬信札呢？这只能说，杨氏写信时未能字斟句酌（一般写信与作文章不同，比较随便），给我们留下了可乘之隙。当然，我们也不能因此便批评他说话不严谨，因为如果真的那样做就未免有失厚道，过于苛责前人了。"

2. 结论："总之，无论是《诗比兴笺》还是《近思录补注》都是魏源的著作。由于魏源著作很多，与陈沆又有深挚的感情，因此才有赠书之事发生。古人对于赠书之事，并不觉得稀罕。这既不剽窃，也不是作伪，而是友谊的产物。因之，对此毋庸讳言。当然，这两种赠书还有它的不同之处，一本是成品，另一本是未完成品。其写作过程，前者由魏源完成于陈沆逝世以后，后者则由陈沆自己完成于生前。正是在这种情况下，说《近思录补注》为陈沆所著是可以的，而说《诗比兴笺》为陈沆所著则是不正确的。也正是由于这种原因，魏源赠书与陈沆、《诗比兴笺》非陈沆所著的传说才很流行。尽管魏氏后人有勿为外传的遗训，也难以阻止这种传说的扩散。可见一个流传广泛而经久的传说，往往有其形成的历史原因和根据。对待这种传说，我们应该采取慎重研究的态度，而不是轻易地否定它。"（李瑚：《关于〈诗比兴笺〉和〈近思录补注〉的作者问题》，《文史》第 21 辑）

三、顾君的发现

"多年前，笔者在北大图书馆善本室检得邓之诚先生题签并作跋的'《诗比兴笺》原稿'一种。凡线装二册，首册封面题：'诗比兴笺原稿　魏源撰'。跋语亦书于封面，末署：'辛巳二月，文如居士识于风烟旧里'。文如居士即邓之诚，辛巳为一九四一年，风烟旧里应是当时燕京大学校园内邓先生之寓所。邓跋云：

此《诗比兴笺》原稿。自铙歌十八曲至庾信诗止，不分卷。中间称"源案"者二，自江淹杂体诗以下，审系默深手迹。

今行世《诗比兴笺》，题陈太初沆撰，凡此本所称"源案"者改称"沆案"。乃知默深撰此稿，以归于太初。刻本略有删润，增李白以次四卷，未免蛇足，不如原稿信矣。

"笔者检阅发现，首册第一页钤有二印，一曰'道州何氏珍藏'，一曰'绍武'。二册末页亦钤有'绍武'印。查何绍基及其诸弟，与魏源交往皆密：魏源卒后，何氏兄弟藏有不少魏源遗著；绍基并手订源之遗诗。此稿为何氏所藏，恰好可以相信其为魏源之物。惟绍基兄弟五人，无名'绍武'者，此或系堂兄弟之属。又，册内夹有张尔田先生名片一张，墨笔书曰：'《诗笺》两册，似是陈太初著'。'《比兴笺》已刻，不知异同何如？原书送还文如先生'。张尔田时为燕京大学国学总导师。当是邓之诚请张尔田鉴定，张书名片以复。张谓'不知异同何如'，或未细检也。"

"笔者认为，邓先生对此稿叙述详确，所见甚是。今补充数点。此稿不分卷，其首尾与今《诗比兴笺》刻本前二卷相同。称之为'《诗比兴笺》原稿'，固无不可。而据现在掌握的材料，可以肯定地说，这就是《诗微》原稿。其不分卷，亦与'《诗微》一卷'相合。关于'沆案'、'源案'问题，刻本《诗比兴笺》共有五处'沆案'字样。又，《汉铙歌十八曲笺将进酒第十一》，其校笺中，刻本所有'若旧作苦，从龚校本'及'仁和龚自珍曰'数句，原稿皆无。这大约也是刊刻前魏源特地加上去的，以表示对亡友龚自珍的尊重与怀念。"

"以原稿与刻本《诗比兴笺》比照对勘，从选诗篇目、排列顺序到笺释文字，颇有异同，兹不赘述。刻本前二卷，显然经过整理与加工。如曹操、曹植、傅玄、刘琨诗笺中，谓'曹公苍莽古直悲凉，其诗上继变雅，无篇不奇。又考子建美秀而文，语多绮靡，大有文士习气，以此风骨不及乃翁，然超出子桓之上'，'（傅玄）其诗尤长拟古，借他酒樽，浇我块垒，明远、太白，皆出于此'等，原稿皆无。"

"总之，邓之诚题跋的这部'《诗比兴笺》原稿'，应当称之为魏源早期著作《诗微》原稿；而刻本《诗比兴笺》，是魏源在《诗微》基础上扩充、写定成书，并以之移赠于陈沆名下。恢复其本来面目以后，我们不但找回了魏源的著作从《诗微》到《诗比兴笺》，丰富了研究魏源的学术思想、文艺思想的材料，而且增加了一段友谊的佳话。"（顾国瑞：《〈诗比兴笺〉作者考辨》，《北京大学学报》1996 年第 3 期）

四、作者后按

材料到这里，我已经不须再说什么话了。但还有一事，不能不乘此时赶快记下，即：1980 年初，我曾到南京乌龙巷小倦阿魏源故居访问过魏源之重孙女，魏耆之孙女、魏繇之女魏韬老人（时年 70 余）。承老人告以其先祖赠书一事之实情，老人并云："先生所言不差。我们魏氏门中默深公嫡系有一条祖训，即'此事绝对不许对外人言'。今闻先生之言，才知外面早已传开。所以如此，因先祖与状元公——指陈沆交情不同寻常，两家关系不同寻常，故舍下始有这样一条家规"。如今，转眼又是 20 年过去，魏韬老人或已作古，而老人无后，故得知魏氏门中还有这样一条家规这一情节者，目前可能只有我和李瑚等少数几个人了。

魏源年谱简编

1774 年（乾隆五十九年）

  4 月 22 日（旧历三月二十四日）生于湖南省邵阳县金滩（今属隆回县）。

1800 年（嘉庆五年），7 岁。

  入塾读书。

1808 年（嘉庆十三年），15 岁。

  考中秀才，好读历史书。

1813 年（嘉庆十八年），20 岁。

  为拔贡。

1814 年（嘉庆十九年），21 岁。

  随父入都，结识龚自珍、陈沆。两年后回到南方。

1819 年（嘉庆二十四年），26 岁。

  入京应顺天乡试，考取副贡生。年底往山西做幕客，不久南返。系年诗《都门感秋寄陆彦若于奉天》："天津沃野接辽中，犹忆轩皇画井功；但使千圻皆水利，何烦万舸转江东"，主张兴修北方水利，减少南粮北运，益加注意社会经济问题。

1821 年（道光元年），28 岁。

  入京应试，不中。年来多次往返南北，对沿途水旱成灾的荒凉景象印象很深，写诗《道中杂言》八首，描写了劳动人民挣扎在死亡线上的种种悲惨生活情状。

1822 年（道光二年），29 岁。

  中顺天乡试举人第二名。

1825 年（道光五年），32 岁。

  作《筹漕篇上》，主张以海运代漕运。

  应江苏布政使贺长龄之请编辑《皇朝经世文编》。

1826 年（道光六年），33 岁。

考进士，不中。

《皇朝经世文编》成。

1827 年（道光七年），34 岁。

作《筹漕篇下》，主张把海运定为永制。

1829 年（道光九年），36 岁。

再考进士，不中。

捐钱为内阁中书舍人，着手收集日后编写《圣武记》的材料。

《诗古微》成。

1830 年（道光十年），37 岁。

跟随果勇侯杨芳行军至嘉峪关，旋返。

1831 年（道光十一年），38 岁。

父死，南归。不久移居南京，协助两江总督陶澍改革盐政，推行票盐法。

《江南吟》十首约写于这一年。诗中揭露鸦片侵略及白银外流加重了农民的租税负担。指出鸦片流毒全国的根本原因是统治集团养痈贻患、中庸之道、贪污腐化、粉饰太平等等政治弊端。

1833 年（道光十三年），40 岁。

写文论东南杭、嘉、湖、苏、松、常、太七郡水利。

1835 年（道光十五年），42 岁。

为陶澍编辑《印心石屋诗文萃》。序中力倡改革弊政，认为"小改革则小效，大改革则大效"。但"中饱不便之人"，必"群起而讟之"。"豁群讟之难难于豁积弊"。

1837 年（道光十七年），44 岁。

贩卖食盐获利，迁居扬州。

1838 年（道光十八年），45 岁。

清廷命林则徐为钦差大臣前往广东查禁鸦片。

英吉利"搆兵思逞"，魏源屡次向当局陈策，不应。

1840 年（道光二十年），47 岁。

鸦片战争爆发。

九月，宁波捕获英侵略军炮兵上尉安突德，魏源前往参加审讯，根据口供，参考他书，写成《英吉利小记》一文。

系年诗《寰海十章》（其中一部分作于 1841 年）怒斥投降派无端惩办抗战有功将领，"开门揖盗撤守军"，热情歌颂三元里人民奋起抗击侵略的英勇事迹。

1841 年（道光二十一年），48 岁。

二月，加入抵抗派将领裕谦幕。

三月，往定海前线查看防务。提出诱敌入内河加以围歼的防御策。由于卖国路线破坏，战和不定，不能实现，深感事与愿违，辞职回家。

七月，往镇江告别北上充军的林则徐。林嘱撰《海国图志》。作《江口唔林少穆制府》二首。

九月，龚自珍卒。

十月，镇海失陷，裕谦投水死。抵抗派或死或撤，魏源感慨万端，忧国著书，发愤写《圣武记》。

1842 年（道光二十二年），49 岁。

八月，《圣武记》写成。

作《筹河篇》，主张使黄河复归故道，由大清河入海。此议如行，将冲击河官的贪污窟穴，因而遭到各种非难。但后来黄河改道的事实，却证实了魏源的预见。

1843 年（道光二十三年），50 岁。

一月，《海国图志》五十卷本完成。

夏，编辑好友龚自珍遗文。

《寰海后十章》约作于是年。诗中斥责投降派战和不定，"频颓士气骄夷气"的卖国罪行，指出战后仍应加强戒备，不能松懈。

1844 年（道光二十四年），51 岁。

入都考进士，朝考中三甲第四十九名，但以试卷涂抹，罚停殿试一年。

作《都中吟》十三首。对科举、捐纳、善后、宗室禄等弊政作了辛辣的讽刺。

修改《圣武记》。

1845 年（道光二十五年），52 岁。

中进士，分发江苏任东台县知县。

作《畿辅河渠议》。

1846 年（道光二十六年），53 岁。

母死去官。

再修《圣武记》，成定本。

1847 年（道光二十七年），54 岁。

入江苏巡抚陆建瀛幕，提出苏、松、常、镇、太仓、江宁五府一州的漕运全行海运。

游广州，访张维屏、陈澧，经香港、澳门而返。

《海国图志》六十卷本刊行于扬州。

1849 年（道光二十九年），56 岁。

　　任兴化县知县。

1850 年（道光三十年），57 岁。

　　任高邮州知州。

　　《圣武记采要》在日本刊行。《海国图志》六十卷本也于此时传入日本。

1851 年（咸丰元年），58 岁。

　　太平天国革命爆发。

1852 年（咸丰二年），59 岁。

　　增补《海国图志》为百卷本，刊于高邮州。

1853 年（咸丰三年），60 岁。

　　三月，太平军攻至扬州，离高邮城四十里。城西太平庄农民起义响应，魏源率吏卒镇压。

　　四月，清廷督办江北防剿事宜的杨以增因宿怨借"迟误驿报"罪名奏劾魏源，被免职。

1854 年（咸丰四年），61 岁。

　　清廷复魏源高邮知州职，以"世乱多故，无尽仕宦"，辞而不就。居兴化西寺，潜心佛学。

1855 年（咸丰五年），62 岁。

　　全家侨居兴化。"自归，不与人事，惟手订生平著述"（魏耆：《邵阳魏府君事略》），成《明代食兵二政录》《两汉经师今古文家法考》《书古微》等。

1856 年（咸丰六年），63 岁。

　　游杭州，寄居僧舍。

　　《元史新编》脱稿。

1857 年（咸丰七年），64 岁。

　　三月二十六日（旧历三月一日）病逝于杭州，葬西湖南屏方家峪。

（原载《近代爱国主义思想家——魏源》）

近代学人对"罢黜百家、独尊儒术"的误解及其成因

近百年来，不少学术大师、史学名家反复申论：汉武帝与董仲舒"罢黜百家、独尊儒术"，造成了儒学的一统，禁绝和摧毁了儒学以外的百家诸子，以致中国文化学术日衰，国运日蹙。尽管差不多同时，也有不少学者、史家如许之衡、柳诒徵等对此提出质疑、诘难，认为这类说法完全不符合历史实际，实为"诬古"与"武断"，[①] 但却未能阻止其作为"定论"而广为流传。（见附表一）

是董仲舒推动汉武帝实行了文化学术的专制独裁，"超升"儒学一家使之君临百家并摧毁、禁绝了百家吗？只要严谨地考察史实，就能清楚地看到，那种说法实在是在某种观念、某种需要推动下对历史的一种主观塑造，一种曲解。澄清这样的谬误不算太难，前人和今人如上述许、柳二位先生以及徐复观、戴君仁、李定一、金春峰等几位教授都曾就此做过不少工作。[②] 难的是要弄清这样的问题：为什么百年来那么多大师、名家对与论断相悖的众多史籍记载"束书不观"或视而不见，长期因袭这样的成说？而为了弄清这个问题，彻底弄清二千余年前"罢黜百家、独尊儒术"的原义与实质，尤其需要弄清由它演化而成的一些成说，其起因究何在？为什么一再受到抵制和批判，而竟长盛不衰？本文谨就这些问题谈些浅陋之见，以期引起对这一问题或这一类问题的更深入的探讨。

---

① 许之衡．读《国粹学报》感言 [J]．国粹学报：社说，1905（6）：1-6. 柳翼谋．论近人讲诸子之学者之失 [J]．史地学报，1921（创刊号）：1-20.（单起，无期页码）。

② 许文和柳文见注。徐文见徐复观．两汉思想史：卷一：学术史中董仲舒的冤狱 [M]．（台湾）学生书局，1985：191-194；徐复观．两汉思想史：卷二：贤良三策 [M]．（台湾）学生书局，1976：420-428；戴文为：汉武帝抑罢黜百家非发自董仲舒考 [J]．孔孟月刊，1968（16）：171-178；董仲舒对策的分析 [J]．大陆杂志，1971，（42）6：1；李文见所著中华史纲：武帝的兴革 [M]．台北：传记文学出版社，1989：116-119；金文见所著汉代思想史：论董仲舒之"社会政治思想" [M]．北京：中国社会科学出版社，1984：199-207。

一

事情恐怕得从确切地如实地理解董仲舒的那番话做起。

董仲舒对汉武帝说："臣愚以为：诸不在六艺之科、孔子之术者，皆绝其道，勿使并进。邪辟之说灭息，然后统纪可一，而法度可明，民知所从矣。"①这就是所谓董仲舒建议"罢黜百家、独尊儒术"的核心内容。

但是，只要把这段话放在当时具体历史环境中加以考察，那么，我们的视野必将随着历史的内在联系而转向更深更广的方面。事实上，在董仲舒对策之前建元元年（公元前 140 年）②，汉武帝已经采纳丞相卫绾的建议，罢黜治申（不害）、商（鞅）、韩（非）、苏（秦）、张（仪）之言的贤良；元光元年（公元前 134 年）田蚡为相，罢黜不治儒家五经的太常博士，把黄老刑名百家之言排斥于官学之外，又优礼延揽儒生数百人。这时，董仲舒是否已向汉武帝申述了他的一番话，还难以断定。但可以肯定的是，所谓汉武帝"罢黜百家、独尊儒术"，至少并非仅仅是采用了董仲舒的建议：实际上，从董仲舒的这一番议论中，并不能断定他要求在全社会范围内"禁止"、"禁绝"儒学以外的学派的活动，甚至要求"从头到尾"加以"摧毁"；也没有建议在全社会范围内只让儒学一家独存。这些事实本来是十分清楚的，在史学界一些方家学者的著作中也有十分准确的表述（如田余庆教授在为《中国大百科全书》所写词条"秦汉史"中就有简要明晰的解说），然而因受西方文化观念之影响而曲解这段历史的作者却从来不把历史事实作为依据，而只是利用董仲舒对汉武帝所说的那段话中的几个关键词语来作文章、歪曲、夸大它们的含义。所以要分清此事的真情和假象，还必须从仔细分析那几个关键词语的原义入手。

"皆绝其道"。这是最易理解为禁止、禁绝诸子的词语。有的学者直截了当地认为"皆绝其道"，就是禁绝、灭绝儒学以外的各家学说。"摧毁"说大概也是由此而来的。但是，这里的"道"，其实不是指学术之"道"，不是指道理、主张，而是指入学为官之道。所以下文说"勿使并进"，也就是指不让儒学以外的诸家学说之人同儒家之徒一样讲学、入仕。合并起来讲，就是要堵绝非儒诸

---

① 《汉书·董仲舒传》。

② 董仲舒对策年代，《汉书·武帝纪》系元光元年（前 134 年），《资治通鉴》系建元元年（前 140 年），学术界有不同意见。对策中有"七十余年"之语，故系元光元年。

家的学途、仕途。这当然不能也不该引申出什么禁止、禁绝活动之类的意思。前人与今人对此都曾作过明确辨析，所遗憾的只是至今尚未引起普遍的足够的注意。

"邪避之说灭息"。这是最接近禁绝诸家说法了。就董仲舒的思想而言，他确是要求崇尚儒学一家，同时也希望此外的诸家不复存在。但，也不能由此就引申、推断出董仲舒要求颁布禁令，并采取暴力禁绝其他学派的活动与流传。因为，首先，史书上没有这般记载。再则，在当时的历史条件下，各方面正在改易秦政，不可能在废止秦的"挟书律"之后，又再颁发什么除儒家以外严禁其他学派活动的政令。即使董仲舒认为儒学以外的各家学说都是邪辟之说，欲其灭息，他所用的手段也并非以令禁绝，而只是不让其他诸家在官学中占有地位，更不让它们的主张对朝廷的决策、行政发生影响和作用。就董仲舒本人的实践活动看，他主要地是以儒学化解包容其他诸家。各家都被包容化解于儒家之中，不就是灭息了吗？当然，实际上儒学也不能把各家都包容化解掉。史实表明，即使在两汉经学最盛时，儒学以外各家也一直有人研究，一直在流动，请看下表：

《汉书·艺文志·诸子略》所载儒家以外诸子著作数

名称	道	阴阳	法	名	墨	纵横	杂	农	小说
家	37	21	10	7	6	12	20	9	15
篇	993	369	217	36	86	107	403	114	1380

由此可见，直到东汉末，各家的著作都还在流传。而董仲舒本人便是一位吸收融合了黄老刑名的儒家。所以，所谓"禁绝"之说，并无根据，实在过于武断了。大一统政治出现的历史条件虽然已经成熟，但是把全社会的思想都加以控制的主张，却还无人提出。

"罢黜"。董仲舒自己未用过这个词。汉代史书确实以"罢黜百家"来表述董仲舒的建议。近代以来众多的论著与史书径直将这"罢黜"等同于禁止、禁绝。"摧毁"，这是连望文生义都说不上的。[①] 因为就字义讲，"罢黜"绝无下令

---

① 杨荣国主编的《简明中国思想史》一书就把"罢黜百家"直接解释为"禁止其它学派活动"，详见杨荣国主编. 简明中国思想史［M］. 北京：中国青年出版社，1962：48；另见杨荣国主编. 简明中国思想史［M］. 北京：人民出版社，1973：76.

禁止之意。班氏父子书有颜师古的一条注：说明"罢"，就是"罢之令归"。①黜与罢义近，也就是斥之令退归而已。"罢黜百家"，就董仲舒对策的内容看，也就是要朝廷对并非修治儒学而被举为贤良的人，不予录用，令其归去，同样，非是儒学的也不能被用为博士，或录为博士弟子。本来汉初博士可以说是"杂学博士"，治黄老刑名之术而立为博士的人大有人在。董仲舒要"罢黜"的就是那些新来对策的治杂学的人。这就是打击儒学以外各家的最严厉的举措。但与禁止、禁绝、摧毁显然不能同日而语，相提并论。

作为"罢黜百家"的另一面——"独尊儒术"，虽然同样不是董仲舒自己的用语，但如果以此指明，董仲舒是要皇帝唯一地尊崇儒术，这没有曲解董仲舒的原意。但是进入二十世纪以后，有些名家竟将这"独尊儒术"诠释为使儒学"超升"于百家之上，进而使孔子如同罗马教皇一般，可以设立"宗教法庭"，审判百家。这与董仲舒尊儒的原来的内容——只有习儒治经的可以入太学、当博士、做官，治修其他各家的则不能，其误差真可谓不能以道里计了。

董仲舒的用意只在于确立儒学在官学与朝廷政治中提供指导方针的地位，并且不许其他学派分沾，而不是禁止它们在社会上流传。事实上，当时能与儒学争夺这种地位的，也只有黄老、刑名之学。但终汉之世，甚至直至千余年之后，儒道在朝廷的争斗也没有停息。董仲舒只是要求确立一种统治思想，再根据这种统治思想来统一政策，决不是要在全社会统一思想。这里儒家与其他各家的关系，决不是天主教、耶稣教与"异端"的关系。

当然，对历史的名词的理解是否正确，最有力的检验者应该是历史的实迹。在这方面，前人也曾指陈，汉武帝与董仲舒是否真的独尊了儒术，罢黜了百家，可疑之处之多，与此说相悖的史实不胜枚举。

汉武帝本人用人、施政就不是只从儒学一家。这在前期还可以说是受窦太后的牵制，但窦太后死后，汉武帝仍没有只用习儒的人，相反，那些治刑名之学、黄老之学的人有的依旧被重用，比如张汤。对于并不尊儒，甚至对儒颇有讥评的，他也照样重用，并没有加以罪责。如司马谈、司马迁父子，《汉书》说他们的"是非颇谬于圣人"，②但汉武帝照样使他们父子相继为太史令。司马谈写《六家要指》，把儒家并列于其他各家，同等评价其是非得失，而且对道家比对儒家要尊崇得多，武帝根本没有加以责罪；司马迁在其著作中对这些观点照

---

① 《汉书·东方朔传》："辄报闻罢"，颜师古注云："报云天子已闻其所上之书，而罢之令归"。
② 《汉书·司马迁传》。

样引述，也一直流传。再比如淮南王刘安也就在这个时候召集他的宾客，写出《淮南鸿烈》（《淮南子》）这样的道家著作，成书时虽然儒学已较前兴盛，但《淮南子》依旧流传。汉武帝之后，学术研究的自由一直存在。刘向、刘歆父子领校秘书，"讲六艺传记、诸子、诗赋、数术方技，无所不究"。[1]《七略》一书保存了众多的古代学术文化资料，这是治中国文史者都知道的。再从另一面看，提出"罢黜百家、独尊儒术"的董仲舒，受到汉武帝的重用了吗？没有。就在他的建议为武帝嘉纳之后，得到的也只是个江都相，到地方去作一个藩王的事务主管，中央朝廷中没有他的位置。就是武帝本人，更是所谓"外施仁义而内多欲"，典型的"儒表法里"，这是人所熟知的。所以，硬要说汉武帝的"罢黜百家、独尊儒术"这是定儒学国教，实在是张大其词，于史无据的。正如过去有的学者指出的那样，要做这样的论断，必须"束书不观"，有意不顾史实。

不仅汉武帝，汉王朝至少至元帝以前的历代皇帝，可以说没真正独尊儒术的，他们用人施政的方略，正如汉宣帝对其子汉元帝所说：汉家制度是杂霸王道而用之[2]。几乎历来都是儒表法里，没有什么真正的独尊儒术，更没有禁绝百家。

结合史实的考察，弄清这些关键词的词义之后，我们可以指明，所谓"罢黜百家"，仅仅是对儒学以外的各家，官方不予以倡导，不给予支持、鼓励，而无论王公贵戚，民间隐逸，若要爱好研习，尽可自便，只是不能以之猎取功名富贵。这当然会使许多人失去修习的兴趣，因而障碍了它们的流传；而所谓"独尊儒术"，则是以儒家思想作为占统治地位的思想，这对其他各学派确有抑黜，对它们的发展也确有钳制作用。但是，同"罢黜百家"不是也不能禁绝百家一样，汉武帝的"尊儒"，不是也不能使儒家学说凌驾于百家之上，以至如同欧洲中世纪的宗教法庭审判"异端"一样，用专制的手段，评判与制裁百家。

深究历史，我们还应当看到，"罢黜百家、独尊儒术"在汉武帝以来的实践中还有另一方面的后果与作用。

首先，董仲舒这一建议确立了设学校的制度，变春秋战国以来的私学为官学。这一建议的实施为中国古代的教育体系，以至整个官僚体系构筑了基本框架，定了型。这对中国的历史发展的影响，无疑极深极巨。至于其功过作用，自当另议，但至少不是仅有消极的、负面的后果。

---

① 《汉书·刘歆传》。

② 《汉书·元帝纪》："宣帝作色曰：'汉家自有制度，本以霸王道杂之，奈何纯施德教，用周政乎！'"

在这个问题上，李定一教授所著《中华史纲》有很透彻的分析，兹摘录如下：

"儒者重视教育，故教育被称为'儒术'。教育的内容，因人而异。'儒家'讲儒学，主要是根据三礼及《论语》《孟子》的哲理，也涉及《春秋》及三传。武帝'尊崇儒术'，是重视教育。因百家不讲教育，只有儒家发挥教化之故。儒术与儒家的分别，必须弄清楚，前者是方法，后者是哲理。……汉代的学科不如今之复杂，儒术与儒家很难严格区分，尊崇儒术之余，儒学自然跟着沾光。这只是表示汉初儒学地位太低，受轻辱与迫害，高祖的侮辱儒生及王藏、赵绾下狱自杀即是最明显的例证。武帝受过教育，深知教育的重要，教育是治国的根本，所以要尊崇它，有极大的距离。他选拔人才要孝廉，以贤良方正，都以有良好教养为标准，决没有以是否通儒为标准，史迹班班可考。所以，汉武帝的'尊崇儒术，罢黜百家'，只是推倡教育，政府不再用公帑去养不重视教化的'学人'而已。他决没有统制思想，压迫学术自由。董仲舒也从未作过如此之建议。"①

再，董仲舒建议及其实施还引发了又一个影响深远的后果，那就是为中国政统与道统思想的进一步确立及其自阴阳五行学说向儒学方面的转换开了端。这个问题说来话长，在此不能细说。可以肯定的是就这一方面的影响而言，于历史的发展也并非仅是有过无功。

其三，汉武帝对于儒学以外的诸家学说，并非只有抑黜的一面，而是还有维护、保存使其得以流传的另一面，这是不少学者先后指出的。汉武帝在"尊儒"的同时，下令在全国搜罗图书，号召献书，还设写书官抄书。司马迁父子便由此读到了许多学派的著作，否则也不会有《六家要指》传世。两汉时代不断有学者被任命去整理官家收藏的图书古籍，其中有名的便有刘向、刘歆父子。正如有些学者所指出的，在汉武帝的"罢""尊"之间，各家源流被探究辨析得更加详明了。在这个过程中，儒学也不断吸收融合了其他许多学派的思想理论。因此，不能说诸家学说遭到的只是抑制与排斥。

至于儒学以外的诸子古籍，失传的确实不少。但是，从《七略》等著作的诞生，至终汉之世，黄老、兵、刑、农、医、阴阳各家的研究和流传都是合法的等等众多的史实，可以肯定，不能把"古学"失传的罪责归于汉武帝、董仲舒。一种学说如果灭绝往往有其内外多种原因。这也如有的学者所说，一种学术文化往往"其兴也渐，其衰也渐"，是不可能一下子摧毁的。但是在古代的历

---

① 李定一. 中华史纲 [M]. 北京：北京大学出版社，1997：99-100.

史条件下，像项羽、董卓等人放的大火对于藏书的破坏作用，包括导致其失传的作用是不可低估的。这正可反证汉武帝对古代学术文化的保存应该说是有功的。因为他下了力量收集、保存和整理许多图书，又允许人们研究。因此，把"古学"的失传归于甚至完全归于他，实在是不公允的。

其四，"罢""尊"的举措还有一个重要的内容，就是改变了秦的旧政，从秦的"以法为教""以吏为师"，变为"以经为教"，"以儒（经师）为师"。也就是在官学、太学里，不再是以当前的法令条规为教学内容，而是要研习六艺或五经；不再以执法行政人员为教师，而是要以研习过经学的儒生为教师。这就在思想文化学术领域开启了一个新局面。因为从此教育得到了重要的地位，而教育权又掌握在受过教育、有知识的人手里。比之于秦代的状况，这无疑是一种历史的进步。至于后来官学日趋腐败，科举制度利用儒学为皇权效力，那是历史发展的多种原因所使然，不能因此而否定这开初的进步。

总之，历史是多层多面的，又是不断发展变化的；任何历史或事件的因果也往往是多端的，并且是交互作用的。对某种历史事件、历史现象做评断，不仅不可以武断或臆断，也不可以简单粗疏，"单线平涂"，否则，不仅难免"诬古"，而且还会引申出错误的"历史经验"，贻害现实的实践。历史学家必然高度警惕意识形态化的"归结史学"、"框架史学"的危害，从这些地方不是同样可以引出教训来吗？

二

在我国，从汉代到清中叶，从来没有人把"罢黜百家、独尊儒术"看作禁绝、摧毁其他各家。这一点，只要查一查《四库全书传记资料和集部篇目索引》及《清代文集篇目分类索引》两书所收从汉至清论董仲舒者共二十二家的言论，就能明白，详见下表：

朝代	作者	篇名	著作或文集名
西汉	司马迁	《董仲舒传》	《史记》卷一百二十一
东汉	班固	《董仲舒传赞》	《汉书》卷五十六
唐	吴兢	《崇儒学》	《贞观政要》卷七
宋	郑樵	《董仲舒传》	《通志》卷九十八
	孙复	《董仲舒论》	《孙明复小集》卷一

续表

朝代	作者	篇名	著作或文集名
宋	张栻	《贾董奏篇其间议论孰得孰失》	《南轩集》卷十六
	刘敞	《西汉三名贤赞》	《公是集》卷四十九
	黄震	《董仲舒》	《古今纪要》卷二
	真德秀	《朱子论董仲舒》	《文章正宗》卷七
元	郝经	《董子》	《续后汉书》卷八十三下
	方回	《读董仲舒传》	《新安文献志》卷五十三
	张宇初	《读董仲舒传》	《岘泉集》卷一
	冯从吾	《董扬王韩优劣论》	《冯少墟集》卷十六
明	乔宇	《重迁董子祠记》	《江南通志》卷四十
	朱睦㮮	《董仲舒》	《授经阁义例》卷十
	史鉴	《祭董仲舒文》	《西村集》卷八
	孙承恩	《董江都仲舒（赞）》	《文简集》卷四十一
清	陈廷敬	《董仲舒》	《午亭文集》卷三十三
	朱轼	《董仲舒》	《史传三编》卷一
	陆陇其	《贾董优劣论》	《三鱼堂外集》卷四
	戴钧衡	《董江都论》	《味经山馆文钞》卷一
	刘毓崧	《西汉两大儒董子贾子经术孰优论》	《通义堂文集》卷八

为求周详起见，再查廿六史（从《史记》到《清史稿》）中有关汉武帝及董仲舒词条，结论亦与前同，详情见附表二。

但是，到十九与二十世纪之交，梁启超、章太炎、邓实、刘师培等几位先生，尽管对中国学术文化的发展，见解非一，却共同地认定汉武帝时的"罢黜"与"独尊"就是学术文化上的专制独裁，是扼杀学术与思想的自由，是造成中国文化学术落后的祸根罪源，也是导致中华民族濒于危亡的重要原因。通过这些先生的申述论证，这样的观点与认识便流传于国内，以至形成定见与成说。

梁先生等诸公为什么会如此论断这一历史事件：显然决非他们无力把史实考察清楚，而是由他们所处的时代、环境以及在西方文化影响下所形成的思想观念所使然。也可以说是这一特定的历史时期现实政治的需要与时代思潮的推动，才使梁先生等形成并坚持这样的认识。具体地可以粗略地表述如下：

（一）是出于反对专制、要求民主的现实政治需要

梁启超在所著《论中国学术思想变迁之大势》一文中说：

一尊定而进化沉滞也。……中国学术思想之衰，实自儒学统一时代始，按之实迹而已然，证之公例而亦合，吾又安敢自枉其说也。吾更为读者赘一言，吾之此论，非攻儒教也、攻一尊也。一尊者，专制之别名也。苟为专制，无论出于谁氏，吾必尽吾力所及以拽倒之。吾自认吾之义务当然耳。①

这里，说"按之实迹而已然"是不确实的，如果真正按之历史的实迹，就会感到自己的论断为不然；而"证之公例而亦合"，这个"公例"，其实就是对欧洲历史发展进程的观念，就算这些观念都"正确"，那也只是一隅之例，远不是世界"公例"，拿来硬套，根本合不上。因此，梁先生虽表示不敢，而实际上却恰恰"自枉其说"，对武帝时的"罢""尊"之举作了严重的曲解与武断。以梁先生的学识何以至此？就在上引的那段话里，也许正为我们提供了解此疑惑的部分答案。梁先生说了，他的攻击"独尊儒术"的论断，"非攻儒教也，攻一尊也"。在梁先生看来，"一尊也，专制之别名"。而梁先生庄严宣称，只要是专制之行，不论是从谁那里来的，他都是尽力予以推倒，也就是要尽力予以攻击。他认为这是他当尽的义务。正因为梁先生在这个时期把反对专制独裁看作他应尽的神圣而又急切的任务，因此见到"一尊"，就凭着自己刚从日本学到的一点新知识，孟浪地把它和欧洲中世纪神本主义的独裁专制等同起来而尽力加以攻击。因而实际上也就没有认真地"按之实际"，更没有深入地分析比较欧洲基督教文化与中国儒家文化的种种根本差异。

值得注意的是，在这一时期和此后相当长的时期里都有不少位在学术上卓有建树的学者，对两千余年的"罢黜"与"独尊"之举，展开了几乎相同的论断与攻击，言论已载附表一，读者可查阅。

如是的事实清楚地表明，对"罢""尊"一事如此误断，决非梁先生个人思想情绪浮躁、认识偏激所致，也决非个别、偶然的现象，而是当时现实生活，特别是现实政治的思想上 的一种反映，或者说是一种客观的政治要求的反映。大家知道，十九、二十世纪之交的中国，迭遭外国侵凌，多次被迫开战而屡战屡败，国运日趋衰败，民族日濒危殆。有心之人、有识之士纷纷急于探求积弱积贫、落后危亡的乱源祸根；渴望及早觅得复兴之道。与此同时，先进的中国人为了摆脱贫弱、拯救危亡而学习西方。思想学术界的许多代表人物认定，唯

① 梁启超．论中国学术思想变迁之大势［M］//饮冰室文集类编：下册．日本：帝国印刷株式会社，1904：68.

有经"文艺复兴"、"启蒙运动"实现学术自由，才能振兴中国传统的学术（用他们当时的话说，就是"复兴古学"），又唯有复兴了中国的民族文化，才能团结和凝聚全民族的力量，拯救民族的危亡。于是，求民主，争自由，包括学术民主和思想、言论自由，在他们看来，就是最重要、最紧迫的任务。也因此，反专制、反独裁，包括反对学术文化领域的专制、独裁，同样是最重要、最紧迫的任务。这便是梁启超认为反"一尊"是他必须全力以赴的义务的缘由。于是汉武帝时的"罢"、"尊"之举便被认为在学术文化领域实行专制、独裁的祸根，必须痛加挞伐，予以攻倒。便将汉武帝、董仲舒这一举措的消极作用极度张大其词。如说什么：战国末期"如锦如荼之学派"被这一举措"不数十年摧灭以尽"，只剩下儒术。"学术思想进步之迹，亦自兹凝滞"。① 中国政治也便因此而"不进化"。"吾国何以无学，无学何以不国，而吾国之学何以逊于泰西之国之学？"② 这一切的"祸根"似乎都在此举。真所谓"古学由是衰微，古国由此沉沦"。汉武帝、董仲舒岂不是罪大恶极？"罢""尊"之举岂不是罪孽深重。所以他们"不恨于秦火之焚烧，不恨于咸阳之一炬，而独恨于天人三策之所陈为无道"。③ 这种背离事实，有意无意地给历史事件抹上浓重悲剧油彩的做法，对于宣传群众，使之敌忾同仇，把他们吸引到为挽救民族危亡的而反对专制、独裁，要求民主、自由的斗争行列中来，无疑是很有力量、很有作用的。

　　无须多说的是，梁启超先生等人那样竭尽全力、激烈地反对专制，独裁，要求民主自由，当然适应了当时中国新兴社会势力的政治、经济要求。他们不愧是中国新兴社会势力在思想文化界以及政治领域的代表。他们为这种新势力构筑适应其需要的意识形态，对"罢黜百家、独尊儒术"的攻击和曲断，实际上就是中国新兴社会势力在意识形态上的表现。但是，意识形态的制作与学术研究毕竟很不相同。它以现实的利益为中轴线，为"有所行"，才"有所言"，理论服务于行动的实际需要。这些指陈虽然能起作用于一时，却也贻害于久远。所以在今天我们必须拨开那类成说的迷雾，正确认识本民族的过去，才有可能认清它的现在和将来。

---

① 梁启超. 论中国学术思想变迁之大势［M］//饮冰室文集类编：下册. 日本：帝国印刷株式会社，1904：49.

② 黄节.《国粹学报》序［J］. 国粹学报，1905（1）。作者紧接着上文又说："立乎地圜而名一国，则必有其立国之精神焉。虽震撼挽杂而不可以灭亡也。灭之，则必灭其种族而后可；灭其种族，则必灭其国学而后可"。

③ 邓实. 古学复兴论［J］. 国粹学报：社说，1905（9）：2.

（二）吸纳西方文化步入误区

在上一个世纪之交，新兴的学术的、政治的代表在感受到中国的多方面落后之后，学习西方（大抵经过日本）之风随之而起。在有些学者看来则是"本国无学，势不能不求诸外国"。而外来之学实即西学，固不待言。而这种学习，多数人在当时也就是仿、袭、套、比附和类推。同时也便把西方资产阶级为了扩张而竭力推广的西方文明，包括为此目的炮制出来的种种理论观念，有意无意地照单全收。比如在那种把全世界文明都视为一源和一元，中华民族从西方迁来，各国进化程序都循着同一条道路，概莫能外，只是有先后而已的"理论"，就为当时学术界许多人所接受。① 以至认定中国一定也是或也要按照西方历史发展的轨迹走。于是，不顾时、空、地域、种族诸般之歧异，硬以西方历史为模式，将中国历史加以比附。如邓实在《古学复兴论》一文中说："中国先秦诸子，则犹之希腊七贤也；土耳其毁罗马图籍，犹之嬴秦氏之焚书也；旧宗教之束缚、贵族封建之压制，犹之汉武之罢黜百家也"。② 更有甚者，竟把孔子等同于罗马教皇，把学术"定于一尊"，认定为"与欧洲宗教专制相同"。③ 前面说过，这样一来于当时的现实政治，也许有积极作用，但是毕竟曲断了历史，对于我们认识中国文化传统、中国国情是有害无益的。马克思曾说：对历史传统来说，意识形态的制作，本身就是一种"有意识的幻想和有目的的虚伪"，④这是非常深刻的。

（三）受到日本中国学研究的影响

1905 年 8 月，许之衡先生在《国粹学报》第 6 期著文指出：

近一二年来，有梁氏之论保教，有章氏之论订孔，而后生小子翕然和之，孔子遂几失其故步。彼二子者，其学皆与东洋有渊源。东洋之排斥孔子，则由彼爱国者，恐国人逐于汉化，又恐逐于欧化，故于孔子有微辞，于耶稣亦多议论，以成彼一种东洋之国学，即国粹主义所由来也。论者不省，而据为典要，扬其流而逐其波，不亦误乎！

这一段话指出梁、章先生对儒学和孔子的评论，与日本的中国学的研究有着直接的因缘，这是确实的。接着作者又说：

若谓定于一尊则无怀疑，无怀疑则无进步，因以希腊学派律周秦诸子，而

---

① 如王国维早年就接受过中国人种西来说，《读史二十首》之一《登昆仑》一诗："回首西陲势渺茫，东迁种族几星霜，何当踏破双芒屐，却向昆仑望故乡"，就可为证。

② 邓实. 古学复兴论［J］. 国粹学报：社说，1905（9）：1-2.

③ 刘师培. 补《古学出于史官论》［J］. 国粹学报：学篇，1906（17）：7。章太炎也把董仲舒说成中国的"教皇"，见《学变》、《建立宗教论》诸文.

④ 德意志意识形态［M］//马克思恩格斯全集：第 3 卷，北京：人民出版社，1960：331.

谓自汉武罢黜百家之后，学遂不竞，此本日人远藤隆吉《支那哲学史》，而□（即"梁"字，作者故隐其姓—作者注）氏益扬其波者也。①

1921年11月，柳诒徵先生在《史地学报》第1期中也著文指出：

以诸子之学之失传，归罪于董仲舒请汉武帝罢黜百家，其说盖倡于日本人（日本人久保天随等著《东洋历史》多言之），梁氏撰《新民丛报》，拾其说而张大之。②

可见，清末民初的学者都很清楚地知道，这些论调都是袭用日本人的成说。

1944年，日本实藤惠秀教授在《明治时代的儒学批判与清末的孔教观》一文中进一步指出，这些论调，直接来自明治初期，即文明开化时期的儒学批判。他说，这时期的一些学者，如井上哲次朗、日高真实等发起儒学批判，把儒学视为东洋"开化之障碍"，认为东洋今日所以落后于西洋，全由于"儒教作祟"。正是这种思想影响了中国。我们根据实藤惠秀先生文章的提示，查阅了明治15-17年间的《东洋学艺杂志》，在上面果然找到井上哲次朗和日高真实等人的文章。第30-33号上连载日高真实的《论儒家与东洋开化之关系》一文，其中公然指责"东洋之开化，多半蒙受儒教之妨害"，③ "东洋若无司马、欧阳、韩、苏之辈，则今日之开化，或将遥驾西洋之上也。"因此在作者看来，"儒教之益于世者，远不及其害于世者"。④ 从这些材料看，清末学者的反儒思想，的确受日本文明开化时期的儒学批判的影响极大。事实确如实藤惠秀教授所说，只要"翻阅明治时代的杂志，便可知清末的'新思想'，多半由日本学者率先唱出。"正因为如此，"清末主张改革的'维新党'的儒教观"，才会与"日本明治初期'文明开化'时代的思想非常相似"。⑤ 这样的论断是符合实际的。我们知道，日本一向是尊崇儒学的，但是，从尊崇到批判，以至提出"孔子是祸根"（远藤隆吉提出）的说法，这种变化非同小可。此事当然有其深刻的原因，这里可以粗略言之的，至少有以下两个方面：

1. 上面引过的许之衡先生的那段话中所说，"东洋之排斥孔子，则此彼爱国者，恐国人逐于汉化，又恐逐于欧化，故于孔子有微辞……"⑥，其目的是要构成"一种东洋之学"。这是为了适应当时日本要加强天皇制的国家体制的需

---

① 以上引文均见许之衡. 读《国粹学报》感言 [J]. 国粹学报：社说，1905（6）：5.

② 柳诒徵. 论近人讲诸子之学者之失 [J]. 史地学报，1921（创刊号）：1-20.

③ 日高真实. 论儒学与东洋开化之关系：三续 [J]. 东洋学艺杂志，明治17年（1884年）（32）：46-52.

④ 日高真实. 论儒学与东洋开化之关系：四续 [J]. 东洋学艺杂志，明治17年（1884年）（33）：85-89.

⑤ 实藤惠秀. 日本文化对中国的影响 [M]. 上海：新申报馆. 1944：147-149.

⑥ 许之衡. 读《国粹学报》感言 [J]. 国粹学报：社说，1905（6）：5.

要，也是适应日本新兴资本主义发展和扩张的需要。

2. 是受西方思想文化熏陶与影响的结果。日本在这一时期正处于所谓"脱亚入欧"的阶段，在思想文化上正在逐步摆脱亚洲文化，主要是中国文化的支配。他们大力吸收、借鉴西方思想、文化，以至对中国学术的研究也运用西方的观念与方法，这就提出了许多迥异于前的论断，也有许多前所未见的"发现"。这些对于因自己本国落后，痛感本国无学，急切求之于外国，特别是西方和日本的中国知识分子，自然很具有吸引力，而且袭用过来也既方便又深切。但实际上，其根子还是西方思想文化本身的巨大影响。

弄清这些原因，不仅是为了进一步确认对"罢黜"与"独尊"的那些成说应当澄清与拨正，更重要的是：我们应当由此而引起深思，对于学术文化的研究，正确的态度、方法与指导思想应当是什么？如何处理现实需要与历史研究的关系？对中外文化交流应采取什么态度？如果忽视这样的问题，就会曲解本民族的历史和文化，就会把历史事实与历史解释混为一谈。本文写作的用意之一也在于借此引起学术界对这类问题的重视。

附表一：近代学人对"罢黜百家、独尊儒术"的理解

姓名	言论	年份	出版
梁启超	中国自汉武帝表章六艺，罢黜百家而宗教遂定于一。虽有佛教流入，而出世间法，不与世间事，故中国全境可谓同奉一教。 董仲舒对策贤良，请表章六艺，罢黜百家，凡非在六艺之科者绝勿进，自兹以往，儒学之尊严，迥绝百流，……二千年国教之局，乃始定矣。	1899	《论中国与欧洲国体异同》，《饮冰室文集类编》，上册，日本 1905 年版，第 443 页。
	儒学统一者，他学消沉之义也。……中国学术思想之衰，实自儒学统一时代始，按之实际而已然，证之公例而亦合。 中国政治之所以不进化，曰：惟共主一统，故中国学术之所以不进化，曰：唯宗师一统故，而其运皆起于秦汉之交。秦汉之交实中国数千年一大关键也。……儒学统一者，非中国学界之幸，而实中国学术之大不幸也。	1902	《论中国学术思想变迁之大势》，《饮冰室文集类编》，下册，日本 1905 年版，第 49-68 页。

续表

姓名	言论	年份	出版
章太炎	董仲舒以阴阳定法令，垂则博士，教皇也。使学者人人碎义逃难，苟得利禄，而不识远略。（按：北图藏本"教皇"二字作"神巫"）。 中国儒术经董仲舒而成教，至今阳尊阴卑等说，犹为中国通行之俗。	1904 1915	《学变》，《訄书》重订本，《章太炎全集》上海人民出版社，1984年版，第三卷第144页。 《建立宗教论》，《太炎文录初编·别录卷三》，《章太炎全集》，上海人民出版社，1985年，第四卷第418页。
邓实	吾国当周秦之际，实为学术极盛之时代，百家诸子，争以其术自鸣。……学术之衰也，其自汉武之罢黜百家乎？夫汉武用董仲舒之言，尊儒术而表章六经，则亦已矣。诸子这学，其为神州之所旧有者，听其自存自灭可也，奈何而竟用专制之术，尽绝其道乎。此群子之所以不恨于秦火之焚烧，不恨于咸阳之一炬，而独痛恨于天人三策之所陈为无道也。自是以后，诸子之学遂绝于中国。义疏于隋唐，性理于宋元，帖括于明代，学术之余，愈趋愈狭，学说之传，日远日微，试一按其当时图籍，考之传记，欲求古先哲贤之片影，而亡有一存者，盖古学之亡久矣！虽然，学以立国，无学则何以一日国于天地？于是本国无学，则势不能不求诸外国，而外学之来，有其渐矣。	1905	《古学复兴论》，《国粹学报》第9期《社说》第2页。
刘师培 刘师培	秦汉以降，学术出于一途。（此由秦皇汉武之过）学士大夫，逞拘虚之见，类斥诸子为支离，致哲理之书，年代远，失其传，此岂周秦诸子之罪哉，殆亦后儒之过矣（宋儒之罪尤甚）。 汉魏以降，学者侈言伦理，奉孔孟为依归，诉诸家为曲说，致诸子学术，汩没不彰，亦可慨矣。 无识陋儒，皆以学术定于一尊为治世，岂知此实阻学术进步之第一原因哉。观弥尔自由原理，此理自明。	1905 1905	《哲理学史序》，《国粹学报》第3期，《学篇》第9页。 《伦理学史序》，《国粹学报》第10期，《学篇》第8页。 《补古学出于史官论》，《国粹学报》第17期，《学篇》第7页。

姓名	言论	年份	出版
陈焕章	孔子 412 年，汉武帝罢黜百家，表彰六经，此孔教一统中国之始也。	1913	《明定原有之国教为国教并不拟于信教自由之新名词》，《民国经世文编·宗教》1913 年 10 月。
孙德谦	汉之初，教文好刑名，窦太后又好黄老术，百家并进，诸经虽设博士，不过具官待问已耳。至汉武从董仲舒言，挨黜百家，表彰六经，自是而孔子之教，始别黑白而定一尊，而大一统治之规模，亦于是而遂具。	1917	《孔教大一统论》，《国民经世文编·宗教》，1913 年 10 月。
陈独秀	惟自汉武以来，学尚一尊，百家废黜，吾族聪明，因之锢弊，流毒至今，未之能解。	1913	《答常乃悳》，《新青年》第 2 卷 6 号，1917 年 2 月 1 日。
胡适	墨家极力攻击儒家，……汉兴以后，儒家当道，到汉武帝初年，竟罢黜百家，独尊孔氏。儒家这样兴盛，墨学自然没有兴盛的希望了。哲学的发达，全靠"异端"群起，百川竞流。到了"别黑白而定一尊"时候，一家专制，罢黜百家，名为"尊"这家，其实这一家少了四围的敌手与批评家，就如同刀子少了磨石，不久就要锈了，不久就要钝了。	1919	《中国哲学史大纲》，卷上，商务印书馆，1987 年影印第一版，第 251、395 页。
	他（董仲舒）还有一个提议影响中国教育和学术思想最大的，就是定于一尊的政策。……这个建议的文字和精神都同李斯的焚书议是很相像的。他们的主旨都是要"别黑白而定一尊"，都是要统一学术思想。所不同的只是李斯自信他的制度远胜古人，故禁止学者"以古非今"，故要用现实的新制来统一学术思想，而董仲舒却不满意于汉家制度，故他实行"以古非今"，要尊崇儒家的学说来统一现实的学术思想。	1930	《中国中古思想史长编》，华东师范大学出版社 1996 年版，第 264-265 页。

续表

姓名	言论	年份	出版
冯友兰	自汉武用董仲舒之策，"诸不在六艺之科，孔子之术者，皆绝其道，勿使并进"，于是中国大部分之思想统一于儒，而儒家之学，又确定为经学。秦皇李斯废私学，为统一思想之第一步。汉武、董仲舒罢黜百家，为统一思想之第二步。	1930	《中国哲学史》，中华书局 1961 年第 1 版，第 485-486 页。
翦伯赞	董仲舒的办法，从表面上看来，似乎比李斯的办法要和平得多，因为他不用火烧，也不用活埋。但在实际上，董仲舒的办法比之李斯的办法更要刻毒。因为李斯的办法，是盲目地毁灭文化，而董仲舒的办法，是有意识地统制文化。换言之，董仲舒用文化反对文化，用知识分子反对知识分子。他一方面把于统治阶级有利的文化抬举到一尊的地位；同时又把于统治阶级不利的文化指为邪辟之说，而皆绝其道。这样就在中国文化史上，开辟了儒家学说独裁的局面，阻碍中国文化自由发展的道路。其流毒之所及，直至我们的今日，尚被其害。自从董仲舒的建议批准以后，汉代初时再生出来的一切文化思想，都要站在儒家学说的法庭面前，遭受审判，判定其生存或宣布其死刑。儒家哲学就成了封建制度之最高的政治原理，就成了衡量文化思想之标准的尺度。一切与这种原理相冲突的古典的学说，即使比儒家学说含有更多的真理，也要从头到尾被摧毁。从这一时代起，孔子便从诸子百家之中超升出来，就成了东方世界之罗马教皇，而儒家哲学也就变成永恒不变的真理，谁在批判儒家哲学，谁就是名教的罪人、文化的叛逆。	1946	《秦汉史》，北京大学出版社，1983 年版，第 489 页。

续表

姓名	言论	年份	出版
侯外庐	史称汉武帝的"雄才大略",不是别的,正是为了实现大一统而动员。……表现在文化思想上,就是"罢黜百家、独尊儒术"的思想学术的统一政策。但是,在这里,对于离心的诸侯藩王,对于兼并的豪强地主,特别是对于饥饿的农民大众,为了使人们口服心服,更需要一套神学的正名主义。……《汉书》本传所载董仲舒的天人三策,最足表现这一精神,例如其第三策说:"……臣愚以为:诸不在六艺之科,孔子之术者,皆绝其道,勿使并进。邪辟之说灭息,然后统纪可一,而法度可明,民知所从矣"。这种神学,不啻是武帝雄才大略政策的代数学。总之,董仲舒不仅是中世纪神学思想的创建者,而且是封建思想统制的发动者;不仅是中世纪正宗思想的理论家,而且是封建政治的实行家。他的理论,通过了武帝的雄大才略的钦定,实质上确立了为神学的正宗,因此他对古代"事学"作出了否定,为中世纪"经学"开拓了基地。	1957	《中国思想通史》第二卷,《两汉思想》,人民出版社1957年版,第95-98页。
郭沫若	建元元年(前140年),董仲舒应贤良方正的策问。他援引春秋"大一统"的理论,攻击百家并立,认为思想不统一,对封建统治不利,主张除了儒家以外,其它学说一律禁止。	1963	《中国史稿》第二册,人民出版社1963年版,第81页。

附表二:廿六史(从《史纪》到《清史稿》)中有关汉武帝、董仲舒词条

1. 有关汉武帝者共207条,其中直接有关"罢黜百家、独尊儒术"者共4条。

书名	名称	页码(中华书局新校本)
《陈书》	汉武帝	433-434
《南史》	同上	1729-1730

续表

书名	名称	页码（中华书局新校本）
《旧唐书》	同上	5067-5068
《新唐书》	同上	5297-5298、5307-5308

2. 有关董仲舒者共 262 条：

书名	名称	条数	页码（中华书局新校本）
《后汉书》	董仲舒	27	180、187、409、481、956、983（2 次）、1074、1184、1326、1410、1612、1623、1646、1660、1703、1733、1743、2056、2185、2733、3117、3262、3430、3438、3671
	董生	2	983（2 次）
《三国志》	董生	1	1460
《晋书》	董仲舒	9	799、805、811、872、910、942、1278、1976
《宋书》	董仲舒	11	360、384、909、921、932、934、935、952、959、990、1257
	董生	1	1339
《南齐书》	董仲舒	3	50、60、303
《梁书》	董仲舒	1	519
	董生	1	471
《魏书》	董仲舒	3	1851、2464、2531
《南史》	董仲舒	1	1471
	董生	1	1455
《隋书》	董仲舒	6	617、928、981、1026、1056、1417
《旧唐书》	董仲舒	9	1345、1976、2031、2053、2697、2945、3097、4195、5064
《新唐书》	董仲舒	9	872、1437、1531、1576、4424、5132、5136、5294、5307
	董生	1	5026
《宋书》	董仲舒	7	5057、5202、5213、5328、9632、9747、10762
	董生	2	5266、12744
《元史》	董仲舒	6	770、1064、1154、1892、4213、4247
《明史》	董仲舒	17	1296、1297、1300、3985、4023、4166、5873

续表

书名	名称	条数	页码（中华书局新校本）
《清史稿》	董仲舒	17	267、2533、2537、4243、9950、10542、13353
	董生	3	1327（2次）

（原载《北京大学百年国学文粹》（史学卷）

经学与史学

大家知道，经学和史学是同出一源的两门学问，象孪生兄弟一样，你中有我，我中有你；但它们又各有自己的领域，可说是"双峰对峙，两水分流"。史学中的"义理"出自经学，"史联"源于官守，"史例"出诸"诸礼"，就是史书体例（如纪传体）中的一些基本概念如"本纪""列传"等等，和经学都有十分密切的关系。下面我就以"列传"这个概念作例，分析其中所包含的经学因素。刘知己在《史通·列传》中对这个概念这样解释道：

"夫纪之兴，肇于史、汉。盖纪者，编年也；传者，列事也。编年者，历帝王之岁月，犹《春秋》之经；列事者，录人臣之行传，犹《春秋》之有传。《春秋》则以传释经；史、汉则以传释纪。寻兹例草创，始自子长"。

这段话告诉我们：

一、"本纪"和"列传"，源于《春秋》的"经""传"，"本纪"相当于"史"中的"经"，"列传"相当于"史"中的"传"。

二、"本纪"和"列传"是一个整体，象《春秋》的"经"和"传"一样，不能分开。

三、"列"字的意思是"叙列""列事"，除刘知己的解释外，还可参看：

1. 司马贞《史记索隐》："列传者，谓叙列人臣事迹，令可传于世，故曰列传。"

2. 张守节《史记正义》："其人行迹可叙列，故曰列传。"

四、"传"字的意思是"注释"，除刘知己的解释外，还可参看：

1.《尚书·尧典》篇目下"孔氏曰"陆明德释义："传，即注也，以传述为义。"

2.《孝经序》"且传以通经为义"邢昺疏："传者，注解之别名，博释经意，传示后人，则谓之传。"

3.《汉书·古今人表》："某曰"颜师古注："传，谓解释经义者也。"

4.《公羊传·定公元年》："主人习其读而问其传"，何休注："传，谓训诂。"

5.《春秋繁露·重政》:"经传,大本也"。凌曙注:"圣人制作曰经,贤人著述曰传。"

以上材料说明,"列传"二字的意思,只能理解为"叙列(人臣)事迹(为本纪)作注释"。

但是,我国近年来流行着一种解释,即:把"列传"解释为"传记"。其根源,就我所知,来自外国学人(如莫里逊等人)对我国古代文献的翻译。大致从1818年前后开始,一些来华的外国学人,把"列传"二字翻译为"biography"或"biographies"(即传记)。这种做法肇始于1818年前后出版的《五车韵府》等书,随着西学在中国的影响越来越大,从19世纪初到今天,这个传统没有断,只要看一看历年出版的各种《汉英词典》,情况就很清楚。就我所知,商务印书馆1915年出版的《增订英华合解辞汇》、1918年出版的《汉英新辞典》、1920年出版的《汉英大辞典》等以及近来如1987年出版的《林语堂汉英词典》、1993年出版的《汉英双解现代汉语词典》等,都一再提供这样的信息。请看《林语堂汉英词典》的译文:"列传:biographies, especially section on biographies in different dynastic histories."再看《汉英双解现代汉语词典》的译文:"列传:biography, biographical account of common people in Chinese historiography."这样一来,岂不是把"列传:biography"和"biography"(传记)完全等同起来了。这两个"观念"是不能互相取代的。第一,"列传"二字的意思是用"以人为单位叙述的事迹为本纪作注",要点是"事"、某些事、部分事,功用是作注释;西方"传记"所研究的对象则是人,整个人、完整的人,功用是描述他的一生,给予评价。第二,西方的"传记"属文学领域,中国的"列传"属史学领域。第三,对"人"的观念,西方和中国在理解上有许多不同,对人的价值、人生意义等方面的理解也有许多不同,但这又不是一时半时所能说得清楚的事。

(原载《中国文化研究》2006年第1期)

"死"国学，"活"国学

从清末民初以来，中国主张和提倡"国学"的人不少，但仔细考察其历史，就会发现，他们大体上可以分为两类，一类主张把"国学"看成客观的、静止不动的死对象来加以"科学"的研究，另一类则主张把"国学"看成是主观的、活的对象来加以认识和理解并以此作为自己实践的指导。前者可以胡适为代表，后者可以马一浮为代表。

胡适在 1919 年 12 月 1 日出版的《新青年》杂志第七卷第一号上发表《新思潮的意义》一文，其中提出：

"我们对于旧有的学术思想，积极的只有一个主张，就是'整理国故'。整理就是从乱七八糟里面寻出一个条理脉络来，从无头无脑里面寻出一个前因后果来，从胡说谬解里面寻出一个真意义来，从武断迷信里面寻出一个真意义来。为什么要整理呢？因为古代的学术思想向来没有条理，没有头绪，没有系统，故第一步是条理系统的整理。因为前人研究古书，很少有历史进化的眼光的，故从来不讲究一种学术的渊源，一种思想的前因后果，所以第二步是要寻出每种学术思想怎样发生，发生之后有什么影响效果。因为前人读古书，除极少数学者以外，大都是以讹传讹的谬说，如太极图，爻辰，先天图，卦气……之类，故第三步就是用科学的方法，作精确的考证，把古人的意义弄得明白清楚。因为前人对古代的学术思想，有种种武断的成见，有种种可笑的迷信，如骂杨朱墨翟为禽兽，却尊孔丘为德配天地，道冠古今，故第四步是综合前三步的研究，各家都还他一个本来真面目，各家都还他一个真价值。这叫作'整理国故'。现在有许多人自己不懂得国粹是什么东西，却偏要高谈'保存国粹'，……现在许多国粹党，有几个不是这样糊涂懵懂的？这种人如何配谈国粹？若要知道什么是国粹，什么是国渣，先须要用评判的态度，科学的精神，去做一番整理国故的工夫。"①

胡适先生在中国近代思想学术史上的贡献自然早有公论，胡适先生本人对国学的前途也"抱无穷的乐观"，并"深信国学的将来，定能远胜国学的过去；过去的成绩虽然未可厚非，但将来的成绩，一定还要更好无数倍"，② 但仅就其关于国学的上述论断而言，却不无可商之处。

马一浮先生对国学的认识则与胡适先生所主张的完全不同。马一浮在《论治国学先须辨明四点》中针锋相对地指出：

> "一，此学不是零碎片断的知识，是有体系的，不可当成杂货；二，此学不是陈旧呆板的物事，是活的，不可目为骨董；三，此学不是勉强安排出来的道理，是自然流出的，不可同于机械；四，此学不是凭藉外缘的产物，是自心本具的，不可视为分外。"③

《泰和会语》中更明确宣称：

> "此是某之一种信念，但愿诸生亦当具一种信：信吾国古先哲道理之博大精微，信自己信心修养之深切而必要，信吾国学术之定可昌明，不独要措我国家民族于磐石之案，且当进而使全人类能相生相养而不致有争夺相杀之事。"④

> "世人侈言保存中国固有文化，不知中国文化是建竖在心性上，心性不会亡，中国文化自然也不会亡。即使现代的文化全被破坏，心性却不能毁坏，则中国文化终有复兴之日也。"⑤

《诗》《书》《礼》《乐》《易》《春秋》，六艺即六经不仅"该摄一切学术"，而且与人们的心性紧密相联，因此，

> "学者须知六艺本是吾人性分内所具的事，不是圣人旋安排出来。吾人性分本来广大，性德本来具足，故六艺之道即是此性德中自然流出的，性外无道也。"⑥

> "学者当知六艺之道，固是中国至高特殊之文化：唯其可以推行于全人

---

① 新青年 ［J］. 1919，7（1）.

② 胡适. 国学季刊发刊宣言 ［M］//胡适全集第二卷，合肥：安徽教育出版社，2003：2.

③ 马一浮集：第一册 ［M］. 杭州：浙江古籍出版社、浙江教育出版社，1996：4.

④ 马一浮集：第一册 ［M］. 杭州：浙江古籍出版社、浙江教育出版社，1996：4.

⑤ 马一浮集：第三册 ［M］. 杭州：浙江古籍出版社、浙江教育出版社，1996：1159.

⑥ 马一浮集：第一册 ［M］. 杭州：浙江古籍出版社、浙江教育出版社，1996：18.

类，放之四海而皆准，所以至高；唯其为现在人类中尚有多数未能了解，
'百姓日用而不知'，所以特殊。故今日欲弘六艺之道，并不是狭义的保存
国粹，单独的发挥自己民族精神而止，是要使此种文化普遍地及于全人类，
革新全人类习气上之流失，而复其本然之善，全其性德之真，方是成己成
物，尽己之性，尽人之性，方是圣人之盛德大业。……若是西方有圣人出，
行出来的也是这个六艺之道，但是名言不同而已"。①

以上两派的对立，很大程度上反映了欧美汉学为代表的"洋国学"和以中
国本土思想传统为代表的"土国学"之间的对立。

从 18 世纪末、19 世纪初开始，西方主流思想家为了替本国的对外侵略扩张
制造文化上的依据，采取"灭人国者必先灭其史"的策略，把中国、印度、埃
及等非西方国家和民族描绘成没有历史、没有现代文化的原始、野蛮民族，而
西方的汉学家则在此基础上，进一步采用自然科学的方法，把这些国家和民族
当作完全客观的静止的死对象来进行研究。结果，就出现了丁文江所描述的下
列现象：

19 世纪"中期，西方外交官及传教士开始研究中国历史，发现儒家的中国
历史难以接受，原因在于，这些人士来到东方之时，欧洲的对外扩张已经强劲
地开始，他们醉心于其家乡欧洲工业革命的果实，他们从中国人自己所阐释的
退化的中国观念中为自己的工作找到了合法性，找到了他们的'进步'文明令
人意满志得的证明。……直至今日，在许多西方人士看来，中国文明不过是另
外一个埃及或美索不达米亚；只是因为某种不明的原因，中国文明特别垂而不
死而已"。②

出现上述情况，对西方思想家和汉学家来说，本来是难以完全避免的，他
们本身所具有的思想文化基因和生活环境，决定了他们可以超脱于中国、印度、
埃及等文化之外，根据自己的"理性"和想象，来"客观"地"研究""理解"
和描述这些民族的文化。但是，正如伽德默尔指出的那样，"理性"是软弱的，
"理性"之中本身就包含了"先见""偏见"，没有"先见""偏见"，就整理不
出一个"理性"的顺序来。但是，胡适一派所代表的"国学"，采用西方汉学
的这种思想框架和学术方法，把中国文化当作"国故"来加以"客观"的、
"科学"的"整理"，试图冷静地将之分解为"国粹"和"国渣"。但是，所谓

---

① 马一浮集：第一册［M］. 杭州：浙江古籍出版社、浙江教育出版社，1996：23.

② 丁文江. 中国文化史导言：中国如何获得其文明［M］//陈衡哲编. 中国文化史论集：
英文版，1931.

他们"科学""客观"的整理，细细看来，其标准基本上是西方的，国学中的某些部分之所以被判定为"国渣"或"国粹"，是因为按照西方文化的标准来看是如此，而按照中国文化自身的标准来看，则"国粹"未必是"国粹"，"国渣"也未必是"国渣"，实际的情形可能刚好完全相反。

"土国学"的学术传统则与此不同，其思想学术来源主要是中国文化强调"知行合一"的传统本身。孔子要求"学而时习之"，《大学》强调"古之欲明明德于天下者，先治其国；欲治其国者，先齐其家；欲齐其家者，先修其身；欲修其身者，先正其心；欲正其心者，先诚其意；欲诚其意者，先致其知；致知在格物。物格而后知至，知至而后意诚，意诚而后心正，心正而后身修，身修而后家齐，家齐而后国治，国治而后天下平。自天子以至于庶人，一是皆以修身为本。"朱熹认为"人心有全体运用，故学问有全体功夫。故圣贤教人，必以穷理为先，而力行以终之"。① "存养与穷理功夫皆要到"，"涵养、穷索，二者不可废一，如车两轮，如鸟两翼"，"涵养、致知、力行三者，便是以涵养做头，致知次之，力行次之"，三者"须一时并了，非谓今日涵养，明日致知，后日力行"。② 总之，所强调的都是做人与为学的统一，都是"君子尊德性而道问学"。

近代以来，中国部分思想家有鉴于国家落后、民族危亡的局面，大力倡导学习西方先进的科学技术、政治社会制度及相关的思想理论和学说，这无论在当时和现在来看，都是必要的，实际上也在一定程度上促进了中国科学技术、经济社会和学术文化等方面的进步与发展，但毋庸讳言，其中有些主张和观点是经不住历史考验的，对中国本土的一些优秀学术传统和思想文化资源，尤其是国学，造成了巨大冲击和破坏。在 21 世纪的今天，我们应该重新反思和认识近代以来有关国学的各种各样的派别及其主张，提出切合当代中国人所需要的国学主张。从某种意义上说，中国的"国学"代表着中国的国性，代表着中国人的生活方式，是活生生的，生动活泼的，中国之所以为中国，中国之所以区别于其他国家，在很大程度上正是取决于其独特的天人合一、万邦协和的思想文化传统。这一传统不仅使中华民族在长期发展过程中历遇艰险而终能渡过难关，成为世界各民族中文化最发达、历史最悠久且连续不断纪录最长的民族，而且还为包括亚洲邻国和欧美国家在内的人类文化的发展与世界和平，做出了巨大贡献。在其长期发展的过程中，中国文化曾经积极吸收了外来文化的有益

① 朱熹.《答郭希昆》[M] //《文集》卷五十四.
② 朱熹.《朱子语类》[M] 第六十三、九、一一五.

养料。今天，作为中华民族的子孙，在新的国际国内环境下，有义务有责任在保持此种历经数千年考验的国性的基础上，努力学习和吸收优秀外来文化，使之能够与时俱进，为人类文化的发展和世界和平做出更大贡献。

"国学"的外相和内涵

近年来，"国学"似乎越来越热了，围绕"国学"所展开的讨论也越来越多。其实，"国学"有着多种含义，反映了中西文化关系的百年变迁，是一个时代性很强的名词，也是一个适应性、实用性很强的名词，不能把它简单地看作一个学术名词。在"国学"越来越热之际，有必要把它自登上历史舞台之日起到现在为止，在不同场合出现时的种种外相和内涵约略考察一下。

在晚清"中学为体、西学为用"的文化争论中，"国学"是"夷学"、"洋学"、"西学"等概念的对立面，这时它是一个文化名词。在学制改革的过程中，"国学"作为经、史、子、集"四部之学"的总称，与从西方传来的文、理、法、商、工、农、医"七科之学"形成对立，这时它是一个学科分类体系中的教育名词。在清代末年的革命高潮中，有一面新的"国学"旗帜出现在中国历史舞台上，这就是邓实、章太炎等人在《国粹学报》上所提倡的作为"君学"对立面的"国学"。打出这面旗帜的理论根据是，中国之所以落后不长进，根源在于中国人的头脑被秦汉以来皇帝所提倡的"君学"所毒害。"君学"灌输朝廷即国家、事君等同于爱国的专制思想。中国人中毒很深，不能认识自己的力量，更谈不上什么民主性的要求。有鉴于此，邓实、章太炎等人提倡一种"不媚时君""不媚外族"的真正中国人自己的"国学"。在这种情况下，"国学"一词成为反映民主革命要求的政治名词。

随着上述事件相继发生，"国学"身上又渐渐长出一种新义，即作为"中华民族学术文化总代表"这样一种含义，因而演变成一个学术名词。邓实认为，国学是一国所自有之学；章太炎认为，国学是国家所以成立之源泉；胡适则认为，国学在我们的心眼里只是"国故学"的缩写，"国故学"的使命则是"整理中国一切文化历史"。近几年，还有这种含义的所谓"新国学"出现，可见一直有人把它作为一个学术名词来使用。作为一个学术名词，"国学"的内涵其实就是"中华民族文化研究"或"中华民族学术文化研究"。这样来理解"国学"似乎比较准确、比较妥当，既肯定了文化的本土性和历史性，也展示了文化的时代气息。

准确理解和把握"国学"的这一内涵，可以给我们讨论"国学"提供时空定位的框架。当下，有的人一见"国学"二字就光火，认为所谓的"国学"，实际上是清朝末年一直到五四运动，有些保守的人抵制西方"科学与民主"文化的一种借口，是一个狭隘、保守、笼统、含混而且顽固透顶的口号。在他们的眼中，"国学"就是讲儒家的那点东西，是封建的思想文化。这样的看法，未免有些武断，不够全面。其实，像邓实、章太炎等提倡的那种作为"君学"对立面的"国学"，不正是一种"民主主义"性质的"国学"吗？因此，在讨论"国学"之时，弄清它在不同场合出现时的种种外相和内涵是很有必要的。

（原载《人民日报》2007 年 8 月 10 日）

近代"国学"的"洋"与"土"

"国学"一词自清末出现以来，一直存在各种不同理解，众说纷纭。近代，在学术思想上有相互对立的两家，其代表人物一是胡适，一是马一浮。

胡适在1919年12月出版的《新青年》杂志第七卷第一号上发表《新思潮的意义》一文，提出："我们对于旧有的学术思想，积极的只有一个主张，就是'整理国故'。整理就是从乱七八糟里面寻出一个条理脉络来，从无头无脑里面寻出一个前因后果来，从胡说谬解里面寻出一个真价值来，从武断迷信里面寻出一个真意义来。"这叫作"整理国故"。"现在有许多人自己不懂得国粹是什么东西，却偏要高谈'保存国粹'。""若要知道什么是国粹，什么是国渣，先须要用评判的态度、科学的精神，去做一番整理国故的功夫。"

此后，胡适又陆续撰文，补充阐释什么是"国粹"、什么是"国渣"，阐明自己的研究对象是"国故"，是文化史，是过去的事情。也就是说，他意中的国学应该是"故"去的、缺乏现代生命力的东西。

马一浮对国学的认识与胡适不同。他在《泰和会语·引端》一文中指出："欲治国学先须辨明四点"："一、此学不是零碎断片的知识，是有体系的，不可当成杂货；二、此学不是陈旧呆板的物事，是活鱍鱍的，不可目为骨董；三、此学不是勉强安排出来的道理，是自然流出的，不可同于机械；四、此学不是凭藉外缘的产物，是自心本具的，不可视为分外。"

马一浮认为：《诗》《书》《礼》《乐》《易》《春秋》六艺即六经，与人们的心性紧密相连，"百姓日用而不知"，所以特殊。"故今日欲弘六艺之道，并不是狭义的保存国粹，单独的发挥自己民族精神而止，是要使此种文化普遍地及于全人类，革新全人类习气上之流失"。

马一浮的观点未必全都正确，但起码有一条值得我们深思：国学不是静止的死物，而是活生生的东西，是体现于"百姓日用"之中的；研究"国学"的目的不是为了研究而研究，而是为了信仰，为了发挥中华民族的民族精神，同时也为了丰富全人类的精神文化。

胡适与马一浮的争论，很大程度上反映了近代产生于资本主义工业社会的欧美汉学即"洋国学"和基于中国本土的思想传统即"土国学"之间在方法论上的不同。"洋国学"提倡运用自然科学的方法，习惯于把"国学"当作古代的旧物来"整理"，认为"中国文明不过是另外一个埃及或美索不达米亚"而已；"土国学"更注重中国文化传统内部鲜活的、具有时代性的精神内容，强调"日用"和发扬。"洋""土"之辩，也体现了研究整理国学之前的态度或观念的不同。

当今时代，文化越来越成为民族凝聚力和创造力的重要源泉，越来越成为综合国力竞争的重要因素。而促进文化繁荣发展，离不开对民族文化的继承。忘记民族文化的基本要素，忽视民族文化的内在生命力，就会对国家的文化软实力造成伤害。因此，从学术指导思想上对近代以来"国学"研究的种种传统加以认真清理总结，使"国学"研究沿着社会主义先进文化所要求的正确道路健康发展，已成为文化领域一个刻不容缓的重大课题。

（原载《人民日报》2008 年 1 月 8 日，署名刘堃）

近代"文明"理念与民族自信心和文化创造力
——孙中山文化思想初探

　　孙中山先生是我国民主革命的先行者，也是近代"文明"理念的倡导者。先生一生奔走革命，没有时间专门研究文化问题。但是，他所领导的革命运动发生在 19 世纪末 20 世纪初的中西文化"大碰撞"时代，种种政治、经济问题有待他从文化上作出回答。这样，先生的著作中便留下许多关于文化问题的精辟言论。这些言论是在不同场合针对不同问题而发出的，形式上有些分散，但内容却比较完整，稍加归纳，可分为：一、对中国文化的历史评价；二、对中西文化的比较研究；三、融会中西，走文化创新之路等等文化建设主张。这些思想、主张后面还有一个时代性的理论前提，即：什么是"文明"？什么是"野蛮"？在 20 世纪的具体环境中怎样区分"文明"和"野蛮"？本文仅就先生这一方面的言论和主张，稍加申述，以期有助于加深了解先生思想，有助于推进当前的学术研究和文化建设。

"文明"与"野蛮"

　　在孙先生登上历史舞台的时候，中国人在文化上面临的一个严重问题：按照当时新兴的"文化人类学"的主张，中国人在世界范围内，在人类文化发展的历史进程中，应算是"野蛮人"而不是"文明人"。这个问题在今天看来简直不可思议，可以说是一个怪问题。然而，在当时，却不失为一个严重的政治文化问题。因为，那时这种思想已经在世界范围内得到"公认"。它的具体形态是：人类文明的发展历程可分为"野蛮""半开化""文明"三个阶段。哪些民族当时发展到什么地步，即处在什么阶段，都各有不同的标准或根据，可以一一查明。根据这种标准，没问题，欧洲人可以安安稳稳地坐在最上端，即文明的最高阶段，反之，其他民族则一律处于"半开化"或"野蛮"等等次低或最低阶段。这在当时几乎已为全世界所公认的阶段划分和尺度标准，那时住在日本的梁启超先生在他主编的《新民丛报》中向国人介绍过。他在《饮冰室自由书——文野三界之别》一文中这样写道：

"泰西学者，分世界人类为三级：一曰野蛮之人，二曰半开化之人，三曰文明之人。"区分"野蛮""半开化"和"文明"的"标准"是：

第一、"野蛮"："居无常处，食无常品。逐便利而成群，利尽则辙散去。虽能佃鱼以充衣食，而不知器械之用。虽有文字，而不知学问。常畏天灾，冀天幸。坐待偶然之祸福，仰仗人为之恩威，而不能操其主权于己身，如是者谓之野蛮之人。"

第二、"半开化"："农业大开，衣食颇具，建邦设都，自外形观之，虽已成为一国，然观其内，则不完备者甚多。文化虽盛而务实学者少；其于交际也，猜疑之心虽甚盛，及谈事物之理，则不能发疑以求真是。模拟之细工虽巧，而创造之能力甚乏，知修旧而不知改旧。交际虽有规则，而其所谓规则者，皆由习惯而成，如是者谓之半开化之人。"

第三、"文明"："范围天地间种种事物于规则之内，而以己身入其中以鼓铸之。其风气随时变异，而不惑溺于旧俗所习惯。能自治其身，而不仰仗他人之恩威；自修德行，自辟智慧，而不以古为限，不以今自画。不安小就，而谋未来之大成；有进而无退，有升而无降。学问之道，不虚谈，而以开创新法为尚。工商之业，日求扩充，使一切皆进幸福，如是者谓之文明之人。"

介绍完"标准"，他立刻反问："我国民试一反观，吾中国于此三者之中，居何等乎？"梁启超先生的介绍，在国内思想界引起很大风波。

孙中山先生对这个问题是什么看法呢？他对这种认识是从来不同意的。1913年2月，他在东京中国留学生的欢迎会上申明："吾中华民国，为世界上最伟大之国，土地人民为诸国之冠。"有人"谓中国为野蛮"，"实属大谬"。1914年6月，他在为一位友人所写的一本书的《序言》中这样说道："我中国为世界独存之古国，开化最早，蛮风久泯，人好和平，不尚争斗。"他用"蛮风久泯"四个字来表明他从来不承认什么中国人"野蛮"的无知说法。

此事过后的第十个年头，1924年1月，孙中山在和一位外国记者的谈话中又一次这样说："几世纪以前，中国为现代世界上各文明国之冠"，如"不以近代文明发达的情形比"，那么，它"却较西方各国的文化高得多。"1919年夏天，他在呕心沥血地撰写他的大著《建国方略》时，又一次这样谈道："中国为世界最古之国，承数千年文化，为东方首出之邦，未与欧美通市以前，中国在亚洲之地位，向无有与之匹敌者，即间被外族入寇，如元、清两代之僭主中国，然亦不能不奉中国之礼法，而其他四邻之国，或入贡称番，或来朝亲善，莫不羡慕中国之文化，而以中国为上邦也。"

由以种种材料说明，孙先生在这个问题上的态度是明确而坚定的。不仅如此，先生英明伟大之处还在于，他不仅列举确切事实论述中国人不"野蛮"，而且还列举事实，以慎重的态度和深邃的目光，一针见血地指出：正是这些自称"文明"或"先进"的国家，在他们国内和国际上，处处表现不"文明"的"野蛮"行径：一、在国内主要表现为"民生社会贫富悬殊"；二、在国际上表现为"强权争霸"。先生对这两种所谓现代"文明"掩护下的"野蛮"行径做过十分深入的分析，现根据广东省社会科学院孙中山研究所王杰研究员所作的归纳，摘要转引如下：

对第一种，王杰研究员的归纳基本上是：孙先生指出："社会问题是文明所致，文明程度不高，那社会问题也就不大"，"文明越发达，社会问题越著紧"，因为生产的发展，财富的骤增，造成了贫富悬殊，两极分化，社会肌体溃疡，因此，"社会问题在欧美积重难返"。对吸收西方先进文化，先生的态度一向是鲜明的。但是，他认为吸收西方"文明的精华"，却"绝不能成为它的糟粕的牺牲品"。换言之，文明进步会生出"善果"与"恶果"。"取那善果"，"避那恶果"，我们却是可以抉择的。他语重心长地说："欧美各国，善果被富人享尽，贫民反食恶果，总由少数人把持文明幸福，故成此不平世界。我们这回革命，不但要作国民的国家，而且要作社会的国家，这是欧美所不能及的。"

对第二种，王杰研究员的归纳基本上是：孙中山1894年在兴中会的章程中对西方列强"蚕食鲸吞"、"瓜分豆剖"的现象痛心疾首。十年以后，他对西方的"文明先生"以"施其殖民之政策"的实质揭露于国际社会，并严正指出："天下列强高倡帝国主义，莫不以开疆辟土为心，五洲土地已尽为白种所并吞，今所存者，仅亚洲之日本与清国耳。"进而全球之视线，集中远东，"地大物博"、商机无限的中，"成为那些争夺亚洲霸权的国家之间的主要斗争场所"，"成了这样一块用以满足欧洲野心的地方"，"以供增大领土和扩展殖民地"。为了达其野心，涨其胃口，他们悉心扶植"满洲政府为鹰犬"，"取我土地"。这样，他便揭示了西方文明中的"野蛮"与中国文明中的"奴性"相结合的奇特政治效应。可见，孙先生既充分认识西方文明的先进性，又高度警惕它的"野蛮"性。

中西文化的"异同"问题

孙中山先生在驳斥中国文化"野蛮"论的同时，具体分析了中西文化的异同。在这方面，他十分强调必须把人文文化、精神文明和物质文明区别开来。他指出："我中国是四千余年文明古国，人民受四千年道德教育，道德文明比外国人高若干倍，不及外国人者，只是物质文明"。他又说："欧洲人之所以驾乎我们之上的，不是政治、哲学，完全是物质文明"，"至于讲到政治、哲学的真谛，欧洲人还要求之于中国。"假如我们"持中国近代之文明以比欧美，在物质方面固不逮甚远"，但是，"在心性方面，虽不如彼者亦多，而能与彼颉颃者正不少，即胜彼者亦间有之"。因此，必须使"物质文明与精神文明相待而后能进步"。"中国近代物质文明不进步，因之心性文明之进步亦为之稽迟"。然而先生却又不是故步自封的沙文主义者，完全承认："欧洲一百年来的文化雄发突进，一日千里，种种文明都比中国进步得多"，因此才产生向西方学习的问题。

先生进一步指出，分析中西文化的优劣和异同，目的是比较鉴别，取长补短，吸收西方文化的长处，发扬中国固有文化的优点，改变中国文化发展迟缓不前的现状，创造新的民族文化。基于这样的出发点，中山先生认为，在学习西方的先进文化时：

第一、必须注意文化的民族性，事事从中国的民情和国情出发。他指出："中国几千年以来社会上的民情、风土、习惯和欧美的大不相同。中国的社会既然是和欧美的不同，所以，管理社会的政治自然也和欧美不同，不能完全仿效欧美，照样去做，象仿效欧美的机器一样"。如果"我们能够按照自己的社会情形，迎合世界潮流做去，社会才可以改良，国家才可以进步"，反之，"不照自己社会的情形"，一味地盲从附和，"迎合世界潮流去做"，这"对于国计民生是很有大害的"，以至"国家便要退化，民族便受危险"。

第二、必须区别地对待西方文化，吸收其长处和对我们有利的一面。而避开摒弃其缺点和弊端。他指出："文明有善果，也有恶果"。我们的学习，则是"取那善果，避那恶果"，要"选择那些符合我们愿望的东西"，亦即学习的内容要服务于民族的独立和振兴，"要学习欧洲的科学，振兴工业，改良武器。不过，我们振兴工业，改良武器，来学欧洲，并不是学欧洲来消灭别的国家，压迫别的民族的，我们是学来自卫的。"

第三、反对极端排外和盲目崇外的错误倾向。先生这样说："中国从前是守旧，在守旧的时候总是反对外国，极端信仰中国要比外国好；后来失败，便不守旧，要去维新，反过来极端的崇拜外国，所以把中国的旧东西都不要，事事都是仿效外国；只要听到外国有的东西，我们便要去学，便要拿来实行"，这岂不是又把事做过头了吗？在学习西方文化时，先生对本民族固有文化十分珍惜，主张继承传统并发扬光大之。他在辛亥革命后谈到新政权的建立，强调指出其原则是："将取欧美之民主以为模范，同时仍取数千年旧有文化而融贯之。"后在论及民国宪法制定时又说："吾人采取外国良法，对于本国优点亦殊不可抛弃"。他极力反对盲目地排斥传统，明确指出："我们固有的东西，如果是好的，当然是要保存，不好的才可以放弃"。

对于民族文化的创新，先生不仅在理论上阐明自己的主张和态度，而且身体力行，贯穿在自己的革命实践中。他创立的"五权宪法"学说，就是一个典型的例证。早在 1906 年，先生在谈到中国未来所要实行的政治制度时，曾这样说："希望在中国实行的共和政治是：除立法、司法、行政三权外还有考选权和纠察权的五权宪法的共和政治"，又说："考选制和纠察制本是我中国固有的两大优良制度。我们期望在我们的共和政治中复活这些优良制度，分立五权，创立各国至今所未有的政治学说，创建破天荒的政体。"后来，有一些留学归国的政法学生对这种主张提出质疑，先生进一步指出：学习西方文化的前提是结合实际，以本民族的实际需要为准。制定新宪法是为着中国的实际需要，他这样解释道："宪法者，为中国民族、历史、风俗、习惯所必须之法；三权为欧美所需要，五权为中国所需要"。我们当知自己"身为中国人。中国人不能为欧美人，欧美人不能为中国人，宪法亦如是也。"

综上所述可知，孙中山先生主张对西方文化博取兼收，其目的在于民族文化的综合创新。对这一点，他曾多次作过解："当此新旧潮流相冲之日，为调和计，当平心静气博取兼收，以使国家发达"，"不致追随人后，民国庶几驾于外国之上也"。"作成一个中西合璧之中国"，"一个庄严华丽的国家"。重温先生当年这些高瞻远瞩的文化主张，对我们今天的文化建设，一定会获得有益的启迪和借鉴。

（原载《北京观察》2006 年第 12 期）

寅恪师《俞曲园先生〈病中呓语〉跋》注①

曲园②先生《病中呓语》不载集中，近颇传于世。或疑以为伪，或惊以为奇。疑以为伪者固非，惊以为奇者亦未为得也。天下之至赜者莫过于人事，疑若不可以前知。然人事有初中后三际（借用摩尼教语），犹物状有线面体诸形。其演嬗先后之间，即不为确定之因果，亦必生相互之关系。故以观空者而观时，天下人事之变，遂无一不为当然而非偶然。既为当然，则因（疑"因"字为"固"字之误。——编者）有可以前知之理也。

此诗之作，在旧朝德宗景皇帝庚子辛丑之岁，盖今日神州之世局，三十年前已成定而不可移易。当时中智之士莫不惴惴然睹大祸之将届，况先生为一代儒林宗硕，湛思而通识之人，值其气机触会，探演微隐以示来者，宜所言多中，复何奇之有焉！

尝与平伯③言："吾徒今日处身于不夷不惠之间，托命于非驴非马之国，其所遭遇，在此诗第二第六首之间，至第七首所言，则邈不可期，未能留命以相待，亦姑诵之玩之，譬诸遥望海上神山，虽不可即，但知来日尚有此一境者，未始不可以少纾忧生之念。然而其用心苦矣。"

《钟离意别传》略云："意为鲁相，［发］孔子教授堂下床首所悬瓮中素书，文曰，'后世修吾书董仲舒'。"所言记前名字，失之太凿，不必可信。而此诗末首曰："略将数语示儿曹。"然则今日平伯之录之诠之者，亦似为当时所预知。此殆所谓人事之当然而非偶然者欤？戊辰三月义宁陈寅恪敬识。（1928年，《寒柳堂集》）

---

① 寅恪师此文大旨，谓天下人事之变，无一不为当然，固有可以前知之理。湛思通识之人，值其气触机会，探演微隐以示来者，宜所言多中。
② 俞曲园（1821—1907）：即俞樾、晚清学者，字荫甫，号曲园，浙江德清人，道光进士，官翰林院编修，河南学政。晚年讲学杭州诂经精舍。所撰各书，总称《春在堂全书》，共二百五十卷。——编者
③ 平伯：指俞平伯。平伯为曲园先生之孙。——编者

附：《病中呓语》全文

《呓语》九首，留示儿童

（一）历观成败与兴衰，福有根苗祸有基；不过循环一花甲，酿成大地是疮痍。

（二）无端横议起平民，从此人间事事新；三五纲常收拾起，一齐都作自由人。

（三）才喜平权得自由，谁知从此又干戈；弱之肉是强之食，膏血成河满地流。

（四）英雄发愤起为强，各划封疆各设防；道路不通商贩绝，纷纷海客整归装。

（五）大邦齐晋小邾滕，百里提封处处增；郡县穷时封建起，秦皇废了又重兴。

（六）几家玉帛几兵戎，又见春秋战国风；太息当时无管仲，茫茫杀运几时终。

（七）从此人间又华胥，偃武修文乐有余；壁水桥门兴坠礼，山崖屋壁访遗书。

（八）触斗蛮争年复年，天心仁爱亦垂怜；六龙一出乾坤定，八百诸侯拜殿前。

（九）张弛从来道似弓，聊将数语示儿童；悠悠二百余年事，都在袁翁一梦中。

（据《德清文史资料》第一辑。1987年3月。原附编者注谓：光绪三十二年，俞樾卧病之际，写了《病中呓语》九首，留示儿孙，这是他的最后遗作，未收入《春在堂①全集》。现根据其外曾孙许宝骙手抄稿，全文照录。）

（原载《陈寅恪学术文化随笔》）

---

① 春在堂：曲园有句"花落春仍在"，高度概括了当时文化思想上的时代特征：中国文化虽渐式微，但基本价值仍在。此句为时人所赏识，曲园即以名其堂。

三、中西文化交流互释

中国才子佳人小说为什么在欧洲走运
——从《好逑传》传入欧洲之经过谈起

自从陈独秀、胡适倡导的"五四"新文化运动开展以来,才子佳人小说在中国被贬到极低的地位。但是,在十八世纪的欧洲,这类小说却大受欢迎,并意想不到地起到了促进文化近代化的作用。《好逑传》之传入欧洲,就是一例。这书歌德、席勒都曾试图翻译过,不过没有成功。

1761 年,英国作家珀西在英国首次翻译出版此书,成为最早传入欧洲的中国小说。这本英文版图书封面上印着《好逑传——快乐的故事》,书后附录了《中国戏提要》《中文谚语集》《中国诗选》,加上注释,总共四册。

珀西是一位以在美国刊行《英国古诗残存》而崭露头角的英文作家。他在英文版《好逑传》初版中有意隐瞒了翻译者以及他自己的姓名。后来,人们才知道,此书译者是在广州居住多年的英国商人威尔金森。当时中国有十才子书之说:《三国演义》《好逑传》《玉娇梨》《平沙冷燕》《水浒传》《西厢记》《琵琶记》《平鬼传》《三合剑》等。《好逑传》位居第二。威尔金森受了所谓的十才子书之说的影响,读了些这类小说,并对《好逑传》爱不释手。他于 1719 年用英文译了《好逑传》的四分之三,又用葡萄牙文译完了剩下的四分之一。珀西得到这个译稿,如获至宝,用英文补译了威尔金森的葡文译稿,同时将四分之三的威译本进行文学加工、润色,全书很快被刊印出来。

《好逑传》,一名《侠义风月传》,题名教中人编,但作者究竟是谁,目前不详。大约是明末清初时的作品。描写的是"才子"铁中玉、"佳人"水冰心的婚姻故事。它的大体内容同明清以来的才子佳人小说基本类似。这类小说的特点是:一个满腹经纶的才子,一个闭月羞花的佳人,一个道德败坏的恶棍,三者之间展开矛盾,最后才子中榜,皇帝下诏,佳人配才子,大团圆。所不同的是,《好逑传》的男主人翁"既美且才,美而又合资",女主人翁才貌俱佳,个性极强,在实际生活中的各种情况从容不迫,应付裕如。但比起《金瓶梅》《红楼梦》等血肉丰满、异彩纷呈、个性鲜明的人物则不可同日而语。可就是这样的作品，却率先引起了欧洲人的兴趣。这固然有客观上的原因，另一方面，又是与他们对中国文学的看法以及译者的思想、文化修养等等有直接的关系。

中国自古以来就与欧洲发生过或多或少的联系。贯穿中亚细亚的著名的丝绸之路给欧洲人输送了源源不断的东方文明。珀西就是在这种情况下生活着的一位敏感的作家。他对东方文明和中国文学的兴趣同他所追寻的伦理道德和艺术迷津一样执着而强烈。他显然也受到了十才子书之说的影响，认为《好逑传》不但是才子书，而且具有很高的社会、艺术价值。其实，《好逑传》并不是中国第一流的小说，只是二、三流水平的小说。珀西如此欣赏和推崇它，很明显是他对东方文化的崇拜以及借用中国文学表现的道德情操来维系西方的风化。书前有一份作者珀西给苏塞尔公爵夫人的献辞，其中这样说道："如果这一本书没有维持风化的目的，如果它不能够惩恶劝善，我也不敢请夫人接收。在我们这个时代，全国都充满了淫词艳语，风俗窳败，也许我们借这一本书表示给大家，中国的文人，虽然他们很可怜地不知道我们拥有的真理——这些真理可惜我们不实行，却能够如此地正经纯洁，也许不无好影响。"

珀西在该书序言中从艺术角度来透视和品评此书的价值，他从两个方面来发表见解："拿欧洲批评的规则来说，……此书有许多可以指摘的地方。我们可以毫不迟疑地说，书中的情节既不够伟大，想象的力量既不确切又不生动，表示的方法，常常干燥无味，往往在极微小的情节，极不重要的地方，太详细描写，因此不能引起读者剧烈的情感，不能愉快他们的想象"。这些看法应该说是有眼力的，他并不十分欣赏这本书的艺术价值和魅力。但是不是一无是处呢？他们说：我们不能不承认，在这一本书里，故事的讲述比一般我们所见的东方的小说更有条理有艺术一点，……讲神怪的事情少一点，讲真实的事情多一点。它有一个一贯的结构，书中一切情节都自然地有次序地向着一个目标进行，没有什么间断，彼此互相关系。"

英文版《好逑传》很快跨越国度，被转译成法文本、德文本。1768年，法文版《好逑传》问世。同年，德文版也与读者见面。《好逑传》很快在欧洲风行起来，甚至掀起了一股不大不小的中国文学热。其主要原因何在？

第一，中国文明的长期熏陶，使欧洲人对中国文化有倾慕已久、相见恨晚的感觉。《好逑传》给他们送去了新的文明方式，同时有些欧洲人对西方某些东西表示反感厌倦。

第二，才子佳人小说中"以才抗权"精神给他们引来了生活中的新主人标准：德才兼备、体魄健全、具有鲜明的个性……。同时还有一些其他因素，诸如欧洲长期禁锢在世袭制的藩篱之中，人们早已对"欧洲衙内"式的人物心怀不满，他们向往中国的文官制度，主张采用中国式的科举制，才子佳人小说正是反映了科举制度下人们的生活。

第三，欧洲人的东方神秘主义思想。他们以前涉猎的往往是较为表象同时又较为抽象的东方文明，而才子佳人小说则给他们带来了一个新的文学范畴的矛盾冲突和内心世界。人文地理上天然的差异是人们共同寻求相互理解的焦点，这甚至被当作一种使命。因此，歌德曾经很兴奋的预言："民族文学在现代算不了很大的一回事，世界文学的时代已快来临了"。

德国文学大师席勒和歌德先后读到了德文版《好逑传》。歌德站在文学的高度透视了《好逑传》的内涵，比英国作家珀西只看到原书的形式胜一筹；而且歌德领略了它的神髓特点，又比珀西发现表现技巧更为可贵；歌德甚至看到了它在中国文学上的地位和意义。珀西在表象上考察了《好逑传》，认为它是中国最好的小说之一，是十才子书之首；而歌德则接触了其他中国文学作品和儒学著作（至少我们可以知道他还读过《玉娇梨》《花笺记》《赵氏孤儿》和《今古奇观》等），再加上某些个人因素，这决定了他的高度是珀西所无法企及的。由于歌德、席勒等人的推崇，西方学者纷纷涌向中国文学这块"新大陆"。

到了 20 世纪初叶，世界各种文字版本的《好逑传》已达十五种之多。后来直到 1926 年，德文本《好逑传》从中文直接译出。因作者对中国政治、经济、思想、文化、风俗等方面的认识局限，译本虽文笔较其他译本畅达，但仍存在某些明显不足之处，如在风俗习惯方面的讹错。甚至译者居然用一幅日本木刻图画装饰该书封面，反映他当时对中国和日本这两个概念都不清楚。

文明一经产生，就是属于全人类的。中国小说流向欧洲反映了世界文明的相互影响这一进步的历史现象。

（1987 年 10 月在武汉召开的"中国走向近代的文化历程"学术讨论会上的发言，由陈小雅女士摘要整理发表于同月 27 日之《中国文化报》；后又由王华斌先生补充整理发表于《博览群书》1988 年第 7 期。）

严复中西文化观前后期的一致性
——从张恒寿教授的严复思想研究谈起

目前，我国学术界对严复思想的研究已经形成一种比较固定的"模式"，即把他一生的思想发展道路，特别是他的文化观的演变，看作是一个由"全盘西化"到"反本复古"的"S"形演变过程，① 具体说，即：初期（从甲午战争到戊戌政变），"全面肯定西学，完全否定中国传统文化"；② 中期（从戊戌政变到辛亥革命），对中西文化采取调和、折衷态度；后期（从辛亥革命到1921年逝世），逐步"倒退"，③ 从一个极端走到另一个极端，"背弃了早年他曾经热情相信过、宣传介绍过的'新学'、'西学'，而完全回到封建主义怀抱中去了。"④ 严复思想道路给我们提供的历史经验教训就是：

---

① 1940年，周振甫先生的《严复思想评述》一书由中华书局出版（部分内容前此曾以单篇论文形式自1937年1月起相继发表于《东方杂志》及《学林》）。此书把严复思想的发展历程划分为"全盘西化"、"中西折衷"、"反本复古"三个时期。这种分期为"S"形模式的形成确立了始基。又，蔡元培先生1923年在《五十年来之中国哲学》一文中曾说严复"本来算激进派"，后来"有点偏于保守的样子"，所指是政治态度，而不是文化观。

② 方之光等.严复文化观演变的历史启示［N］.光明日报，1990-04-04（3）。又，费正清主编的《剑桥中国晚清史》亦持同样看法。书中这样说："严复是一个西方文明的十足崇拜者；这导致他对中国的传统进行无情的批判。在他看到集体力量充溢现代西方的同时，他在中国传统中只看到活力和公益心的萎缩。他在把中国与现代西方进行对比后着重指出，中国是软弱的，因为过去中国的圣贤在培养民众的力量和能力方面做得很少，而历代王朝统治者的所作所为，却都是在压制他们的力量和能力。因此，他几乎是全面地、彻底地驳斥当时思想界唯中国之法是举的倾向，不但攻击科举制度的机械死板的要求，而且笼统地把当时全部儒家学派都视为思想的废物而不屑一顾，这就不足为奇了。"见费正清.剑桥中国晚清史：下册［M］.北京：中国社会科学出版社，1985：340.

③ 侯外庐.严复思想批判［M］//商务印书馆编辑部编.论严复和严译名著.北京：商务印书馆，1982：59.

④ 李泽厚.论严复［M］//中国近代思想史论.合肥：安徽文学艺术出版社，1994：276.

严复真正表示了投降主义的范例。①

纵观严复一生，他从提倡西学开始，最后终于回归到了中国的儒家传统。②

数千年中国封建主义经常把好些'向西方学习'的先进分子，逐渐吞噬、消化进去了，严复不过是一个典型的例子。③

与此同时，对于严复思想的发展道路问题，我国学术界还存在着一种与此不同的认识。这种认识以河北师范大学历史系张恒寿教授所著——《严复对于当代道学家和王阳明学说的评论》一文为代表。此文收入张氏所著《中国社会与思想文化》④ 一书中。张氏此文的主要论点是：严复不论早期还是晚期，从来没有抛弃过儒学，因而根本说不上什么"复归"不"复归"。当然，张氏文章没有全面论述严复的一生，但这种思想内容却是包含在里面的。

我认为，张氏此文在我国严复思想研究史上有重要意义。它第一次实事求是、严肃认真地研究严复思想，使这一课题得以逐步摆脱意识形态和政治宣传的影响。对这篇文章，我曾多次向学生讲解，也曾在一些国际学术会议上加以介绍（如1996年5月在香港中文大学召开的"明末以来中西文化交汇研讨会"上）。此外，又在为欧阳哲生《严复评传》一书所写的《序言》中将张氏思想的大意加以转述，并就如何区分"真儒"与"假儒"的问题作了一些引申和发挥。

这里，我愿对张氏文章再作一次介绍，并进一步对常被人误解的《辟韩》一文，谈一点看法，然后再谈张先生和我的工作在学术界所引起的一些反响。

一

张恒寿教授文中对严复思想的分析，主要根据严复早期文章《论世变之亟》《原强》《道学外传》《道学外传余义》和《〈阳明先生集要三种〉序》等。他从其中引出材料，列举证据，说明严复这一时期不仅没有"尽弃儒学"，而且在"如何救亡""怎样改变社会风气""怎样学习西学"等问题上，处处主张继承和发扬儒学精神。张氏指出：

① 侯外庐. 严复思想批判［M］//商务印书馆编辑部编. 论严复和严译名著. 北京：商务印书馆，1982：57.

② 景芬. 严复思想的矛盾［M］//哲学与文化. 北京：海洋出版社，1993：91.

③ 李泽厚. 论严复［M］//中国近代思想史论. 合肥：安徽文学艺术出版社，1994：276.

④ 此书1989年由人民出版社出版。

一、严复认为，只有充分发扬儒学精神，才能挽救危亡、振兴民族。在《道学外传余义》中一文这样说：

> 试思以周、朱、张、阳明、蕺山之流，生于今日之天下，有益乎？无益乎？吾知其必有益也。其为国也忠，其爱人也厚，其执节也刚，其嗜欲也澹。此数者并当世之所短，而宏济艰难时，所必不可少之美德也。使士大夫而能若此，则支那之兴，殆不须臾。①

文义如此清晰。可以不必再作解释。

二、严复主张用儒家提倡的各种美德来改变社会风气。严复之所以这样提出问题，其基本前提是：他认为当时社会风气已被科举制度所炮制出来的一批假儒——"道学先生"所败坏。严复指斥这批人挂着宋儒招牌反宋儒。他们"待国如传舍"，"待人如市易"，以"及时行乐"为"本怀"。由于社会上一般正直的人士一时认不清这批"假儒"的真面目，反而把这些视为儒学给社会带来的灾害，于是便将一切责任归咎于宋儒，进而由"怨宋儒""怒宋儒"而"反宋儒"。这样一来，社会风气反而变得更坏，甚至不可收拾。反之，严复认为，只有大力发挥宋儒所提倡的那些"为国忠""等人厚""执节刚""嗜欲淡"等美德，才能把这种颓废的社会风气扭转过来。② 这就是说，严复认为只有提倡儒学才能扭转社会风气。

三、严复认为，学习西学，重要的是"归求反观"，以加深对中国文化、政教的认识和理解。他认为只有这样才能加强人们对儒学的信心。他在《救亡决论》中这样告诫"学西学者"：

> 君等从事西学之后，平心察理，然后知中国从来政教之少是多非。即吾圣人之精意微言亦必既通西学之后，以归求反观，而后有窥其精微而服其为不可易也。③

后来，他在1919年4月26日给熊纯如的信中把这种意思又重复了一遍：

> 四书五经固是最富矿藏，唯须改用新式机器（指西学——刘）发掘淘炼而已。④

两段话是同一个意思。前一段说明，在严复看来，中国的政教虽然"少是

---

① 王栻编. 严复集：第二册 [M]. 北京：中华书局，1986：486.
② 王栻编. 严复集：第二册 [M]. 北京：中华书局，1986：486-487.
③ 王栻编. 严复集：第一册 [M]. 北京：中华书局，1986：49.
④ 王栻编. 严复集：第三册 [M]. 北京：中华书局，1986：668.

而多非"，但毕竟还有一些"是"；更重要的是，他认为儒学中有"不可易"的道理，亦即儒家"圣人"的确有"精意微言"在。不过要想真正深入理解这些道理，了解这些"微言"，则恰恰又须在"既通西学"之后。可见，他认为，学西学的目的正在于"归求反观"，以加深对儒学的进一步认识和理解。从这里可以看出，严复不仅没有否定儒学，而且，他还认为，为了消化和接纳西学，必须继承和发扬儒学。

从以上分析看来，严复所理解的中西文化关系是一种交融互释的关系，而不是什么"抛弃"一个，"接受"一个的"互相取代"的关系。

下面，我们再谈谈张恒寿教授怎样分析严复对王阳明学说的评价。张氏认为：在世界观上，严复对王学"吾心即理""心外无物"一类主观唯心的主张，持否定态度；但是，在伦理观上，严复对王阳明那种悲天悯人"视民之饥溺为己之饥溺"的以天下为己任的博大胸怀，则赞扬备至，认为这是当前国人肩负"今日之世变"必不可少的一种精神。他举出严复在《〈阳明先生集要三种〉序》一文中的一段话：

> 王子尝谓："吾心即理，而天下无心外之物矣。"……今夫水湍石碍而砰訇作焉，求其声于水与石者，皆无当也，观于二者之冲击，而声之所以然得矣。故论理者，以对待而后形者也。使六合旷然、无一物以接于吾心，当此时也，心且不可见，安得所谓理哉。是则不佞所窃愿为阳明诤友者矣。虽然，王子悲天悯人之意，所见于答聂某（即聂豹、王氏私淑弟子——作者）之第一书者（书中表述视民之饥溺若己之饥溺之心情至为深切—作者），真不佞所低迥流连翕然无间言也。世安得如斯人者出，以当今之世变乎？①

在这段话中，严复首先以"水击石"这种自然现象为例，从心理关系和物理关系两方面进分析。首先，他用经验论的自然观去批判"心外无物"的学说，在世界观上对王学加以否定。接着，把问题引到伦理观上，笔锋一转，对王阳明的事功、人格倍加赞扬，呼唤发扬王学精神，以当"今之世变"。从这些地方看来，严复对儒学的肯定，是多么热诚；对发扬儒学精神的期待，又是多么急切。在张氏看来，这些思想在严复一生的前后期，都是前后如一，贯彻始终的。

以上介绍的是张氏文章的基本内容。结论很清楚：张先生不认为严复早年有过什么"尽弃儒学"之类的思想，自然谈不上什么"从一个极端走到另一个

---

① 王栻编．严复集：第二册［M］．北京：中华书局，1986：238．

极端"，更说不上什么又"转回来"的所谓"思想转变过程"了。

二

以上说明，张先生的严复思想研究是实事求是的。他的文章帮助我看清那个"S"形模式的虚伪性。为着把问题进一步说清楚，我认为有必要把严复的《辟韩》一文也提出来说一说。因为，这篇文章在有些作者心目中，是严复与儒学实行"彻底决裂"的"铁证"。这是因为，韩愈的《原道》一文，本来就是"中国封建社会人人熟读为'圣经'的东西"，①所以严复对这样一篇文章发起批判，岂不正好说明他与"儒学"实行"彻底决裂"吗？笔者认为，这样分析过于简单。这些作者没有看到，严复"辟韩"所使用的思想武器不是别的，恰好是儒学——先秦儒学，特别是孟子的"民贵君轻"学说以及老子的"大盗窃国"等学说。②严复把这些学说视为"古今之通义"，所以才用它们来批判那种"知有一人而不知有亿兆"的君主专制思想，他说：

> 孟子曰："民为重，社稷次之，君为轻。"此古今之通义也。而韩子不尔云者，知有一人而不知有亿兆也。老之言曰："窃钩者诛，窃国者侯。"夫自秦以来，为中国之君者，皆其尤强梗者也，最能欺夺者也。窃尝闻"道之大原出于天"矣。今韩子务尊其尤强梗，最能欺夺之一人，使安坐而出其唯所欲为之令，而使天下无数之民，各出其苦筋力、劳神虑者，以供其欲，少不如是焉则诛，天之意固如是乎？道之原又如是乎？"呜呼！其亦幸出于三代之后，不见黜于禹、汤、文、武、周公、孔子也；其亦不幸不出于三代之前，不见正于禹、汤、文、武、周公、孔子也！"③

这里明明是用先秦儒家学说和道家学说，对专制主义思想进行批判，因此正好与误解者的论断相反。严复不仅没有"背弃儒学"，反而是肯定儒学，坚持

---

① 王栻编. 严复集：第一册 [M]. 北京：中华书局，1986：47.

② 有些作者认为，严复在《辟韩》一文中用以批判"为专制主义服务的儒学"的思想武器，主要是卢梭的"天赋人权"学说。这是一种误解。严复一生，始终反对这种"与历史实际和事实经验不相符合"的所谓"人生来就具有不可侵夺的自由权利"的理论，根据这套理论设计出来的那种"向壁虚造"的"社会改造"蓝图，是永远也不可能实现的。为阐明这一点，严复在《天演进化论》《政治学讲义》《说党》《民约平议》等文章中多方论述，但这一方面的内容，此处无法展开。

③ 王栻编. 严复集：第一册 [M]. 北京：中华书局，1986：33-34.

儒学。问题之所以弄到这种地步，原因之一可能是这些作者习惯于只就严复一人的著作来研究严复，他们没有把视野放开，看看同一时期别的思想家怎样看待韩愈和他的"道"学。这里，我们不妨从宋恕、夏曾佑、刘师培等人的言论中摘引几段出来看看。1895 年 5 月 3 日宋恕在给夏曾佑的信中这样说：

> 自叔孙通以老博士曲学媚盗，……以及至江都，认法作儒，请禁余子。……诸子大义虽亡于庠校，微言尚存于山林也。乃至昌黎，借儒张词，排斥高隐，而山林之名始渐夺于华士。然其俗迹太显，未能遽绝山林之教种也。及至伊川，以纯法之学，阳托儒家，因轲死之谬谈，建直接之标榜，舞儒合法，力攻高隐，党盛势强，邪说持世。世主初疑其怪，继而察其说之便已，遂私喜而独尊之，民贼忍人，盘据道统，丑诋孤识，威抑公理，而山林教种无地自容，一线微言，从此遂绝！文明古族，蠢若野蛮，甘仆金、元，任屠张、李、饿死恒沙，……叔始之，董、韩继之，程终之，四氏之祸同族，所谓烈于洪水猛兽者欤！①

批韩的态度如此激烈，竟引起夏曾佑的共鸣。他不仅回信表示赞同，并且还补充说：

> 韩愈者，不过晚近一词章之徒，特以所擅文体法于诸子，于是空言义理以实之。观其忽而俯首乞怜，忽而直承道统，则其己心亦不置为一定，俳优而已！②

此时期另一位重要思想家刘师培对韩愈又是什么态度呢？他在《论文杂记》中这样说：

> 《原道》《原性》诸作，……皆宋儒所景仰，遂以卫圣道，辟异端之功，归之昌黎。实则昌黎言理之文，所见甚浅，何足谓之载道哉？③

后来，唐晏又专门写了一篇题为《砭韩》的文章，其中竟用这样的词语来表述对韩愈的评价："文起八代之衰而实启百代之弊。"④

够了，不必再引。根据这些材料就可以看出，"辟韩"在当时是儒学思想发展的一种新趋势。这种趋势的主要特征是：应用先秦儒家思想批判宋明以后的道统论，再发展下去就是五四时期出现的所谓"二元孔教观"，以及所谓究竟是

---

① 致夏穗卿书［M］//宋恕集．北京：中华书局，1993：527.
② 宋恕集［M］．北京：中华书局，1993：530.
③ 韩愈资料汇编：第四册［M］．北京：中华书局，1993：1651.
④ 唐晏．涉江先生文钞［M］．民国铅印本，约 1915 年。

"孔子集大成"还是"周公集大成"等问题的讨论。这种孔教观认为："宋以后之孔教为君权化之伪孔教，原始孔教则是民间化之真孔教"①。这种变化本身是儒学内部发展的新动向、新趋势，而不是什么儒学与非儒学之间的思想斗争。我们不能把反映儒学内部思想斗争的文章误认为是反映中西文化思想冲突的文献，并据此而断言什么严复"抛弃儒学"。从以上所述看来，研究严复思想发展历程一步也不能离开对儒学思想发展这种总体性的研究，否则，有些问题是不易看清楚的。

三

下面接着再简单介绍一下张老文章经我发挥和介绍后在学术界所产生的影响。

首先要谈到的是香港浸会大学历史系林启彦教授的研究工作。去年十二月，林教授在台湾《汉学研究》杂志发表《五四时期严复的中西文化观》一文，文中说：

> 有关严复的中西文化观的研究，对学术界来说，并非一个新鲜的研究课题。然而，学术界长久以来都受着一种十分具影响力的解释模式所支配，认为严复的思想发展，是遵循着一条由先进、保守到倒退的轨道演变，而其政治观与文化观大体也依循此一轨迹而变迁。即是说，由早年主张民主改革、肯定西方文化、痛斥中国传统文化到晚年主张帝制，批判西方文化，推崇中国传统文化的理路发展。因此，严复作为启蒙思想大师的角色，只在他生命的前期作出贡献。到了五四时期，即他的晚年，他的文化思想和学术主张，就只有负面的作用了。

文章接着指出：近来有些学者"对此问题已开始提出了一些修正的观点"。他举出笔者为欧阳哲生《严复评传》一文所写的《序言》为例，指出：刘教授认为"严复从来不是一位全面否定儒学和对西方近代文明十足的崇拜者。他的文化思想不符所谓前期先进、后期倒退的发展模式"，这种学术意见"甚具启发性，且有继续发展研究的余地"。林教授表示愿依循着此种方向，重新研究严复思想。他所作的第一件工作就是从严复的文化观入手，全面分析五四时期严复

---

① 参见陈独秀. 宪法与孔教 [J]. 新青年, 1916, 2 (3)：1-5.

对"共和""科学""西方文化"和"中国文化"四个观点的认识演变过程。林教授在上述文章中指出：

> 严复晚年对中西文化的持论，不应看成为严复前后思想演变的断裂或背离，而应理解为同一思想理路上的延续与发展。严复晚年致力于发扬中国文化中的优点与长处，亦质疑西方文化（特别是科技文明）某些局限与弊病，正是严复早年中西文化观的补充与完善。因而严复一生的中西文化观的发展与递变，实有其本身逻辑理路与必然性。我们不能轻易地把它看成前后的断裂或背离，而应慎重地理解为同一思想与精神的信念轨迹上同向的发展和延续。严复始终相信，中西文化性质尽管不同，但各有其存在的价值和发展的前景。他认为，对西方文化的优点与长处要有正确认识的同时，也要看到西方文化的偏差与不足；同理，对延续至民国以来中国文化传统的积弊与痼疾，要有清醒的认识的同时，也要努力发掘中国文化中的美德与瑰宝。这是严复衡估中西文化的基本原则，终生一贯，持守不变。①

笔者认为，林氏此文非常值得重视，它又将严复思想研究推进到一个新阶段。

此外，我认为，清华大学历史系王宪明副教授近年发表的几篇有关严复思想研究的文章也值得重视：一篇是 1996 年 10 月刊登在《近代史研究》第 5 期上的《严复〈民国初建〉诗"美人"新解》，另一篇是 1997 年 1 月刊登在《河北学刊》第 1 期上的《戊戌时期严复传播"天赋人权论"和"社会契约论"问题再探讨》。这两篇文章都有新创获。《新解》一文把我国学术界多年对《民国初建》一诗中的"美人"一词的误解——认为"美人"指的是辛亥革命后民主共和制度在我国的建立——纠正过来，用确凿不移的证据证明此处"美人"所指，不是别的，而是对袁世凯出山的期盼。这个问题搞清楚之后就从政治态度方面扫除了严复曾一度赞美共和，因而在这方面也同样存在着一个从"反对"——"赞成"——"反对"的"大转折"过程的误解！此文对加强严复文化观前后期一致性的了解，大有帮助。王宪明教授的另一篇文章则从社会思想的时代性这一基本点出发，申论严复所传播的西方社会思想前后都是斯宾塞、穆勒等十九世纪思想家对"社会契约"观念的理解和阐释，而不是所谓十八世纪的卢梭思想。这两项研究成果都有助于加强对严复思想的研究，值得介绍。

---

① 以上引文均见汉学研究 [J]. 1996, 14 (2): 75—76.

　　以上简略地介绍了我国近年来对严复思想研究的进展。从这里可以看出，在严复思想研究这一领域中，对以往的研究工作开始进行反思的风气正在兴起，一种视野比较开阔——既从世界范围内的思想发展，又从儒学总体面貌变化两方面着手，而又实事求是的风气正在开始形成。而这一切，正是因为有了张恒寿教授的文章带头在前，给我们作出榜样，因而才逐步形成起来。这样，我们充分肯定张文在严复思想研究史上的价值和意义，便是完全可以理解的事了。

在福建省纪念严复逝世八十周年大会上的讲话

尊敬的主席先生、尊敬的各位来宾:

我们清华大学历史系几个从事严复研究的教师,这次有幸到严复先生的故乡来参加这次盛会,感到十分高兴。

多年来,我们知道,福建省的各级领导对严复研究是非常重视的,福建有个严复学术研究会,近年来多次组织召开严复生平和思想的研讨会,对严复研究工作起了很大的推动作用,不仅在国内,而且在海外,都产生了广泛影响。今天借这个机会向严复学术研究会表示深深的敬意!

下面简单谈一点对严复研究的想法和建议,即加强资料的收集、分析、整理和出版工作。为什么要强调这一点呢?因为,这件工作对严复研究有特殊的重要意义。在我国,严复研究和别的思想家(如康有为、梁启超等)的研究存在着一种很大的差别,对别的思想家的研究工作通常是文集和史料出版在前,历史评价形成在后,而严复的情形却与这大不相同,是历史评价形成在前,文集、史料等的出版在后。谁都知道,有关严复先生一生的带有倾向性、结论性的评价出现在 20 世纪二三十年代并最终形成于四十年代初期,过了 40 多个年头,到 80 年代,我国才出现了第一部略具全集规模的《严复集》,即王栻教授主编的《严复集》。又过了 10 余年,另一部《严复合集》才在台湾出版,内容比前一部增加了许多。本来,按照常理,史学研究应该和打仗一样,"兵马未动,粮草先行"。可是严复研究却出现了绝然相反的情况,"粮草"即史料尚未收集齐全,"兵马"却已早"动",对他一生的结论性的评价已经做出来了。可见,这种评价的准确性在很大程度上是值得怀疑的。

譬如,过去学术界认为,严复想想发展的道路是早年主张"全盘西化"、"尽弃儒学",晚年又发生一个很大变化,"尽弃西学"、"回归儒学",好像"儒学"和"西学"是孩子手中玩弄着的两个皮球,可以任意"抛"出去、"捡"回来。事实上,两者不是什么外在的、绝然对立的东西,它们都是严复文化生命的组成部分,与他的思想有着血肉相连的密切关系,如今竟如此这般被硬性分割开来。这反映出研究工作本身的不成熟，这样的结论大大有待于进一步探讨。

说到这里，也许有人会提出这样一个问题：《严复集》确如阁下所说，编出的时间很晚，但严译名著八种等难道不是多年以来就一直存在于学术界的吗？怎么能说没有资料呢？这问题提得好。我认为，迄今为止，严译名著八种对严复思想和生平的研究工作来说，还是一片未经开垦的处女地，除了几篇序跋文之外，没法直接使用：首先，它们是译作，其次又不是一般意义上的译作，而是严复用自己特有的"达恉"方法集创作与翻译于一身，集中国文化与欧洲文化于一体的一种特殊的文化产品。对这种产品，如果不经专门的分析研究，根本弄不清它的性质和成分，是很难拿来直接运用的，因此，对严复思想研究来说，有了等于没有——因未经开发，弄不清主体与客体、主要与次要，辨不明精华与糟粕，勉强拿来用，是非把事情弄乱不可的。由此可见，对史料的整理和开发，包括对严译名著八种的专门、系统的开发性研究，确是推动当前严复思想研究顺利进展的一个关键。

希望严复研究界同仁，像清代画家八大山人所说的那样，"咬定青山不放松"。我们要用这种精神，"咬定"严复研究不放松，从而做出更多更好的成绩来。

谢谢各位！

（原载《严复逝世八十周年纪念专辑》，2001 年 11 月）

《新潮》中的严复形象论析

——百年来社会舆论中的严复形象论析之一

近年来，严复研究受到越来越多的重视，取得很大进展。严复佚文和书信的发掘整理工作更加受到重视。继王栻先生主编的五卷本《严复集》出版后，林载爵先生主编的 20 卷本的《严复合集》又于 1998 年由台湾联经出版公司出版；此外还有多种严复选集相继出版，这些都为进一步研究提供了方便。新材料、新文献的发现，为研究严复思想，特别是其晚年思想，提供了更多第一手文献资料；利用新文献，研究新问题，出现了一批新成果；利用新方法，解读旧文献，同样也取得一些新的认识。另一方面，国际学术界在这一时期内对严复思想的研究也有许多新进展，欧美、日本、俄罗斯等国均有专门研究论著发表，严复研究正在成为一个国际性的学术领域。所有这些，不仅使我们加深了对严复思想的认识，而且对进一步加深对近代思想文化发展趋势的认识，对近代中外文化交流过程中国际化思潮与文化民族性关系问题的理解，无疑都具有重大的理论意义和现实意义。

但是，综览各项研究成果，我们不难发现，其中仍不免存在着一些过去在各种历史条件下形成的不符合严复思想实际的对"严复形象"有所扭曲的因素或成分。正因为这种成分在社会舆论中存在的时间太久，没有得到及时纠正，才使得今天的严复思想研究中，聚集着几处积重难返、非三言两语所能说清楚的疑难之点。为清除这些不利于严复思想研究的"沉积物"，本文选取形成于五四时期《新潮》杂志上所塑造的"严复形象"，加以剖析，查清它与实际生活中的严复之间的差距有多大，以利于读者更加深人地认识严复的一生和他的思想。文中各种不当之处，还请读者多多指教。

一

1919 年 3 月，《新潮》杂志创始人和主编傅斯年先生在该刊一卷三号上发表《译书感言》一文。文中在谈到近代翻译西书的经验教训时说过这样一段话：

"中国人学外国已经很久了，翻译的效果，何以这样稀薄呢？论到翻译的书籍，最好还是几部从日本转贩过来的科学书，其次便是严译的几种，最下流的是小说。论到翻译的文词，最好的是直译的笔法，其次便是虽不直译，也还不离大宗的笔法，又其次便是严译的子家八股合调，最下流的是林琴南和他的同调。翻译出的书既然少极了，再加上几个糟极了，所以在中国人的知识上，发生的效力极少。仔细想来，这都是因为翻书没主义。没有主义，所有有用的却不翻译，翻译的多半没用。"

针对上述情况，傅氏进一步提出自己对翻译工作的主张，同时也对严复提出批评：

"我对于译书的主义非常简单，只是译书人的两种心理——也可以说是一种心理的两面…… （一）译书人对于作者负责任；（二）译书人对于读者负责任。……我们纵然不能做作者的功臣，又何必做作者的罪人呢？作者说东，译者说西，固然是要不得了；就是作者说两分，我们说一分，我们依然是作者的罪人。作者的理由很充分，我们弄得他似是而非，作者的文章很明白，我们弄得他半不可解，原书的身份，便登时坠落；——这便是不对于作者负责任的结果。严几道先生译的书中，《天演论》和《法意》最糟。假使赫胥黎和孟德斯鸠晚死几年，学会了中文，看看他原书的译文，定要在法庭起诉，不然也要登报声明。这都因为严先生不曾对于作者负责任。他只对于自己负责任。他只对于自己的声名地位负责任。他要求名，然后译书，只要他求名的目的达到了，牺牲了原作者也没不可以。我并不是说译书定不为求名，这是不近人情的说话，但是断断乎不可牺牲了作者，求自己的功名。这是道德上所不许。况且这手段并不能达到求名的目的。严先生当年牺牲了孟德斯鸠、赫胥黎，居然享大名了，这也是当时则然，现在却办不到。"①

在傅先生看来，翻译"也有公同的原则"，严复那种译书的方法不符合这"公同的原则"，因而是不足为训的。他建议，翻译应当：

一、"用直译的笔法。严几道先生那种'达'的译法，势必至于'改'而后已。想就别人的理论发挥自己的文章，是件极难的事，不但对于原书不能完全领略的人不能意译，就是对于原书能完全领略的人，若用意译的方法顺便改变一番，也没有不违背原意的"；二、"用白话"；三、"第三等以下的著作，可用提要的方法，不必全译"。②

我们还得再看看《新潮》另一位创始人罗家伦先生对严复的批评。罗先生一方面声称，"严译的书自有他的价值，我常替他说公道话"③，但另一方面，他在该刊二卷五号上发表《近代中国文学思想的变迁》一文，当谈到严复时又批评道：

"严几道除译《名学浅说》《穆勒名学》而外，还有亚当·斯密的《原富》、孟德斯鸠的《法意》、穆勒的《群己权界论》、斯宾塞尔的《群学肄言》和自己译而兼著的《政治讲义》，种种都是风行一代的书。他虽然有较深的西洋哲学思想，但是他对于西洋的文学也不敢提倡，所以他译起书来，还安心做'汉魏六朝有八股'（这个名词是吴稚晖先生送他的）。他对于西洋的政治伦理虽然敢于提倡，但是他对于中国社会伦理是不敢批评的，所以还是安于中国旧式社会生活。"④

"无论西洋什么学说到中国来，总要加上一重色彩，弄得不清不楚。这都是被一班'古今中外派'弄坏了。强附之事，中国自来就有的，而在近代'学贯中西'之风，尤推严氏为其始祖"。⑤

把以上两种意见综合起来看，那么，傅、罗二位批评严复的焦点就是：一、

---

① 新潮：一卷三号（1919 年 3 月出版）：影印本第一册［M］. 上海：上海书店出版社，1986：531-532.

② 新潮：一卷三号（1919 年 3 月出版）：影印本第一册［M］. 上海：上海书店出版社，1986：535-536.

③ 新潮：二卷四号（11920 年 5 月）：影印本第二册［M］. 上海：上海书店出版社，1986：837.

④ 新潮：二卷五号（11920 年 9 月）：影印本第二册［M］. 上海：上海书店出版社，1986：872.

⑤ 新潮：二卷四号（11920 年 5 月）：影印本第二册［M］. 上海：上海书店出版社，1986：839.

译书为求名，二、用中国文化观念和词语解释西方学说——用他的话来说就是在西洋学说身上"加上"中国"色彩"，以致弄得它"不清不楚"。

傅、罗两先生的论断乍听起来似乎有根有据，但揆诸史实，我们却发现，历史上的严复并不像他们所说的那样"为求名"而译书。相反，严复对为求名而译书一事是极为蔑视的。他在致张元济的信中这样说：

"目下学习洋文人几于车载斗量，然其发愿皆以便于谋生起见，其为考察学问政治，而后肆力于此者，殆不经见。粤中便家及新加坡、檀香山等处富人，多送子弟往英美各国学堂肄业者，顾其人于中国文学往往仅识之无，招充译手，纵学问致高，亦与用一西人等耳。所以洋务风气宏开，而译才则至为寥落。"①

他还在为京师大学堂手订的《翻译宗旨》中十分明确地对翻译的基本原则作出四项规定：

"一曰开瀹民智，不主故常；二约敦崇朴学，以棤贫弱；三曰借鉴他山，力求进步；四曰正名定义，以杜杂庞。"②

凡此，无一不是用为国、为民、为发展新文化的思想去哺育翻译学界。至于对他自己的翻译工作，则在阐释译事"信""达""雅"三原则做作了"夫子自道"式的沥沥陈词：

"译事三难：信、达、雅。求其信已大难矣，顾信矣不达，虽译犹不译也，则达尚焉。海通以来，象寄之才，随地多有，而任取一书，责其能与于斯二者则已寡矣。其故在浅尝，一也；偏至，二也；辨之者少，三也。今是书所言，本五十年来西人新得之学，又为作者晚出之书。译文取名深义，故词句之间，时有所慎倒附益，不斤斤于字比句次，而意义则不倍本文。题曰达恉，不云笔译，取便发挥，实非正法。什法师有云：'学我者病'。来者方多，幸勿以是书为口实。……西文句法，少者二三字，多者数十百言。假令仿此为译，则恐必不可通，而删削取径，又恐意义有漏。此在译者将全文神理，融会于心，则下笔抒词，自然互备。至原文词理本深，难于共喻，则当前后引衬，以显其意。凡此经营，皆以为达，为达即所以为信也。《易》曰：'修辞立诚'。子曰：'辞达而已。又曰：'言之无文，行之不远'。三曰［者］乃文章正轨，亦即为译事楷模。故信达而外，求其

---

① 王栻编. 严复集：第三册 ［M］. 北京：中华书局，1986：526.
② 王栻编. 严复集：第一册 ［M］. 北京：中华书局，1986：130.

尔雅，此不仅期以行远已耳，实则精理微言，用汉以前字法、句法，则为达雅；用近世利俗文字，则求达难，往往抑义就词，毫厘千里。审择于斯二者之间，夫固有所不得已也，岂钓奇哉！"①

严复所一心向往的是开中国之民智、救中国之贫弱、求中华民族之进步，这应该是最大的"道德"与"操守"。他译《天演论》《群学肄言》《法意》《原富》《群己权界论》《社会通诠》等十余部名著没有一部不是以巨大心血为代价熔铸而成的。这些著作之所以流传久远，正足以表明其本身所蕴含的巨大学术文化和历史价值，也正因为如此，即使不断有人提出批评，但其译著和思想却有"不废江河万古流"之价值，长期为人们所称颂。严复提出的"信""达""雅"，虽然同样有争议，② 但一个不争的事实是：一百年后的今天，仍然没有更好的翻译理论能够全面取代严复的原则，严复所倡导的这些原则直到今天仍具有重要的参考价值。

二

下面再谈傅、罗二位先生对严复译书的另一项批评：不识门径。

显然，西洋书很多，不可能全译，这就不可避免地面临着一个选择的标准和先后次序的问题。傅斯年先生在批评了严复选书不当的翻译实践之后，接着阐释自己选译西书的主张是：

> 一、"先译门径书"；二、"先译通论书"；三、"先译实证的书"；四、"先译和人生密切相关的书，关系越切，越要先译"；五、"先译最近的书"；六、"同类书中，先译最易发生效力的一种"；七、"同类著作中，先译第一流的一个人"；八、"专就译文学一部分而论，也是如此"。③

在这个问题上，罗家伦先生也认为：

> "严又陵所译的书为什么以《天演论》的影响最大？因为他是一本门径

① 严复.《天演论》译例言［M］//王栻编. 严复集：第五册. 北京：中华书局，1986：1321-1322.

② 有关争论双方的主要代表人物及观点等，参见沈苏儒. 论信达雅——严复翻译理论研究［M］. 北京：商务印书馆，1998.

③ 新潮：一卷三号（11919 年 3 月出版）：影印本第一册［M］. 上海：上海书店出版社，1986：534-535.

书。为什么《穆勒名学》所发生的效力最小？因为中国人对于逻辑的门径知识还缺乏，不配领略这部'巨制'。"接着又说："自亚里士多德以至于康德、孔德、斯宾塞尔、哈蒲浩等专家的著述，有'不废江河万古流'之价值的，终究应当逐一翻译出来，但是在未译之前，不能不藉门径书做一个'台阶儿'。"①

历史上竟有如此不可思议的怪事。译书必须有门径次第，这本来是严复多年提倡并反复申述的一件大事，如今，不知何故，居然变成傅、罗二位批评严复的一项"罪状"。请看傅、罗二位提出批评之前十六七年，即1902—1904年间，严复自己说的话：

> "居今日而言教育，使西学不足治、西史不足读，则亦已矣。使西学而不可不治，西史而不可不读，则西史之最简而径者，固莫若先通其语言文学，而为之始基。假道于迻译，借助于东文，其为辛苦难至正同，而所得乃至不足道。"②

显然，外语不是一时就能学会的，因此，译书自是不可避免的事。在这种情况下，选择的标准无疑是最重要的问题。严复认为，它的次序应该是：

> "所译各书，以教科书为当务之急，由总译择取外国通行本，察译者学问所长，分派浅深专科；立限付译"；

> "教科书通分二等：一为小学，一为中学。其深远者，俟此二等成书后再行从事"。③

> "西籍各有深浅，今所译者，则皆取浅明以符普通之义"，除此之外，"所余大抵皆专门专业之书，然如哲学、法学、理财、公法、美术、制造、司账、卫生、御舟、行军之类，或事切于民生，或理关于国计，但使有补于民智，则亦不废其译功"。④

严复接着又说：

---

① 新潮：二卷四号（11920年5月）：影印本第二册［M］．上海：上海书店出版社，1986：837．
② 严复：《英文汉诂》厄言［M］//王栻编．严复集：第一册．北京：中华书局，1986：156．
③ 严复拟．京师大学堂译书局章程［M］//王栻编．严复集：第一册．北京：中华书局，1986：127-128．
④ 严复拟．京师大学堂译书局章程［M］//王栻编．严复集：第一册．北京：中华书局，1986：130．

"官局所译西学，宜从最浅最实之普通学入手，以为各处小学蒙学之用。其书期使中年士子汉文清通者，一览了然，以与旧学相副为教"。①

严氏的这些主张曾公开发表于当时的报刊上。其中，《京师大学堂译书局章程》发表于 1903 年 8 月 29—31 日的《大公报》上，标题下署"严几道先生手订"；《与外交报主人书》发表于 1902 年第九、十期《外交报》上。《大公报》与《外交报》均是晚清极具影响的报刊，严氏的言论比傅、罗诸人所列选译书标准更为系统，更为实用。按常理，傅、罗二位既然一再撰文探讨翻译，不会不对晚清以来的翻译史进行一些清理，对此似不应无所闻知，如今却演出了一场"以子之矛攻子之盾"的闹剧，真是不能不令人感慨系之而无言了。

三

综上所述可知，傅、罗等人笔下的严复形象，与严复本人的真实形象相去甚远，他们对严复的批评，在很大程度上是没有根据的，然而却蕴积于当时正在兴起的"文化运动"。傅、罗诸人当时都是青年中之杰出者，但也都不过是低年级大学生，1920 年，傅氏 25 岁，罗氏 23 岁，对于学术文化，对于翻译之道，对于中西方思想，还谈不上什么较为高深的修养，对于他们一再声称要系统阅读、系统翻译的西方名著，这在当时也只能说是一种向往，一个口号，情绪化的成分多于理性化的成分，政治与社会因索多于学术因素，所读所译西书极其有限②，他们之所以要开展这样的运动，目的在于唤起国民，改造国家，对学术文化并不曾有深层次的涉及。而研究者还须注意到，当时作为傅、罗支持者的

---

① 严复. 与外交报主人书［M］//王栻编. 严复集：第三册［M］. 北京：中华书局，1986：563.

② 据罗家伦先生回忆："我们在办《新潮》以前和在办新潮的时候，有一件共同的嗜好，就是看外国书。因为第一次大战时外汇非常便宜，所以我们每人每月都能向日本丸善株式会社社员习买几本书，而丸善又非常内行，知道我们的口味，于是凡是新到了这类的书，常常用'代金引便'（即向邮局付款提书）的办法寄来。弄到我们几个手上的零用钱都被他吸光了；有时眼见要看的书到了而无钱去取，只得唉声叹气。我们常常交换看书，因此增加了许多共同的兴趣和见解。"转引自傅崇成编. 傅孟真先生年谱［M］//傅斯年全集：第七册. 台北：联经出版公司，1980：266-267.

蔡元培先生，与严复之间，也还有着政治背景方面的差距①，这就越加使得这一运动的政治色彩更为明显化。因此，"文化运动"中对于严复这位大思想家的评价，其公正性显然要大打一个问号。因此，它在多大程度上代表了当时人们的普遍想法，也就成为一个值得探讨的问题。这些"定论"和"成说"显然不是社会共识，相反，不少当时或稍后出现的著名政治文化人物，对此持有完全不同的看法。例如，五四时期的毛泽东就是这样的人物之一。1915年9月，他给萧子升写信，谈到读严译《群学肄言》时说：

> "仆读《群学肄言·缮性篇》……乃抚卷叹曰：为学之道在是矣！盖是书名《群学肄言》，其实不限于群学，作为百科之肄言观可也……岂惟学也，德即寓于其中矣！……近每与人言及为学，即介以此书，以其所言者切也。足下有暇，可观览焉。"②

1920年6月，毛泽东致黎锦熙信说："斯宾塞尔最恨国拘，我觉学拘也是大弊，先生及死去了的怀中先生，都是弘通广大，最所佩服"。③

闻一多在1919年2月20日的日记中也写下这样一段：

> "读《天演论》，辞雅意达，兴味盎然，真逸译之能事也。《新潮》中有非讥严氏者，谓译书不仅当译意，必肖其词气、笔法而后精，中文造句破碎，不能达蝉联妙邃之思，欲革是病，必摹西文云云。要之严氏之文，虽难以上追诸子，方之苏氏，不多让矣。必谓西文胜于中文，此又蛄蜣丸转［搏］，癖之所踵，性使然也。吾何辩哉"。④

类似这样的例子还很多。这类评价多存在于个人的文字或函札中，多未为人所注意，而且作者们也不曾有意识地将诸种认识通过社会舆论的方式，转变

---

① 众所周知，蔡元培先生是光复会领袖之一，也是中国同盟会的重要成员之一，民国成立后始终是国民党系统在文化教育界的主要代表人物，其观点基本上代表着国民党系统的看法。实际上，罗家伦等人政治方面的背景也较为明显，自年轻时就有较为强烈的革命倾向。据吴相湘先生研究："罗的父亲傅珍是一个勤政爱民的好官"，做过江西进贤县知县，"其后傅珍调职南昌，与新军诸将领多有往还，深知彼辈之义愤……力劝江西巡抚冯汝骙宽宥，于是新军中之革命党员多得脱免于难。李烈钧即其中之一人"，"罗既入塾读书，傅珍复授予以《王阳明文集》及《刘宗周人谱》。辛亥革命前夕，傅珍且袖藏邹容《革命军》一册归，令罗细读，从此更激以罗的趋新热情"。（吴相湘. 民国百人传：第三册［M］. 台北：传记文学出版社，1982：197-198.）1917年夏进入北京大学，主修外国文学，是北京学生运动的主要领袖和《新潮》杂志的负责人之一。
② 中共中央文献研究室等编. 毛泽东早期文稿［M］. 长沙：湖南出版社，1990：23-24.
③ 中共中央文献研究室等编. 毛泽东早期文稿［M］. 长沙：湖南出版社，1990：478.
④ 闻立雕等整理. 闻一多全集：第12卷［M］. 武汉：湖北人民出版社，1993：423.

为社会记忆。这就使后来不少人产生错觉，以为当时思想界都像《新潮》那样看待严复，种种对于严复形象的歪曲，便由此而相继产生了。其次还须注意的一点，是读者群体正在发生变化。当科举考试废除之后，往日在旧制度下长起来的"士人"在文化上逐渐失去优势，代之而起的是从海外留学归来的洋学生和国内新式学堂培养出来的学生。归国留学生中，前期尚多从英美留学归国者，如严复本人即是第一代留英学生的代表。进入20世纪以后，多数从日本留学而归。据统计，1896年时，中国赴日留学生只有13人，1897年只有9人，1899年有207人，而到1905年时就已多达8000人，以后虽逐年有所下降，但到1919年，赴日的中国留学生仍有2500之多。① 同一时期到欧美的中国留学生，从未出现过这样高的数字。这些中国学生赴日，百分之九十多修习一至一年半的速成科和普通科（相当于中学），百分之五六因完不成学业而退学，入高等专门学校者只有百分之三四，入大学者不到百分之一。②

　　从总体上看，这批留日学生，无论是中国文化基础还是西方文化和文字基础都是较为薄弱的③，回国后，他们多充实到各级政府机关和新式学校中任职，成为社会上一股举足轻重的力量，他们对西方学术文化的认识和态度，在很大程度上影响着社会上对西方文化的认识和态度。这就决定了典雅艰深的严译西方学术名著可以盛行于晚清士大夫占主导的文化环境之中，而难以流行于以留日学生为主导的新式知识分子群体。

　　（原载《科学与爱国——严复思想新论新探》，清华大学出版社，2001年。此处有删节）

---

① 参见王晓秋. 近代中日文化交流史［M］. 北京：中华书局，2000：355-360.
② 参见王晓秋. 近代中日文化交流史［M］. 北京：中华书局，2000：359.
③ 戴季陶批评留日学生群体说，"吾国留学日本者，前后及十万人。有精通日本之文学美术者乎？有熟习日本之历史者乎？有详悉日本之社会情状、家庭习惯、地方状态、国民性格者乎？有细察日本之政治、经济诸要事者乎？试一游各书坊，吾国人所著关于日本之书籍，除十年前出版之维新史以及拉杂笔记外，别无精密宏富之著作。夫日本人研究吾国内容也，巨细不遗。关于中国之著书，以日本为最多而最精详。吾国人亦几舍日文书籍外，乏研究国事之材料。乃于日本情形，吾国人无一详细研究者，不亦至可怜乎！"（唐文权、桑兵编. 戴季陶集：1909—1920［M］. 武昌：华中师范大学出版社，1990：859.）而不肖生更用文学笔法将晚清民初留日学生划为四类，除了认真留学和经商者外，另有一类是"使着国家公费，在这里也不经商，也不求学，专一讲嫖经、读食谐的"，第四种则是流亡海外的政客。虽系文学笔法，但也多少可见晚清民初中国留日学生良莠不齐的状况（详见不肖生著. 留东外史：第一回［M］. 民权出版部，1918.）

关于严复研究的几点认识

一、对于严复思想，我认为，除了从他"本人的思想"这样一个角度进行研究之外，还可以从"社会现象""社会存在"的角度进行研究。比如说，严复一生有过几个"朋友圈"，早期有郭嵩焘、曾纪泽等人，后来有夏曾佑、王修植等人。郭、曾两人对严的态度很不一样。郭对他十分友好，十分赏识；曾对他就很不以为然。这些现象都值得研究。何况，郭、曾二人的身边，又各有一个自己的"朋友圈"，这就更加值得研究。至于严复与夏曾佑、王修植等人的关系，对他一生的影响更大，更加值得研究。此外，对于严复著作"传播"的情况、对他的思想"影响"怎样扩大的情况，也值得加以研究。举例来说，我们从刘师培的文章中可以看出，刘曾经认真地读过严复的书，他在文章中注释得很清楚。他也跟着严复治学的路子，写过一些从汉字的形体中辨认其中所包含的社会、历史、文化意义的文章。这些文章都是开风气之作。关于这些问题，韩国牧园大学的都重万教授写过专门文章，值得参考。还有，蔡元培先生在日记中也写下不少读严复著作的体会。这里就不一一介绍了。以上两方面，对于促进或加强严复思想的研究工作是有意义并值得加以考虑的。

二、我们还应加强对严复思想中民族文化"主体性""自觉性"等问题的研究。要看到，一部中国近代思想史，中心内容是中西文化之间的"交融互释"。近代早期的几位思想家，如康有为、谭嗣同等，他们的西方文化知识，主要是西方传教士用中文写的著作（可以《万国公报》为代表）。稍后的几位思想家，如章太炎、梁启超等，他们的西方文化知识的来源，则主要是日本的学术界。这就是说，前后两代人传播新思想所使用的"新式"思想武器基本上都是由外国人制造的。严复的情况、主张和见解都与此不同。他一贯坚持中国人必须以原文（即西文）求西学。他认为不这样做：第一不能对西方文化"溯本探源"；第二、对于培养中国自己的爱国知识分子，不能"待有志之士"（语见《与外交报主人书》）。因此，他对输入中国的各种西学名词，有一套经过深思熟虑后形成的带着中国文化特征的独特的译法。比如，对"economics"这个单词，日本学者把它译成"经济学"；严复则把它译成"计学"，即"生计学"。两两相较，严复的译法更符合这个字的本意——既符合这个字在希腊语中"家计"的本意，也符合它发展到 18、19 世纪以后在西方社会生活中所使用的本意。相反，日本学者所用的"经济"二字，则是从中国原有的"经国济民"、"经邦济世"等概念脱胎而来。这些概念在中国原有的意思，用今天的话来说是"政治"，而不是"经济"，日本学人把意思完全弄反了。这种情况正如后来李大钊所指出："吾国治法学者，类皆传译东籍。抑知东人之说，亦由西方稗贩而来者。展转之间，讹谬数见，求能读暂文而通者，凤毛麟角矣。继兹而犹不克自辟学域，尚断断以和化为荣，或虽守西籍而不克致用，汉土因有之学，非将终无以自显，不亦羞神州之士面为学术痛耶！"（《自然律与衡平律识》）又如，西方所说的"human rights"这两个词，严复主张译为"人值"，而不是像日本学者那样把它译成"人权"。严复这样译，他根据的是《论语·雍也》篇中的"人之生也直"这句话。他认为，这句话的意思表明，在孔子的心目中，人就是"人"，既不是"物"，也不是"兽"。正因为如此，"人"天生就是"正"或"直"的。人天生就有人自己"价值"。另一面，即从西方文化一面来讲，"right"这个词，原本属于"道德哲学"范畴，它的本意是"正"或"是"；它的对立面则是"wrong"（"邪"或"非"），这是说，人是有"人"的"尊严"和"价值"的，这岂不是和孔子《论语》中所说的意思一模一样。无疑，译为"人值"，比"人权"更为恰当。当然，我们今天讲这个问题，目的不是主张把"经济""人权"这些词的译法都改正过来，通行的日译法流行的时间已经够久了。今天提出这个问题，只不过是把这几个词作为例子，说明严复在翻译这些词的时候，除了主张必须以西文学西学之外，他的思想中还有一个更加根本的因素，这就是：翻译者本人必须具有民族文化的主体意识和民族文化的自觉性，特别是民族文化的自信心等等，这才是我们今天把这个问题提出来强调的本意之所在，也是严复思想价值之所在。换句话说就是：我们要从这些早已被历史湮没了的译法中把严复思想的价值重新发掘出来，加以发扬。大家都知道，在文化问题上，有一条更根本、更重要的规则，这就是：只有不忘自己民族文化的"本来"，才有可能吸收文化上各式各样的"外来"；因而也才有可能创造自己文化的"将来"。要看到，"本来""外来""未来"这三件事本来是"浑然一体"地连在一起的，缺了哪一个都不行。这样一条颠扑不破的真理，千万不能忘记。

（原载《中西融通：严复论集》，宗教文化出版社，2009 年）

从"汉学"到"当代中国研究"
——海德堡大学汉学研究所见闻

海德堡大学是德国历史最久的大学。它成立于 1386 年（即我国明太祖朱元璋洪武十九年），到今年已经是 606 年了。两年前（1990 年 10 月），该校汉学研究所（Institute of Sinology）请我去讲学。我开了"中国史学史""清代思想史""民国时期思想史""梁启超与近代中国学术文化"四门课，每学期讲两门，教了一年，还做些研究工作。在这一年内，我对这个所的教学、研究以及几位教授的专长，都有所了解；对这所大学各系也有了一些认识。回国不久，适逢《中华文化》杂志创刊，岂之学长要我把年来在国外的所见所闻写出，供关心汉学研究、关怀中华文化历史命运的读者参考，现遵命将在海德堡大学时期的见闻写出，重点放在海德堡大学的中国研究以及该校几位学者在中国学术界的影响这两个问题上。

一、从"汉学"到当代中国研究

海德堡大学汉学研究所成立于 1962 年，在德国各大学的同类机构中，是个"小弟弟"。德国最早一批汉学研究机构建立于 19 世纪末，如柏林大学东方语言研究所的中国语言组诞生于 1887 年，汉堡的第一个汉学讲座成立于 1909 年……等，它们比"小弟弟"早生七、八十年。但是，这个"小弟弟"却有点"后来居上"之势。研究工作在好几个领域中走在前面，如唐宋诗研究、道家思想研究、中国近代思想研究、中国古代科技史研究等。其次，1989 年，它在德国各大学中，首先建立"现代汉学"专业，把以往那种以"中国古代文化研究"为主要内容的狭义汉学，推广到"当代中国经济、社会、政治问题研究"这一广阔的领域中去，在中德文化关系史上，是一件很有意义的事。从此，德国有了第一个"现代汉学"的"组建教授"（Structural Professor）。①

　　这个所的汉语教学成绩，为他们国内各校所重视。1991 年 3 月，全德各大学主管汉语教学的教授齐集海德堡，召开教学经验交流会，由海德堡大学汉学研究所主管汉语教学的教授作中心发言，与会者后又到该所参观访问。这一件事，说明两个问题：一、大家对该所的汉语教学成绩，充分肯定；二、对他们的教学经验，相当重视。我因躬逢其盛，故对此事知之较详。

　　近年来，这个所的藏书发展很快，目前有书籍 5 万余册，近百种中、日、英、德文杂志。古籍如中国台湾印的四库全书、大型期刊如《东方杂志》（美国胶片）……之类都已买全，至于欧、美各国的出版物和中国大陆及港台、东南亚各地所出的中文书刊更是应有尽有，用起来很方便（比较缺少的是中国革命根据地和大陆五十年代初期出版的书刊）。在我的印象中，馆藏水平在德国多数大学汉学研究所中是上乘的。

二、中国研究在海德堡

　　从体制上说，这个所属于海德堡大学的古文化学院。② 院内分 10 个研究所，即：埃及、波斯、希腊、罗马、亚述、印度、中国、日本、伊斯兰、史前文化。院务委员会由各所所长组成，主席则轮流担任。各所聘任教授，即使是短期讲学的外籍教授，都必须由院务委员会投票表决。所同时也是教学机构，各有自

---

①　必须声明，德国学制中并没有"Structural Professor"这个专门名词，我是从英国学制中借用的，因为它比较能集中地反映德国学制中这一方面的实际情况。这种教授，他的主要任务是在某个"专业"范围内，主持学术，并负责行政，一个专业只有一个。从这一点看，有点象我国从前苏联学制中学来的所谓"教研室主任"，但实际上却很不相同。第一，组建教授的身份是政府官员，终身俸禄；第二，由一、二级教授担任；第三，社会对他们的权威绝对承认，例如，外国留学生要延长户口签证，只要组建教授往外国人管理局打个电话，准能办到。难怪一般教员口中流传着"做组建教授，等于当皇帝"的说法。组建教授制度形成于 19 世纪，当年黑格尔当的就是这种教授，二次大战后，学制改学美国，一度废止。70 年代学生运动兴起，政府又逐渐把这种制度恢复起来。

②　海德堡大学共有 18 个学院，即：神学、法学、哲学——历史学、近代语言和文学、经济学、社会——行为学和古文化（以上 7 个为文科）、数学、物理——天文学、化学、生物学、药理学、地质学、自然科学医学、理论医学以及三个临床医学（以上 11 个为理科）学院。

己的学生，包括第一、二、三各个专业的学生，① 各所有自己的办公室、图书馆。汉学研究所现有学生约 400 人，是个规模比较大的所。

汉学研究所由瓦格纳（Rudolf Wagner）和魏格林（Susanne Weigelin - Schwiedrzik）两位教授轮流担任正副所长，一年一换。

瓦格纳教授的专长为中国古代思想史，专攻道家思想。他把老子王弼注译成德文，后又翻成英文。前者已出版，后者即将出版。1991－1992 年度，他担任古文化学院院长。

魏格林教授的专长是中国近代思想史，对中国近代史学史上的史论关系问题的争论，研究尤为深入。她在这个问题上的研究成果引起国际汉学界的重视。同时，她又是在英语世界最先发表中共党史史学史研究成果的有影响的学者之一。

前任所长是狄朋（Günther Debon）教授，他以唐宋诗研究著称于世。提起这位教授，不能不向我国读者介绍一段国际汉学"佳话"——即一个德国的有志青年怎样走上汉学研究之路的"佳话"。原来，二次大战时期，青年狄朋应征服役，不幸作战被俘，关在英军战俘营里。一天，消息传来，派来管理这所战俘营的军官是一位有名的英国汉学家。这时，营里的四个德国俘虏聚在一起商量：我们干脆请他教汉学。万万没想到，军官一听，大喜过望，立刻从营外弄来工具书和教材，就在营里办起"汉学班"来了。多谢这位教授引他们上路，几年之后，四个俘虏中有两个成为汉学家，其中之一就是今天的狄朋教授。

除狄朋教授之外，还有一位"待聘教授"② 傅汉思（Vogel Hans），他的专长是中国科技史，特别是制盐工艺史，硕果累累，造诣很高，又很年轻。他与李约瑟研究所有着合作关系，承担着李氏专著中若干篇章的编写任务。

三、韦伯、伽达默尔、雅斯贝斯学说在中国

对中国学者来说，海德堡大学令人不能忘怀的还有过世的韦伯（Max Weber）和在世的伽达默尔（Hans Georg Gadamer）。

---

① 德国大学生须选修三个专业，一正一副一重点。
② "待聘教授"指的是教授论文已经通过而还没有得到固定教授位置的人，正式名称是"Private Lecturer"。这里，"Private"的含义是"无公职"的意思，不是"私人"的意思，正因为"无公职"，只要有人聘请，他就可以去任教授。

韦伯 1882 年考进该大学法律系，1906 年任该校经济学教授（当时还没有社会学教授）。此后四年间，他住在海德堡市区尼加河畔的居所，虽为病魔所扰，却探研、写作不辍。同时，经常有朋友、学生来谈访，在他周围形成一个"韦伯圈"（Weber Circle），这确是世界文化史上一个有着重大影响的知识分子"圈"。他们的新教伦理与资本主义发展关系问题的学说启发了中国知识分子对儒家伦理与中国现代化关系问题的思考。提起韦伯，就不能不谈到美国名社会学家柏森斯（Talcott Parsons）。1925 年，这个美国青年来海德堡大学读博士。这时，韦伯逝世已五年，但柏森斯却继续受到"韦伯圈"魔力的感染。二次世界大战后，正是他，把韦伯学说的影响推向全世界，八十年代也波及中国。1979 年，柏森斯以世界名学者的身份应邀回母校讲授韦伯学说，课程刚结束，疾病突发，竟死于母校怀抱之中。

伽达默尔是哲学解释学的创始人，现为海德堡大学的哲学教授。虽然年过八十，每年还向全校学生作一、二次学术报告，到时必然座无虚席。他的学说已成为当前中国人文知识分子的热门话题。伽达默尔自称思想受海德格尔（Martin Heidegger）的影响很大。提起海德格尔，就不能不令人想起另一位出身于海德堡的存在主义哲学家雅斯贝斯（Karl Theodor Jaspers）。雅斯贝斯既在海德堡大学上学（医学），又在这里当教授（哲学）（从 1922 年到 1937 年），因为是犹太人，被纳粹当局解聘。战后，又恢复教职（从 1945 年到 1948 年）。他提出的"轴心时代"学说使我国学者考察先秦思想的视野大为展拓。诸如此类与海德堡市和海德堡大学有关系的名人还多，黑格尔、费尔巴哈在这里都有故居。美国作家马克·吐温（Mark Twin）非常热爱海德堡，在他的鸿篇巨制中，极力讴歌这座城市的美丽。此外，在中德文化关系史上有影响的我国著名学者冯至、杨业治等教授，都在海德堡大学取得博士学位。深为中国人民敬爱的宋庆龄女士也于 1928 年 5 月来到海德堡，曾向大学提出入学申请（9 月），但因事于 12 月回到柏林。又，罗瑞卿将军之不幸辞世于海堡大学临床医院，此事同样给人留下某种难忘的忆念。

（原载《中华文化》创刊号，1992 年 11 月）

四、史家与史学理论

对陈寅恪史学思想的几点认识

　　出于景仰，海内外学人对陈寅恪先生有种种称谓。要之，都认为，先生是二十世纪中国学术巅峰上的人物。他的博学卓识，使人叹服；他的品格风骨，尤令人钦敬。

　　治学立身，为学为人，浑然通一，融合无间，这也许是先生一生的显著特色。他的为学和为人，都达到了极高的境界，所以才使那么多时贤与后人对他景行仰止。

　　为学，先生纵贯古今，融汇中外，沟通多种学科，求索通解通识，获致卓见深知，以创造适应今日吾民族所需要的新学术新文化为标的，为职志。

　　为人，先生崇尚气节，坚守道义，绝不慕荣利而污己，阿附时俗而曲己。为民族也为一己的精神独立，思想自由，不避艰险，不惜牺牲。

　　"苟利国家生死以，岂因祸福避趋之"。这是作为清廷大吏的林则徐自道的心曲，也是他的誓言。林则徐言行一致，所以他这两句话永远正气逼人。

　　"群赴东邻受国史，神州士夫羞欲死"。这是一生未入宦途的陈寅恪，面对国家民族以至民族学术文化丧失独立、濒临危亡的伤心语，也是决心洗雪这种羞耻的自誓语。先生一生为民族文化的独立、发展，呕尽了心血。他也完全言行一致。

　　以此，读陈先生的书，能见到陈先生的心；了解陈先生的生平，就能更加理解陈先生的著述。

　　全面论述寅恪先生的为学与为人，不是我们学力所能及，也不是这篇"跋"所能承担的。这里，谨就我们对陈先生的著述与生平的肤浅了解，谈几点感受与看法。

一

　　凡史家自必皆知治史当通观古今，但真能通观古今，并且始终力求对古今史事人物之通解通识，知其然并知其所以然，知其原委、实相，并悉其流变发展之趋向者，实不多见。寅恪先生在通观古今，力求通解通识方面，十分自觉，研究工作中就处理古今关系形成了若干足资师法的准则。

知古为了识今。真正通观古今，必是立足于今以观古，是从现实的需要、现实的感受出发求对历史与现实的通解通识。近年，先生四十年代的学生石泉、李涵发表了一篇文章，题为《听寅恪师唐史课笔记一则》，其中记 1944 年陈寅恪讲唐史时曾说："首先应将唐史看作与近百年史同等重要的课题来研究。盖中国之内政与社会受外力影响之巨，近百年来尤为显著"，而"唐代与外国、外族之交接最为频繁，不仅限于武力之征伐与宗教之传播，唐代内政亦受外民族之决定性之影响。故须以现代国际观念来看唐史"。又说："近百年来中国的变迁极速，有划时代的变动"，而唐代的变动也极为剧烈迅疾，如天宝以前与天宝以后便大不相同，而唐代与近代这般相同的变动，又共同地为受外部及外部与内部相互影响所致"。① 这一段话是对陈寅恪讲课的记录，不能完全等同于陈寅恪自己的著述，但它表达了陈先生所以攻研唐史的一个重要缘由，那就是考察与近代以来相似的唐代，正是为了认识近代和现代。（联系到陈寅恪四十年代于香港面对日寇威逼，闭门读《建炎以来系年要录》，而对国事有更深切之体认；可知陈寅恪治史读史固时时着眼于现实，或者说无时不为现实所驱动。）不但是对隋唐史许多较重大课题或较系统的著述，都蕴含着对现实的感受和着眼于现实的深意，实际上，细观陈寅恪的史学著述，当可体味到无论是对魏晋清谈及其人物的详审细究，或是对陈端生、柳如是等杰出女子之大力彰扬，都是由于现实的触发，也都是针对现实的求索。研治的题目与对象似乎僻远，其实却往往是由对现实的深刻感受所驱动，与现实生活贴联得十分紧密。可以说，这是我们今天"解识"陈寅恪著作的一把钥匙。

当然，不一定古今现象相同或类似才相通。恰恰相反，古与今必然有同又有异。史学之任务，其实就在于沟通古今，从古今同异中认清发展之趋向，知兴衰之所在。寅恪先生的研究实践在这方面提供了很好的范例，并且鲜明地提出过一些十分值得重视的主张。

他在《冯友兰〈中国哲学史〉上册审查报告》中提出：凡著中国古代哲学史（当然也可推诸研治一切古代学说、历史）者，"其对于古人之学说，应具了解之同情，方可下笔。盖古人著书立说，皆有所为而发。故其所处之环境，所

① 石泉，李涵. 听寅恪师唐史课笔记一则［M］//北京大学中国中古史研究中心编. 纪念
陈寅恪先生诞辰百年学术论文集. 北京：北京大学出版社，1989：34.

受之背景，非完全明了，则其学说不易评论，而古代哲学家去今数千年，其时代之真相，极难推知。吾人今日依据之材料，仅为当时所遗存最小之一部，欲借此残余断片，以窥测其全部结构，必须备艺术家欣赏古代绘画雕刻之眼光及精神，然后古人立说之用意与对象，始可以真了解"。而"所谓真了解者，必神游冥想，与立说之古人，处于同一境界，而对于其持论所以不得不如是之苦心孤诣，表一种之同情，始能批评其学说之是非得失，而无隔阂肤廓之论。否则数千年前之陈言旧说，与今日之情势迥殊，何一不可以可笑可怪目之乎？"对古人及其学说必求"真了解"，而欲达到"真了解"，又必然对古人之处境、心情与用心，有"了解之同情"。陈寅恪在这里实际上提出一条知古、写古代学说史的准则，特别强调地指出不能"以今例古"，以今人例古人。正因为古今有异有同，今之人如以今人之观念、思想、感情、行为方式去设想揣摩古人，那么不是无同可取，就是使古人古事乖离其真相，与求"真了解"恰是南辕北辙。所以，必须对古人抱"了解之同情"，始能得到"真了解"。而这种"了解之同情"，必须"神游冥想，与立说之古人，处于同一境界"，并且"对于其持论不得不如是之苦心孤诣，表一种之同情"。当然，这样做目的是为了"真了解"，真知古，而不是对古人的完全认同。

以今例古，往往并非有意为之，而是出于不自知或不能自制。陈寅恪指出："但此种同情（即对古人"了解之同情"）之态度，最易流于穿凿附会之恶习。因今日所得见之古代材料，或散佚而仅存，或晦涩而难解，非经过解释及排比之程序，绝无哲学史之可言。然若加以连贯综合之搜集及统系条理之整理，则著者有意无意之间，往往依其自身所遭际之时代，所居处之环境，所熏染之学说，以推测解释古人之意志。由此之故，今日之谈中国古代哲学者，大抵即谈其自身之哲学者也。所著之中国哲学史者，即其今日自身之哲学史者也。其言论愈有条理统系，则去古人学说之真相愈远。"这里就说明了，"真了解"古很难，对古人古事抱"了解之同情"也很难，而"以今例古"则很容易，"穿凿附会"已成恶习，很容易习染。（有学者指出，陈寅恪这段话还特指胡适之完全用西方哲学统系整理中国哲学，以致去中国哲学之真相甚远，至少，陈寅恪在这里的批评可以包括胡适中国哲学史的著作。）所以，治史，要特别自觉地注意：不能"以今例古"。

不能以今例古，因为古今相异，也因此，同样地绝不能"以古例今"。但是，古今又必然相通相连，有异复有同。正是这"同"，决定了历史的绵延不断，决定了历史之所以为历史。所以似乎可以说在人文学中，都需要力求达到古今相通。这种古今相通，在不同学科中有不同的途径与方法。

在《读〈哀江南赋〉》一文中，先生曾说："古事今情，虽不同物，若于异中求同，同中见异，融会异同，混合古今，别造一同异俱冥，今古流之幻觉，斯实文章之绝诣，而作者之能事也"。这里说的是文学创作实现古今相通之途径与方法。史学与其他学科自不能混合古今，同异俱冥，今古合流，但是于"异中求同，同中见异"则一。

古今之同，正是历史延续发展之特质与主体所在。一民族历史之古今相同处，亦即民族特质之延续，或者说民族传统、民族精魂之所在。提示古今之同，即认清应当维护与延续之民族优秀传统，民族之精魂，实际上正是历史研究之重要标的。否认古今之同，或者只求知今不求知古，或者"以今例古"，那都是割断了历史，亦即割弃民族借以延续之传统。提示古今之异，则可认清历史发展变迁的轨迹，明了革新发展之必然，为社会之推进提供助力。所以认识古今之同异，正确处理古今同异关系，实乃历史研究之根本大事。陈寅恪先生以其学术实践，特别是史学研究的实践，就处理古今异同问题示范甚多；又以其独特的语言宣示了有关此一问题的若干通则，这些都是值得我们深入钻研的。

二

民族（种族）关系，尤其是民族（种族）间的文化交往，是各民族发展的至关重大的问题。世界历史进程几乎始终与民族关系之变动相关联。这正表明世界是一个整体，不可分割。陈寅恪历来重视民族（种族）关系的研究，尤其注重民族间文化交往之研究，并且以其研究的创获，为史学工作"开拓区宇"，"示来者以轨则"。

"一方面吸收输入外来之学说，一方面不忘本来民族之地位"。① 这是先生提出的一条处理对外文化交往的准则。他还提出这是二千年吾民族与他民族思想接触史所昭示的。他以这条准则考察、评价古今中外之民族交往。

先生根据对历史的考察认定，吸收输入是民族发展的必然要求。他通过对李唐氏族的推定，提出："李唐一族之所以崛兴，盖取塞外野蛮精悍之血，注入中原文化颓废之躯，旧染既除，新机重启，扩大恢张，遂能别创空前之世

---

① 冯友兰〈中国哲学史〉下册审查报告［M］//陈寅恪著．金明馆丛稿二编．北京：生活·读书·新知三联书店，2009：282-285．

局"。① 这里对李唐氏族崛兴的缘由的回答，史学界未必完全认同，但是这里所论及的民族发展与民族交往的状况，应该说是具有普遍性的，那便是，一个民族历一定时期之发展，难免走向衰颓，尤其在文化上几乎不可避免地要形成陈规旧习而阻滞民族之进步，唯有不断地或及时地注入外来民（种）族之"新鲜血液"，才能去除旧染，新机重启，使民族文化得以新生与振兴。此种"新鲜血液"的注入，达到一定程度，便是民族的融合。（主要是文化的交融）。实际上正是文化的交融互释才创造形成新的文化，才使民族重启新机，进而扩大开张。李唐一世正是在中国本土众多民族变动、迁徙、接触、融合最为广泛、频繁而剧烈的时期，在血胤上特别是文化上吸取了众多他民（氏）族，特别是塞外民族的"新鲜血液"，实现了民（氏）族的融合才崛起的。所以，陈寅恪认为，"欲通解李唐一代三百年之全史，其氏族问题实为最重要之关键"。② 他还着重指出，文化交融是复杂民族融合的根本途径。文化不能融合，种（民）族必不能融合；文化融合了，血统未合，种（民）族也可融合。基于对民族关系的这般认识，陈先生断言：在历史发展过程中，文化（之交融）高于种族（之交融）。又是基于这样的认识，在他看来，吸收输入他民族的文化，是一个民族继续生存发展的必然条件与必然要求。对外来文化深闭固拒的民族，必然是走向衰亡的民族。而在客观上凡是一个有生命力的民族，便不可能真正断绝与他民族的交往。先生曾指出："中国无论何代，即当坚持闭关政策之时，而实际终难免不与其他民族接触"。揆之史实，这确实是不易之论。问题是如何自觉主动地与他民族交往，正确地吸收输入，以保证革除旧染，重启新机。尤其在民族衰颓，濒临危亡之时，这更是极为迫切而重大的问题。

陈先生对此作出了回答。他在《冯友兰〈中国哲学史〉下册审查报告》中，郑重指出：吸收外来文化，而"真能于思想上自成系统，有所创获者，必须一方面吸收输入外来之学说，一方面不忘本来民族之地位"。陈寅恪认为"此二种相反而适相成之态度，乃道教之真精神，新儒家之旧途径。而二千年吾民族与他民族思想接触史所昭示者也"。这就是说，这样的态度，在中国是有历史渊源的，是有传统的。这是个好传统。陈寅恪在学术生涯中就一直持这样的态度。

---

① 李唐氏族推测之后记 [M] //陈寅恪著. 金明馆丛稿二编. 北京：生活·读书·新知三联书店，2009：302.
② 李唐氏族推测之后记 [M] //陈寅恪著. 金明馆丛稿二编. 北京：生活·读书·新知三联书店，2009：303.

一方面吸收输入，一方面不忘本来，两者都是"必然"，这就必然地要将"吸收输入"之外来文化（学说、思想等等）与不能忘之本民族文化（学说、思想等等）加以融合；同时也必然地要对外来的与本民族的文化都有所改造或革新。本民族文化既必须吸收输入，就不能泥古不变，革新是必然的，问题只在变革的内容与程度怎样才是恰当的。而外来文化之传入，如果不与吾本土之环境、背景、民族心理，不与我原有文化之特质相适应，便一定不能生根，即不能为吾吸收，不能与吾本土文化融汇。陈寅恪提出，对外来文化不能"忠实输入不改本来面目"，否则即使能"震动一时之人心"，终不免"归于消沉歇绝"（若玄奘唯识之学）。针对二三十年代初外来文化输入状况，寅恪先生还说："窃疑中国自今日以后，即使能忠实输入北美或东欧之思想，其结局当亦等于玄奘唯识之学，在吾国思想史上，既不能居最高之地位，且亦终归于歇绝者"。陈先生基于他对二千年吾民族与他民族思想文化接触之历史所作的总结，既坚决主张必须吸收输入外来文化，又坚决反对外来文化全盘照搬，力主凡输入外来文化，必须经过"国人吸收改造之过程"，这不能不说是远见卓识。

所以，众多时贤指出，在陈先生头脑中不存在中西文化冲突问题，更不存在西化的问题。其原因就在于陈先生正是凭依他极为深广的中西新旧学问的素养，认定并坚持一方面吸收输入，一方面不忘本来这样的处理中外思想文化关系的根本态度。持这样的态度就既不固守"国粹"，而且反对守旧泥古；也不要"全盘西化"，而且反对西化，反对忘本。持这样的态度又必然要求和导致融汇中外，在近代便主要是融汇中西，不是西化，而是化西。从而创造出适应时代、适应民族特质与需要的新文化。一位作者曾以"盐溶于水"作为比方，形容寅恪先生应于西学于中国学术，可谓做到融合无间，不着痕迹。比方是恰当的。细读先生著述，了解先生生平，当可明白先生一生是在努力融合中西新旧学问，为创造时代与民族所需要的文化而努力，只是限于种种条件，未能实现他的志业，也未能实现各方对他的期望。先生自己十分清楚地看到了这一点，他是抱憾抱恨而逝的。

也因此，"夷夏之辨"在先生也只视为一种历史现象，他自己决不信守这样的观念。相反，他根据历史实践不断指出融汇外来文化与本民族文化为一体，在中国文化中是有渊源的。他在肯定"道教的真精神"的时候，即指出"道教对输入之思想，如佛教、摩尼教等，无不尽量吸收，然仍不忘其本来民族之地位。既融成一家之说以后，则坚持夷夏之论，以排斥外来之教义"。他还指出，"释迦之教义，无父无君，与吾国传统之学说，存在之制度，无一不相冲突"。其所以"能于我国思想史上，发生重大久远之影响者，皆经国人吸收改造之过程"。吸收改造佛家学说的，不仅有道教，也有儒家。陈先生指明，宋代新儒家之学说，几无不有道教，或与道教有关之佛教学说为之先导。在论述韩愈的一篇文章中，他揭示韩昌黎借阐释《大学》，标明抽象之心性与具体之政治社会组织可以融会无碍，沟通了儒释心性抽象之差异，即尽量谈心说性，兼能济世安民，虽相反而实相成，实际上是在儒家三纲六纪的框架内，吸收了佛教的心性说。韩愈所以能够如此，正是由于接受了佛教新禅宗的影响。而又正是他这般的沟通融汇儒佛，为后来宋代的新儒学奠定了基础。因此，"道家之真精神"与"新儒家之旧途径"，都是对外来文化要吸收融汇，同时又不能弃绝原有的特质、本体与框架。而在吸收融汇形成新学说之后，又对外来教义严加排斥，如道教，则不妨认为是拒斥外来教义中不能吸收之部分，是对经过融汇但仍保有原来之本体与框架的新学说的维护，这时坚持的"夷夏之论"，其实同原来的意义与作用已很不相同了，所以"道教之真精神"，决不在排斥外来之教义，而在于能吸收融汇外来之教义以形成新学说。至于"新儒家之旧途径"，更是重在融汇沟通，力图调和原本与外来之学说，又在原框架中融入新内容，其要旨同样不在拒斥外来。总之，无论"道教之真精神"，无论"新儒家之旧途径"，其精义正是"一方面吸收输入，一方面不忘本来"。

当然，无论具有此般"真精神"之道教，或善走"旧途径"之"新儒家"，其变异创新都有限，都不可能经融汇革新而创新质之文化。因为新质文化只能产生于社会经济制度发生根本变迁之后。但，即使在新的社会经济制度基础上产生形成的新质文化，也一定要适应吾民族的特质与精神，适应吾本土的环境、背景，与吾民族之文化传统之发展相衔接，而不能弃绝历史之本来，完全移植或照搬外族，这在今天已是常识，自无须赘言。

各民族之思想文化可以融汇，乃由于各有异同，又各有长短，可以互有弃取。所以在各族文化交往中，无论对吾对他，对己对人，都应当持分析之态度，具分析之眼光，才能取其所当取，弃其所当弃。先生在其学术工作中无论于古于今于中于外都一贯持分析态度，对形形色色的思想文化现象，他历来都是既以历史的眼光，又以时代和民族的精神予以审视，评析其优劣得失。早在1919年负笈哈佛时，他就对中国、西方以及印度文化之短长作了宏观的比较分析，颇多湛思远识，而为其挚友，也是吾国有名学者吴宓所钦服。先生的这种对文化的比较、分析精神以及态度与方法，贯串了他的全部学术生涯。在实际地进行分析比较的同时，他还提出了一系列的原则与方法。他提出，做比较研究，"必须具有历史演变及系统异同之观念"。即所分析比较之对象，"必须属于同系中大同而小异"者。"否则古今中外，人天龙鬼，无一不可取以相与比较。荷马可比屈原，孔子可比歌德，穿凿附会，怪诞百出，莫可追诘，更无所谓研究之可言矣"。① 这就是说，进行比较研究，道德必须正确选定可资比较研究的对象，不能任意胡乱比较。在正确确定比较研究之对象之后，就该"分析之，综合之，于纵贯之方面，剖别其源流，于横通之方面，比较其差异"。陈寅恪的这些见解主张直接地是就语言之比较讲的，但就其原则与精神而言，自不妨认为适用于对一切文化现象之比较研究。从这些意见主张中我们可以看到，文化之比较研究，实质在于明同异。"剖别源流"，大旨在明同；比较差异，自然为明异。明异才能揭提示特性，把握特性。同系之不同文化现象，自有大同，且往往同源，但仍必有小异，比较研究当更在明其差异上下功夫。不同系之文化现象，虽源流有异，不可轻易任意比较，但既同属人类社会之现象，自必也有大同（先生也指出即在不同系之语言中也都有相通之"世界语言公律"在），因此，从不同的范畴与角度，仍可进行比较研究。比如在更宏观的范围与角度就可以进行东西方文化之比较研究，但这种研究当然也有应当遵循的准则与恰当的方法，如历史演变与系统异同之观念，便不可不具备，尤其重要的是绝对不可穿凿附会。

先生提出的这些见解主张，在当时是有现实针对性的，是针对 20 世纪前几十年流行于中国的，以西方之一切作为普遍准则的自觉不自觉的西化现象而强调提出的。先生指斥这种状况是"认贼作父"，"自乱宗统"。他的这些主张的实质，概括说来，就是：在不同民族文化的比较研究中，尤其是在民族文化交往中，决不能"以人例己"，如同在处理古今关系时不能以今例古或以古例今一样。

综括陈寅恪先生在处理古今关系与中外关系方面的见解主张，我们可以看到，在对古代的或外来的思想文化，他是强调有分析地继承或吸收的，但更强调更重视的是在继承、吸收的基础上创建新的吾民族自己的文化。他是立足于今，以我（我们民族）为主体的。他主张的是在了解、学习、研究古代与外来文化时，绝不能"以今例古"，"以我例人"，那样就得不到"真了解"；而在继承、吸收、输入、应用时，绝不能"以古例今""以人例我"，那样就会窒息变革，遏阻发展，和自断根脉，自绝传统，最后必然是民族文化的歇绝寂灭。无疑地，这些见解主张，在今天也是很值得研究体味的。

---

① 与刘淑雅论国文试题书［M］//陈寅恪著. 金明馆丛稿二编. 北京：生活·读书·新知三联书店，2009：249-257.

三

社会生活的各个领域，如政治、经济、文化等等，相互之间存在着多样的多层面的联系与影响，整个世界是如此，一定民族组成的国家、社会也是如此。历史现相就在这多般的多端的联系与影响之中。先生的历史研究工作，可以说主要地就是揭示那些联系与影响，所谓发伏摘隐，所谓"发未发之覆"，往往就是揭示社会生活各领域的变迁发展的契机，相互影响关联的各种实相。他所取得的成果，相当大程度上开阔与深化了人们对历史与社会的认识。他的博学卓识也多于此体现。

有的学生在回忆先生的文章中曾说，陈先生讲课，不轻易讲因果，而注重讲（相互的）条件（关系）。也许，这正是先生学术研究的观念、态度与方法的特征之所在。对于社会生活各个领域相互间的影响与联系，他一直重视并不断揭示其具体情况。但他注重的是实相、真情的剖露，而不肯轻易断定其因果，断定何者决定了何者。他的著述表明，在他看来社会生活的各个方面的关系与影响是相互的、错综的、连环的，多数情况下不是双边的而是多边的，或者说是多方面多层次的。因此讲因果，讲何者决定何者，在许多情况下只有相对的意义，是只在一定范畴、一定情况下才需要作出的判断。在研究过程中，更重要的是弄清和展示这些关系的具体的、客观的情况，以及不同时代的学者，对这些情况的不同认识和理解。只有把这些情况搞清楚，才谈得上对因果关系的研究。何况因果还往往是相互的，轻易地甚至一味地讲因果，往往容易把错综复杂的历史简单化，以至错认和曲解了历史。

当然，陈寅恪先生决不是认为各在社会活动之间没有因果关系，各类社会活动与社会现象对历史进程的影响没有轻重大小之别，相反，他很重视究析与剖示许多历史现象的因由，很注重发现历史进程中的关键与枢纽所在。比如，他指出：民族问题是认识李唐三百年史的关键所在；复杂民族融合之道，文化高于血缘；以及就隋唐这一历史时期，提出"关陇集团""关陇本位政策"和"李杨武韦婚姻集团"等等观念，都是指出了历史进程中的关键与枢纽，或影响历史进程的中心与重点所在。这里既讲了因果，也讲了历史进程中具决定性作用的因素与事物，只是这些都是在一定范围内相对而言的。

也许正因为陈寅恪先生是这样地研究与论述历史，又在他发表最多的关于中古史的研究论著中较多地究索思想文化现象，又断言在种族融合，如胡化汉化问题上"文化高于种族"等等，以致有些学术界人士认为先生重文化轻经济，忽视经济对历史发展的决定作用。这其实与先生的史学思想和研究实际完全不符，是一种误解。

早在20年代所写的《王观堂先生挽词序》中，陈寅恪就郑重而明确地提出：文化"所依托以表现者，实为有形之社会制度，而经济制度尤其最重要者。故所依托者不变易，则依托者亦得因以保存"。又说，"近数十年来，自道光之季，迄乎今日，社会经济之制度，以外族之侵迫，致剧疾之变迁；纲纪之说，无所凭依，不待外来学说之掊击，而已销沉沦丧于不知觉之间；虽有人焉，强聒而力持，亦终归于不可救疗之局"。这清楚地表明，思想文化以至传统观念等等与经济的关系。它们依托的是社会制度，尤其是社会经济制度，社会经济制度根本变迁了，原来的思想、文化、观念等等就必然跟着消亡（经过不同形式）。陈寅恪没有也不会使用经济基础、上层建筑这些名词概念，但这里确认了经济的基础作用，决定作用，是十分明白的。

海外有学者曾说陈寅恪之《隋唐制度渊源略论稿》"充满了经济观点"，无疑是说这部著作充分重视了社会经济因素在历史进程中的作用。实际上确是如此。这部著作研究的是制度渊源，它的《财政》章对隋唐二世经济作了宏观考察，揭示了唐代以近一个世纪的休养生息，使旧日行均田制之北朝区域的经济，也得到了高度发展，从而使这一区域原属北朝系统的财政制度，随之演进到袭用较为进步的注重关市之税的南朝财政制度。南朝正是以这种注重关市之税的制度，使其经济与财政较北朝为进步。在这部著作中，陈寅恪没有过多的论述，主要以精粹的史料展示了这种制度演进的轨迹，从而有力地表明了经济发展（生产力之发展）是社会经济制度包括一些具体制度变迁更易的基本动因。这至少可以表明陈寅恪并不忽视经济。同一著作的《职官》章，考察的是政制，如果单是排比职官制度的有关史料，似乎可以不涉及或少涉及经济，但陈寅恪在作这方面考察时，深入到了职官制度变迁的深层原因，从而也涉及到了经济活动、物质生产活动。在这一节里，陈寅恪论述西魏宇文泰"凭借六镇一小部分武力，割据关陇，与山东、江左鼎足而三"，为抗衡山东之高氏与江左之肖梁，"除整军务农、力图富强等充实物质之政策外，必应别有精神独立有（疑此"有"字为衍文。——编者）自成一系统之文化政策，其作用既能文饰辅助其物质即整军务农政策之进行，更可以维系其关陇辖境以内之胡汉诸族之人心，使其融合成为一家，以关陇地域为本位之坚强团体"。由这些论述，我们看到先生不仅不轻忽经济或物质生产活动，而且明确地认定文化政策的重要作用便是"文饰辅助其物质即整军务农政策之进行"，实际上指明物质生产活动在社会生活、社会斗争中具有决定的根本的作用。同时先生也指出了精神、文化有其维系人心、融合种族使之成为坚强团体的独特作用。在陈先生的眼底笔下，经济、文化、政治是相互联系，交相为用的，但他又确实是不轻易讲因果关系的。

先生的"经济观点"其实在他的许多著述中都有体现。尤其对某些历史现象出现的因由，尽管史学界已经有了与经济无关的定见，他却往往根据史料揭示其经济因由。比如，隋唐二代之天子于长安、洛阳二者往来"行幸"，过去史家类皆指陈其因由在于政治或娱乐，自亦属实，先生更指明尚有其主因，"即经济供给之原因"，"盖关中之地，农产虽号丰饶，其实不能充分供给帝王宫卫百官俸食之需，而其地水陆交通不甚便利，运转米谷亦颇困难，故自隋唐以降，关中之地若值天灾，农产品不足以供给长安帝王宫卫及百官俸食之需时，则帝王往往移幸洛阳，俟关中农产丰收，然后复还长安。"① 经济对政治、文化等之影响往往隐而不显，陈先生恰恰注意表而出之。

又如，晋室南渡，过江名士如王谢子弟优游于浙东佳山水，历来为文人所乐道，但王谢之家既处东晋之政治中心，又素为文化高门，何以不在东晋首都建业（南京）周围置产立业，而必卜居浙东？如言因喜浙东溪山幽美故不惜远适，则建业近旁义兴（宜兴）阳羡山水之佳甲于江东，为何舍近而求远？先生提出了这样的问题，并且以史实作出了自己的解答。他指出，建业周围及义兴一带有旧江东士族与武力强宗之强大潜势力在，不容染指；京口、金陵一带又为自北方南来之次等士族或流民武力集团所占据，不可强争。王谢等儒家大族本即豪奢腐败，乱离之后，偏安江左，在从事高层政治文化活动之同时，必须作"求田问舍"之计，以求得满足其奢靡需要之经济来源，但建业周围既难以占取，乃"只有渡过钱塘江，至吴人士族 力量较弱之会稽郡转而东进，为经济之发展"。所以"北来上层社会阶级虽在建业首都作政治活动，然其殖产兴利为经济之开发，则在会稽临海间之地域，故此一带区域亦是北来上层社会阶级所居住之地也"。② 据此可见，浙东之有谢灵运之屐痕，兰亭之有王右军之雅集，固不仅由于山水佳美，实有深层之经济根由，乃错综复杂之集团（先生称之为"阶级"）利害所肇致。这引起见于《述东晋王导之功业》一文中的论述，可以表明。关注经济、揭示旧史实所忽略的经济作用，恰恰是陈先生史学论著中重要的具有开拓性的内容，是读他的著作时时可以遇到的（如《唐代政治史述

---

① 《隋唐制度渊源略论稿》[M] //陈寅恪著.上海古籍出版社，1980：146.
② 述东晋王导之功业 [M] //陈寅恪著.金明馆丛稿二编.北京：生活·读书·新知三联书店，2009：622.

论稿》指明，李唐皇室是以长安为中心之区域，凭代理东南财富及汉化文化支持之（集团）政权。唐室之所以衰败而至彻底倾覆，即由于"东南诸道财富之区"为黄巢所破坏，南北运输之汴路又为时溥所断绝。又如在论韩愈时，指出韩愈激烈地排佛，隐蔽地斥道，都具有经济的根由，等等）。

但是，也许有必要重复申说一下，先生确实不轻易讲因果关系，更极少明白地宣示或论证经济在历史进程中的决定作用。他更多的是对社会生活各个领域相互联系、相互影响、相互作用的情况作多层多面的揭示与阐释。这是先生学术研究的一种特色。他由此而得出的许多结论，未必全都精当，但确为后来者开拓了研究的领域，开阔了研究的途径，这是海内外几代学人都肯定的。

先生学术研究工作的又一重要特色，是对人文社会科学众多学科的打通。这是同他确认社会生活各个领域相互通连为一个整体是完全一致的。正如不少学者指出的那样，他对各个学科，尤其对文史是自觉打通的。他在文史互证，尤其是诗史互证方面的工作已成系统，并有出色的专著如《元白诗笺证稿》《柳如是别传》等等，在这方面，研究者之论述甚多，这里就不再详说了。值得赘言的是，先生努力学习掌握多种语文，学习、钻研多种宗教典籍，等等，正是为了掌握通解通识历史与现实的手段，他也正因此在人文社会科学领域，多所创获。陈先生寅恪的学习与研究经历，对我们的人文社会科学教育、研究工作之启发与教益实在是多方面的。

四

陈寅恪先生的学术研究工作，无论内容与方法，都极富特色，但也很难概括，勉强概括，也许大致可以说：纵贯古今（昨天、今天、明天）；横通中外（吾民族与他民族）；整体地考察社会生活各个领域——特别注重人们认识上的变迁，自觉地打通人文社会科学多个学科，乃是陈寅恪学术研究的总体风貌。这种风貌是陈寅恪治学的基本观念、态度与方法的综合体现。

细读先生的著述可以看到，在他的学术研究中至少贯串了如下的相互关联的基本理念或观念，即：历史像一条不可截断的长河，世界是一个不可分割的整体。历史长河中古今有同异；世界整体中，部分与全局，部分与部分，个体与群体也各有同异。认识历史与世界，在一定意义上就是认识这些同异，正确处理这种种同异。由此也就有了正确处理个体与群体，主体与客体关系问题。按陈寅恪挚友吴宓的说法就是"一与多"的关系。"一与多"包含着我与他，个体与群体，特殊与一般，主体与客体。

正是由于秉持这些理念或观念，陈先生坚定地追求对历史与世界（社会）的通解通识，并且确实创获了许多嘉惠后来的通解通识。

先生极少正面论述或直接阐释这些观念或理念，他主要地是在他的学术研究实践中贯彻，从而展现这些理念与观念。

读先生的书，可以明显地看到，他主要是通过大量的排比、考订、评析多种多样的材料（史料），以取得和表述他的通解通识，甚至可以说，他是以对大量经过精选的材料（史料）略加评点来发表他的见解，来显示他研究的创获。也许，"用事实（史实）说话"，这句在宣传上常用的话，很可以借来表现陈寅恪学术文章的一定的特色。

无疑，这要求博学，要求掌握丰富的材料，而先生的博学，他的对材料（史料）掌握之深广丰厚，长期以来一直为学术界所倾服。五十年代后期，作为中国科学院院长的郭沫若，号召学术界在史料的掌握上一定要超越陈寅恪，这表明至少在郭沫若看来，就掌握史料而言，先生无疑是高峰。

对于材料（史料）的搜集、考辨、运用，陈寅恪先生掌握成系统的方法。在《王静安先生遗书序》一文中，他将王国维的治学方法概括为："一曰取地下之实物与纸上之遗文互相释证"。"二曰取异族之故书与吾国之旧籍互相补正"。"三曰取外来之观念，与固有之材料互相参证"。这种释证、补正与参证的方法，很大程度上是对乾嘉考据之学的继承，但已有很大的发展。这不只是由于时代的推移，大量古物古籍的出土面世，更由于世界的进一步沟通，外来的特别是西方新观念的传入与运用。所以，王国维的学术工作既能"承续先哲将坠之业"，又可转移一时之风气，而"示来者以轨则"。——先生在学术研究中对"补正"、"参证"与"释证"之方法也多有运用，并且自觉地追求"较乾嘉诸老，更上一层"。但他的通观历史与现实，"合中西新旧学问"以求通解通识，以及由此得到的成果，较之乾嘉诸老，其差异实际上并不止于"更上一层"，而是开拓了一种新的学术途径与学术局面，他与乾嘉诸老的差异，可以说是真正的时代差异。

学术研究要不断取得通解通识，对已有的定见成说、学说、思想，有所突破，有所革新，以至有新的创造，单是博学不一定能做到，或者说，一定做不到。博学如果不同卓识结合起来，那么很可能只是了解和熟悉许多史事，但不一定形成什么见解，得出什么结论，而且对史事的了解与熟悉，主要地又只能是通过前人的记载，如果没有识见，就不一定能对前人记载的史实辨伪存真，也不能对这些史事的意义、价值、作用等等，作出妥恰的评析与估量。胡适于

1937 年 2 月 22 日的日记中曾写道："寅恪治史学，当然是今日最渊博，最有识见，最能用材料的人"。这至少在当时是胡适没有打算发表的心中的看法，但应当说如实地表明陈寅恪不但"最渊博"，而且"最有识见"，即博学而兼卓识，所以"最能用材料"，也就是最能准确地衡估材料和用以得出必要的结论。对于推进学术发展而言，卓识比博学更重要。当然博学者一般也容易具有卓识，卓识也一般以博学为基础。但也确实有学问渊博而识见卑下者，也有"食古不化"者，还有陈寅恪所说的不可与语的"拘方之士""迂执之士"。所以陈寅恪之为学界钦敬，是因其博学，更因其卓识。

陈寅恪的卓识由何而来？读书多、天资聪颖、"熟知中西政治社会内幕"，等等，都是陈寅恪识见超卓的原因，但最主要的原因也许正在于他对社会现实的了解十分透彻，要改变现实的心志十分急切，而这又同他的身世经历，同他的家国之感有关。自祖父以来三代人为国家民族的独立、复兴、富强竭尽心力却都壮志难申，而困厄备至，使得陈寅恪从感性到理性，炽烈而深沉地把振兴国家民族作为他的天职。他的学术活动实际上完全同完成这样的职责相关联。有一位海外学者在比较胡适与陈寅恪之后，曾指出陈寅恪不卷入政治而关心政治。这大概是符合先生的实际情况的。先生主要从事中古前后的文化研究，晚年目盲足膑，更似乎是埋头故纸堆中，他自己说是"金楼故纸销白日"，但其实他始终关切国家民族的命运，他学术活动也始终是为了民族的独立与振兴。他为一本《梁启超传》写的序中曾说梁启超是"本董生国身通一之旨，慕伊尹天民先觉之任"。[①] 其实这两句话完全可移过来赠予陈寅恪自己。

国身通一在先生身上最鲜明最充分的体现，也许是对独立精神、自由思想的尊崇、颂扬和追求。他大力表彰个人的，如陈端生、柳如是等人的独立精神、自由思想，但他是认为这些正是吾民族所固有的，也是吾民族赋予的。他明白宣称，表彰陈、柳，正是为了表彰蕴含在她们身上，而长期被湮没的民族的独立精神，自由思想。他还明白昭告"本国学术之独立"，"实系吾民族精神上生死一大事者"，求本国学术之独立，应当是大学，当然也就包括所有的学人，所有的知识分子的职责。事实上他一生也确实实践了他在《吾国学术之现状及清华之职责》一文中提出的要求，为维护民族学术的独立，竭尽了心力。而正是在民族学术的独立中，他也同时坚持和发扬了民族的独立精神，自由思想。他的追求和维护个人的独立精神与自由思想，同追求维护民族的独立自由是完全

---

① 读吴其昌撰梁启超传书后 ［M］//陈寅恪集：寒柳堂集．北京：生活·读书·新知三联书店，2015：166-168.

相通的。在很长的时期中，他的学术工作正是他的谋求救亡振兴之道的独特的内容、方法与途径。如果说"国身通一"是儒家的传统，那么应当承认这是优良传统，陈先生是坚持和发扬了这个传统的。也正因此他对历史与现实，看得远，见得深，所求者大，着眼点高，卓识也多由此而来。

正是把维护本国学术独立与维护民族独立视为一体的观念，使先生与"西化"的思想主张泾渭分流。他不承认世界文化一元论。他确认各民族文化各有其特质。维护民族文化的特质，就是维护民族的生存，民族的独立。他实际主张的是文化多层论。前面说过他既力主"吸收输入"他民族的思想文化，同时又坚持"不忘本来"。在学术实践上他更多的是为维护、坚持、发掘和发扬本民族文化传统中的特质而竭尽心力。有的学者认为陈寅恪因袭封建传统文化，囿于此种文化不能解脱，这实际上是对陈寅恪一生思想事业的误解以至曲解。

对于以三纲六纪为精义的维护中国专制统治的传统文化，陈寅恪先生确认其必须"销沉沦丧"，不可挽回。这在《王观堂先生挽词序》中已讲得十分清楚。尽管陈先生作为清末的世家子弟，深受中国传统历史文化的熏染，但他对时代的变迁发展，认识极为明彻，因此对维护中国二千年专制统治的传统文化之沦丧，完全能够理性地冷静面对，所以，对王静安先生之死，陈先生虽能理解与同情，但他对君主专制的文化绝无维护之意，相反，是坚决地认为应当予以摧破的，在《论再生缘》文中，他写道："……则知端生心中于吾国当日奉为金科玉律之君父夫三纲，皆借此等描写（按：指《再生缘》中有关书中主人公孟丽君对待国君、夫父及丈夫之描写）以摧破之也。端生此等自由及自尊即独立之思想，在当日及其后百余年间，俱足惊世骇俗……"。正是由于《再生缘》具有这般摧破三纲之思想，陈先生断言其作者"陈端生亦当日无数女性中思想最超越之人"，并对陈端生在极端专制的社会一生之遭际深致同情，在文中极其沉痛激越地致其哀思曰：（陈端生）"抱若是之理想，生若彼之时代，其遭逢困厄，声名湮没，又何足异哉！又何足异哉！"可见，对于摧残如陈端生等女子的专制时代及其制度与思想，陈寅恪是惟恐其消亡之不速；对于勇敢摧破彼时代制度、思想之卓越女子则倾心予以表彰，歌之赞之唯恐不足。再者，统观先生之著述，必可发现，对于专制时代思想文化之弊害，他的认识之深刻透彻，决非时流所能及；他的必欲摧破那种思想文化的心志之强烈，也是决非时流所能及的。他以废残之躯、衰颓之年仍呕心沥血为陈端生、柳如是"发潜德之幽光"，便是显证。面对这般事实而断言陈寅恪此人因袭封建传统文化，实不免令人感到"何其异哉？何其异哉？"

陈寅恪先生所活动的时代，是中国变动最剧疾最频仍的时代。他是一系列新旧时代交替之际成长起来的学者、思想家中间的一个。在他身上集中了许多时代交替更迭的特征与痕迹。对他由之走出来的旧时代，在感情上，他也许有所眷恋，但决不惋惜它的覆亡而且是促其覆亡；对于他必须活动于其中的新时代，他并没有完全投入，因为同他所追求所憧憬的还有着种种的歧异。我们历史地研究陈先生的思想生平，研究他的学术著述，已经，而且还会继续发现许多有助于我民族走向更新的时代，创造更美好生活的宝贵教益。陈寅恪的思想风骨连同他的学术成就，将作为我们民族的思想文化财富一代代留传下去，对此，我们深信不疑。

　　附记：桂生与张步洲兄共同研习寅恪先生之史学思想，略有心得，由步州兄执笔，撰成此文，桂生稍做更动，收录于此，以便于研习先生史学思想之参校，特说明撰写实况如上。

陈寅恪、傅斯年留德学籍材料之劫余残件

陈寅恪先生和傅斯年先生的留德学籍材料各有一部分保存在德国前普鲁士政府教育部档案中，有一部分保存在柏林大学档案中。前一部分现存放在德国东部一小城中，由于战争缘故，毁损情况十分严重后一部分则比较完整，现在原校。经查阅共找到有关陈先生的材料三件，傅先生的二件，均已复印回国，现分别介绍如下：

一、陈先生的学籍材料

1. 普鲁士教育部档案中有一本年中国学生名册，其中有关于陈先生的记录。现将档案中有关陈先生的记录译成中文，见表一。

表一

登录号	姓	名	国籍	出生年月日	宗教信仰	参战从…至…	申请学科
60	Tschen 陈	YinKoh 寅恪	China 中国	3.7.90 日月年			Phil. 哲学

登录号	学历（毕业证书、学校和颁发日期）		曾在何校学习	
60	Futang College Shanghai 复旦　公学　上海		Univ. Berlin, Zurich, Harvard 大学 柏林　苏黎世　哈佛	

这份材料告诉我们：先生留德所申请的学科是"哲学"。

教育部的档案中本来应有先生当年交入的"入学申请书""自传"和文凭（即此前在复旦公学、柏林大学、苏黎世大学、哈佛大学等校的文凭）。这些材料，今天如能找到，对研究先生当年的思想状况，了解先生生平的某些具体情节有十分重要的意义。可惜这些材料已在战争中被炸毁。（按德国惯例，留学生

回国时教育部即将此人的学籍材料，归宗立档。陈先生是年回国的故他的档案应在这一年的卷宗内。然而自 1923 年以后的档案已在战争中被炸毁。）

2. 在柏林大学的档案中，找到一本 1921 年 10 月 17 日至 1922 年 10 月 13 日入学学生名册，编号为第 112 册。其中有关于陈先生的记录。

现将第 112 册中有关陈先生的记录译成中文，见表二。

表二

校长办公室学生名册第 112 册

从 1921 年 10 月 17 日

到 1922 年 10 月 13 日

学号	姓	名	国籍	父亲职业	申请退学日期	发给肄业证书日期
2019	Tschen 陈	YinKoh 寅恪	Yining China 义宁　中国	Prof. 教授	8/12. 25	12/12 25
学号	入学时所交毕业证书		从何校转来	主修	教育部批准入学来文之日期	
2019	G. Shanghai 上海文科中学		Harvard 哈佛	Sanskrit 梵文	22/10，21 N. C. 2149	

此件表明先生之主修学科为"梵文"。

3. 此外又查得先生肄业证书之底本见图一。

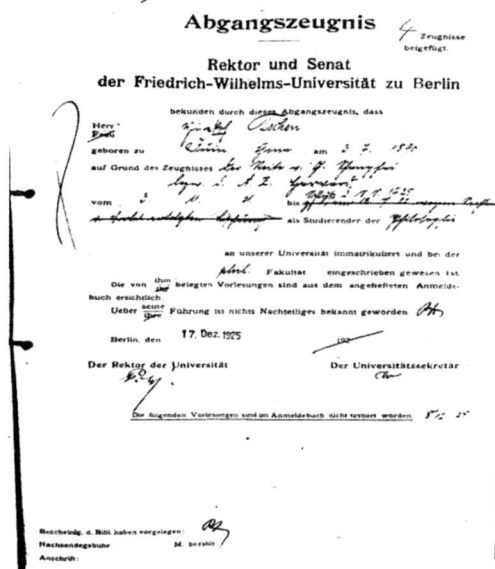

图一

现将图一文字译成中文，见表三。

表三

注册号 2019/112　　　　　　　　　　　　　　　　　　登录号 3909
　　　　　　　　　　　　　　　　　　　　　　　　　　　附件 4 份

存根

肄业证书

柏林弗里德里奇——威廉大学
校长和评议会

此件证明

　　陈寅恪先生 1890 年 7 月 3 日出生于中国义宁，持有上海文科中学毕业证书和哈佛大学之 D. T. Z.，自 1921 年 11 月 3 日至 1925 年夏季学期结束，为我校哲学系学生，已注册，所选修之课程见附件《选课手册》。

　　未见任何不端行为

　　　　　　　　　　　　　　　　　　　　　　1925 年 12 月 17 日于柏林

　　　　　大学校长　　　　　　　　　　　　　　　大学秘书
　　　　　（签字）　　　　　　　　　　　　　　　（签字）

　　　下列课程，《选课手册》中缺教师签字　　1925 年 12 月 8 日

所借图书：（签字）
委托转寄邮件费已交　马克
收件地址：

此件表明，先生所就读之学系为"哲学系"，与图一所载入学时申请之学系相同。

二、傅先生的学籍材料

　　1. 在柏林大学的档案中，找到一本 1923 年 10 月 16 日至 1924 年 10 月 14 日入学学生名册，编号为第 114 册，其中有关于傅先生的记录。

　　现将第 114 册中有关傅先生的记录译成中文，见表四。

表四

校长办公室学生名册第 114 册
从 1923 年 10 月 16 日
到 1924 年 10 月 24 日

学号	姓名	出生地	父亲职业	申请退学日期	发给肄业证书日期
4692	傅斯年	聊城（中国）26/5/96	教授	1926 年 8 月 30 日	1926 年 9 月 6 日
学号	入学时所交毕业证书	从何校转来	主修	教育部批准入学来文之日期	
4692	天津	伦敦	心理学	1923 年 10 月 3 日	

此件表明，先生之主修学科为"心理学"。

2. 又查得先生肄业证书之底本，见图二。

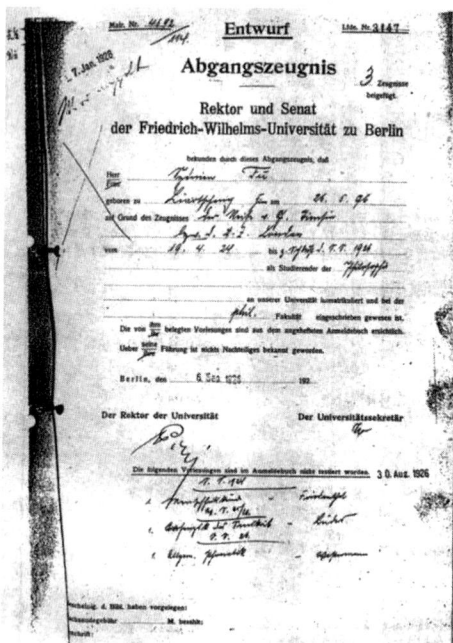

图二

现将图二中有关傅先生的记录译成中文，见表五。

此件表明：（一）先生离校时之学系为"哲学系"。（二）先生所修之"人类学""梵文入门""普通语音学"等三门课程没有得到教师签字，表示未能取得成绩。

表五

注册号 4692/114   登录号 3147
                                                       附件 3 份

存根

肄业证书

柏林弗里德里奇——威廉大学
校长和评议会

此件证明

傅斯年先生 1896 年 5 月 26 日出生于中国聊城,持有天津文科毕业证书和伦敦大学
之 D. T. Z.,自 1924 年 4 月 19 日至 1926 年夏季学期结束,为我校哲学系学生,已注册,
所选修之课程见附件《选课手册》。

未见任何不端行为

                                                       1926 年 9 月 6 日于柏林

大学校长   大学秘书
（签字）   （签字）

      下列课程,《选课手册》中缺教师签字   1926 年 8 月 30 日
人类学   1924 年夏季学期 教师：Friedenthal
梵文入门   1925—26 年秋季学期 教师：Lüders
普通语言学   1926 年夏季学期 教师：Wassermann

所借图书：（签字）
委托转寄邮件费已交__马克__
收件地址：

三、几点说明

1. 寻访陈寅恪先生留德学籍材料是我多年的心愿。1980 年赴法讲学,曾托
德国友人打听下落。1990 年秋,德国海德堡大学汉学研究所聘请我担任客籍教
授。这一年 10 月,我来到海德堡。这时,汉学研究所讲师、博士候选人施耐德
（Axel Schneider）正从事陈寅恪和傅斯年二位先生的史学思想之比较研究。我到
所后,所长魏格林教授（Prof. Dr. Susanne Weigelin-Schwiedrzik）聘请我参加论

文的指导工作。我向施耐德先生提出建议：寻找二位先生的留德学籍材料，主要目的是想找到一些他们二人的亲笔材料，如交给校方的"入学申请书"和"自传"之类。施耐德先生凭着过人的精力和良好的专业训练，终于把这些材料从庞大的档案堆里一件又一件地清理出来。

2. 发表在这里的材料全部由施耐德先生提供。识读文件中手写花体字母这件最为繁难的工作，全仗弗来堡大学讲师顾德琳（Dr. Gotelind Müller）博士之力。我回国后又将译文送请季羡林教授审阅一过，在此谨向尊敬的季老表示衷心的感谢。

陈、傅二位先生的留德学籍材料得以寻访回国，多赖德国学术界朋友如魏格林教授和上述二位德国青年学者的帮助，在此谨向他（她）们表示衷心的感谢。

3. 最后还须提到两位已故的学长和老师，一位是河北师范大学历史系张恒寿教授，一位是北京大学历史系陈庆华教授。他们两位都是陈寅恪先生的学生，对我来说，则都是学长兼老师。陈教授一向注意搜集陈先生的文字，颇以收藏之"富"而自豪。在（二十世纪）六七十年代，他多次搬出家中珍藏的两箱"陈文"翻给我看，用手点着箱子，口中喃喃地说："我这里的最全，我这里的最全"，一股踌躇满志的得意之情，溢于言表……张教授长期住在石家庄市，我和他见面的机会不多，但每次见面，都不能不谈到陈先生和他的学问。他提醒我勿忘搜集陈先生散在海外的手迹和材料。1990 年我赴德前夕去他的北京住所看望告别，他又一次嘱咐我："你这次去，可顺便把那件事（指找回学籍材料）办办"。没想到我出国不久，他就与世长辞。这些年，我与张老见面的机会不多，但从他那里受到的教益却不少。两位老学长，在搜集陈文这件事上，一位可谓身体力行，作出榜样，另一位则叮嘱再三，耳提面命。我多年来所以能于所到之处，不忘搜集，正是他们两位精神感召的结果。如今寅恪先生的留德学籍材料已寻访回国，可是他们两位都已不在人世，抚今追昔，怎能不教人嘘唏感慨，深自悲悼呢！

（原载《北大史学》1997 年）

一颗中国心，一门世界史

——雷海宗先生"世界史"课堂忆记

　　70 年前，即 1950—1951 年学年度，我在清华大学历史系上过一年雷海宗先生的"世界史"课。毕业后留校工作，分在中国革命史教研组，与"世界史"告别了。2002 年 12 月，南开大学召开"雷海宗先生百年诞辰纪念会"，我有幸被邀，但临时因事去不成。2012 年 6 月召开先生诞辰 110 周年纪念会，我有幸参加了。近日整理旧文，翻到此篇，发现自己对雷先生史学思想的认识，较前有所深入，有所提高，故以旧文为基础，将有所增益之处补充进去，撰成此文。不当之处，尚请专家学者，多予批评指正。

　　一、什么是"西洋"？所谓"西洋"，在我国，自明末以来，泛指大西洋两岸，即今日欧美各国。以此，今天所说的"世界史"，过去在我国常常被称为"西洋史"。因此，搞清"西洋史"这个观念，可以说是今天搞清"世界史"中的许多根本问题的起点。1936 年，先生在《断代问题与中国史的分期》一文中这样说："'西洋'是一个常用的名词，但若追问'西洋'的时间与空间的范围，恐怕百人中不见得有一人能说清。若说西洋史为欧洲史，当初以东欧为中心的土耳其帝国制度文物的发展是否西洋史的一部分？若是，为何一般西洋史的书中对此一字不提；若不是，土耳其帝国盛时的大部显然在欧洲。西历前的希腊与近数百年的希腊是否是同一的属于西洋的范围？若说欧洲与地中海沿岸为西洋，起初不知有地中海的古巴比伦人为何也在西洋史中叙述？回教到底是否属于西洋？若不属西洋，为何一切西洋中古史的书中都为它另辟几章？若属于西洋，为何在西洋近代史的书中除不得不说的外交关系外，把回教完全撇开不顾？欧洲新石器时代的文化与埃及文化有何关系？埃及已经开化之后，欧洲仍在新石器时代，但西洋通史的书中，为何先叙述欧洲本部的石器文化，然后跳过大海去讲埃及？这些问题，以及其他无数可以想见的问题，不只一般人不能回答，去请教各种西洋史的作者，恐怕也得不了满意的答复。'西洋'一词

（the West 或 the Occident）在欧美人用来意义已经非常含混，到中国就更加空泛。"① 正因为如此，先生才提出三种不同意义的"西洋"史观念。

一种是"泛义"的，一种是"广义"的，一种是"狭义"的。先生把巴比伦、埃及、希腊、罗马、伊斯兰、西欧等称之为"泛义"的西洋；把希腊、罗马和西欧称之为"广义"的西洋；把西欧以及近几百年的美洲称之为"狭义"的西洋。② 这种疏释或整理，对学生帮助很大。明明是发生在北非埃及或西亚两河流域的事，怎么一下全跑到"西洋"史里头去了呢？岂不是"历史"在和"地理""争地盘"吗？尤其重要的一点是，先生对"泛""广""狭"三种含义是分别看待的。曾这样说："狭义的用法，最为妥当；广义的用法，还可将就；泛义的用法，绝要不得。"③

先生嘱咐我们，对泛义"西洋"特别是"西洋上古"这个观念，一定要十分小心，多加思索，不能轻易相信，更不能随声附和，因为它具有很大的欺骗性。尤其要看到，西方史学著作讲所谓"西洋上古"，常常是先讲"旧、新石器时代"，然后讲这一时代出现在西欧各地的人类遗迹，如 1863 年在德国西部发现的内安德塔尔人，1869 年在法国南部发现的克罗马郎人等等。把这些都讲完之后，才掉转头去讲埃及文明和两河流域文明。这种安排给人这样的印象：石器时代的西欧"人"加上埃及文明等便构成"人"与"历史"的"开端"。先生反问道："欧洲新石器时代的文化与埃及文化有何关系？埃及已经开化之后，欧洲仍在新石器时代，但西洋通史中为何先叙述欧洲本部的石器文化然后跳过大海去讲埃及？"先生又告诉学生，这样的问题，"不仅一般人不能回答"，就是"去请教各种西洋史的作者"，也不会得到"满意的答复"。为什么呢？因为这不是别的，而是欧洲强国的民族主义思想在"作怪"。它打着"科学发掘"的旗子，躲在"历史"的"石头帽子"底下讲"开端"。先生反驳说："旧石器时代的人类，与近人并不是同一的物种。"虽然新石器时代的人类"与今人大概有血缘的关系"，但"同一地的新石器人类不见得一定是后来开化人类的祖先"，更何况"文化系统也不见得是一线相传"④。当然，这个问题这里不能多谈。不

① 断代问题与中国史的分期（成稿于 1936 年）[M] //王敦书编．伯伦史学集．北京：中华书局，2002：139.
② 见先生所撰《西洋文化史纲》《序论》部分（成稿于 30 年代初）。见雷海宗著，王敦书整理．西洋文化史纲要 [M]．上海：上海古籍出版社，2001：3.
③ 断代问题与中国史的分期 [M] //王敦书编．伯伦史学集．北京：中华书局，2002：139.
④ 王敦书编．伯伦史学集 [M]．北京：中华书局，2002：137.

过，先生对"西洋上古"这一观念的剖析，使我们警觉和看清西方史学中存在的虚伪性、欺骗性，同时也帮助我们警觉和认识西方史学教材中普遍存在的欧洲中心主义的霸权思想。

二、先生的教学，不少地方是"以四两拨千斤"，着力不多，一经点破即发人深思，大开眼界，大长见识。比如，先生指出，对"希腊"和"雅典"两个概念，必须严格加以区别，不能"混同使用"，更不能"画等号"。所以如此，是因为"雅典和类似的极少数城邦，只不过是希腊世界中的几个孤岛"。它们的文明程度虽高，但不能和整个希腊混为一谈。先生还指出：把"雅典"扩大为"希腊"这种做法，由来已久，原因在于：欧洲学者长期崇拜从古希腊传下来的作品，这些作品绝大部分出自雅典，因此在"崇古文人的心目中，不自觉地就把'雅典'扩大为'希腊'，以至形成一种'雅典'代表'希腊'，'雅典'就是'希腊'的错觉。对于'雅典'以外的'希腊'，他们不是不知道，而是视而不见，听而不闻，根本不能进入他们意识的深处。"接着，先生又说："我们学希腊史，是由欧洲人的地方学来的，自然就承受了欧洲人的这种错觉。"① 先生还指出，中国有一种"青出于蓝甚于蓝"的毛病值得注意，即：紧接着在把"雅典"扩大为"希腊"，把"希腊"扩大为"西欧"之后，又把"西欧"扩大为全世界，于是便形成这样一种错觉，似乎雅典、希腊、西欧发生的事全世界都会发生、都要发生。这样一来，便给盲目西化思想，提供了一种"史学"上的支持。先生指出：一方面，"由实力而言，今日的世界是一个欧美重心的世界，这是无可否认的事实，所以我们不能摆脱欧美的势力而独创自己满意的新世界文化。"这一点决定了我们一定要学习西方文化；但另一方面，千万不可忘记，我们的学习，一定要采用"选择学习"的办法，也就是说，我们只能把欧美当作"参证"，而不能当作"标准"和"尺度"，只有这样才能避免盲目西化的倾向。② 由此可见，先生由希腊史而引发的这样一番感慨，很值得我们好好思索。

三、在教学中，有些内容先生是针对学生的实际思想状况着重讲授的。比如：对西欧史上的"黑暗时代"这个观念，先生就曾反复加以论述，明确指出，必须紧密依据它产生的历史条件，从思想史的角度加以把握，才有可能比较准确地弄清它的涵义。而这个观念的提出，又与文艺复兴时期盛行的那种把"西

---

① 世界史分期上古中古史中的一些问题（写于1957年）［M］//王敦书编．伯伦史学集．北京：中华书局，2002：393.

② 断代问题与中国史的分期［M］//王敦书编．伯伦史学集．北京：中华书局，2002：133-134.

洋史"分为"上古"、"中古"、"近代"三阶段的做法，有着密切的联系，可以说是一回事的两个侧面。先生说：

> 西洋史上古、中古、近代的正统分期法，是文艺复兴时代的产物。当时的文人对过去数百年以至千年的历史发生了反感，认为自己的精神与千年前的罗马人以至尤前的希腊人较为接近，与方才过去的时代，反倒非常疏远。他们奉希腊、罗马的文献为经典（classics），现在为这种经典的复兴时代（Renaissance），两期中间的一段，他们认为是野蛮人，尤其是戈特人的时代（Barbarous 或 Gothic），或黑暗时代（Dark Ages），恨不得把它一笔勾销。他们只肯认为这是两个光明时代之间的讨厌的中间一段，甚至可说是割断一个整个的光明进展的障碍物，除"野蛮""戈特"或"黑暗"之外，他们又称它为"中间时代"，字中含有讥讽、厌弃的意义。希腊、罗马时代就称为经典时代（Classical Age），又称为古代或上古（Antiquity）。"经典"当然是褒奖的名词，连"古代"也有美的含义……因为崇古，所以"古代"就等于"理想时代"或"黄金时代"。至于他们自己这些崇拜"古代"的人，就自称为"摩登时代"或"新时代"（Modern Age）。所谓"摩登"与近日一般的见解略有不同，并不是"非古"，而是"复古"的意思，是一个"新的古代"或"新的经典时代"，或"经典复兴的时代"。①

我们这一代人（指 30 年代的中国青年），年轻时在我国文化发展方向问题上有一种盲目性，即：普遍崇拜或羡慕西欧式的所谓"走出中世纪"，这种思想的另一面就表现为有意无意地把我们自己的国家——尤其是前近代中国——看作是"黑暗时代"，仿佛这里的一切，都需要"否定"。欧洲历史上的所谓"黑暗"也好，"复兴"也好，都贯穿着一个基督教信仰内容的问题在里头。（要看到，这已经是罗马帝国宣布基督教为国教的一千多个年头。）中国学生多数不认识，也不管这一套，简单地或形式主义地"仿洋"，把人家历史上的一种专有所指的有特定意义的否定，推广为一种普遍性的否定。他们模仿欧洲追求"现代"，不知欧洲追求"现代"的意思不是"非古"，而是"复古"，"复"一个"新的古代"，一个"新的经典时代"，而在中国，把追求"现代"变成"非古"或所谓"破四旧"，把一切（思想、风俗、文化、习惯）都要打烂，真不可思议。

四、在教学中，有些内容是先生为着帮助学生开阔眼界、转换思路而着重

---

① 断代问题与中国史的分期 [M] //王敦书编. 伯伦史学集. 北京：中华书局，2002：133-134.

讲授的。比如，对"新航路发现"问题的讲授，就是一例。过去，谁都知道，"发现东西方新航路是欧洲航海家对人类历史的伟大贡献！"这是每个中国学生从小就知道的每一本"世界史"教科书都这样讲。同时，这些教科书又告诉我们，引发此事的原因，不是别的，而是由于"旧航路被土耳其人所阻塞"。我在高中二年级所用的"世界史"教材——Hayes、Moon 及 Wayland 三位先生合编的 World History 中就是这样说：

> Venice and Genoa grew rich in the carrying trade between East and West. But later, when the Turks got a stranglehold on the Near East, it was harder for traders to get through to Asia by the old routes; so they began to look for new routes, also for new sources of supply. （威尼斯和热那亚在进行东西方之间的贸易中变得富庶了。但是后来土耳其人占据了近东，商人们不容易从旧路到达亚洲，因此他们开始寻找新路，也寻找新的供应源泉。）①

这件事，在听雷先生讲课以前，我没有听过不同的说法。② 雷先生的讲解使我大开眼界。先生指出这种说法是"反咬一口、颠倒事实"并辨析如下：

第一、首先要看到，这里所说的航路，不是别的，而是运送印度和南洋香料到欧洲的航路。这样的航路，当时不外两条：一条是经印度洋和红海直达埃及的海上航路；另一条是由印度洋进入波斯湾，再经驮运而达叙利亚的半海半陆的航路。商运方面的情况则是这样：在香料到达埃及和叙利亚以前，一切操持在伊斯兰商人手中，过此再往西，就成为意大利北部各城商人的专利。这种生意，一本万利。葡萄牙人对它无法染指，所以才急于另寻直达远东的航路。事实很明显，这个目标一旦达到，他们要做的第一件事就是切断旧商路，实行垄断。

第二、从历史事实的发展和演变来看，先生认为：当以葡萄牙人为首的西欧人于 13 世纪中叶向非洲西岸进行探险希图经过非洲直达远东时，所谓"土耳其人"这时还不曾登上历史舞台。被称为"土耳其人"的这一支突厥人是 13—14 世纪之间才形成的。1498 年葡萄牙人到达印度时，土耳其人的势力还没有发展到西欧人东方贸易路线所在的地点——埃及。然而 1501 年，即葡萄牙人到达

---

① Hayes, Carlton J. H., Moon, Parker Thomas., Wayland, John W., *World History*, New York The Macmillan Company, 1934, pp. 417. 中译文借用冰心、吴文藻、费孝通合译. 世界史［M］. 天津：天津人民出版社, 2016：270-271.

② 早在 1915 年的《英国历史评论》（*The English Historical Review*）上就发表过利布耶尔（A. H. Lybyer）的题为《奥托曼土耳其与远东贸易航路》（*The Ottoman Turks and the Routes of Oriental Trade*）的文章，认为土耳其人"并不是蓄意阻塞通道行动的积极因素……贸易路线的改变不是土耳其人造成的"。见该年该卷第 588 页。

印度后的第三年，舰队就开到红海口，破坏大食人的商业活动，割断印度及南洋直达埃及的海上航线。1507 年，葡萄牙人又占领了波斯湾入口处的沃穆兹岛，堵死了香料西运旧路的第二条路线，使香料不再有一粒能由伊斯兰各国的商人运往地中海。1509 年，葡萄牙人与大食人在印度西北岸外的海上打了一场大海战，大食人战败，从此葡萄牙人就垄断了东西贸易，割断了旧日东西贸易的交通线。

从上述看来，事实很清楚，说土耳其人阻断旧航路，"纯属捏造"。先生指出说：

> 一般史书中所谓由于土耳其人阻塞旧商路而西欧人才开辟新航线的说法与事实正相反：实际是西欧人开辟了新航路后有计划地阻塞了大食人的旧商路，而大食人及土耳其人一切重开旧路的努力，都因西欧人的阻挠而未能成功。

所以，

> 从中古一直到近代，西欧各国曾经不止一次地歪曲历史，污蔑伊斯兰国家，以上所论商路的问题，不过是其中流传特广蒙蔽世人特久的一个歪曲例证而已。

这种做法，在先生看来，不过是侵略者"惯于采用的一种精神上的对外侵略武器"。[①] 最近看到沃勒斯坦（Immanuel Wallerstein）教授的《十六世纪的资本主义农业与欧洲世界经济体的起源》（出版于 1974 年），才知他在这个问题上的论断与雷先生一致，认为：现在有两点是普遍被接受的：一、葡萄牙海外探险先于奥斯曼帝国的崛起；二、并不是奥斯曼帝国的崛起导致东部地中海向欧洲通路的阻塞，才使得葡萄牙人寻找通向亚洲的绕好望角之路。作者认为：我们必须从一开始就消除土耳其人在葡萄牙人的印度洋贸易兴起中所起种种作用的神话。[②]

---

① 以上引文均见《世界史上一些论断和概念的商榷》（写于 1954 年）[M] //王敦书编. 伯伦史学集. 北京：中华书局，2002：327-329.

② 见尤来寅等译. 现代世界体系：第一卷：十六世纪的资本主义农业与欧洲世界经济体的起源 [M]. 北京：高等教育出版社，1998：417。但是，现在有些著作还是唱老调，如美国 L. S. Stavrianos 写的 *The World since 1500: A Global History* 一书这样说："当时（指葡萄牙亲王"航海者"亨利在世之时，即 1394—1460 年——引者），欧洲前往东方的道路为控制整个北非和中非的穆斯林势力所封锁，对欧洲人来说，地中海是一个牢狱，而不是一条大道。因此，除了作为中间人牟利的威尼斯人，外欧洲人渴望找到一条'前往香料产地东印度群岛'的新路。"（见吴象婴等译. 全球通史：1500 年以前的世界 [M]. 上海：上海社会科学出版社，1999：127.）

以上种种无一不是先生教学生如何审察史实、坚持真理、明辨是非的实例。

事有凑巧。写到这里，我的学生、清华大学历史系王宪明教授给我送来一本他和几个朋友翻译的刚出版的美国芝加哥大学杜赞奇（Prasenjit Duara）教授的《从民族国家拯救历史——民族主义话语与中国现代史》一书（原书出版于1995年）。我一翻，发现书中也谈到雷先生的史学思想，作者这样说：

> 雷海宗对欧洲史的范畴作了一番极有意义的解构，发现欧洲史学提出的有关分期和领土的论断与发表这些论断者现在的位置完全没有关系。西欧人认为希腊和罗马是自己古典遗产的源泉，而希腊的文化世界当时属于小亚细亚与埃及。奇怪的是，希腊被认为属于西方，而埃及则属于东方。更有甚者，在埃及的兴盛时代，欧洲还处在石器时代，但欧洲史则先写欧洲石器时代，再写埃及。雷海宗显然是在向欧洲历史叙述结构的霸权行为挑战。

作者指出：

> 雷氏始于解构历史，却归结于我们熟悉的复建民族的工程。
>
> 如果说雷海宗的意图是揭露欧洲史学中的霸权手段，那最终只不过是告诉其同胞：中国历史只要写得好，且分期得当，中华民族是世界上唯一真正延续不断的历史性的民族。[1]

始于"解构历史"，终于"民族复兴"，这话说得好。雷先生一贯提倡"培养学生世界范围地看世界问题，而不是欧美中心地看世界问题"[2]。这和他的一颗"中华爱国心"，正是一表一里的双向表现。

（本文系根据南开大学历史学院编《雷海宗与二十世纪中国史学》中华书局2005年版所刊桂生之旧文补充改写而成）

---

① ［美］杜赞奇著，王宪明译. 从民族国家拯救历史——民族主义话语与中国现代史研究［M］. 北京：社会科学文献出版社，2003：27-28.

② 雷海宗. 读高级中学课本"世界近代现代史"上册［J］. 历史教学，1956（7）：20.

洛克菲勒基金会档案中有关雷海宗先生的史料

——纪念先生 110 周年诞辰

今年是雷海宗先生诞辰 110 周年。我本来准备写一篇回忆先生 1950—1951 年在清华历史系"世界史"课上及课间谈 19 世纪学术"高峰"问题的文章，还没有写完，收到周启博先生（周一良师的二公子）从美国寄来他发表在网上的《美国救济中国人文学者的往事》① 一文，谈的是抗日战争时期美国洛克菲勒基金会资助几所大学邀请中国学者赴美讲学的事。我稍稍翻阅，发现其中有几则与雷先生有关的史料，过去还没有见过。当然，我知道，资中筠教授前些年在《关于雷海宗先生二三事》一文中谈及此事，也谈到雷先生被邀请，又"谢绝"赴美等等。不过，资中筠教授却没有介绍档案的细节。② 这次周启博先生的文章

---

① 本文引用史料均摘自周启博《美国救济中国人文学者的往事》一文，谨此申明，并致谢忱。

② 资中筠教授的文章发表在《博览群书》2003 年第 8 期，后收入南开大学历史学院编《雷海宗与二十世纪中国史学——雷海宗先生百年诞辰纪念文集》（中华书局，2005 年版）中，相关段落文字如下："1992 年，我在美国做访问学者时因研究洛克菲勒基金会与中国的关系，曾到洛氏基金会档案馆查档案。忽然发现几份饶有兴趣的文件：1943 年至 1944 年间，中国抗战最艰苦的岁月，时任美国驻华使馆文化官员的著名中国通费正清与清华大学美国教授温德联名给洛克菲勒基金会写信，大意谓，中国最著名的一些人文社会科学教授现在生活陷于极端困境，连温饱和健康都难以保证（其中提到闻一多罹肺病等等），为抢救这批对中国的复兴极为宝贵的知识精英，建议洛氏基金会有选择地分批资助一些教授赴美讲学，既可以对他们改善生活不无小补，又可以加强美国的中国学。由于中国知识分子自尊心极强，直接由基金会出面，他们可能不肯接受，因此建议由美国国务院出面与中国政府谈，作为两国文化交流项目，中美双方共同协商决定名单，再由洛氏基金会拨款给美国有兴趣的大学，由他们出面聘请对等学科的教授。这一方案果然付诸实施，名单分 A、B 两批，A 是被认为不但著名而且最有创造力的学者，雷海宗在这一名单上。其他有闻一多、费孝通、冯友兰、梁思成、罗常培等十几位教授。多数都应邀成行，利用这一机会，在学术上成绩斐然。例如费孝通的《乡土中国》（英文原著）就是在此期间完成的，冯友兰也是在这一年开始与卜德教授合作翻译他的《中国哲学史》。雷先生却婉拒不就，理由是现在正是学校最困难时期，西南联大需要他，他不能在这个时候离开。梅贻琦校长曾亲自动员他接受邀请，但是他留意已决，终于没有去。这一情节见于基金会在华工作人员向总会汇报工作的信中，完全事务性一笔带过，未加任何评论。而这几句话给我留下很深的印象，引起我很大的心灵震撼。"

介绍得比较详细，我喜出望外，决定改变主意，不写那篇回忆先生谈学术"高峰"问题的文章，改为写这篇介绍史料的文章，赶上先生诞辰 110 周年纪念大会，作为一种"祭品"，献于先生灵前。

*   *   *

抗日战争时期美国邀请中国学人赴美讲学，美方在重庆主持其事的是费正清教授和夫人费慰梅女士。在昆明，则有多年在清华外文系、当时在西南联大外文系的温德（Robert Winter）① 教授。从档案中得知，他原来也是洛克菲勒基金会的工作人员。在解放战争时期，众所周知，他是第二条战线上学生爱国运动的著名的同情者。

这次被邀请的中国学者共 22 人。这 22 人分为 A、B 两类：A 类 8 人；B 类 14 人。雷先生的名字在 A 类中，简历是：

> 雷海宗，年 42，芝加哥大学博士，
>
> 清华大学历史系教授，1933 年——现在。
>
> 专长：中国古代史。

名字后面有一段批语，出自温德之手，如下：

> A 类中最杰出的候选人。大概 A、B 两类加在一起，他也是最优秀的。聪慧，勇敢，善于表达。如可能，毫无疑问他应该有机会去美国一年。他和太太②，太太的兄嫂③、太太嫂子的嫂子，都可以住在一处。这一大家人都令人喜欢，受人尊重。

---

① 现将温德（Robert Winter or Bob Winter）教授的简历介绍如下：1887 年：生于印地安纳（Indiana）州之克劳福特斯维尔（Crawfordsvielle）的一个德国移民家庭。显示了语言和文学天赋。1913 年：在瓦巴什学院获得文学硕士学位，留校任教。1914 年：往法国、意大利留学，并在中学主持外语教学，授法语、西班牙语。1920 年：在芝加哥大学罗马语系（含法、意、西、葡、罗马尼亚、卡塔兰（Catalan）等语言）任助理教授，有机会与中国留学生闻一多、张景钺等相识。1923 年：到南京，任教于东南大学，与吴宓、楼光来等中国学者相识。吴宓为他取"温德"这一中文名字。开始了解中国国情、民情和文化。1925 年：经闻一多、张景钺二人之介绍，由清华学校校长曹云祥聘至清华外语系任教。1928 年：任国立清华大学外语系教授，抗日战争爆发后亦兼任国立西南联合大学外语系教授。1953 年：转任北京大学外语系教授。1987 年：以百岁高龄逝世于北大校园。他一生，除 1943 年 7 月到 1945 年 3 月返美 1 年零 8 个月之外，在中国整整度过了 62 个年头。

② 雷太太名张景茀。

③ 雷太太的哥哥是北京大学生物系教授张景钺，他太太是清华大学生物系教授崔芝兰。

这是史料第一则。据周文，档案号是：Folder 412,　　Box 49,　　Series 601,
RG 1.1, RAC　（Rockefeller Archive Center）

　　*　　　　　　*　　　　　　*

邀请名单确定后，费正清等于 1943 年 12 月 22 日把它送交洛克菲勒基金会。
随后，在美国发生一场奥伯林学院（Oberlin College）① 和帕莫纳学院（Pomona
College）② 两校"争聘"雷海宗先生的"争夺战"。两校都是素以历史、政治等
学科著称的名校。结果，奥伯林学院获胜。我们在另一张聘定后的名单中，看
见一条批语，也是温德写的，内容如下：

> 聪慧，勇敢，善于表达。编写历史教科书时不向执政党的沙文主义妥
> 协。他和他的家庭在中国知识阶层生活中占重要地位。可能有点过分推崇
> 斯本格勒（OswardSpengler）的学术。戈培尔推崇斯本格勒，但斯本格勒并
> 没有借此攀附纳粹。

这是第二则史料。它的出处，周文说是在费正清 1944 年 2 月 22 日给基金会
人文主管斯蒂文斯的信中。档案号和上条一样。

　　*　　　　　　*　　　　　　*

雷先生由奥伯林学院聘定后，消息传到中国。1944 年底，消息从中国传回，
雷先生的答复是：

> "他的国家和学校现在比美国更需要他"。因此，不能来美国。

基金会第 44343 号拨款文件中，有这样一段话：

> 在已拨出的 5 笔款项中，有给奥伯林学院的 8,000 美元。因该院邀请
> 的中国学者不克来美，故将此款收回。

这件材料是雷先生"谢绝"赴美讲学的"旁证"。上两者合称第三则史料，

---

① 奥伯林学院（Oberlin College）：地址在俄亥俄州的罗兰（Lorain）郡，成立于 1833 年，
　由长老会创办，设文理学院和音乐学院，是美国历史上第一所男女合校并重视有色人种
　青年教育的高等学府，素以历史、政治等学科著称。中国孔祥熙、宋子文等人留学该
　校。1835 年到该校任教，1851——1866 年间担任校长的神学家芬尼（Charles Grandison
　Finney），改造、发展了基督教的加尔文主义，使之形成一新教派（New School Calvin-
　ism），在美国被称为"奥伯林神学"。该校近年在美国大学排名中，位于前 20 名。
② 帕莫纳学院（Pamona College）：地址在加州克雷蒙特（Claremont）市，成立于 1887 年。
　校园环境优美，有"园中大学"（College in a Garden）之称。制度多模仿英国牛津、剑
　桥等大学，而与美国一般大学有所不同。该校 2008 年在美国大学文理学院排名中，高
　居第 8 位。

档案号亦与上则同

*   *   *

这三则史料有助于我们加深对雷先生的认识：

第一、温德认为雷先生"可能有点过分推崇斯本格勒"。但是，笔锋一转，他马上把斯本格勒与纳粹的区别说个清楚明白。这样运笔，显然是为防雷先生因此而无端受到牵连。

第二、温德看出，雷先生在"编写历史教科书"问题上，"不向执政党的沙文主义妥协"。这几句话表明，在这位美国学者心目中，雷先生是个人格和思想独立的学者，是个道德主体，有判断是非的道德世界在心中。这样的分析有助于加深对雷先生的认识。

第三、雷先生在民族存亡的生死关头，不肯离开故土，毅然、决然地"谢绝"赴美讲学的邀请。这种爱国思想、牺牲精神，正是从他那蕴蓄已久的"道德世界"中绽放出来的光华。海宗师，安息吧！

（原载于《纪念雷海宗先生诞辰一百一十周年 中国第四届世界古代史国际学术研讨会论文集》）

周一良早年收藏的《国学月报》和四则读书札记

　　七八年前的一天下午，我在海淀中国书店闲逛，无意间从旧期刊堆里捡出一本周一良师早年收藏的刊物——1927 年 11 月 31 日[①]出版的第二卷第十一号《国学月报》。封面上有一行用红墨水写的隽秀挺拔的小字："中华民国十七年十二月九日，周一良购于天津书局"（图1左）。打开一看，里面居然还有四则先生用红墨水写的读书札记，真是喜出望外。转念一想，既然有了这一本，想来还有别的，赶快埋头再找。然而，这却使我大失所望。找来找去，就是找不出那第二本——另一只"鸿鹄"。带着惆怅的心情，我只好闷闷不乐地踱回家去。

　　到家后，取出《毕竟是书生》对照。这才弄明白，原来，先生购刊的那一年——1928 年，才只有 15 岁。购刊的那一天——12 月 9 日，离刊物出版的时间——1927 年 11 月，也不过一年左右，说明先生学习之勤，嗜书之深。这四条札记，是先生当时所写，还是后来所写，一时搞不清，倒是个问题。然而，"天无绝人之路"，或叫"无巧不成书"，刊物里居然保存着一份证明写作日期的"证据"。原来，在同期刘节《释皇篇补义》一文题目上方，先生用红墨水写下"此人现在南开大学教授国文"一行小字（图1右）。这就好了！只需把刘先生在南开任教的日期搞清楚，那么，这几则札记的写作日期也就清楚了。一查，才知刘先生在南开任教的日期是 1928 年秋到 1930 年秋。这样，札记写作的日期，大体也就可以定下来了。

　　四则札记，分别写在五篇文章后面。这五篇文章是：

　　一、黄优仕：《〈周易〉名义考》；

　　二、卫聚贤：《释家补证》；

　　三、姜寅清：《委蛇、威仪说》；

　　四、姜寅清：《燕誉说》；

　　五、储皖峰：《〈文镜秘府论〉校勘记》。

---

　　① 日期误。原刊封面如此（图1左）。

现在把札记的内容，分别介绍如下：

第一则，《〈周易〉名义考》札记（图 2 左）：

《周易》一书，昔欧阳永叔、沙随陈氏皆尝辨其伪妄，非出三圣手。日本内藤虎次郎亦有《〈易〉疑》一文。近读康长素《新学伪经考》，亦言"十翼"后出，当是伪托。虽皆止言其大略，未尝细考详论，而《易》经此一段公案，固不能轻轻搁下也。而此文乃津津乐道，犹视《周易》若经天纬地之大著然，无乃非近代学者所宜出。"与日月为易"乃纬书谬说，复称引之，陋矣！

图 1　周一良先生手迹

为帮助读者了解札记内容，有必要先对黄文作点介绍。

黄文的基本内容是，第一，《周易》的"周"，指的是"周代""周朝"。第二，《周易》的"易"这种思想体系或符号体系，则为伏羲所创。但当时还没有文字，只有图像。等到日后人们造了字，才把"日""月"二字合并成"易"字。这样，"易"才有了名，才成为书。这一番道理，并非作者所创，他依据的是清人吴隆元《读易管窥》中的内容。吴的原意是"变异之易，伏羲所取，有其名，有其意，无其字"，"日月之文，造字者所取，非伏羲所取"，结论就是："名立于前，字造于后。"对吴隆元的这一套说法，《四库提要》是有定评的，评语就是"力阐陈抟之学"六个字。这句评语，把这种学说的时代性和思想内容确定下来，等于对我们说，无论吴书还是黄文，都没有脱出"陈抟易学"的范围之外。

弄清这一切之后再看一良师少时的评语，尤可见这位少年当时学识基础之深切踏实。

第二则，《释家补证》札记（图3左）：这种议论，看似不经，其实很有道理。

现在治小学，能利用这许多发现的东西来做参考，不用说戴、段，就是许君复活，恐怕也得低首下心的认错，欢欣赞叹的佩服了吧！王静安先生说，现在是发明的时期，一切都有待于后人。诚哉是言也。

第三则，《委蛇、威仪说》和《燕誉说》二文札记（图2右）：此二文，的是高邮二王家法，可以与静安先生《肃霜、涤场说》诸篇并列。治《诗经》，治《尔雅》———治训诂，盖皆宜用此方法也。

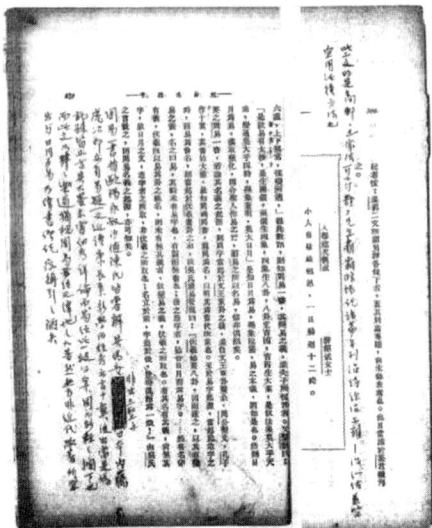

图2　周一良先生手迹

第四则，《〈文镜秘府论〉校勘记》札记（图3右）：内藤虎次郎博士有关于弘法大师之演说，当可作参考也（见《研几录》）。桑原骘藏又有《大师入唐》一文，考（定）[订]颇详（见《东洋史说苑》）。

不难看出，以上四则札记，实际上围绕着两个中心：一是我国传统的文字、训诂之学，或称"二王（王念孙、王引之）之学"；二是日语中国学文献。年幼时的周一良，对这些文献已相当熟悉。大家都知道，内藤湖南（即札记中所称之"内藤虎次郎"，现在通译为内藤湖南）、桑原骘藏等人的著作，清末民初在我国虽已流行，但未必为一般知识分子所熟悉。一良师少时的学术识见，已触及学术前沿。

　　幼时的教育背景和勤奋好学，使一良师少时即在思想上树立起这样两个中心。这一切，又可以从《毕竟是书生》《郊叟曝言》《钻石婚杂忆》等书中一一寻出佐证。在《郊叟曝言》中，先生这样写道：

　　"少年在家塾读书时，就最喜读王引之的《经义述闻》和王国维的《观堂集林》，佩服其分析推理之细密周到"。①

　　在《钻石婚杂忆》中，先生又说：

　　"我在私塾读书，又受教于唐兰先生②，读了一些如《经义述闻》、《观堂集林》之类的书，对于清代朴学，颇为向往钦佩。"③

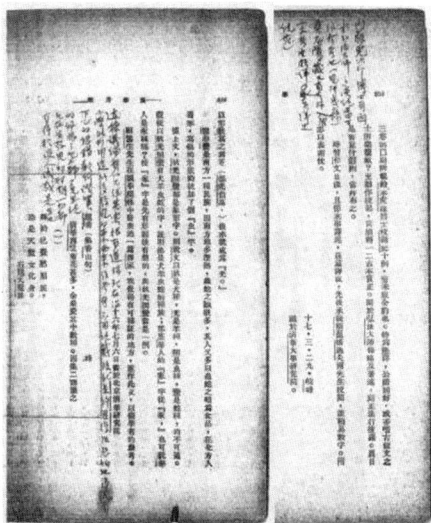

图 3　周一良先生手迹

　　大家知道，唐兰是当时王国维最器重的四个青年文字学家之一。王氏在

---

①　周一良. 郊叟曝言［M］. 北京：新世界出版社，2001：71.
②　唐兰（1901—1979），字景兰，号立庵，我国著名文字学家。浙江嘉兴秀水县人。1920
　　至 1923 年，就学于无锡国学专修馆，师从唐文治先生，从事《说文解字》和古文字研
　　究，颇受罗振玉、王国维赏识。先生所以到天津周宅设馆授徒，则是由于罗振玉之推
　　荐。唐先生后任清华大学、北京师范大学、辅仁大学等校教授。七七事变后抵昆明，任
　　西南联合大学教授，兼文科研究所导师。1946 年任北京大学中文系教授，次年代理系
　　主任。1951 年调北京故宫博物院任研究员、学术委员会主任及副院长。1979 年 1 月 11
　　日因病逝世。
③　周一良. 钻石婚杂忆［M］. 北京：生活·读书·新知三联书店，2002：33.

《〈殷墟书契类编〉序》中，这样称赞唐先生："立庵孤学，于书无所不窥，尝据古书古器以校《说文解字》"，"今世弱冠治古文字学者，余所见得此四人"。王对唐先生的赞誉之情，可谓溢于言表。

在《毕竟是书生》中，先生又说：

"家塾的最后几年，自己也开始读一些朴学书籍，尤其喜欢王引之《经义述闻》和王国维的著作，曾在《观堂集林》上题下了"一良爱读之书"六个字，以示景仰。"①

在《钻石婚杂忆》中，先生追述少时："对于北平国学界的情况，颇为熟悉，很感兴趣，诸如清华国学研究院的刊物《国学论丛》，北京大学的《国学季刊》，清华和燕京的学报都买来看。"（第33页）

不必再引，上面几条材料，已起到"证成一片"的作用，把四条札记所围绕的两个中心展现得一清二楚，文字上也有"顺理成章，一气呵成"之势。这本期刊真与我有缘，它在无意之间，为我们五十多年的师生感情又牢牢系上一条怀念的丝带。

（原载《安徽大学学报》哲学社会科学版，2014年第3期）

---

① 周一良. 毕竟是书生［M］. 北京：北京十月文艺出版社，1998：11.

学习历史要"接地气"、懂国情

——对清华历史系学术思想的几点认识

今年是清华大学历史系成立 90 周年。我自己，从做学生，到当教师，再到退休教师，在清华园生活了 66 年。对这个系的学术思想有些认识，现就我所知，约略归结为以下四点。

1. 强调"身、心、家、国的一致性"

这一问题，陈寅恪先生平时讲得比较多。在所著《吴其昌撰〈梁启超传〉书后》一文中，当论到梁启超早年政治思想时即说：梁既"少慕儒家之学"，则其思想之"根底"，即："本董生国身通一之旨，慕伊尹天民先觉之任。"先生以此种思想指导学生。1929 年在《赠北大历史系学生》诗中即有"天赋迂叟自圣狂，读书不肯为人忙；平生所学宁堪问，独此区区是秘方"这样的诗句。所谓"读书不肯为人忙"，说的是，读书的目的主要是为把自己培养成"以天下为己任"的志士学人，而不是仅学些知识技能，用来为自己谋私利。

雷海宗先生也为学生做出榜样。抗日战争时期，美国洛克菲勒基金会为帮助中国知识分子摆脱生活上的困境而特意邀请若干位杰出学者前往美国讲学，雷海宗先生也是其中之一。但是，先生谢绝了这项邀请。他在复信中回答道："在祖国危难的时刻，我不能离开它。"同时便把寄来的 8000 美元退还。这封信的言辞很短，但其中透露出一股严肃、端庄、凛然的精神气质，对学生是"身教"，也是"言教"。

就长远的历史因素而言，这种教导，起源于我国古代的"伦理本位"文化。这种文化所理解的人，首先是社会中的一分子，他对社会负有种种不可推卸的责任。社会价值高于个人价值。它是我们文化的根，无法抛开。即使是西方文明传入后在我国所形成、所创造出的一切，也还是在原有这条老根上发生、发展起来的。它是中国思想文化的"地气"。所以，我非常赞成习近平主席发出的"接地气"的号召。这一号召正本清源，切中时弊。中国人只有接上中华大地的"地气"，才能在自己身上形成一股中华民族特有的"底气"；有了这股"底气"，才能形成"骨气"；有了这股"骨气"，才会生出"心气""力气""志气""勇气""和气""英气"等等，才能把自己身上肩负着的"民族复兴"大业担当起来。由此可见"身、心、家、国一致性"是史学教育追求的精神方向。

如果说，以上所针对的是"做人"，那么，对"为学"这件事来说，情况也一样。"史学"是中国文化中的根本意义，是"知人论世"。要"知人论世"，大家都知道，研究者本人就必须有自己的"人生阅历"和"生命经验"，也就是说，中国人从来不把历史当作一种"objective understanding"即从来不把它当作一种纯客观的事物。（请注意，这里说的是历史活动的内容，而不是从历史哲学角度说的"唯物""唯心"之类的历史发展规律。）就这一点来说，它与近代西方所说的史学有着本质上的不同。对奉行这种史学的史学家来说，确实有个"接地气"的问题。

2. 从"社会事实"的角度观察分析"历史事实"

大家都知道，史学界历来把"史实"和"史料"看作研究历史的根本依据和出发点。清华历史系自不例外，但却有所发展。发展的一个方面是从西方社会学，特别是涂尔干、韦伯等人的社会学中吸取"社会事实"的观念，融入历史研究之中，对这一点，我稍微有些认识。比如，陈寅恪先生提倡的"以诗证史"或"诗史互证"，走的就是这样一条社会与历史之间，以诗文为媒介的通道。又如，在隋唐史研究中，先生对此二代之天子不时在长安、洛阳一带"行幸"一事，即用"社会事实"的眼光，从"经济供给"问题着手，分析道："关中之地，农产虽号丰饶，其实不能充分供给帝王宫卫、百官俸食之需"，若值天灾，则"帝王往往移幸洛阳，俟关中农产丰收，然后复还长安"。先生的解释，自比往日史学界用"政治派系之争"或帝王"生活腐化"等等"理由"来分析，深入得多。又如，公元311—317年间晋室南渡，过江名士如王谢子弟等人为何优游于浙东山水之间，而不在东晋首都建业（南京）一带置产立业，而移居浙东？对这种疑问，先生的答案是，这时"建业周围及义兴一带有旧江东氏族与武力强宗之强大潜势力在，不容染指"。因此，他们才不得不渡过钱塘江，到"吴人氏族力量较弱之会稽郡转而东进"。在先生看来，"浙东之有谢灵运之屐痕，兰亭之有王右军之雅集，固不仅由于山水之佳美，而更有深层之社会、经济原因在，乃错综复杂之集团利害所肇致也"。这些地方，都是从社会经济原因，分析文化历史现象的典型之笔。

3. 语言在历史与社会之间的作用

在"社会事实"与"历史事实"之间，语言文字起着转折联系作用。只有经过语言文字这道"关"才能形成"史料"，重视语言，正是清华历史系学风的一个特点。发生在语言文字上的种种变化，对历史研究来说，是不可忽视的事。现举邵循正先生的一项研究成果为例：大家都知道，元朝来华的意大利传教士马可波罗写了一部"游记"，十分著名。其中说到元朝军队使用的"令牌"叫"狮头牌"。有些学者根据这种"称谓"，便怀疑马氏是否真的来过中国。理由是：元朝军队使用的"令牌"，叫"虎头牌"，而不是"狮头牌"。他们由此推论，马氏有关中国的种种记载，未必属实，大概是一些抄自不同记载的"道听途说"而已。对这一点，邵循正先生从语言学的角度做过一番考证，结论是：马可波罗虽然在中国居住了 17 年，但他不懂汉语，对蒙古语所知也不多。他通晓的只是元朝官方语言中的波斯语中的一种。问题就出在这种波斯语中，原来，在这种波斯语中，"狮（sir）"和"虎"，是同一个词，两者不分，既指"狮"，又指"虎"。马可波罗依据当时在华波斯人的用法，把"虎头牌"说成"狮头牌"。这样就把问题说清楚，把疑虑消除了。也就是说把单纯从史学角度不易查清的"作伪"问题转而从语言学的角度解决了，很平实、很可信。由此可见，用"社会事实"解释"历史事实"，语言这一"关"，是非重视不可的。

4."预流"思想与"历史警觉性"

历史系的老师，对这两个问题，十分重视。对"预流"问题，陈寅恪先生是这样教导的：

"一时代之学术，必有其新材料与新问题。取用此材料以研求问题，则为此时代学术之新潮流。治学之士，得预此潮流者，谓之预流。其未得预者，谓之未预流。此古今学术之通义，非彼闭门造车之徒，所能同喻者也。"（《陈垣〈敦煌劫余录〉序》）先生鼓励学生，要做一个"预流"的学者。对"历史警觉性"问题，雷海宗先生教导学生：历史学，首先不是自然科学，即首先不是"知识性""史料性"问题，而是时代性、民族性、政治性问题。首先是研究者本人的时代感、民族性、知识层次和政治意识等问题，正是凭借着这些条件，才有条件去"知人论世"。所以，对于学科认知水平的提升来说，"历史警觉性"的锻炼，非常重要。比如，把握住"历史警觉性"这个观念就能看清，欧美史学界过去把欧洲历史上的"帝国"观念用来解说中国历史，而有些中国学者对这一点失去警觉性，反而套用过来，"一礼全收""照搬无误"，这样就模糊了中国人自己对自己历史的认知，以致迷失方向，造成研究思想上的混乱，丢失了我们研究自己历史的文化内核。这样的教训，不能不吸取。

以上是我对清华历史系学术思想的几点认识。若有不对的地方，请批评、指正。

（原载《清华大学学报》哲学社会科学版，2016 年第 6 期）

关于"中西汇通"的义理和机制

——受教、执教55年对清华历史系早年学风的回想与体认

　　1950年秋，我从广州岭南大学政治历史学系转学到清华大学历史系学习，后来留校任教，到今天，在清华已经55年了。今年是清华国学研究院成立80周年纪念。国学研究院与历史系有渊源关系，饮水思源，我这个老学生对养育自己多年的学术"母体"应有所忆念与反思。我最先想到的是陈寅恪先生。先生是国学研究院的四位（或五位，加李济）导师之一，我有幸在岭南大学受教于先生，转学到清华后，又受教于先生的学生（或"私淑弟子"）邵循正、周一良、丁则良等几位教授。我先做先生的"入室弟子"，再做"再传弟子"。今天的回忆就从先生与岭南说起。

　　1949年春，陈寅恪先生应岭南大学校长陈序经先生之邀到达广州。先生给岭南政治历史学系学生开的课是唐史，从"李唐之创业"讲起，到安史之乱为止。下一个学年即1949—1950学年度，先生开魏晋南北朝史。这时已到广州解放前夕，国民党政府溃逃前对进步人士大肆搜捕，又大搞破坏——炸发电厂、炸海珠桥等等，学校不能正常上课，直到1950年春，教学秩序才恢复正常。这一年的魏晋南北朝史，我是断断续续地听下来的。虽然如此，但毕竟听了三学期先生的课，耳濡目染，对先生的"以多种文字史料证史"，"用经济眼光分析政治问题"，特别是"以精神文化为纲剖析社会生活领域中的各类史料"等等新颖而独特的史学作风，使我佩服得五体投地。在几位学术前辈的指引、教导下，我决心转学清华（原以为先生也会回到清华）。暑假一到，我登程北上参加清华的转学考试。这一年的9月1日，我便以一个清华大学历史系转学生的身份来校报到。

　　进清华越使我加深对寅恪先生与清华关系的认识。最明显的是系里教中国史的老师，无一不是先生的学生或"私淑弟子"，如教秦汉史的孙毓棠教授、教魏晋南北朝史的周一良教授、教宋史的丁则良教授、教元史和清史的邵循正教授、教明史的吴晗教授、专门研习唐史又兼教近代史的王永兴讲师和专攻近代

史的陈庆华、张寄谦二位助教。他们之中周一良、王永兴、陈庆华三位就是协助寅恪先生工作的助手。

今天回想起来，清华大学历史系留给我最深的印象是重视外语学习。一谈到重视外语，一定有人会问：哪一所大学不重视呢？难道教会大学不是更加重视吗？是的，这话没错。但是，"重视"与"重视"不同。就我所知，清华大学的"重视"是把各门外语当作一个"整体"来重视，而不是把它们分别当作不同的对象或"主体"来重视，也就是把它们当作可以和中国文化进行比较、交流的对象来重视，其目的是为着丰富和发展中国文化，可以说这是一种"以我为主"的重视，也是一种"有体有用"的重视。"体"自然是中国文化；"用"就是比较交流，以便使中国文化与各种外语所反映、转达的欧美文化二者交融互释。往深处看，这种做法实质是为在中国培养一批符合时代需要的新型文化精英。可见，"重视"与"重视"之间，情况还是不同的。这一点在对课程的要求上表现得更加明显。系里不仅要求学生学好"一门"外语，而且要求学好"多门"，至少是两门外语。作为"第一外语"的英语自不用说，接着来的要求就是作为"第二外语"的法、德、日、俄语中的任何一种。第二外语通过之后，如果有学生还选第三外语，系里更是鼓励有加。这样，随着掌握外语的门数日渐曾多，学生的史学视野也便随之而扩大，反过来又更加领会到多掌握几门外语的好处和必要性。这种做法使学生越来越认识到掌握外语的重要性。毕业生中掌握三、四门外语的人不少。除了前面说的留校任教的几位老师之外，还可举出何炳棣、李定一、何兆武、陈庆华、丁名楠、齐世荣、殷叙彝等这样几个名字。他们在史学上的成就，用不着我来介绍。总之，我认为，对清华历史系的"学风"，不谈则已，要谈，必须先从"重视外语"这四个字着手。

下面转入正题，谈谈我对清华历史系早年学风的认识。

学风的灵魂是学术思想，而学术思想则是一种有"体"有"用"，由"价值"和"功能"两部分组成的综合体。其中，价值是"核心"，功能则是一套"有机构成"。清华历史系的学术思想，据我所知，功能由四个"层次"组成。第一层是"多种语言"（multi-language）。这一点，集中体现在各位老师的学术论文中。陈寅恪先生的文章自不用说。邵循正先生的文章，如：发表在《清华学报》上的《〈元史〉剌失得丁〈集史·蒙古帝室世系〉所记世祖后妃考》《剌失得丁〈集史·忽必烈汗纪〉译释》《有明初叶与帖木儿帝国之关系》以及《语言与历史》等，大量应用波斯文和英、法、德、俄等语，是很有代表性的作品，在国内外都很有影响（这些文章都已收集在张寄谦先生所编《邵循正历史论文集》中，读者可参阅）。此外，孙毓棠、周一良、吴晗、丁则良等各位老师也都各有他们自己的代表作，这里不一一介绍。在"多种语言"上面的一层是"多种档案"（multi-archive，或"多种文献"）。很清楚，不掌握多种语言，就没有"多种档案"或"多种文献"之可言。而"档案"或"文献"则是治史的"命根子"，它的重要性不必多说。再往上一层便是"多门学科"（multi-disci-pline）。谁都知道在充分掌握史料之后，史学研究的关键问题是怎样从史料中把问题的头绪清理出来。而"清理头绪"这件事，绝不是一两门学科知识所能奏效，必须多门学科知识互相配合。这样就在研究者面前提出必须具备多种学科知识的问题。在清华历史系建系之初，系主任蒋廷黻先生为了帮助学生了解这一问题，曾在一次讲话中把"治史"比作"画龙点睛"。他用这四个字来帮助学生了解治史必须具备多种学科训练的道理。他对学生这样说：如果把"历史"比作一条"龙"，那么，这条"龙"是用多种颜色——多种学科知识"画"成的。比如，"画骨架"要用经济学知识，"画肌肤"要用社会学或人类学知识，"画龙鳞"则要用"政治学"知识。当这些都画完之后，"龙"似乎"画"成了，但一看，还是不行，还没有"点睛"，缺少生气，呆板得很。这时还需用一门学科即思想史的知识来给它"点睛"。有了"睛"，这条"龙"便就"活"了起来。这个比方给学生留下很深的印象。系里还流传着这样一个有名的故事。教世界史的刘崇宏先生曾对学生说："你们选世界史课，最好去选雷海宗先生的课。雷先生的世界史，哲学味浓，我讲不出来。"这番话，既显现刘先生本人的谦虚精神，更反映系里"讲历史要讲出哲学味"的根本要求。以上是对"多门学科"的解释。在它上面的一层是"多重证据"（multiple-evidence）。既然史学家的知识结构在很大程度上决定着史学成就的大小，那么，有了多门学科知识做"底"，史学家就更加有可能从更加广泛的知识领域中搜集证据，进一步形成所谓"多重证据"。我国研究古代史著名的"二重证据"法就是典型例证。这种方法由王国维先生提出，陈寅恪先生加以论证、发展，这种种情况用不着我在这里介绍了。还要看到，从某种意义上说，王国维、陈寅恪两位先生一生的学术道路，基本上就是由"多种语言""多种档案""多门学科""多重证据"这样一步、一步登上高峰的。我认为，他们两位的道路，正好就是这种学风的具体体现。

常听人说：清华学风的特征是"古今贯通，中西交汇"。这话不错。但要看到，"通"和"汇"是有条件的。条件就是前面说的四个"多"。如果没有这四个"多"，怎么说得上"通"和"汇"呢？而"通"与"汇"二者本身也不是目的，它们服务于一个"中心"。这"中心"可用陈寅恪先生说过的一句话来表述："不忘本民族在世界文化史上之地位。"把以上所说合起来就是："四多"

保"通汇","通汇"保"中心",中心集中体现学风的价值体系。反过来说也就是"价值体系"统率"功能结构",也就是"洋为中用",而不是"中为洋用"。这个"中心"将永葆我民族文化在世界文化史上应有之地位,且随时代前进而不断丰富发展。我认为这就是清华历史系早年学风的主体性以及它的优点和特点之所在。

从目前世界文化发展的总趋势看,就文化论文化,特别是着眼于在各种文化对比中更好、更清楚地认识中国文化的特点和优点,我认为,有必要把上述四个"multi",发展为第五个,即增加一个"multi-culturalism"(多元文化论)。谁都知道,对"文化多元论"这个词,学术界历来存在两种性质不同的理解:一种认为,人类文化的"多元"现象,是一种客观事实,被称为"作为事实的多元论",或"描述性的多元论";另一种则认为"多元"是一种意识形态现象,被称为"意识形态的多元论"或"规范性多元论"。英国学者莱斯利·纽比金(Lesslie Newbigin)、阿利斯特·麦格拉斯(Alister E. McGrath)和美国学者大卫·特雷西(David Tracy)等人对此都有所论述,这里无法一一介绍。我完全是在前一种意义上使用这个词。只有充分承认"多元",我们才有可能更多或更好地吸取各种文化之长,使之为发展自己的民族文化服务。何况,也只有采取这种态度才能与中国今天的国际地位相配。特别是,我之所以强调这一点,还有一个特殊原因,那就是"多元文化论"的核心内容之一是反对以"逻各斯中心主义"为后盾的"文化一元论",而文化一元论正是自 19 世纪以来遍布中国的"欧洲中心论"的文化思想的支柱。所以,对我们这些曾经长期经历过半殖民地统治的中国知识分子来说,对任何一种有助于动摇"欧洲中心论"和它的文化、理论支柱的思想或学说,都应该加以重视,注意吸取其中有益的成分,为发展自己的民族文化服务,这是对我们重新认识那个作为今天中国现状的总根源的 19 世纪至 20 世纪的中国,显然大有裨益。在这一方面,我在纪念雷海宗先生诞辰百周年的文章《认识"世界史"中的西方话语霸权,坚持文化思想上的民族主体性》[①]一文中对清华历史系的学风以及如何坚持文化思想上的民族主体性问题,谈了一些看法,读者可参阅。我的基本态度是:做学问一定要有"师承",而且不能不讲"师承",但却绝对不能讲"门户",讲"门户"本身就是没有师承,特别是没有清华师承的表现。

(原载《清华大学学报》哲学社会科学版,2005 年第 5 期)

---

① 南开大学历史学院编. 雷海宗与 20 世纪中国史学 [M]. 北京:中华书局,2005:69.

时间观念与历史研究

时间观念是历史意识、历史知识的一个重要组成部分。对时间观念认识得清楚不清楚，理解得透彻不透彻，掌握得准确不准确，都会影响到历史意识、历史知识本身的健全不健全。

时间观念总体来说可以分为两大类。一类是自然时间观念，另一类是人文时间观念。人文时间观念之中又可以分为两种，一种是历表时间观念；一种是历史时间观念。所以，合起来也可以说一共是三种，即：自然时间观念、历表时间观念和历史时间观念。在人文时间观念中特别要弄清历史时间观念和历表时间观念的区分，在史学著作中常见两者混用现象——通常表现为只用历表时间观念理解和解释全部历史。

一、自然时间观念，是日、月运行和春夏四季所表现出来的时间观念。《千字文》一开头就说"天地玄黄，宇宙洪荒，日月盈昃，辰宿列张。寒来暑往，秋收冬藏"等等，就是这种观念。

二、历表时间观念，指各种历法和计时器所表现出的时间观念，如太阳历、太阴历、儒略历、格列高利历、干支纪年、耶诞纪年、黄帝纪年、孔子纪年和沙漏计时、钟表计时等等所表现出的时间观念。这些东西都是人创作、设计、制造出来的，有人文性，因此属人文时间观念范畴。是人对自然时间观念进行加工的结果，史学界常听到这样一种说法："历史是时间的学问"；"没有时间，就没有历史；错了时间，就乱了历史"。这些说法所指的历史，就都是历表时间观念中的历史，如谁生于哪一年，卒于哪一年；从多少多少年到多少多少年是什么时期等等——时间是历史的界标，不能乱。

三、历史时间观念。历史时间观念是什么，这里先不讲，让我们先把上面所讲过的两种时间观念做一番比较之后再来讲，这样大家才听得更清楚一些。

自然时间观念和历表时间观念有什么不同呢？第一，在自然时间观念中，过去、现在、未来三者是不重合的，它们是线性的，一往无前，永不回返。可以用一种说法，即"两大块和一小点"来表述。什么是"两大块"呢？一块是

"永恒的过去"，另一块是"无限的未来"。什么是"一小点"呢？一小点就是"现在"。也就是说，"现在"是夹在"永恒过去"与"无限未来"之间的一个"点"，确切说是交界线，它一步一步地向前移动。古人说"白驹过隙"，《论语》说"子在川上曰：逝者如斯夫"。李商隐《锦瑟》诗说："锦瑟无端五十弦，一弦一柱思华年。庄生晓梦迷蝴蝶，望帝春心托杜鹃。沧海月明珠有泪，蓝田日暖玉生烟"等等，都表现这种时间观念。古希腊的名言："人不能两次踏进同一条河"，"人不能两次听到同一支曲子"，都是这种自然时间观念。这种时间观念里，基本上没有现在。现在是什么呢？现在就是夹在过去和未来之间的一个交界点，一方面是永恒的过去，另一方面是无限的未来，它夹在这两块之间。过去的永远地过去了，未来则无禁止地不断袭来，现在呢？转瞬即逝，一刻也停不住。因此我们可以用三句话来概括自然时间观念：永恒的过去，无限的未来，停不住的现在，这就是它的特征。大家都知道，H. G. Wells 曾写过一本书，叫《时间机器》（TIME MACHINE），1895 年出版。书的基本内容是一切机器都可以在空间中运动，那么能不能发明一架在时间中运动的机器呢？这种机器后来一个发明家发明出来了，可以冲到未来，一会又可以退回过去。坐着它，既可以去参加祖父母、曾祖父母的婚礼，又可以去看七十八代孙子每天干些什么。可以去看诸葛亮怎么指挥赤壁之战，还可以陪伴项羽和虞姬泪别。这种的时间观念，用来写小说可以，写历史当然不行——非乱不可。

下面讲历表时间观念。历表时间观念与上面说的自然时间观念不同，它是根据人文因素对自然时间观念进行加工而形成的。自然时间观念里面基本上没有现在，而"现在"对人来说是最重要的事。如果没有它，天地间任何"意义"都确立不起来（另一个必要条件就是空间观念中的"此地"）。"此时"和"此地"，是确定意义的两个最必要的条件。因此，历表时间的作用，就是用各种办法帮助人把"现在""定"位，把这个"此"字框住。办法是定出一些人文标准，作为时间长度的单位，如秒、分、小时、日、月、年、百年、千年等等，使社会生活中可以出现这一秒、这一分、这一时、这一日、这一月、这一年、这十年、这一百年、这一千年等等观念。这样就把"此"这种观念框在一定的范围内，然后针对不同情况，根据不同需要来使用，即建立自己的意义系统，以便说明这一年怎样处怎样，这十年怎样怎样，这个世纪怎样怎样等等。方才说过，在自然时间观念里头现在没有，在历表时间观念里把"现在"框住了，长短都有，短的可以一秒，长的可以到百年、千年，时间不管怎么流，如今我总算把你管住了。这就是历表时间观念比自然时间观念高明的地方，是人摆脱自然界的控制，确立"人文权"——人自立自主的开始，不这样，人无法建立自己的意义系统，并进行有效的交流。没有交流就没有共同的意识，那还成个社会吗？所以抓住这个"今"是一件很重要的事，没有它，人类就谈不上什么继往开来，过去的一切都会废弃。因为"今"是过去一切的归宿点，又是今后一切的出发点。过去一切终结于此，今后一切由此发端。换句话说，一切继承终于此，一切创新始于此。一切文明都要从"此"开始，没有"今"和"此"，就没有历史。

上面的话说完，我们就可以讲历史时间观念了。

首先要说明，在这种时间观念里头，过去、现在、未来三者不是一条线，而是三位一体地存在着。它们分别属于三个位格，但却是一体的，有点像基督教所讲的圣父、圣子、圣灵是三个位格而同为一体。也就是说，过去、现在、未来三者在历史观念中是螺旋形发展、上升的。在这种时间观念中，任何现在当中，都包含着过去和未来，"三位"是"一体"的。其中之一是过去的经验，之二是当前所具有的种种客观条件，之三是可预见的一个短暂的未来。听到这里，你们一定会觉得奇怪：现在中怎么会包含过去呢？这一问就把你们头脑中时间观念的"老底"漏出来了。原来你们头脑中保持着的是自然时间观念，用历史时间观念来看，这个道理很简单。我问你，现在在座的当研究生的你，在人生经验、文化水平等方面当中，是不是包含着小学、中学、大学时代的你？没有前面那几个你，哪里会有今天在北大、清华当硕士生的你。这很容易理解，任何现在中都包含着过去。那么，怎么理解"还包括着一段可预见的未来"呢？这一句也不难理解，比如说：目前你快毕业了。那么，在中国，你可以相信，作为博士或硕士，你毕业后工作一般来说是找得到的，而且工资情况大体上也是预料得到的。这不就是对近期未来的预见吗？所以，在历史时间观念中，"过去""现在""未来"这三者是"三位一体"地存在着的。下面还要说一点，从个人来看是如此，从整个社会来看也是如此。这是怎么说呢？要看到，社会生活中，任何时候都是"现在中包含着过去和未来"的。因为，任何社会在任何时候都由不同年龄阶段的人所组成。从一岁到一百岁的人们，生活在同一段时空内，年龄阶段是重叠的，才有四世同堂、五世同堂等等。人物的重叠，使得个人的经验能够通过记忆和交换而延续下去。在社会学上，这叫作"人际互动"。没有"人际互动"，人人做事都要从白手起家，从头做起，那还有什么社会和文化可言？所以，"人际互动"本身就是三位一体的体现。可以这样归纳一句：凡是历史形成的东西，都是过去、现在、未来三位一体的，所以把这种观念叫作历史的时间观念。

最后简单谈谈时间观念与历史意识的关系。

　　上面说过，任何一种时间观念，都可以分作过去、现在和未来三部分，虽然三部分在不同时间观念中，地位和作用不一样。但总起来可以说：过去，可称为"经验到的时间"，未来可称为"期望中的时间"。历史意识的形成，情况常常是这样：人先从"期望中的时间"内找出自己的要求，然后到"经验到的时间"内，唤醒储存在那里的有用的经验，把它们注入保存在期望中的时间中去，把要求与经验融为一体，形成一种饱含经验而又有条理的历史意识，最后一道功夫就是把它们挂到——外化到历表时间上去。任何一种历史意识，从表面上看，都是排列在历表时间上的，而其实际，却是三种时间观念共同起作用的结果。

（1996 年 10 月为北大、清华历史系研究生讲课提纲）

关于 20 世纪与 20 世纪的史学

——1997 年 5 月 12 日在北京师范大学史学研究所"20 世纪史学发展和马克思主义史学的历史地位"座谈会上的发言

关于 20 世纪的史学，我认为有两个要点必须把握住：一是要充分认识 20 世纪本身的特点；二是对 20 世纪史学的哲学反思要力求深透。

先说第一点。拿 20 世纪与 19 世纪相比，情况很不一样。19 世纪的历史特点是：基本平衡，但小有波澜。因此，用进化论来作为理解历史的基本指导思想已经够用。反之，20 世纪则不然，20 世纪则是大风大浪。由于"大风大浪""反复无常，所以不仅进化论用不上，而且很难找出一种容易为大多数人所接受的理论。再加上，这时期哲学思想本身大变化、大分化、大发展，史学理论的处境就更加复杂了。各种各样的新思想层出，观念上发生巨大变化，深度、广度超过以往任何时候。特别是语言学的发展和环境的大变迁，给史学思想带来的影响最为深远。

第二点，谈到马克思主义史学理论的情况，那么，首先要看到中国马克思主义史学的特点是受苏联的影响很大。而苏联马克思主义史学理论的特点是多年一贯地把马克思主义的历史哲学误认为是史学理论。提到马克思主义史学理论，他们只讲"社会存在与社会意识""生产力与生产关系""经济基础与上层建筑"等。这些内容不是别的，而是历史唯物主义的基本原理。它的性质是哲学，而不是史学。也就是说，它是史学的理论基础，而不是史学本身。要看到，马、恩是西方人，在西方文化传统中，哲学与史学的研究对象并不相同，哲学研究普遍性的永恒真理，史学研究的是个别、特殊、具体而又变动不居的经验现象。正因为如此，哲学在一定情况下成为史学的理论基础。毛泽东说过这样一句话，"指导我们思想的理论基础是马克思列宁主义"。这句话把"思想"（包括政思想、经济思想、史学思想等）和它们的"理论基础"，即哲学，区分得清清楚楚。在马、恩的著作中，两者也是有分别的。他们二人谈了很多有关史学思想的言论，内容很丰富。不讲马克思主义史学则已，要讲，一定要把他们二人的这些言论搜集在一起，扎扎实实地编一部《马恩论史学》的书。这样的书，最为广大学人所需要，可是，奇怪得很，号称马克思主义史学大国的苏联和社会主义的中国就没有一个人、一个单位编出这样一本书。因此，我建议北师大史学所认认真真地编一部这样的书。中国需要这样的书，中国马克思主义史学需要这样的书。要想增进对马克思主义史学的了解并清除误解，更需要这样一本书。

循名责实：跨文化，跨语际

一

欧洲政治思想史上的保守主义和激进主义我没有专门做过研究，不敢妄谈。但是，我知道，这些概念本身是有很大相对性的，更不用说它们传到中国后所产生的各种变异了。所以，不论在中国也好，欧洲也好，若不把这些概念本身放在不同时期的不同情况下，使用时要想把问题说清楚，我看是很难的。关于"保守主义"在欧洲思想史上的情况，美国哈佛大学已故著名思想史家史华慈（Benjamin I. Schwartz）教授在一篇题为《论保守主义》的文章（见《改变的限制》一书）中做过介绍。他把18世纪以来出现过的"保守主义"，区分为以下四种：

一、尊重并强调德国中世纪封建遗产的保守主义。他认为持有这种主张的思想家不把他们生活于其中的社会看作进步或进步中的社会，而认为只有往昔的社会才是最完美的社会。二、法国大革命时期出现的、以鼎鼎大名的柏克（Edmund Burker）为代表的保守主义。这种主义本身是法国大革命的反动，是针对着启蒙运动的"辩证的反动"（dialectical reaction）。持这种主张的思想家认为任何一种现行制度都是在岁月中成长起来的，因而都是一个不断地由进步到成熟的过程，是一个"有机体"。三、以纯粹理论形态出现的保守主义，由匈牙利人曼海姆（Karl Mannheim）提出。它的特征是以保守主义——自由主义——激进主义三位一体的总体形态出现，是一种自觉的理论。四、"伴随着民族主义而来"的保守主义。当然，对这种保守主义，不能把它和民族主义本身视为一体，混为一谈。

以上种种，主要是根据徐复观教授《也谈"知识分子"与"保守主义"》一文所作的介绍。徐教授把史华慈教授所介绍的四种"保守主义"，以对"现代化"问题的态度为基准，区分为两大类，即把上述第三种和第四种归结为一类，认为它们并非直接涉及现代化问题（"不是现代化一语所能道其精髓"），所讲的主要是意识形态问题；又把第一种和第二种归结为另一类，其内容则与"现代化"问题有关。这种区分有助于我们增进认识。同时，我们又知道，美国著名思想史家墨子刻教授提出把"保守"和"保守主义"两个概念加以区分的主张，认为作为一种哲学体系的保守主义，在欧洲政治文化思想史上对"乌托邦主义"起过制衡作用，这样的历史经验值得我们重视。综上所述，可以大致看出"保守主义"在欧洲历史上多姿多态的风采。它像一棵大树，枝叶繁茂，根系庞大。我们不能把它看成一棵"光杆牡丹"。它是一个大家族，而不是一个单独的"个人"。只有这样认识保守主义，才能懂得必须认真仔细地对待它，比如简简单单一个"保"字，就可以区分为：保"既得利益"，保"文化传统"，保"宗教信仰"，保"礼节仪式"，保"风俗习惯"等等不同内容的"保"。内容既然不同，作为"主义"的思想形态也就个个不同，我们怎能千篇一律地对待呢？所以，研究保守主义，实在不能不大大地下一番"循名责实"的功夫；而这种"功夫"，恰好又不能不是一种"跨文化""跨语际"的"功夫"。

二

根据我的认识，清末各派思想家在古今、中西这类问题上彼此之间所站的距离不太远。他们思想上的共同处大于差异性。在一次座谈会上，我曾用这样四句话来表达自己的认识。第一句："民族危机"；第二句："大厦将倾"；第三句："采补淬砺而新之"；第四句："采补换置而新之"。我的意思是，在第一、第二两句所说的那个范围内，各派之间认识上都是一致的。在第三、第四两句话上，各派之间的认识有一半相同，一半不同。相同的一半是：各派都认为"必须引进西学"；不同的那一半则是：有些人主张用西学"淬砺"中学，使之"新生"；另外一些人则主张用西学来取代中国旧学，认为中国的一切制度和办法都必须用"西学"或"西法"来取代也就是说，他们主张用"换置"的办法来使中国获得"新生"。两派的目的相同——为着中国的"新生"；手段相同——"引进西学"。不同之处在于一派主张用"淬砺"的办法——这一派可以叫作"文化民族主义"派；另一派则主张用"换置"的办法——这一派可以叫作"文化激进主义"派。如果只就文化思想论文化思想，只就意见论意见，而暂且不谈政治主张、政治行动，那么，双方的差别，只在于此。特别要看到，就是公认的"激进派"中，也还保留着许多很不"激进"，甚至被认为是"保守"的东西。

试举一例。我国晚清时期有一份在巴黎出版的刊物叫《新世纪》。这是一份众所周知的"激进主义"刊物。因为，它在政治上宣传无政府社会主义，在文化上提倡"废除汉字"。说它"激进"，一点也不为过。不过，如果仔细阅读，我们也会在其中发现一些和它所宣传的那种"激进"的"世界主义"主张性质大不相同的东西。比如，废除汉字，这份刊物认为："汉文为最大多数支那人最笃信的保守之物，故今日救支那之第一要策在废除汉文。"并提出用三种办法来"废除"：一、选用任何一种欧洲流行的语言，如英、德、法语来代替中文；二、用世界语来代替中文；三、用罗马字注音来改造或取代中文。他们认为这样做了之后，"对于支那人进化之助力，定能锐增"①。但是，就在他们谈到怎样废除汉文的具体行动时，却流露出十分强烈的民族情绪。他们认为：废汉行动的"主动权"一定要掌握在中国人手中，绝不能被外国人夺去。因为当时世界文化竞争的局面十分激烈，中国人要早点动手，尽早废除，如果动手晚了，汉字在世界文化的竞争中已经被人挤垮，淘汰出局，到那时，文化上生杀予夺的大权已经被外人夺去，中国人就无法控制局面了。一位署名"木"的先生在《新世纪》上撰文这样写道：汉文既"无生存之能力，与其为他邦文字所压倒，不如由吾人自择一种良善之公语以代之"。他特别强调，"新语"的传播"仍宜由吾人发展，不可专任外人"。如果"任之外人，则人为主动；发之由我，则我为主动——而人为相助，主奴之界，不可不争也"②。作者在这里强调"主奴之界"的区别，很值得注意。它告诉我们，即使是主张"世界主义"的先生们，也不能完全抛弃他们"民族主义"的老根。

这个例子说明，"激进"中有"保守"成分；"保守"中有"激进"因素，"世界主义"与"民族主义"两者之间也常常是交叉互见的。看来，只有这样分析，才能做到比较符合实际，也才能切中问题的要害。当然，这里不是做理论判断，只不过是作事例分析而已，然而，却已经使我们看到，如果不多下几番"循名责实"的功夫，那么，要想在所研究的问题上有所进展，大概是很困难的。

（后按：目前欧洲各国政治生活中的变动给我们带来十分有趣的消息，一些

---

① 见吴稚晖对苏格兰《废除汉文》一文之"附按"，苏格兰. 废除汉文议 [J]. 新世纪，1908（69）：10-12.

② 见"按语"，木君来稿. 陶斯道君致景教士书 [J]. 新世纪，1910（121）：12-14.

在历史上素有"保守"之称的政治派别渐渐变得"激进",而那些曾被普遍认为"激进"的政治派别则又变得渐渐"保守"起来。这种新现象、新消息难道不使我们更加感到对"保守""激进"这一类概念非下"循名责实"的工夫不可吗?)

(《新华文摘》2004 年第 15 期)

辨文笔·择善本·寻根源

——新版《孙中山全集》的编纂特色

孙中山先生是"伟大的民族英雄、伟大的爱国主义者、中国民主革命的伟大先驱"（胡锦涛语），是中国国民党和中华民国的缔造者。中山先生的著作，尤其是其代表作《三民主义》《建国方略》等，不仅是他所处时代的最强音，有力地推动了中华民族觉醒的历史进程，推动了中国民主革命的发展，最终推翻了两千多年的帝制，创建了亚洲第一个共和国——中华民国，为后来中华民族的伟大复兴扫除了制度上的障碍，也是国共两党第一、二次合作的政治基础，有力地推动了国民革命和抗日战争。时至今日，中山先生博大精深的思想体系仍是鼓舞海内外华夏子孙为振兴中华而奋斗的重要精神动力。正因为如此，孙中山先生著作的收集、整理、编辑、出版与研究工作，长期以来一直受到海峡两岸学术文化界的高度重视，不少学者甚至终生从事该项工作，并做出重要成绩和贡献。正是由于一代代学人的不懈努力，中山先生的著作才会有众多的版本可供学术界和公众研读参考。当然，毋庸讳言，由于时代、社会、政治等方面的原因，这些版本无论在文献的收录和分类标准、文字的校勘、写作与发表时间的核定，乃至为了帮助读者理解而加的一些注释等，都带有那些时代环境所特有的烙印，存在这样那样的问题。如何既充分吸收前人的优秀成果，又站在当前时代的学术文化高度，整理出一部适合当代读者阅读、供当代学者研究参考之用的《孙中山全集》，是我们这次编纂新版《孙中山全集》面临的重大任务。

这次编纂新版《孙中山全集》（尚明轩主编，人民出版社2015年版），在我们所参与的部分工作中，有三点感受特别深切：

第一，注重文体分类。

孙中山先生是近代中国最著名的政治思想家，既是中国共产党诞生以前向西方寻求真理的一位代表人物，又是政党领袖和行政首脑。政党领袖和行政首脑这两个身份在现实中是合而为一的，但以两个不同身份所发表的文字作品，就其性质而言，是不同的。如何将两种不同身份下形成的文字作品区分开来，对于更好地理解和继承中山先生的思想精华，具有重要意义。本次编辑审定过程中，我们突破原有的孙中山全集的编排模式，将比较能够集中体现孙中山先生思想精华的"文"挑选出来，单独编排为"专论""文集"（包括论著、序跋、碑传祭悼、自传与回忆、祝词与遗嘱等），而将中山先生以行政首脑身份发布的一些公务性、格式化的宣言、声明、政见、通告、布告、启示、条例等属于"笔"的部分，编为"文告规章"等卷，以便读者更准确地认识和理解孙中山先生的思想精华。比如"宣言"这一类文字，以往所编的文集、全集等一般都当作政治文献或政党文献来处理，汇编在一起，但这类文章实际上性质不同，一类是作为政党领袖所发布的政治宣言，另一类则是作为政府首脑而发布的行政公文、政府文告等。后者之中，又有一些是属于应时性乃至应酬性的文字，与中山先生作为政治领袖而发表的政治宣言，其性质有所不同。因此，我们在编辑时，在"宣言"部分，主要收录中山先生作为政党领袖而发表的政治宣言，而对于孙中山作为政府领导人发布的行政性公文，如"宣抚""宣慰"之类的文字，则重新进行分类，然后再将其编入相应的各卷中。

第二，按照"百衲本"的传统来编辑中山先生的全集。

所谓"百衲本"，意思是采用多种不同善本汇印而成的书。这次编辑孙中山先生全集，在底本的选择上，充分尊重前人的劳动，吸收前人的研究成果，选择各种版本中较合理、较好的版本用之于全集。孙中山先生的文字，从他在世的时候起，尤其是在他逝世后，就不断有各种不同版本用文集、全集、全书、选集等名称问世。每种版本都各有所长，但同时又都各有所短，如果完全以某种版本为底本，在保留了该版本的优点的同时，也难免会把其缺点也保留下来。采用"百衲本"的方式，则可以在吸收众本之长的同时，又尽可能地避免各本之短。例如，"专论"部分，我们在选择底本时，《建国方略》和《建国大纲》用的是广东人民出版社2006年出版的黄彦先生选编的《孙文选集》及中华书局2011年出版的林家有先生整理的《建国方略》，他们两位都是长期致力于孙中山研究的学者，选用他们整理过的版本做底本，就可使整个编注工作有较为可靠的基础。

第三，运用跨文化、跨语际的方法进行编注整理工作。

近代文献不同于古代文献，其最突出的特点是跨文化、跨语际。孙中山先生作为中国资产阶级民主革命的伟大先行者，早年在夏威夷和香港接受西式教育，辛亥革命前后周游欧美、日本等国，一边向世界解释中国革命之必要性，一边收集、研读相关文献资料，晚年为撰著《建国方略》，更是系统参阅大量中外书籍，他所留著述文字的跨文化、跨语际特性就更加明显。可以毫不夸张地说，中山先生在双向互动中寻找中华民族的自我认同，寻找中国的世界定位和时代定位，其思想是中西双向互动的产物。因此，如何在编注过程中把这些独特的跨文化、跨语际的内涵揭示出来，帮助读者更好地读懂孙中山先生的著作，确实是一个有相当难度的课题。在此次参加编注工作的过程中，我们有意识地在这些方面做了一点尝试。

例如，"五权宪法"是在对西方长期以来盛行的"三权分立"思想反思、批判的基础上，又结合中国历史文化自身发展的特点而提出来的，是中山先生建国思想的重要组成部分，也是他对中国乃至世界政治思想的一个重大贡献。在这一思想形成的过程中，到底受到了哪些思想家及其著作的启发和影响？

中山先生的著作中其实提供了不少或明或暗的线索。例如，在《五权宪法讲演录》中，在谈到为什么在肯定西方"三权分立"的长处的同时又要另创"五权宪法"时，中山先生提到："美国哥伦比亚大学有一位教授喜斯罗，他著了一本书，名叫《自由》"，"主张四权"。在孙中山先生的其他演讲稿中，"喜斯罗"亦作"希斯洛"。很显然，弄清这位"喜斯罗"先生及其生平事迹与思想学说，对理解中山先生的"五权宪法"思想很有帮助。过去有的孙中山著作集曾将此人注作"Hugh Richard Heathcote Gascoyne Cecil，今译西塞尔，其著作《自由》（The Liberty）"。[①] 但是，经核查，西塞尔虽曾撰写过一本题为 The Liberty 的著作，按现在的中文译法确实可以译作《论自由》，然而，其中并无孙中山所提及的与弹劾制度相关的内容，况且这位先生的姓氏的译音与原文的发音差别太大。我们根据孙中山所提到的线索去查找，结果发现，所谓"喜斯罗"并不是"Cecil"，而是 James Harvey Hyslop（1854—1920），是美国逻辑学与伦理学、神经学教授，1889—1902 年间曾在哥伦比亚大学哲学系任教，先后担任过哲学、逻辑学、心理学等学科的教授，著有专著近 30 种。孙中山所提到的《自由》，是他于 1899 年出版的 Democracy：A Study of Government（《民主：一项有关政府的研究》）一书。全书共分三章，第一章"导论"，第二章"问题的性质"，第三章"可行的补救措施"。其中第三章主张在传统的行政、立法、司法这"三权"之外，另设弹劾与罢免部（Court of Impeachment and Removal），负责限制与惩罚相关官员。弄清了此人此书，有助于读者了解喜斯罗究竟是谁，孙中山先生为什么要举他做例子，也才有可能更深入地理解孙中山先生"五权宪法"思想是如何形成的，受到了哪些思想家的影响。

---

① 黄彦编. 孙文选集：下册［M］. 广州：广东人民出版社，2006：20.

再如，《赤十字会救伤第一法》，以往版本的题注一般都提到"……原书为英文，著者英国医生柯士宾，中译本由伦敦红十字会初版发行"，时间为"一八九七年春夏间"。① 但这位英国医生"柯士宾"到底是何许人？生活于什么时代？其著作的英文原本是什么？这些问题仍不清晰。这次编注，我们做的题解是："……原书为英文 Ambulance Lectures：First Aid to the Injured，著者英国医生柯士宾 Samuel Osborn（1848—1936，英国红十字会的主要创始人之一）"，"出版时间当在 1897 年 6 月 20 日之前"（第 2 卷，第 365 页）。同时依据英文原本对译文中的一些术语等进行了校订。增加的文字虽然不多，但可以帮助读者更准确地了解孙中山先生此译著的原本及原作者情况。如果是专业工作者，还可以顺藤摸瓜，去把原作找来进行更深入的研究。

此外，对孙中山著作中提到的一些外国人名，我们也按照国际学术界通行的规范，尽可能地根据权威的工具书，把他们的姓名、生卒年、身份及生平事迹等作简要说明，为读者阅读孙中山先生的著作提供一些基本的背景知识。

总之，通过参加《孙中山全集》的编辑整理工作，我们更加深刻地认识到，孙中山先生的著作是在近代中西大通、中外文化双向互动的特殊时代环境下产生的，它们不仅是中华民族弥足珍贵的思想遗产，同时也是世界文化交流互动的结晶，如何深入整理、研究并使之造福当代，是一个需要长期探研的课题。我们愿与学界同仁一道为此做出努力。

（此稿系北京大学杨琥依据刘桂生、王宪明教授在《孙中山全集》编委会上之发言整理而成，特此说明。原载《近代史研究》2017 年第 1 期，署名刘桂生、王宪明）

---

① 广东省社会科学院历史研究室等合编. 孙中山全集：第 1 卷［M］. 北京：中华书局，1981：107.

五、讲座与访谈

学习和研究中国近现代政治思想史的几点体会

——2010 年 3 月 5 日、12 日在清华大学中国
近现代政治思想史课上所做的报告

今天和大家谈的是自己平时学习的一些新的体会，说不上什么"报告"。记得钱穆老先生曾经把做学术报告比作在商场里摆摊，过客如果觉得货色好，就买走；觉得不好，走开就是。这是从顾客一方面来说。反之，如果从另一方，即从货主或卖方来说，那么就要看到，货色是他自己制作出来的，因此，就要看到货色后面还站着一个人呢！一个什么人？一个活生生的人，有血有肉的人，而且是个有"人格"的"人"。"货色"正是由这个人制作出来的。他的人格高尚，人品好，认认真真做事，货色的质量也就高。如果这个人人品不怎么好，做事马虎，那么经他做出来的"货色"，质量就很难保证了。钱穆先生用很通俗的话语，为我们讲了一番大道理——"文如其人"。"学问"是要用"人格"来作"保证"的，文章的内容，是要用作者自己的"人格"来支撑的。"文如其人"——这四个字的意思就是要用作者自己的人格力量来保证文章的品格和力量。

以上是第一个问题，叫作"学问"要以作者的"人格"力量为"支撑"。

第二个问题：做学问要以自己的民族文化为宗旨，为归依。学习文化当然要学习外国文化，并且还要充分地、尽量地吸取外国文化的优点。但这种吸取，目的是"洋为中用"，是"化西"，而不是"西化"。过去曾经有过一种"捧着"欧洲人对中国的认识来认识我们自己的祖先。那是极端错误的。那样的日子，赶快告别吧！好好重新认识我们自己的过去，这才是"立国"的根本问题。

正好昨天，上海古籍出版社的《古籍通讯》寄来了。上面有一篇文章：《从礼乐文化的视角研究〈诗经〉》。作者认为，中国现在研究《诗经》的主导思想，还在延续胡适先生当年的一个错误，即把《诗经》基本上看作民歌。这样的"论断"，是不准确、不妥当的。作者认为，从诗句内容的文字来源的意义上说，有民歌的成分，但又是经过受礼乐文化教育培养出来的采诗官之手，由他们选取、润色、编辑、注释之后而最终完成的，就由民歌而变成礼乐文化的产

物了。把"诗经"基本上看作"民歌"，这种论断是不全面，不准确的。

再举一列，大家都知道，胡适先生写了第一部《中国哲学史》，但只写了上卷。按理说，写中国哲学史，先秦一大段是少不了的。可是胡适先生认为，假如不把中国经学里头几千年来的纷纷扬扬、纠缠不清的争论搞清楚，这书是写不成的。可是要把这些东西都搞清楚，那是一辈子都做不完的事。所以他就采取一个大刀阔斧的办法，凡是讲经学的那些内容，他一概不理，就从中国的子学时代开始，从孔子、老子、墨子、庄子等等讲起，而把经学时代，一笔勾掉。这种做法得到蔡元培先生的赞许。然而金岳霖先生看了就大不以为然，说这不就是模仿欧洲哲学史教材的写法吗？胡先生这个头开得不好，用一句老话来批评，岂不是"数典忘祖"。胡先生的做法影响很大，后来学术界不少人模仿这种做法，如写中国经济思想史、中国政治思想史之类的著作，只要是带"中国"二字的，几乎都不外是西方的理论，中国的材料。这样一来，后果很严重，等于向西方学术界宣称：在西方的理论前面，中国的史籍除了资料价值之外，别无意义。

中国文化落入这种境地，理论都是西方的，中国只有材料可供给。那么中国的理论呢？中国有理论吗？一个没有自己理论的民族，没有自己思想的民族，怎么复兴？复得起来？兴得起来吗？对不对？没有精神生活，只有肉体，复得起来？兴得起来吗？我们如果不从自己历史文化的实践中深入认识自己，形成自己的理论，不培养这样的素质，而只是根据现有的，或者从外国抄来的东西中认识自己、发展自己，那是不行的。在文化问题上，对自己民族一定要有认同感和归属感，即：不忘本来文化，吸收外来文化——吸收时要充分地、尽量地吸收，然后创建自己的文化。要把民族文化的认同感、归属感列为第一条。只有把这根主心骨树起来，才是有思想、有精神、有灵魂的民族。

最后再谈一个问题，我曾经写过一篇文章，是关于汉武帝"罢黜百家、独尊儒术"的。现在学术界有一种认识，认为汉武帝此举是为了要禁书，即禁止出版自由、言论自由。这有点开玩笑！汉武帝哪有那么高的政治觉悟呢？这是用现代人的思想来理解古人。事情的本质用通俗的话来说就是：汉代已经开国多年，还没有一所专门为国家培养干部的学校，办学就要招生，招生就要有个招生标准，要选取一批懂得治国安邦道理的人。治国安邦靠什么？主要靠礼仪。那么就要选取一些懂得这套东西的人。在诸子百家各派当中，儒家是专搞这一套的。于是，招生标准中就出现儒家独尊的现象。把学过这套东西的人招来，再加以培养，任用为官员。所以招生标准规定："诸不在六艺之科、孔子之术者，皆绝其道，勿使并进。""皆绝其道"四个字的意思，就是不录取那些搞墨家、道家、阴阳家等诸子百家学问的人，并不是在社会上禁止这种学问流行，烧掉他们的书等等，没有这个意思。就是不让搞这些学问的人有做官之道。这叫作"罢黜百家"，"黜"的意思不是把书烧掉、把人杀掉。"黜"就是不录取这些人。到了近代，西方文化来了，有学者把汉武帝此举比作中世纪罗马教皇烧书，那就大错特错了。这是性质完全不同的两回事。金德建老先生写过一本书，叫作《司马迁所见书考》。大家都知道司马迁是汉武帝"罢黜百家、独尊儒术"时代的亲历者，在司马迁本人所见过的各种书中，看不出有禁掉百家之书的现象，百家之书在社会上照样流传。金建德老先生的书的价值就在于让我们知道，不能随便拿外国历史上的事例（如罗马教皇焚书）来类比中国历史上的事例。

我们对自己的祖国要有认同感、归属感，我们今天之所以要把这些问题梳理清楚，是为着尊重我们的历史，不能忘记我们自己的历史文化。今天是个双重文化，甚至多重文化的时代，尤其要有是非感，要增强自己的认同感。我们是炎黄子孙，不要自己误了自己。现在有人提倡搞"汉学"，在中国搞什么"汉学"，真是不可思议。我们要讲民族复兴、文化自信，难道还不急起直追？

（胡一峰根据录音整理）

生命与学问

——2014 年 5 月 23 日为清华大学马克思主义学院研究生所作报告

今天讲的题目是"生命与学问"。

"生命"与"学问"之间是什么关系？可以用这样两句话来表述或回答。第一句是"学问长在生命里"；第二句是"生命活在学问中"。前一句强调学问不能只做到认知层面上，而要把它做到自己的生命中。不这样，学问永远也得不到自己生命的滋养，会很快地消失掉。所以，学问一定要做到自己的生命里，这样生命才与学问长久相伴，成为你自立、自知的可靠的基石。

一、生命政治线——身、心、家、国的一致性

生命和学问都有时代性。我是 1930 年出生的，第二年就是"九一八"事变，3 岁时日本军进入热河，5 岁时华北事变，7 岁时全面抗战爆发。我出生在这样一个时代，什么文化都还不懂的时候，战火就降临到自己头上来了。我的家也是被日本飞机炸掉的，躲过警报后回来，家就变成一堆瓦砾。身、心、家、国四者的一致性，是日本的飞机、炸弹从反面教给我的。哲学、社会科学中的许多问题都要从生命的意义上来理解和认识，否则就是无根之学。

二、学术文化线——不忘本来文化、吸收外来文化、创造未来文化

1949 年 2 月，我考入广州岭南大学的政治历史学系，正好这时陈寅恪先生离开清华来该系任教，我有幸做了陈先生的学生。这个系有两个组，一个是政治学组，一个是历史学组。政治学组有 20 来人，历史学组只有 5 个学生，后来继续留在历史学界的，只有我和曾任中山大学副校长的胡守为二人。

　　上课的地点在先生家里，那时先生的视力虽弱，但还能看见东西。上课时，先生常在座旁的桌上放一个闹钟，可以拿近眼前看时间。先生讲授隋唐史的一般情况，过去已有不少文章谈过，我这里就不谈了，只说在先生课堂上，我脑子里感受最深、印象最深的一件事，即每当先生介绍到某前辈学者在学术上的重要贡献时，尤其是有开创性的学术贡献时，即所谓"发前人之所未发"，或"发千古之所未发"时，先生的情绪高涨，兴奋、高兴，每当到了这样的时候，我感到先生的眼睛都会因兴奋而发亮。

　　我后来才体会到，先生之所以兴奋、高兴，正是从前人的学术成果中，受到了启发，也就是所谓"先觉觉后觉"。而学术事业本身的生命，正是依靠这些历久弥新、相继不断的"启迪"而延续下来，发展起来。这正是学术事业本身的"命脉""命根"，因而具有更为普遍和长久的意义。正是根据这一点，先生提出对中华文化的根本态度应是"不忘本来文化、吸收外来文化、创造未来文化"。对作为个体的文化人来说，"学问长在生命里"，说的是各种观念都存在于生命性的社会实践当中；"生命活在学问中"则理解为生命实践是各种学术观念的最终归宿。

（胡庆祝根据录音整理）

学问"长"在生命中，生命"活"在学问里
——刘桂生教授访谈录

访谈时间：2014 年 4 月 22 日
访谈地点：清华大学新斋 221
被访者：刘桂生教授
访谈者：赵雪爽（法 92）、赵丽明教授
整理者：赵雪爽

给自己的灵魂安个家

赵：您当年是由学习英语转而学习历史的，您是怎么走上史学这条道路的？

刘：我 1948 年在广州珠海大学读外文系，目的很简单，主要是想学英语出国留学。入学不久就发现，外文系的老师，一般英语都讲得很"溜"，可是课程的思想内容，一般不能满足我的需求。比如系主任李一剑先生，"汤姆·潘恩"研究是他的专长，可是他的课，除了美国史知识外，我得不到什么收获。与此不同，历史、哲学等类课，主讲教授的学术造诣一般比较高，学生听了一般收获比较大。在这些教授身上，学问从某种意义上说是他们一生的奋斗目标。这样的人生态度，比较符合我们这些在抗日战争中长大起来的青年的人生追求。对于我们这些在空前民族灾难中长大的人而言，"怎样建设自己的国家？"这是个决定一切的根本性问题。一切离不开这一点，自己的人生态度同样离不开这一点。这是"时代使然"，或称"使命感"吧！总之，读外文系的经验告诉我，一个人在出国之前，在留学之前，必须先给自己的灵魂安个家，即在思想上把自己的人生理想与民族命运联系在一起，牢牢地联系在一起。这样，从第二个学期起，我就转学岭南大学政治历史学系，专门学历史去了。

赵：您老作出改变专业的决定有没有受到别人的影响？

刘：有的。就在这时，我收到父亲从昆明寄来的信。他说："你现在念外文系，有个问题不知你考虑过没有？念外文系，意味着你把英语当作自己一生所从事的专业。须知，一个中国人以英语作为自己一生的专业，而不是作为一种工具，这种选择到底合适不合适？"父亲的信提醒了我，很快我作出改变专业的决定。我没有想到，一到岭南就碰上陈寅恪教授，先生这时正好南来。这样，我上了一年半陈先生的课，先是唐史，后是魏晋南北朝史；又上过陈先生的弟子刘节教授的课以及容庚教授的课，这就是我进清华以前的"历史"缘。

清华历史系的老师和学生

赵：我们最想知道的还是当时清华历史系的情况。

刘：1949 年中华人民共和国成立，国家是新的，清华却基本照旧。经过1952 年的院系调整，从 1953 年秋季开始，清华就变成一所"多科性工业大学"了。这就是说，从 1949 年到 1952 年，是老清华存在的最后三年。我是这时期的学生。第一年（1949—1950），系主任是吴晗（吴先生这时有三个头衔：校务委员会副主任、文学院院长、历史系主任）；第二年（1950—1951），系主任是邵循正先生；第三年（1951—1952），系主任是周一良先生。教学方面，教先秦史的是孙毓棠先生；教魏晋南北朝隋唐史的是周一良先生；教宋史的是丁则良先生（丁先生做过杨振宁先生的家庭教师）；教元史和清史的是邵循正先生，先生同时也教研究生的中国近代史。系里有一位讲师王永兴先生，他追随陈寅恪教授研究隋唐史。陈先生 1948 年离校后，王先生有时也教外系的中国近代史。陈庆华、张寄谦两位助教，协助邵循正先生教中国近代史。以上所有教师，先先后后，都是陈寅恪先生的学生，王永兴、陈庆华二位，直接在陈寅恪先生身边工作。世界史方面的课程，主要由雷海宗、孔繁霱、何基三位教授担任。雷海宗先生的大名，大家都知道，无须多说。孔繁霱和何基先生的名字或情况，现在知道的人已不多，我必须作点介绍。

孔繁霱先生是山东藤县人，生于 1894 年。他的父亲孔庆塘是清代名将，和段祺瑞一起，是清朝首批派往德国学习炮兵的五个将领之一。回国后做过云南总兵。孔先生早年在天津南开学堂（南开大学前身）读书，与周恩来同学。他们二人先后获得过该校国文比赛第一名。孔先生 1917 年留学美国，获芝加哥大学的硕士学位。1923 年又到德国柏林大学留学。1927 年回国，在清华大学历史系任教授。他担任的课程是西洋中古史、史学方法等。孔先生的学术造诣很高却很少写文章，知道他的名字的人不多。院系调整后，他分到北京大学历史系，1959 年因病去世。

　　何基先生是南开大学经济研究所创办人何廉教授的亲弟弟，湖南邵阳人，1908 年生，1928 年考入清华历史系。1932 年毕业后留系助教。1946 年去美国留学，获哥伦比亚大学的硕士学位，1950 年回国，在清华历史系任副教授。1951年 7 月改聘为教授。院系调整时，他与丁则良教授一起分到东北人民大学历史系，后来调到南昌江西师范学院历史系，1966 年 8 月 11 日在"文革"中遭迫害逝世。

　　赵：请您谈谈那时学生会方面的情况？

　　刘：全校的学生会，1949 年到 1950 年的会长是徐乃明；1950 年到 1951 年是凌瑞骥；1951 年以后是朱镕基。他"上任"后不久就被调走，由副会长吴麒、王森主持工作。以后是邵敏（女）。我担任过 1950 到 1951 年的系会总干事，1951 年 10 月去江西参加土改，总干事交给别的同学了。校学生会对我们这一批系总干事的领导主要是抗美援朝、下厂下乡宣传等等。系会活动，我记得较清楚的是这样一件事。1950 年春，吴晗先生因为北京市"副市长"的工作忙，全家迁到市内居住，由校内西院 12 号，迁到城内西单头发胡同 1 号。系学生会举办过一次欢送会。这次会，还有一项任务，即同时欢迎周一良、何基两位先生参加完四川省的土改回校。这次会是晚上开，地点在四院（四院现已拆除，原址就是今天的第二教学楼），我是主持人。记得吴先生和他的夫人——社会系副教授袁震都在会上讲了话。周、何二位先生也讲了他们参加土改的体会。这次出席的教授很多，连年老体弱的孔先生也来了，大家谈得很融洽，有点像家人拉家常。现在回想来，这次会很可能是历史系最后一次师生集会。这也是我最后一次见袁震，以后就没有机会见面了。至于吴晗先生本人，我以后还在他的市长办公室里见过几次面。

历史系的校园文化活动

　　赵：先生对当年历史系的风气和教学有没有什么特殊感受？

　　刘：有的。大家都知道，目前"校园文化"这个词很流行，那时候没有这个词。今天不妨从这个角度谈谈当年的一些事情吧！吴晗当系主任的时候，对这方面的事情是很重视的，做过这样几件事：一、他请徐特立老人来给全系师生作报告，1950年、1951年各请过一次。徐老高高兴兴地来了。会在工字厅开，徐老讲得很生动、很感人、很深刻。二、他请瞿秋白夫人杨之华来介绍秋白同志的生平，讲他与鲁迅的交往等等。三、他请当时的外交部亚洲司司长陈家康来讲中西交通史，大家听得很有兴趣。这门课，用今天的话来说就是中外文化交流史。

赵：您当时曾去听吗？

刘：我每一次都去，很有兴趣，也很受教益。陈家康当时是外交部的亚洲司司长。他只有星期六下午有空，课都安排在这个时候。他有小汽车，讲完课后，想进城的学生就搭他的车进城，去看个电影什么的，很有意思。记得1951年上半年，学校还正式通过决议，请他担任历史系的兼职教授。在我的印象中，他本人对历史学的兴趣很浓厚。如果不是命中注定要做亚洲司司长，我看他完全有可能到历史系来当教授。

赵：当时除了讲座形式之外，还有别的校园文化活动吗？

刘：还有一些。我印象最深的一次是邵循正先生带我们去参观在故宫午门楼上举办的展览。这次一共参观了两个展览：一个是常书鸿教授临摹的敦煌壁画展览；一个是沈从文先生主办的中国古代服饰展览。前者布置在午门楼上的东半部，后者在西半部。这次参观给我留下终生难忘的印象，请听我慢慢说来：

常先生是中国有名的画家。他留学法国，留学时就认识到必须回国来研究濒临毁灭的敦煌艺术。1943年他终于来到莫高窟，就在那满目疮痍、残垣断壁的寺院中，开始了临摹和研究工作。我们参观的那一天所展出的就是他多年的工作成果。常先生亲自带领我们参观并作介绍，他女儿常沙娜女士也跟着听。这次参观，真可谓"给我思想上了一课"。我感到做人就是要像常先生那样，为了祖国的敦煌艺术，即使在个人已经有了学术造诣甚至名誉之后，也放弃了优越的生活条件和好的工作环境，毅然回国。在茫茫沙漠包围的石窟里，一蹲就是八九年，埋头在学问之中。不妨设想一下，如果没有他的辛勤努力，没有这种献身精神，像"飞天"等等这些这样美妙动人的艺术形象，多数人是不会知道的。像我们这些人，正如陈寅恪先生说的，"不是太有文化，也不是太没有文化"，对自己的国家和民族，知道一点点，但不多。对世界的认识也一样。正是由于常先生的辛劳，中国人有可能更好地认识中国，世界各国人民也有可能更好地认识中国。常先生的勤奋努力，有功于祖国和人民，也有功于世界文明。

这种人格和精神，就是我们的好榜样。这次校园文化活动就给了我很大的教育。单凭这件事，我就忘不了邵先生大有眼光的安排。

赵：您从那时起就觉得自己以后做学问就得有这种精神？

刘：是的。常先生这种形象带给我的教育是终身的，他使我认识到校园文化很重要。

那天我们参观完在午门东半部举办的常先生作品展览以后，就到西半部去参观沈从文先生主办的中国古代服饰展览。沈先生在文学界的声誉很高，但解放初期他没有搞文学，而是埋头搞中国古代服饰研究，取得很大成绩。

常先生社会声誉很高，他的事业精神是埋首苦干，鞠躬尽瘁；沈先生当时并不得志，但他依然意气不衰，孜孜不倦，勤勤恳恳。这种精神，尤其可贵。在我心目中，他们二位在学术上和事业上同样是有"人格魅力"的长者。这一年，我才二十一岁，还不知人生会有那么多的起起伏伏。然而，就是这一天所受的教育，有助于我以后碰到任何困难都意气不衰，照样愉快地生活下去。这就是常先生、沈先生身上给我的精神营养。

把身、心献给学问、事业

赵：先生，您在的那几年，整个历史系有多少学生啊？

刘：那时全系学生一共只有 30 来个。1949 年入学的新生约 14—15 个，就是钱逊他们这一届。1950 年入学的约 16—17 个，1951 年是 11—12 个。我是转学来的，也算钱逊他们一届。以上是从"入学"这一头说，若从"毕业"这一头说从 1949 到 1952 年毕业的、抽调的，加上研究生毕业的，共约 30 来人。

到现在为止，在学术文化方面有贡献的，有担任过首都师范大学校长的齐世荣、担任过社会科学院近代史研究所所长的余绳武，有该所著名专家丁名楠、沈自铭，有中央编译局资深德语专家、专门研究社会民主主义和第二国际的殷叙彝（他年纪比较大，1942 年上大学，本应于 1946 年毕业。可是战争和疾病使他断断续续念了七八年，直到和我们同学）。他掌握的语种比较多。此外还有两位，就是在西南联大入学，而随院系调整分到北大历史系的陈庆华、张寄谦教授。

此外还有担任我国首任"唐史学会"会长的胡如雷、担任过"中国现代史史料研究会"会长的张注洪、担任过"中国孔子研究会"副会长的钱逊、担任过社会科学院历史研究所对外关系研究室主任的夏应元等等。

还有两位转到外交战线上工作的同学，一位是1951年毕业的张文朴，他起先分配到教育部给周建人副部长当秘书，后来调到中国人民对外友好协会。由于工作上的关系，外交部发现他英文好，世界历史文化知识的根基相当深厚，很适宜在外交战线上工作，于是把他调到外交部，担任我国驻加拿大大使。他大概是历史系毕业生中唯一一个当过大使的人。还有一位是1952年毕业的张雪玲（女），她在"中国人民对外友好协会"这样一条民间外交战线上奋斗了一辈子。

下面三位同学尤须加以介绍：

一位是我国著名教育家万邦儒。他1948年考进清华历史系、1952年毕业后留在校内担任工农速成中学教导主任，后来又负责筹备清华附中。他天赋极高，非常聪明，自幼在家乡就有"神童"之称。他非常好学，非常用功，头脑清晰，做事明快。如果有机会研究历史，我相信他一定会成为我国杰出的历史学家。然而，他服从组织分配，转到教育战线上工作。从1960年起，他担任清华附中校长，几年之间，他把清华附中由一所"子弟学校"办成一所一流水平的中学。作为一个中学校长，他坚信校长一定要有自己的教育思想。所谓"校长的领导"，实际上就是教育思想上的领导；"校长的工作"，实际上就是在教育原理指导下当好一个实践家。他在"文革"期间受到很大委屈，但他无怨无悔，仍然始终如一、奋发不已地工作，直到1992年逝世。北京市政府授予他"模范校长"的称号，教育部追认他为"全国优秀校长"。他以历史系毕业生为事业的起点，以全国著名"教育家"为归宿。

另一位是王寒。他1946年考入清华气象系，后转到历史系。1950年9月，他响应抗美援朝、保家卫国的参军号召，先后在青岛海军航空学校担任海军领航教员、南京中国人民解放军军事学院海军系担任海上航空兵战术教员。参军8年，他5次立功受奖。1956年被评为军事学院的先进工作者。但是，不幸得很，1957年他被打成右派，受到"三开"（开除党籍、开除军籍、开除公职）的"待遇"，并下放到江苏阜宁县，监督劳改。这一年，他28岁。

谁也没有想到，不几年后，1981年1月14日《解放军报》登载了一篇关于王寒的报道，题目叫《石压笋斜出》，这样写道：

"北京农科院有个'白薯王'叫王寒，原是海军上尉，1957年被错划为'右派'，下放到江苏阜宁县劳改。他发现当地白薯产量不高，就研究如何提高产量，经过不懈努力，终于提高了当地白薯的产量。1969年冬天，北京顺义木林有三个村，同时发生了白薯黑斑病，王寒和群众一起把濒危的 15 万斤病薯抢救过来。"

1992 年 1 月 21 日《北京日报》又有一篇关于他的报道，题目叫《白薯王——甘薯迷王寒》，其中写道：

"一辆自行车，一身粗布衣，一位 64 岁的老人踏遍京郊的山山岭岭，为的是那些普普通通的甘薯。他就是已退休的北京农学院教授王寒。……两年下来，他使当地的白薯产量翻了一番，最大的一株竟达 100 多斤，被送上了北京展览馆的展台。生活屡起波澜，王寒却痴心不改。他先后完成了'白薯高温储藏、高温育秧、高产栽培、高产育种'和国家科技攻关项目'白薯茎尖脱毒试管培养'的新技术研究。在他的帮助下，密云县两万多亩白薯增产 2000 多万公斤，相当于全县增加数千亩良田。白天，他搞实验；晚上，给农民上技术课。严重的冠心病没能阻挡他在京郊薯地里辛勤地劳作。"

对农民送给他"白薯王"这个称号，他自己这样解释："我长期在农村，和农民同吃同住同劳动。因为我是搞白薯的，农民叫我'白薯王'，我感到很亲切。从另一个角度来说，在北京，白薯是傻瓜的代名词，白薯王就是大傻瓜了。这也符合我的实际情况，我下乡无偿为农民服务，这在一切向钱看的今天，不正是个傻瓜吗？"

我见过他的一首"自嘲诗"："戏称白薯王，亲切又幽默。我乃大傻瓜，称呼正适合。"这就是王寒的精神和气度。

当年那个学历史的青年学生王寒，如今变成了北京农业大学教授、国务院授予有特殊贡献专家、全国农业劳动模范、北京市农业劳动模范。我们这些同学都称他是"自强不息，厚德载物"精神的化身，算得上是一个典型。

另一位是姚涌彬，1951 年毕业，分配到人民教育出版社历史编辑部工作。"文化大革命"后转到《文物》月刊社任编辑、编审。在"文革"结束后不久的那些日子里，我、殷叙彝和他三人时常见面。也许是由于年龄都已五十上下，大家觉得比当年在清华天天在一起时更加亲切，彼此也更加了解。姚涌彬的为人，本来我自以为是很了解的。但是，最近看了他当年在人教社的老同事、现在中央民族大学历史系陈梧桐教授的回忆，使我对他的认识大大加深，摘录一段在下面：

（老姚）"从来不争工资，不争待遇，——吃的，除早上一杯牛奶，基本上都是粗茶淡饭。穿的，是最普通的衣料和鞋袜。在我的印象里，一件黑色的旧呢质大衣，他穿了几十个秋冬，直到去世为止。住的，早先是一间只有几平方米的狭小潮湿的平房，里面摆一张单人床，一张写字台，一把小凳子，一个放衣服的箱子，一个小书架，就没有多少地方了。——对待与利紧密联系在一起的名，老姚更是视若浮云，非常淡泊。发表文章，署上自己的名，是理之常情，也是出名的机会。但他从来都是署"喝冰"的笔名，生怕显山露水。文物出版社的领导，看中老姚的才干和品德，曾多次找他谈话，要他担任《文物》月刊的主编。在许多人看来，这是名利双收、求之不得的好事。但他考虑再三，觉得自己更适合搞具体的编辑业务，便主动推辞，支持另一位同志来担任这个职务。自己则承担《文物》稿件的复审，为刊物把好关，用实际行动支持这位同志的工作。"

陈梧桐教授用一个极为生动的比方，把涌彬默默无闻、奉献一生的精神活灵活现地表现出来。他说："老姚非常欣赏把编辑比作蚯蚓，并表示，他自己愿像蚯蚓那样在地下默默无闻地做一辈子编辑工作，以'改良土壤'，好使地面上长出茁壮的草木。"（陈梧桐《默默地钻在地下改良土壤》，《农业考古》1993年第1期《纪念姚涌彬编审逝世周年》专号）姚涌彬用自己的行动实践了一生的"诺言"。

一位多灾多难的"模范校长"，一位大起大落的"白薯王"，一"条"默默无闻的"蚯蚓"，遭遇不同，境况不同，但他们爱国家，为民族，奉献一生，鞠躬尽瘁的精神，确不失为"自强不息，厚德载物"校训的具体体现。

大学离不开教育"规范"和学术"范式"

赵：现在有人鼓励大学历史系老师模仿或学习电视节目中几位"名家""名嘴"，要老师用那样的方法讲历史，您怎么看待这个问题？

刘：这是既不懂教育，又不懂史学的人说的话，只好不听，也不理。要知道，大学教育的目的，是教会学生怎么去"创造"知识，而社会上的各种通俗知识讲座和创造知识一点关系也没有，他们根本就不负担这个任务，我们怎能向他们学习呢？即使真心实意地学，也学不到呀！要知道，大学历史系的主要任务是要教会学生懂得各种时代性的学术"规范"或"范式"。只有懂得这些，所"培养"出来的人才能适应时代需要和社会需要。盲目追求"通俗"，对大学来讲，等于宣称自己所办的不是大学，而只是一所"通俗演讲班"而已。

赵：就是说历史研究和教学的每一步都要有严格的规范？

刘：是这样的。每一步都有每一步的规范性的要求，否则谈不上"学术"，也谈不上教育。老清华的文科，这方面的要求是很严格的。

大学的灵魂在于它的人文精神

赵：除此之外，做学问还有什么需要注意的呢？

刘：有的。有个学者人格形成的问题。不谈这个问题，就谈不上"人文学科"四个字。道理很简单，所谓"学术"，是建立在学者个人的"生命""人品""人格"基础之上的。前面所说的那些"规范""范式"等，虽然形成于时代性的社会生活中，但要理解、认识、奉行这些规范，也要依靠生活在同一时代的人的理性的、伦理的支持。也就等于说，这些"规范"，都是生长在时代人的"人品""人格"这些"基因"上面的。孔子说过"三十而立"；陈寅恪先生也说过学术需要"独立的精神"，两个"立"字，意思是一样的，是一脉相承的，都有"人品""人格"的支撑在后面。

欧美有一句流行话："一部百科全书，就是一所没有围墙的大学。"这个比方，你说恰当不恰当呢？我看也恰当也不恰当。把百科全书比作大学，倒也很生动；但把大学比作一部"百科全书"，一下就把大学的灵魂抹杀了。大家都知道，大学的灵魂全在于它的人文精神。对这种精神，大学要在日常"教"与"学"中，经年累月地、持之以恒地贯彻，使它处处有所体现。只有这样，大学才能引领社会前进。也就是说，大学文化的总根茎，在于对自己民族文化的"自信"。有了这一点，才谈得上其他一切。著名教育家杨叔子先生有一句名言："一个国家、一个民族，没有现代科学，没有先进技术，就是落后，一打就垮；而没有民族文化，没有优秀传统，就会异化，不打就垮。"我赞同他的话，就用这段来作总结吧！

赵：感想体会：

能访谈到刘桂生老师，我感到三生有幸。记得高三寒假偶然在亲友家看到《刘桂生学术文化随笔》这本书，第一篇有关"罢黜百家，独尊儒术"的研究便使我感到扑面而来的大家学术风范，不曾想能在清华园与先生相逢，更未料到有幸聆听先生的谆谆教导。

谈话中，无时无刻不感受到先生的严谨、规范、真诚、谦和。某日中午12

点，我打电话至先生家中商议访谈事宜，却被告知先生还在图书馆，我不禁被深深地震撼，一个耄耋老者需要多大的热情与毅力才能在史学研究中仍然"衣带渐宽终不悔，为伊消得人憔悴"。也许，这便是清华人的品格，清华文科人的风骨。清华人的高度，正是像先生这样令人高山仰止的学者，用孜孜不倦勤勤恳恳的研究积累出来的。对于我们新一代清华人，这样的高度既是荣耀，更是责任。最后，衷心祝愿先生健康长寿。

（原载赵丽明主编：《清华口述史》，北京：中国文史出版社，2014 年）

清华大学历史系早年学术思想
和学风兼谈学术"预流"

——刘桂生教授访谈录

访谈人：李帆、曲洪波

一

问：刘先生，首先想请您谈谈入大学后的求学经历和在此期间对您影响较大的老师。

答：我的大学生活开始于广州岭南大学，历史机遇使我首先受教于陈寅恪先生。1948 年底，陈寅恪先生应岭南大学校长陈序经先生的邀请，到该校担任政治历史学系与中文系的合聘教授（先生在清华大学时是历史系与中文系的合聘教授）。岭南大学的政治历史学系分为政治学与历史学两个组。我恰在此时进入岭南，成为历史学组的学生。

陈寅恪先生给历史学组学生开的课是"唐史"。课在先生家的客厅里上，从燕京大学转到岭南来的中文系讲师程熙给先生当助教。课从"李唐之创业"讲起，讲到"安史之乱"为止。暑假过后先生又开"魏晋南北朝史"。上课不久即临近广州解放，国民党政府溃逃前大肆逮捕进步学生，大搞破坏—炸发电厂、炸海珠桥等，学校无法正常上课。直到 1950 年春天，教学秩序才恢复正常。就是这样的时局使得"魏晋南北朝史"课时断时续。不过，前后一共上了三个学期先生的课，耳濡目染，对先生的学术思想开始有些认识，比如说，用经济眼光分析社会、政治问题，如东晋过江名士王、谢辈之所以偏安江左远离建业，主要是经济方面的考虑，隋唐皇室之所以不断往来"行幸"于长安、洛阳之间，亦主要是经济原因所决定：用制度性、物质性的史料分析精神现象，如用唐朝的钱赋制度史料理解杜甫的"忆昔开元全盛日，小邑犹藏万家室，稻米流脂粟米白，公私仓廪俱丰实"等等，特别是用多种文字的史料治史这一类新颖而独特的史学方法，给我留下十分深刻的印象，以至今日脑子里还留存着先生讲课时的音容笑貌。

除陈先生外，岭南的其他几位老师也曾给予我多方面的教益。当时"大一国文"是刘节和容庚两位先生教的。第一学期的教师是刘节先生，一学期只讲了两篇文章，一是《庄子》的《鲲鹏赋》，二是杜甫的《同谷七歌》，内容从文字训诂到艺术分析，一应俱全。先生的风格是坦率诚恳，态度可亲。第二学期的教师是容庚先生，教法很特别。先生把他和弟弟容肇祖先生二人民国初年自广东东莞出发经广州北上到北京求学历程作为线索，边讲过程边介绍这一段时期国内文化、学术界所发表的重要文章，学生听得十分有趣。"中国通史"的教师是金应熙和陈华二位先生。近代以前由陈华先生教，近代部分（另算一门课）由金应熙先生教。近代部分由鸦片战争讲到1928年蒋介石国民党政府上台为止，是一种很新式的讲法，在一般学校里听不到，可谓"内容新颖，思想进步"，很受学生欢迎，旁听的人不少。"世界史"选的是白发苍苍的美国老教授、系主任包令留先生（Prof. Brownell）的课。我还选过一门社会学系岑家梧教授的"比较民族政策"课，内容是用中国古代王朝的"治边策"与资本主义国家统治殖民地的政策相比较，思想性很强，我从其中得益不少。另外冯恩荣教授的"西方哲学史"课，也使我终身受益。这里还要提到政治学组的谢扶雅教授。在系里的一次联欢会上，我唱了一段京戏，一位老教授马上走过来和我握手，才知是大名鼎鼎的谢教授。原来，先生也喜欢京戏。这种共同爱好把我们联系了起来。以后，每当有机会见面，二人就自然而然地坐在一起，谈了起来。我尽量向先生请教学问上的问题，获益良多。

1950年，我在家族亲人的言谈启示下，决心转学清华。当年9月1日，我便以一个转学生的身份，来清华大学历史系报到了。来清华后，又多知道了一些有关陈寅恪先生的事情，如系里教中国史的老师，几乎无一不是先生的门生或私淑弟子，像教秦汉史的孙毓棠教授，教魏晋南北朝史的周一良教授，教宋史的丁则良教授，教元史和清史的邵循正教授，教明史的吴晗教授等等，都曾受业于陈先生。还有专修唐史的王永兴讲师和专攻近代史的陈庆华、张寄谦两位助教。诸位老师中，周一良、王永兴、陈庆华三位曾直接帮助陈先生做研究工作。

到清华历史系后有一事给我留下较深印象。清华"中国通史"课的教材和我以前读过的或所了解的别的大学有所不同。那时有些学校用教育部指定的"部定教材"，如钱穆先生的《国史大纲》等；有些大学则把教师的讲义作为教材，指定学生阅读有关的"学术名著"，比如讲"唐史"，指定学生阅读陈寅恪先生的《唐代政治史述论稿》等，讲"明史"，指定学生阅读吴晗教授的《从僧钵到皇权》《明靖难之役与国都北迁》等。清华历史系则既不用"部定教材"，也不提倡读"学术名著"，而是让学生直接读二十五史、《资治通鉴》等原著。这种做法好处很大，一开头就把学生引上"正本清源"的路，今天回想起来，深觉受益颇多。

二

问：从 1950 年开始，您一直在清华大学求学和工作，至今已 57 个年头。据我们了解，民国时期清华文科尤其是历史系的学术思想和学风对您影响至深，您可否具体谈谈这一学风？

答：谈到当年清华文科的学风，我认为用"中西交会、古今贯通"这八个字来概括是比较妥帖的。这一学风可谓有"体"有"用"。"体"是它内在的"价值体系"，"用"是它的"功能结构"。价值体系是什么？主要是我国历史上渊源有自、源远流长的"苟日新，日日新，又日新"（《周易》）的"人文日新"的民族文化精神。陈寅恪先生对这种精神在我国思想、文化、学术史上的各种表现及其发展演变历程，在《冯友兰〈中国哲学史〉（下册）审查报告》一文中做过专门论述，明确指出："一方面吸收输入外来之学说，一方面不忘本来民族之地位"，这是"二千年吾民族与他民族思想接触史"所昭示的一条"准则"。他认为"吸收"和"不忘"两方面都不能偏废，如拒绝吸收，民族文化就会走向衰亡；如果只知吸收而忘记将新文化与旧文化加以融合，使之与我国之社会环境、历史背景以及民族心理等相适应，那么这种文化就很难为吾民族所吸收，在文化机体上生根。

对陈先生这一教诲的基本含义，我认为可用"本来""外来""未来"三个"来"字加以概括。第一个"来"——本来，意思是不能忘记自己民族"本来"的文化；第二个"来"——外来，意思是任何时候都必须尽量或充分吸收世界各民族"外来"的文化；第三个"来"——未来，意思是只有不忘记"本来"文化又充分吸收各种"外来"文化，那么，这个民族才有可能创造出自己民族"未来"的新文化。"本""外""新"这三者是紧密联系在一起的，如果忘记了"本来"文化，又不充分吸收"外来"文化，那么，这个民族大概不会有自己的文化前途可言。由此可见，一切"新"，都是建筑在"本"和"外"这样两个基本条件之上；一切"创造"都是建筑在"不忘"和"吸收"这样两个基本条件之上。丢掉"本来"，放弃"外来"，便没有"将来"之可言。而当有了"将来"之后，这个"将来"就是新的"本"。"本"再加"外"，就是下一代的"新"。可见，"本""外""新"三字所代表的正是"生生不已"的我国民族文化基本精神。"古今贯通"的"通"字，不仅仅是在文化内容及知识层面上立言，而且是在民族精神和文化心理上立言。

关于清华学风的"功能结构"，我认为可以用六个"多"字来概括。这六个"多"字是：一、多种语言；二、多种档案；三、多种学科；四、多种视角；五、多种路径；六、多重证据。

"多种语言"主要表现为重视外语学习。清华的"重视"，不是只重视某种外语，而是在承认英语为第一外语的基础上普遍地重视各种外语，把它们当作可以用来和汉语进行比较、交流的对象，也可以说这是一种"以我为主"的重视，"有体有用"的重视。"体"是汉语，是中国文化；"用"就是比较交流，从而达到"交融互释"的目的。这种做法的实质是培养符合时代需要的能和世界各国进行文化交流的新型文化精英。这一点在对课程的要求上表现得很明显。历史系对毕业生的要求是至少两门外语。有三门外语，则系里更是鼓励有加。这样做，学生的史学视野必将随着所掌握外语门数之增多而日愈扩大。从实际情形看，毕业生中掌握三、四门外语的人不少，从事学术工作者大多视野开阔。这是清华历史系学风中比较突出的地方。

"多种档案（或文献）"是建立在多种语言的基础之上的，当然也是一种时代性的学术要求。历史系主任蒋廷黻先生曾做过解释：由于"中国已经深入国际生活之中"，又由于"中国历史已经成为一种国际的学问"，因此，在这种条件下研究历史，必须应用多种语言文字的史料或多国档案，才能把问题对勘清楚，印证明白，取得较为优异的成绩。清华历史系有着以掌握语言文字多、应用史料范围广为荣的传统，典型的是邵循正、孙毓棠、周一良、丁则良等几位先生。他们的学术论著中应用过多种文字的史料，如邵循正先生发表在《清华学报》上的《〈元史〉、剌失得丁〈集史·蒙古帝室世系〉所记世祖后妃考》《剌失得丁〈集史·忽必烈汗纪〉译释》，以及《有明初叶与帖木儿帝国之关系》《历史与语言》等文所应用的文字就有英、法、德、俄、日、波斯、阿拉伯等多种。

"多种学科"是基于时代发展和学术演进的需求。众所周知，19 世纪下半叶是各门社会科学和人文学科如政治学、社会学、人类学、考古学、文化学、民俗学等等相继成立的时期。对史学来说，这些新学科的诞生给它带来许多变化，从外部看，产生"交叉学科"问题；从内部看，史学的指导思想、知识结

267

构、研究方法等等都因此而发生许多变化。正如安纳露西-诺顿主编的《哈金森思想词典》的"历史学"词条所说："仅仅工业革命这件事，就将经济学知识变成一门迫使历史学将注意力转向经济问题"的"强力学科"，历史学家如果不懂得经济学知识，就很难得心应手地研究史学。总起来可以这样说，20世纪史学所发生的一切"革命性的变化"，都与其他学科的影响分不开。20世纪史学中的这种变化，清华历史系建系之初就已充分注意到了。系主任蒋廷黻先生在一次开学典礼上曾用"打比方"的办法向学生解释这个问题。他把治史比作"画龙"，向学生解释说：历史这条"龙"是必须用多种学科的"知识"才"画"得出来的。比如，画龙的"肌体"，需要用经济学、社会学等知识；画"龙鳞"，需要用政治学知识。把龙画成之后，就要给它"点睛"。不"点睛"，就像"死龙"，没有生气。点睛要用哲学来给它"点"。这一"点"，龙立刻就有了生气，活起来了。这个比方把史学需要各种学科"支撑"的道理讲得很明白，给学生留下深刻印象。还有一个故事。刘崇鋐先生教世界史，曾对学生这样说："你们选世界史课，最好去选雷（雷海宗）先生的。雷先生的课，讲得出'哲学味'，我讲不出来。"这些话既反映刘先生本人的谦虚，也反映系里对史学课要讲出"哲学味"的要求。

"多种视角"是"多种学科"训练下的必然结果。学生根据多种学科的知识，采用不同的眼光，从不同的学术角度来观察、分析问题，这就是所谓"多种视角"的境界。有一个例子很能说明问题。1933年初，清华留美生张荫麟从美国斯丹佛大学给他的好友张其昀（专攻地理学）写了一封抒发自己学术抱负的信，其中这样说："国史为弟志业"。他自己花时间"治哲学，治社会学"，都是为研究史学作"准备"。所以要"治"哲学，无非是为"得超放之博观与方法之自觉"；所以要"治"社会学，则是为"明人事之理法"。张荫麟感到自己对地理学"素无修养"，而地理学又是历史学的"姊妹科学"，因此写信表示要向老友请教这方面的问题，同时表示自己将来一定要"先于本国地质、地势，稍加考究，并恣游秦、晋、豫、鲁之墟"，然后才"下笔写国史"。这封信比较清楚地反映了张荫麟先生对史学研究必须要有"多种视角"和"多门学科知识"的明确认识，有必要在这里特别提及。

"多种路径"是"多种学科""多种视角"的自然延伸。我国现代史学界的许多重大学术成果都是经由多种研究路径而取得的，如考古发现的很多结论是通过地质学、天文学、化学等多种学科路径综合得出的；殷周古史的诸多突破也是由考古学、古文献学、甲骨学、历史地理学、天文学等多管齐下、综合研究而成就的；陈寅恪先生在中国中古史上有卓越贡献，其中包含着古文献学、历史比较语言学、佛经研究、敦煌学等多门学科的知识和研究路径。可以说，史学研究的进步和新成果的出现，离不开多种研究路径的综合运用。

"多重证据"是"多种学科""多种视角""多种路径"发展的必然结果。我国学术史上著名的"二重证据法"就是典型例证。这一方法由王国维先生提出，陈寅恪先生加以论证、发展。在《王静安先生遗书序》一文中，陈寅恪将王国维的治学方法概括为："一曰取地下之实物与纸上之遗文互相释证"，"二曰取异族之故书与吾国之旧籍互相补正"，"三曰取外来之观念，与固有之材料互相参证。"这种"释证""补正"与"参证"的方法，很大程度上是对乾嘉考据之学的继承，但已有新的发展。这不仅是由于时代的推移，大量古物古籍的出土面世，更由于世界的进一步沟通，外来的特别是西方新观念的传入与运用。所以，王国维的学术工作既能"承续先哲将坠之业"，又可转移一时之风气，"示来者以轨则"。陈寅恪在学术研究中对"释证"、"补正"与"参证"方法也多有运用，并且自觉地追求"较乾嘉诸老，更上一层"。实际上，他的通观历史与现实，"合中西新旧学问"以求通解通识，以及由此得到的成果，较之乾嘉诸老，其差异并不止于"更上一层"，而是开拓了一种新的学术途径与学术局面。从某种意义上说，王国维、陈寅恪两位先生一生的学术道路，基本上就是由"多种语言""多种档案（文献）""多种学科""多种视角""多种路径""多重证据"这样一条道路一步步登上高峰的。这正是清华文科学风的具体体现。

三

问：请您谈谈对中西史学的看法，以及如何把握历史与历史学上的古今、中西关系？

答：中国史学是有悠久传统和鲜明特色的史学，特色中最显著的一点是鉴戒，就是借鉴前人的经验教训，形成所谓鉴戒史学，而且一直变化不大。这是中国古代长时期小农经济精耕细作的生产特点的一种反映。它起源于古代的政治实践和文化传统，基本上是一种伦理史学，强调经验、教训以及各类人物的行为规范。这样的史学传统，时日一长便在中国人心目中造成一种"错觉"，似乎历史不是别的，就是那些能为现实中的人提供各式各样的经验教训——尤其是政治经验教训——的过去的事。除此之外，便没有别的什么了。18世纪的欧洲人常说："历史是生活的教科书"。如果把这句话套用到中国来，一定会变成："历史是政治的教科书"。近代从欧洲传来的西方新史学，其性格和特征与此不同，最显著的特色是"变"和"发展"，是"过程"，因此可以说是一种过程史学。这是一种面向未来的史学，是发展史学。正像恩格斯在《自然辩证法》中所说："历史是人类发展的过程"，是人类这种"有自我意识的有机体的发展过程"。过程有四种，一种是时空系列下的变化过程，一种是逻辑推理过程，一种是因缘演变过程，一种是新陈代谢过程。过程不同，性质不同，不能等量齐观，一般看待。在马、恩二位看来，历史过程是生产方式发展演变的过程，是弃旧图新的过程。借用但丁的名言来说，是"新生"的过程。任何社会都是一定历史发展阶段的社会，不存在什么一般性的社会，每个社会都有自己独特的性格和特征。社会生活中的一切——包括思想观念、伦理、道德等等都随着生活条件的变化而变化，都是历史的暂时的产物。这种史学的基调是一切从未来着眼，给未来以信心，因此是创新的史学。在这个史学传统中，"历史"不再单纯被视为过去的事情，而是孕育着社会"新芽"的母亲胎，只有它，才是将来唯一的"希望之源"。

以过程史学为基础，有助于我们把握好历史和历史学上的古今与中西关系。历史上的古今关系是实际事物发生、发展、衍变的关系，是一个实然的关系。历史学上的古今关系则是一个认知、构建的关系，是一个应然的关系。例如，从历史上说郭店竹简在前，"五经"在后，但从历史学来说，则是"五经"在前，郭店竹简的发现在后，有了这样的发现，我们今天甚至可以考虑重编"五经"，饶宗颐教授就提出过这样的建议。历史人物形象的变迁，也可以说明这个问题。例如汉代的扬雄，在南宋以前的学者眼里，地位可与孔、孟、荀诸家并列，深受推崇。还有五代时期的冯道，当时是世人称颂的长乐老人。但入宋以后，随着儒学复兴，理学兴起，正统、道统观念的相继确立，对历史和历史人物的评价标准发生变化，他们的历史形象因而也就随之发生了变化。由此可见，对历史上的实然过程和历史学中的应然过程，不能"一加一等于二"地机械地理解，否则就难免有隔靴搔痒之嫌了。

从某种意义上说，中西关系也是一种古今关系，但又有其独立的特征。例如，中国古代有"罢黜百家、独尊儒术"，西方中世纪也有教皇焚书的事件，后者的存在，使得中国学者对"罢黜百家、独尊儒术"存有某种误解。汉武帝当初"罢黜百家、独尊儒术"是为太学改变或确立选拔人才的标准，即以儒学为标准选拔人才，不再以黄老之术为标准，并不是禁止诸子百家的思想和书籍流传。汉武帝时期兴儒学、办太学，发展教育，是中国历史的进步。当时以及后世（到清代中期以前），都没有人对这一措施进行过批评或非议。到了近代，西方历史、文化知识经由日本传入中国，中世纪教皇焚书事件为中国学者所知悉，章太炎、梁启超等人又开始大谈"罢黜百家、独尊儒术"。他们此举，实际上是在晚清革命与改革的背景下，把"罢黜百家、独尊儒术"当作专制皇权钳制思想的象征来加以批判，显然是受到西方历史的影响，以西方历史观念对中国古代历史做出一种近代评价。更确切地说，这是近代西方文化传入中国后，中国知识分子依照西方文化反观中国古代社会，而对中国古代历史的一种重构。他们的动机是好的，是为了批判专制制度，推动社会变革，但对历史真实而言则不能不说是颇有出入了。

四

问：您一向强调在史学研究中要"预流"，要争做"一线"学人，可否请您具体谈谈这一问题？

答："预"是参预，"流"是指时代潮流，特别是学术潮流。预流，就是要投身到时代学术潮流中，敢于肩负着国家、民族使命去做一个"弄潮儿"。任何一个时代都有属于这个时代的新思想和新材料出现，同时也有这一时代所提出的新问题。所谓"预流"，就是敢于和善于依据新思想、应用新材料、解决时代所提出的新问题，或者是国家、民族需要在学术上解决的新问题。凡是能做到这一点的，就称得上"预流"。我的老师陈寅恪先生在《陈垣〈敦煌劫余录〉序》中这样说："一时代之学术，必有其新材料与新问题。取用此材料，以研求问题，则为此时代学术之新潮流。治学之士，得预于此潮流者，谓之预流。其未得预者，谓之未入流。此古今学术史之通义，非彼闭门造车之徒，所能同喻者也。"我对这一番教导的体会是："预流"思想的实际意义，可以简化为"争取做一个'一线'学人"这样一种要求。

什么是"一线"学人？常听人说"一流大学""一流学者"之类的话。大学如何先不去管它。学者固然可以分成若干"流"，但有一点不可不清楚，任何学人，凡是入流（不管几流）的，没有一个不是从"学术前沿"这样一条"线"上拼杀出来的，没有在"一线"上拼杀过的人大概是入不了"流"的。所以，学术前沿这条"线"，是"入流"的必经之地。在我看来，做博士生，第一件事就是要争取做一个"一线"学人。上面这些话是我平时对学生说的。作为教师，又应怎样办，即怎样帮助学生走上"一线"呢？我的认识是，要做三件事：第一件事是帮助学生弄清本门学科的"基原性"问题。所谓"基"，指的是基础，如基本知识、基本史料、基本方法等等，所谓"原"，指的是理论、原理，如哲学原理等等；第二件事是要帮助学生弄清本门学科形成、发展的历史及种种内在机制；第三件事是对学科前沿状况做具体分析、介绍等等。这样"三管齐下"的好处是，能使学生不仅懂得"前沿"状况的"然"，而且懂得它的"所以然"。这样，他才会真心实意地去争取做一个"一线"学人。

（原载《史学史研究》2007 年第 2 期）

思想史研究的"本来"与"外来"
——刘桂生先生访谈录
访谈人：刘超

中国文化的基源性问题

刘超：刘先生，您从 1950 年代以来就开始自己的学术生涯，在晚清民国史、思想文化史、中外交流史方面有很大建树。近年来，随着年事渐高，您已经不大动笔了，学界对您的最新思想了解得不太够。关于思想史的研究，我们迫切需要下更大的功夫。您可以就这思想文化史领域重点谈一谈您的最新思考吗？

刘桂生先生（以下简称刘先生）：好的。学术文化是我们共同的志业，讨论学术是件很快乐的事情。思想是我们的本能。思想文化史研究很复杂，一下子不可能都谈，我只谈几个具体的问题：一、中国文化的基源性问题；二、思想史学术史研究的前沿性问题；三、我们应当如何应对现实局面。一个基源性问题，一个前沿性问题，一个策略性问题。我想，有这三点下来，思想文化史研究的大本大源，大致就能说出个道道来。

第一个问题就说中国文化是一个庞大的文化系统，它的元素尽管复杂，可以见仁见智，它与西方基督教文化是有相当大的差别的。中国文化的特点，是在与域外文化的比较中才明确的。有比较才有鉴别嘛。这个问题不能抽象地谈，而要结合中国近代历史的具体情况。2012 年的时候，云南的《思想战线》杂志登载了一篇费孝通先生的文章。文章的核心内容是：费先生认为，对现在的中国知识分子来说，对中国文化需要补课。他说他本人就是在新式教育下培养出来的，他本人也需要"补课"。这篇文章对我的触动很大。我和费先生是认识的，他的话对我触动很大。费先生都如此，我们这些人更需要如此。补课是个绝对少不了的问题。我们这些人所受的教育，基本上是西方式的，而我们今天所面对的问题，则是中国式的。我们生活在中国社会中，学校教育与社会现实之间严重地脱节，这就形成了话语体系与现实语境之间的不对应，甚至错位。而另一方面，我们对西方文化又谈不上真正的了解。没有接受留学教育的学人更是如此。这样一来，在中国文化和西方文化两者之间，我们都是个"半吊子"。两个半吊子凑在一起，问题就不好办了。我们决不能无视、忽视、小视这个问题。

刘超：这是个大问题。五四之后学人的国学根基是明显地走下坡路了，恐怕还没有人真正担得起"学贯中西"四字。您一直以来都在强调这种困境，呼吁人们注意这些问题，鼓励大家一起努力寻求出路。

刘先生：要解决这个问题，我认为用得着这样三句话："不忘本来，吸收外来，创造未来"。这种"三来"思想，是从陈寅恪先生的思想中启发得来的。所谓"本来"指的是中国的基源性文化，"外来"指的是西方文化，"将来"指的是我们学术发展的基本趋向。这一套思想，也就是陈寅恪先生说的"预流"而不能跟着潮流后边跑。对我们这一代人来说，问题的严重程度是"不知"本来，更谈不上什么"不忘"的问题。基源不清，整个文化的路子就会搞错，甚至张冠李戴。文化是循序渐进的，路子对了，会越搞越对头；路子错了，会越搞越乱套。如果一开口就是外国的东西，拿外国东西来应对中国问题，这怎么行呢？所以，我们需要补课，要深入而彻底地弄清楚咱们自己的东西。

刘超：您的"三来"思想确实很有独到之处，对我们很有帮助。可以举一些具体的例子谈一谈吗？

刘先生：就举几个简单的例子吧。比如说《论语》的"正名"问题。《论语·子路篇》说："必也正名乎！"正名问题是很复杂的，用西方文化的眼光来看，这无疑是一个逻辑学的问题，什么大前提、小前提、结论之类的。有一种《论语》的白话译本说"正名"的意思是"纠正混乱的名称"，这只解释了"正名"二字的字面意义。在先秦的语境中，孔子说的问题是一个政治伦理学意义上的问题，孔子本人对"正名"二字的解释是"君君、臣臣、父父、子子"。这是个"名份""名位"的问题，讲的是政治上的各级负责人责任有多重，职权范围有多大，各级人员能不能尽职尽责等等的问题。孔子认为，作为君要具有符合"君"这个"名份"所具有的权力，并履行职责，作为臣要具有符合"臣"这个"名份"所具有的权力，并履行职责。总之，讲的是在实践上以何种名义应用权力的问题，强调的是"名位"和"权力"的关系非搞清楚不可，只有搞清楚了，说出来的话才有用。这样，事情才办得成。如果这些问题都搞不清楚，一个国家怎么管理得好呢？岂不是乱套了吗？这样，孔子才说："名不正则言不顺，言不顺则事不成。""名"之所以要"正"，主要问题不是用词当不当，而是礼制上不能乱。"以其昏昏，使人昭昭"。"名不正则言不顺，言不顺则事不成。"如果对中国文化把握不了，反过来又会影响自己对西方文化的认识。

思想史学术史研究的前沿性问题

刘超：关于基源性问题，我们确实还要下大力气补课。现在请您谈谈第二个问题——前沿性问题。

刘先生：前沿在哪里？我们不得不承认，有些问题，前沿在国外。比如元语言学的研究成果，把对象语言和研究语言加以区分。研究思想文化史上的人物，就是将对象语言转化成研究语言。比方说，某位学者是研究清代中期历史的。那么，清代文献就是他的对象语言，而他自己的语言，则是研究语言；后辈学者再去研究这位学者的序文，就要完成进一步的转换。

刘超：据我所知，老清华的学风一贯倡导的"贯通古今、融汇中西"，在今日好像还不多见。现今像您这样来探讨思想史的学者，也不是很多。您可以具体阐释一下元语言学与我们的思想文化史的研究具体是怎样发生联系，又发生怎样的联系呢？

刘先生：做学问不是一次短跑比赛，而是一辈子的事情，需要从许多方面去学习许多东西。比如说：西方认知心理学把"知识"分为"陈述性"和"程序性"两种。把这种区分应用到历史学身上，是有帮助的。历史本身就是一个发展过程。过程需要叙述，叙述只是一个宏观的东西，在具体进程中需要借助程序性的东西来支撑。

刘超：这样分析对我们的研究工作有启发意义。可以结合具体的例子更具体地谈一谈吗？

刘先生：我们现在不是正兴起一股历史热吗？电视上有所谓"戏说历史"之类的节目。北京大学历史系专门研究明史的王天有教授给我讲一些有关刘伯温的故事。他说，现在电视上常听见明代"大军师刘伯温如何扭转乾坤"之类的话，把他说成是一个活灵活现的开国大功臣，这就是一种叙述性的知识，而不是程序性的知识。程序性知识怎么样呢？王教授说：明代开国之后，大封功臣，封了1个公，57个侯，6个伯，刘伯温封的是"诚意伯"不难看出，在当时的情况下，从头数来，刘最多是第69号人物。可是，为什么在我们现今的叙述中他却变成屈指可数的开国大功臣呢？这个问题，这桩悬案，需要我们通过程序性的知识来对其内在的理路进行清理才说得清。明代开国之后，1380年，洪武十三年，因为胡惟庸案，废宰相，杀了一万五千多人；1390年，再次追究胡案，又死三万人。1393年，梁国公蓝玉案发，再死一万五千人。可以说，早期的功臣，许多都成坏人了。明到嘉靖时期大规模地改革礼制（清朝用的是明朝改革后的新礼制），重新重用文人，这时就把刘伯温抬出来。这时，同样是文人的名人不少，比如姚广孝，为什么不抬他呢？因为姚是佛教人士，而明朝盛行道教，并尊之为国教。刘伯温有道教色彩，很适宜。所以，原先不过是第69号人物的刘伯温，这时被改塑成一位大功臣。况且嘉靖之后，民间文化大兴，小说、戏曲大盛，经过反复传唱，刘伯温就被塑造成"开国功臣中的第一号文人"。我们知道，叙述性的东西是可以演绎出来的，是有目的性的。但是程序性的东西，很难说什么目的。我们今天谈这个问题，并没有存心要抬高刘伯温或贬低刘伯温，只不过是客观地把刘伯温之所以在今天被说成"开国功臣中的第一号文人"这种历史现象说清楚，说明他当时并没有像现在所说的那样的地位。戏说演绎当然很有趣，但这只是文艺性的演唱文学，而不是"史学"。

20世纪30年代鲁迅在《且介亭杂文二集》中的《题未定草（七）》这篇文章中讲到一种现象，有助于我们对这个问题的理解。鲁迅先生指出：文学史上对陶渊明这样一位人物，可以用不同手法把他描绘成不同——甚至完全相反的形象：一种形象是"超然世外"的"隐士"，另一种则是"怒目金刚"式的勇士。塑造前一种形象，所用的办法是从他的诗中摘录一些"采菊东篱下，悠然见南山"这样的诗句。这样一来，一个隐士的形象便造成了。反之，如果要把他说成一个"怒目金刚"式的人物，只要从他的诗中多摘录一些"刑天舞干戚，猛志固常在"这样的诗句，一个"慷慨激昂"的勇士形象便造成了。这里所使用的办法是两种：一种是"寻章摘句"；另一种是"断章取义"。唯其如此，陶渊明的形象，或者说历史面貌也就被弄得各各不同，没有什么"可信度"可言。接着，鲁迅提出针对这种不良现象的针砭时弊的有效措施：一、读一篇文章一定要读"全文"，不能只看其中的一段或一句；二、读"全文"一定要了解作者"全人"；三、了解"全人"，要了解这位作者的整个一生，而不能只看他的一时一事；四、看作者的一生，要重视他所处的整个环境。鲁迅先生的原话是："我总以为倘要论文，最好是顾及全篇，并且顾及作者的全文，以及他所处的社会状态，这才确为确凿。要不然，是很近乎说梦的。"文章中的任何一个字，在意义上绝对是这个句子中的一个字；而句子又必然是段落中的一句；而段落又必然是文章中的一个段落。不能离开文章来理解或解释段落，不能离开段落来理解或解释句子，不能离开句子来理解字词。也就是说：字、句、段、文，其中的意义是连贯的，这样，全文才讲得通。

刘超：一般学者治史的路数，或考据，或综述，或论证。我注意到您的阐述与此不同：您特别注意语言，注重从语言入手理解文化和文明系统。

刘先生：我是努力在这样做。一系列的程序性考察，足以保证我们的"客观性"（相对意义上的）研究走上正轨。这在历史学上是个比较核心的问题，说到底，就是对时间单元的考察。我们不是常说"历史一天天过去，日历一日日撕去"吗？这就有一个问题。时间有不同的"形态"：自然时间和历表时间。程序背后，其实就是这样一个时间形态问题。过程、程序、时间三位一体。过去、现在、未来，这是三个时段。无论过去、现在还是未来，在不同的时间观念中，性质是不一样的。人们常常这样说："错了时间，就乱了历史。"请问：错了什么时间？乱了什么历史？这个问题值得推敲。在三种时间观念中，过去、现在和未来三种时段的关系又不同，治思想史，不把这些问题想清楚，怎么个治法？

刘超：这确实是个问题。这其实也涉及国家民族文化的基源性问题。

刘先生：是的。基源性问题。当然，以上只是我的个人意见、个人的心得体会，供大家参考，不是拿来衡量别人。因为学术文化的标准虽然学术是天下公器，具体的学术创造又是极其个体、极其个性化的，因此，这一标准只能律己，不能衡人。不能拿自己的标准去衡量别人。学术是很个性化的，或者说，我宁愿从个性的角度去追求和鼓励我们的学术创新。要是千人一面，那就势必无百家争鸣，而只有万马齐喑。学术创新有三种类型：继承性创新（更新过去资源），吸收性创新（吸收外来资源），改进型创新（提取自身资源）。我们只能说，为了更好地进步，需要在继承、改进的同时，也要"吸收外来"。

应对与出路

刘超：我完全认同您的意见，那就是说，我们对自己的"先天"，即"本来"认识不足，对"后天"，即"外来"未必一定很良。在这种情况下，我们应当如何应对现实，"创造将来"呢？

刘先生：搞清了基源性问题（"本来"）以及前沿性的问题（"外来"），才能谈第三点："将来"。即我们如何创造未来。应当说，未来的创造是一个漫长的过程，需要经过几代人努力来完成。以前我们的落后是逐渐形成的，现在赶超西方也将如此。我们要特别注重西方的思想资源。从尼采到后现代，西方学术界对中国文化的态度有根本性转变。主潮就是这样的。不能拿19世纪的眼光来看问题。现在学术界还有人被这种眼光束缚着。现在研究思想文化史，必须注意一个重要的变量因素，那就是后现代理论，比如西方哲学向语言学方向的转变等因素。我们知道，语言学兴起时，出现的是语言工具论，即把语言看作人类互相交往的工具。这种说法的核心是：把"语言"和人所塑造的"工具"等量齐观，认为语言是人围绕着制造工具时所出现的工具。好了，这样一来，许多问题都来了。既然是工具，那么，目的和功能只能是单一的。比如，劈杀工具，首要的条件是锋利；锥刺工具，首要的要求是尖锐；打击工具，第一位的条件是钝重，要种种长处都具备，理论说得好听，实际上做不到。如果有人真想发明一种既便于劈杀，又便于锥刺，更便于打击的工具，那么，做出来一定是个废物。试问：你愿意制造这样一个废物吗？

刘超：功能的单一性，决定了性质的单一性或一元性。语言工具论忽视了语言是多元的、复合的。语言是有感情的，有人类的智慧和温情，它是我们生命和社会有机体的一部分。

刘先生：这种思想的形成有一个基本的历史背景，那就是工业革命。工业革命的前提是标准化而不是个性化、多元化。比如螺丝钉的规格是几寸几寸，全国都必须一样，必须一个标准，这个机器上的螺丝坏了，好，拿来配上就成；机器更是这样。到了19世纪末，尼采说：上帝死了！这是反话。上帝所创造的人的一切都死了，那么上帝还能不死么！

可见，语言不是单纯的是工具。语言和人的意识同时产生，比如一个小孩子说爸爸、茶杯什么的，那前提是因为世界上有这么一些存在。语言不是离开人类意识和生命而孤立地存在。语言和意识也可比作一枚硬币的两面。它是意识的物质外壳。对意义来说，语言本身也有一小层自己的物质外壳，如声音、发气、运气、发声以及文字、声母、韵母等等。笛卡尔说：我思故我在。怎么"思"？不是拿工具来思，而是拿语言来思。没有语言，也就没有思想。从19世纪末到20世纪哲学研究开始的语言学方向转变，成为今天后现代思潮的一个重要方面。

刘超：确实如您所说。您的学术实践更加有力地显示着"吸收外来"的重要性、必要性和可行性。我们可以尝试着拿西方后现代理论检讨今天的思想史。

刘先生：思想文化史的研究路径很多，但是，我认为我们不能忘记前辈学人的成功经验，其中一条就是所谓："大处着眼，小处下手"。学术上真正突破性的成果，只可能是从"小处着手"才能取得。陈寅恪、陈垣几位老先生的文章大多数是从"大处着眼，小处下手"而取得的。着手的问题看似小，实际上意义大——涉及一系列根本性的大问题。这是写学术论文的正路。必须认清"小"的意思不是意义小、作用小、价值小等等，而是论文本身的"论域"和"论题"不能过大，要适当。这样才抓得住问题的要害，关键问题才看得准、抓得实，从而把关键问题找出来，才能创出新意。学术研究的目的就是创新。不创新，搞什么学术研究呢？新出来的"芽"，只可能是一点点，它自然小，但它是生命力的表现。新事物，我们怎能因其小而不重视它？比如爱因斯坦的"狭义相对论"，最初的表现形态，也就是一篇论文而已。分量虽小，意义够大了吧！当然，一般的史学文章，不能与此相比，我的本意是想说明，学术问题的生命是"创新"。今天因着这个题目，多说了两句。谢谢你采访的好意。今天的谈话，就到此为止吧！

（原载《山东社会科学》2008 年第 7 期，此次发表有删节）

坚持民族文化的独立性

——著名思想史专家刘桂生教授访谈录

访谈人：秦维宪

前些日子，在青岛召开的"康有为与中国近代化"国际学术研讨会期间，我国著名思想史专家，身兼清华、北大两校博士生导师的刘桂生教授以开阔的视野，从文化独立性角度，对中国现代化的问题做了精辟的阐述，引起与会学者强烈的反响。面对惊涛拍岸、千舟竞发的大海，记者就我们需要什么样的独立文化、历史人物评介等问题，采访了刘教授。

没有文化独立就没有政治、经济独立

记者：刘老师，我国经过十几年的改革开放，已初步实现了从农业文明向海洋文明的转型，无论在政治上还是经济上都取得了举世瞩目的成就。然而，当一个社会从传统向现代推进的过程中，各种文化思潮显得十分纷繁，您能否对这个问题谈点看法？

刘桂生：纵观中外历史，每当社会转型期，出现多种文化思潮是不足为怪的。我国正处于市场经济的初创阶段，由于我们遇到的许多难题是历史上、是马克思主义典籍上所没有过的，因而难免出现一些混乱的东西。当前最典型的是殖民文化问题，这种崇洋媚外的文化现象不是偶然的，这里有个深层次的东西，即我们在意识形态上容易受欧洲中心论和殖民主义文化的影响。我们虽然从半封建半殖民地的桎梏下解放出来了，但"欧洲中心论"这一类东西的冲击波仍很强劲。

记者：殖民文化有损于我们民族的尊严，它的泛滥对精神文明的建设是极为不利的，它还会产生其他不良后果吗？

刘桂生：当然会。我们现在特别要注意文化独立性的问题，因为一个国家如果单取得了政治独立、经济独立，而没有文化独立，那是不会持久的。我再重申一遍，如果这个问题没有解决好，那么，它会反过来使我们已经取得的政治独立和经济独立丧失掉。历史上文明古国的衰落，罗马帝国的灭亡，近代中国的落伍等等，都与丧失自己的文化独立性有关。

记者：您在阐明自己的观点时，充满了历史的沧桑感，谈及文化独立性问题势必联系到传统文化，如时下学术界以儒学振兴亚洲四小龙为题，倡导"新儒学"等，是否正确？

刘桂生：这个问题与文化独立性也有内在的联系。现在有一笔糊涂账，叫作"传统文化现代化"，即讲传统文化与现代化的冲突，严格地说，传统文化即古代文化，我们只要发扬古代文化中的精华，为现代化服务就可以了，诸如孔子、孟子、孙子的思想等等，完全没有必要加上改造传统文化这一项；用批判地继承古代文化也行，为什么非得拿爷爷的东西孙子化呢。其实，这是将精神文明与物质文明混为一谈，将物质文明的东西拿到精神文明中去了，如学术界关于应用哲学、应用史学的提法。常识告诉我们，物质运动可以将自然现象在实验室中反复出现，如力学运动、化学运动，经过试验，可以将其分类为基础研究和应用研究（应用化学、应用物理等）；而人类社会是一次性趟过的，如戊戌维新、"文革"等这些精神领域的东西，决不会像物质运动那样。

记者：讲到应用，我觉得如今学术界盛行实用主义，滥用西方名词成灾，希望您对此为某些青年学子指点迷津。

刘桂生：我想，每个知识分子都应正视"文化十字架"的问题，也即是两个文化坐标（纵的为民族性，横的为时代性）问题。民族性随着时代的变化而变化，时代性随着民族性的发展而发展。我们不能面对西方思潮而丢掉这个文化十字架，因为各个民族的文化是不同的，外国的拿到中国不一定行。欧洲在第一次世界大战后就总结过文化问题，他们认为西方文化不能解决自己的问题，便去东方寻求文化，诸如东方的道德、家庭结构等。与此同时，我们在寻找西方文明的过程中一次次失败了，结果寻求第三次文明时，发现了苏联的十月革命，于是引进了马克思主义。

人类社会进入近代，英、法两国在各方面走在前面，一是君主立宪，一是民主共和。德国在面对英、法文化时出现了两派，一派是一切学法国，另一派是坚持本国的文化，最终后者取胜了。俄国分成三派，忽视本国的文化，结局是比德国落后。日本开放时一切学西方，很盲目，后来选准学德国，终于上去了。中国则一个接一个地学，一个又一个地落空，直至寻到马克思主义。这些显示民族的发展有个错位问题，一部世界近代史很说明问题。因此，治国要有全球眼光，世界头脑，这是现代知识分子必备的条件，不然，任何事办不好；在一个充满竞争、整个世界分割过两次的时代，我们不能狭隘地就中国论中国。同时，如果我们注意文化上的民族主义，文化上的时代性、民族性处理得好，就能站得高，看得远，不会轻易走弯路。如此，我们才能真正学习西方好的东西，不是一切拿来都能用。毛泽东同志讲的"洋为中用，古为今用"，即前者以中国为中心，后者以今天为中心，这是仍然适用于中国现代化进程的正确观点。

评价历史人物也要有文化独立性

　　记者：刘老师，刚才听了您关于文化独立性的见解，使我对不少疑问茅塞顿开。最近，我在看了您参与编撰的《清华文丛》后，对20世纪20年代创办清华国学研究院的王国维、梁启超、陈寅恪、赵元任、李济等大师有了更多的了解，这当然源自于你们对历史人物的中肯评价。由此，很想听您谈谈这个问题。

　　刘桂生：你提到的那些创办清华国学研究院的文化巨人，毕生为坚持民族的文化独立性而奋斗，因而他们的治学精神是留给后人的丰富遗产。从中引申出如何评价历史人物的问题，我认为关键看历史人物在社会转型和文化转型中的作为，凡是对社会、文化发展作出贡献的人物都应该得到肯定。

　　　　　　　　　　　　　　（原载香港《环球中华》1997年第2期）

民族凝聚与中国命运

访谈人：张晓霞

■民族凝聚与中国命运
■爱国人士已经准备亡国后的复国问题
■列强的"均势"却给了中国一丝喘息的余地
■具有现代思想的新生力量在这特殊的历史环节中产生

《北京青年报》记者张晓霞（以下简称张）：我们当代的青年人一谈到"五四"，就感到热血沸腾。我们一年一年地纪念"五四"，其实，不用任何夸张的形式就已经可以把对民族、国家的责任感传承下来了。

刘桂生先生（以下简称刘先生）：你说到了五四精神的一个核心意义上了。我在80年代接受记者采访时就谈到过，五四运动是一次民族大凝聚，而且是在中国历史上破天荒第一次将国家的命运放在世界全局之中加以考察。

张：也就是说，在那时候，我们的人民或者说知识分子、爱国志士才开始有现代意义上的民族国家的概念。

刘先生：我常说"五四"是有爷爷、奶奶的，为什么这么讲呢？就是不能割裂地看历史，否则的话，就是不对当代人特别是后人负责。整体说来，第一次世界大战的爆发以及辛亥革命的失败是五四运动得以发生的国际背景和国内形势。从政治方面看，早在大战爆发之前，中国明智的知识分子已经认识到列强瓜分中国的严峻形势，像康有为、梁启超乃至张之洞这样的人已经开始考虑被瓜分之后如何复国了，所以成立"孔教会"，以图从保教、保种、保国入手，准备复国条件。俄国十月革命送来了马克思主义，辛亥革命的失败促使了中国先进人士的反思。

在反对列强瓜分、求存图强的总目标下，五四运动使各种政治力量超越了党派利益合到一块儿来了，这就是政治上的民族凝聚。

张：这种合力实际上是指革命的或进步的政治势力而言的。

刘先生：作为文化运动的"五四"也是如此。辛亥革命失败后，进步人士逃亡海外，他们开始认识到，光搞政治斗争还不行，必须像西方的启蒙运动那样，从意识形态方面唤起和唤醒群众。在这样一股爱国热情和冷静观察的驱使下，各政治派别都办起了报刊杂志。到"五四"前后，有影响的核心刊物就有陈独秀等人所办的《新青年》《每周评论》，孙中山等人所办的《建设》《星期评论》，梁启超等人所办的《改造》《学灯》。正是这些杂志，成为新文化运动的思想阵地，从现代意义上的民族国家的眼光和视界出发，对国人进行思想文化上的启蒙，而表现民族的一种合力。

张：就"五四"而言，这种民族凝聚有其特定的针对，这就是建立现代民族国家。无论是保教、保种、保国，还是辛亥革命对西方现代政体形式的尝试，甚或文化的启蒙，实际上都是在考虑中国应该建立什么样的国家。

刘先生：你说得非常正确。事实上，对于什么是真正的民族文化、中国向何处去、建国与自觉等问题在"五四"时都有过讨论。我说民族凝聚还体现在后来的一系列事件中。比如到六月份上海的罢工、罢市、罢课，就是民族凝聚中一种社会新思维的产物。再比如第一次国共合作并誓师北伐，更是一种超党派利益的民族凝聚，甚至可以说由此开始了现代民族国家的统一实践。

■一个月，十几年，还是永远？
■作为事件的"五四"和作为运动的"五四"
■"五四"是政治的环节
■发展的"五四"

张：作为事件的"五四"和作为运动的"五四"有着重要的区别，如果看做事件的话，可以认为是从5月4日到6月3日，也就是一个月。

刘先生：好，就从这一个月说"五四"吧。"五四"反对在巴黎和约上签字，这是因爱国而请愿、游行、抗议、示威，都不具有推翻政治建立新政权的革命性质。从事件讲，罗家伦是五四宣言的起草者，段锡朋是总指挥，傅斯年现场领导；而从运动讲，陈独秀、李大钊甚至鲁迅都是领袖，毛主席还说陈独秀是"五四"的总司令，这也是事实。你看，这些人中真是什么主义都有，想必各自的政治目的也不一样。

张：您这就是发展的观点吧。

刘先生：从政治扩大到文化，这就是发展。从文化启蒙又结合政治，从而建立共产党、改组国民党、国共合作北伐，这都是发展。五四运动本身就在发展。一直到今天，我们在政治、文化、经济甚至思想观念上，处处可以看到"五四"的深刻痕迹。史实的重要性是为理解提供支撑，而不是割裂。这些史实搞不清楚，事件和运动不免混在一块儿。"五四"历史告诉未来：科学和民主不是神话，而是一种实实在在的、民族与历史的呼唤。

■站在历史解读优势
■文化杂交的优势
■后殖民早就有过
■文化要独立，但不怕左一脚右一脚

张：刘老师，我还要请教您一个问题。我记得您在别的文章中说过，五四运动好比几辆大车，运来了好多东西，科学和民主只是一辆车上的两件东西。您的意思也许是想强调"五四"各个方面的价值？但我仍想就科学和民主来向您请教：当代哲学的后现代思潮认出了"奥斯维辛"这个德国纳粹集中营的名字。您怎么看？

刘先生：我是说过科学和民主并不代表五四精神的全部，事实也如此，但我仍然认为科学和民主是最好的选择。我对后现代主义并不排斥，利奥塔德也有他片面的道理，但毕竟还是太偏激了。但我们也要注意，不要空谈民主和科学，更不要随意解释民主和科学。

张：但是，我们年轻人中常有这样的困惑："五四"大量引进西方文化，打倒"孔家店"，这是不是一种自觉的文化殖民呢？甚至在今天，我们的学术思想、生活方式、政治经济生活，都仍在向西方学习。这是不是"五四"的负效应？

刘先生：不能这么说。学习是出于自身的需要，是为了强大自己。承认落后，勇于"拿来"，这是真爱国，也才是真正的民族主义。我们不可能照搬西方，历史事实早就证明了这一点。我常说是"化西"，不是"西化"，这也可以说是文化上的"杂交"吧。如果在这种意义上说什么"后殖民"的话，我想"后殖民"并不可怕，关键是"化西"之后，我们仍然有独立的民族文化。

张："五四"的"化西"就是一个证明吗？

刘先生：对，所以说，我们纪念"五四"，不是一个例行公事的行为，更不是几句空洞的口号，"五四"提供给我们的是极其博大的现代思想库。

张：现在我们年轻一代中，有人对西方的东西有一种不由自主的崇拜，说话、做事甚至这节日都唯西方是从，比如过情人节、圣诞节之类，他们还拿"五四"做说辞。

刘先生：我注意到了这种倾向。"五四"对西方先进思想的导入与现在一些年轻人的片面膜拜是决然不同的，五四时期向西方学习是出于文化与思想上的自觉。不过，这也没什么大不了的，不要担心传统文化的力量。

张：今天我会过一个与以往不同的"五四"，因为我对五四运动的精神有了新的认识。

刘先生："五四"使我们精神焕发，与年轻人交谈也很有意义。有兴趣的话，我们明年再谈"五四"。

张：我盼望着。

（原载《北京青年报》1999 年 5 月 4 日）

新中国成立前后三次李大钊纪念活动
的精神价值及其时代意义

——访著名历史学家刘桂生教授

［访谈人简介］吴兴德，清华大学马克思主义学院博士研究生。

今年是中国共产党的主要创始人之一李大钊烈士英勇就义90周年，为了缅怀先烈、不忘初心、推进李大钊研究，从2017年1月起，我们就李大钊纪念与研究的相关问题，对刘桂生教授作了数次专访。刘教授指出，从中共七大前后到改革开放之初，中国举行过三次规模较大的李大钊纪念活动。这三次纪念活动，极大地推动了李大钊研究工作的开展。刘教授畅谈了他对这三次纪念活动的所知、所见、所闻，并深切怀念早期为李大钊纪念和研究工作作出突出贡献的张如心、李新、刘弄潮、贾芝等诸位前辈学者。兹记录如下，以飨读者。

访谈人：刘教授您好！您从事近代史研究已经有60多年了，是中国近代史学科建立和发展的参与者。李大钊思想也是您研究的重点之一。您有关李大钊早期思想研究的论文被译成英文，在美国专业学术期刊上发表，对国际中共党史研究产生了影响。您对这一领域当前的研究状况是否还继续关注？

刘桂生教授：1953年，我从中国人民大学马克思主义研究班毕业后，被分配回清华大学中国革命史教研组工作，在教研组主任刘弄潮领导下从事李大钊研究工作，后来又在中国李大钊研究会会长王学珍同志领导下，参加编著《李大钊全集》的工作。不过，因为我的工作任务多有变动，对当前李大钊研究的状况已感陌生。但我知道目前研究队伍正在扩大，感到十分高兴。越是如此，我越是不断地想起几次大规模纪念活动的组织者和前辈学人，他们筚路蓝缕、孜孜不倦。

访谈人：看来刘教授依然关注着李大钊研究动态。您曾见证和亲历了李大钊研究的兴起和繁荣，您认为研究李大钊应该坚持什么样的态度？

刘桂生教授：新故相推，日生不滞。李大钊生前的影响和功绩已经铸成历史丰碑，人们对他的纪念和研究活动始终没有停止。特别是从 20 世纪 40 年代开始，以张如心、李新、胡华、李龙牧、李平心、刘弄潮、贾芝等为代表的前辈学者，在重要纪念活动的历史时机，把研究工作推向新阶段。我们这些当年受到他们教诲的年轻人，至今难忘。

访谈人：刘教授对前辈情深意长，不愧是我们后辈的楷模。在您看来，李大钊的纪念活动和研究活动有什么特点？

刘桂生教授：但凡值得纪念的伟大人物，要么献身于道义，弘扬了崇高的价值；要么开创了事业，加惠于国家、社会。他们的精神永在，纪念就是为了弘扬他们的精神价值。有些人因弘扬了道义，而被后世所铭记；有些人因成就了伟大事业，而被后世所永远怀念。如孙中山缔造中华民国，谋求民族振兴；钱学森成就"两弹一星"，献身国家的安康与富强，就是最为显著的例子。李大钊的历史地位，在他生前就已被历史所铸定。我们今天纪念他，就是要弘扬他"铁肩担道义，妙手著文章"的革命担当精神。

李大钊是学者和诗人，也是战士和革命家。他品德高、文章好、功劳大，这样一位历史人物是多维性、多向量的，这便决定了对他的研究工作也只能是多维性、多向量的。就李大钊研究来说：第一，研究工作是由纪念活动带动起来的，同时，研究成果又丰富了纪念活动的内涵；第二，道义与文章并重，研究工作既要向内探索李大钊思想所凝聚的文化基因，又要结合时代解读他为祖国、为革命献身的鸿志；第三，必须把知人与论世相结合，只有深入了解李大钊同志的学问和人品，才能深入彰显他的革命宏志和伟大历史功绩；第四，既要为他的丰功伟绩树碑立传，又要通过研究工作，深入探索他精神上的"源头活水"，准确地与我国优秀文化传统连上血脉、接上地气。以上四方面，我认为是前辈学者努力完成的奠基性的工作。

访谈人：看来李大钊研究必然是一项不断接力的系统工程，基于前辈学者的辛勤努力，他的光辉形象才在国际上树立起来。就您亲身经历的纪念活动而言，李大钊研究经过了哪些重大历史阶段？

刘桂生教授：大家都知道，从李大钊英勇就义后不久，国共两党、社会人士、国际友人以及烈士的亲友就曾通过多种方式开展纪念活动。但是在国内，影响更为深远的纪念活动还是始自中国共产党第七次全国代表大会召开前后。

而且，这次纪念活动还是中国共产党加强组织建设和思想建设的重要措施。中共党史上第一篇《李大钊烈士传》的撰写，就出现在这时。其后，李大钊英勇就义 30 周年纪念活动、李大钊诞辰 90 周年纪念活动，对推动研究工作的进程，也起到了极大的作用。

　　访谈人：刘教授，您能否介绍一下中共七大召开前后李大钊纪念活动的主要情况？

　　刘桂生教授：1945 年 4—6 月，在抗日战争即将取得胜利之际，中国共产党召开了第七次全国代表大会。在大会召开之前，党中央就为大会的召开做了长达两年之久的准备，即在思想理论和组织领导等方面做了充分的准备。纪念李大钊以及其他几位革命烈士，正是这项准备工作的重要组成部分。比如，1943年 4 月 28 日的《解放日报》就组织了李大钊烈士的纪念专版，刊登了《李大钊同志革命史略》（此文未署作者个人姓名，以编辑部名义发表）、张如心①的《纪念中华民族不朽的革命伟人——李大钊同志》、星华②的《十六年前的回忆——纪念父亲的死，一并纪念母亲》等三篇文章。这些文章全面地肯定了李大钊对革命的巨大贡献。此后不久，中共中央又于当年 9 月召开了历时一年有余的政治局扩大会议（史称第二次"九月会议"），整顿党风、学风和文风，研究党史并开展理论学习。正是在这一基础之上，才成功地召开了扩大的六届七中全会，通过了《关于若干历史问题的决议》，为中共七大的召开做了充分的准备。

　　在中共七大召开后不久，时任山东新华书店副经理的华应申③编辑出版了《中国共产党烈士传》，其中收录了张如心等所著三篇文章。这本《中国共产党烈士传》以"中共七大代表暨延安人民代表追悼中国革命死难烈士祭文"作为全书的前言。由此可见，正式为李大钊烈士立传，正是中共七大的共识。在中共七大召开之前，发表纪念文章；在中共七大召开之后，又以传记的方式进行宣传。这些措施说明党中央对李大钊烈士身份和地位的高度肯定。这是党对自身发展过程中所坚持正确路线的肯定，同时又是总结历史经验和加强今后理论建设的起点。中共七大召开之前的系列学习活动，解除了党在政治路线和思想理

---

　　①　张如心（1908—1976），广东兴宁人，曾任中央党校中共党史教研室主任、中国科学院哲学社会科学部学部委员，时任延安中央研究院中国政治研究室主任、毛泽东的读书秘书。

　　②　星华，即李星华（1911—1979），河北乐亭人，李大钊的长女。

　　③　华应申（1911—1981），江苏无锡人，曾任人民出版社副社长、国家文物事业管理局副局长，时任山东新华书店副经理兼编辑部副主任。

论方面的困扰，推动了七大的正确决策及其后中国革命的胜利进行。当然，对于李大钊烈士本人生平事迹和伟大贡献的研究，限于当时的历史条件，在论述上仍存在不少缺陷，但在艰苦的革命战争年代，能为革命先烈精心立专传，已属难能可贵。革命事业成功之后，深入研究李大钊烈士的思想和生平，就提上了全党和全国人民的议事日程。

访谈人：中共七大前后党中央对李大钊的纪念，极大地推动了李大钊生平与思想的研究。请您继续谈谈新中国成立以后的情况。

刘桂生教授：从新中国成立第二年起，《光明日报》等报刊就开始发表纪念李大钊烈士的文章。1950 年 4 月 28 日，即李大钊烈士就义 23 周年之际，《光明日报》刊发了《中国革命先烈李大钊传略》和《五四运动中的李大钊》两文。至于专题性的规模较大的纪念活动，则从 1957 年李大钊烈士就义 30 周年纪念活动开始。

1957 年这一年，全国各地都开展了李大钊就义 30 周年的纪念活动。在首都，一是董必武、林伯渠、陈毅等李大钊生前好友为李大钊题词；二是在中国革命博物馆举办李大钊生平事迹展览，首次展出了李大钊"铁肩担道义，妙手著文章"对联的真迹。三是《人民日报》《光明日报》《工人日报》《中国青年报》等主流报纸分别刊载陈毅、萧三、刘弄潮、贾芝、李龙牧、高一涵、戴鹿鸣、张静如等人的纪念诗文。除此之外，还在首都各区、县举行李大钊革命事迹报告会。

在这一系列纪念活动中，陈毅的文章特别值得重视。当时，陈毅任上海市市长并参与领导外交和统战工作，大革命时期他曾在李大钊的领导下工作。1957 年 2 月初，他回京在西山疗养期间，曾到万安公墓李大钊烈士墓前凭吊，同时凭吊了与李大钊同时就义的国民党党员邓文辉等同志。触景生情，引起他对 30 多年前第一次国共合作时期的回忆和感想。[①] 不久，他应《人民日报》之邀，作《纪念李大钊同志殉难三十周年》一文，于 4 月 28 日发表。陈毅在文中指出："我于 1923 年冬至 1926 年春在党与守常同志领导之下，在北京与他们（指邓文辉等烈士）一道工作，这是第一次国共合作的情景，至今印象很深，瞻拜墓道后，更加深这一印象。我相信为了爱国事业的巩固与胜利，各方面的爱国人士在具备一定的条件下，均可与我党共同进入社会主义的康庄大道的。与守常同志一道牺牲的同志们以他们的革命活动在历史上证实了这一信念。最近

---

① 刘树发. 陈毅年谱：下卷［M］. 北京：人民出版社，1995：718.

毛主席有准备第三次国共合作的号召，我完全支持这一号召。如果我们共产党员能虚怀若谷，有宽广胸襟和丢掉宗派主义色彩，便更能主动地推动这一局势的更广阔、更广大的来临。我认为李守常同志恰是一个善于与人合作的典型，党内党外同志，都乐于亲近他，值得我们纪念和学习。"①

在这一系列纪念活动中，刘弄潮所作的贡献也很引人注目。当然，我这里所说的"贡献"，只是就他在李大钊研究方面所取得的成绩而言，并不涉及其他方面。对于其余各次纪念活动中所列举的学术界前辈学人，也是如此。

刘弄潮是新中国成立后最早从事李大钊研究的学者之一，他为李大钊研究做了许多基础性工作。② 他早年投身五四运动，历经复杂的革命斗争，新中国成立后担任清华大学中国革命史教研组主任。他把社会科学性的历史研究方法引入李大钊研究，发掘遗文，考订史实，解释原著，并结合他本人的回忆，阐述李大钊团结、教导、组织青年的历史功绩，为此做了许多开创性的工作。首先，他发掘整理了李大钊的著作目录 100 多篇，写成《李大钊著述目录试编》一文，发表于 1951 年 2 月 5 日的《光明日报》；接着又于同年 7 月 6 日发表《〈新纪元〉考》一文，这篇文章把李大钊思想的发展历程与当时国际国内进步思潮的前进步伐紧紧扣在一起，是一篇研究李大钊思想的有创见的力作。其次，他曾在《大公报》上发表《领导五四的主将——李大钊同志》一文，该文全面阐述了李大钊和五四时期的学生团体、进步报刊与学生运动之间的内在联系，从而把李大钊在五四爱国运动中领导学生运动的历史功绩展现出来。正是在与新潮社、《国民》杂志社、少年中国学会以及《新潮》《国民》《少年中国》等进步社团与期刊之间密切联系的基础之上，李大钊发起成立了马克思学说研究会，从而为中国共产党的诞生准备了条件。

这一系列纪念活动，极大地推动了李大钊研究工作的进展，此后相关学术研究成果渐渐增多。纪念活动带动研究工作，研究工作反过来充实纪念活动。这一良性循环渐渐显示出来、发展起来。

　　访谈人：由此来看，1957 年的系列纪念活动，从不同的层面展现了李大钊在革命事业中的丰功伟绩和学术贡献，同时也大大推动了李大钊研究工作的进展，并使其逐步走上学术化的道路。

　　刘桂生教授：你说得很对。谈到这个问题，我们不能不提到李大钊烈士的

①　陈毅. 纪念李大钊同志殉难三十周年［N］. 人民日报，1957-04-28.
②　刘弄潮（1905—1988），四川灌县（今都江堰市）人。新中国成立初任中央人事部干部，1952—1957 年任清华大学中国革命史教研组教授兼主任。

大女婿，即李星华同志的丈夫贾芝①。他在纪念大会召开两年后，出版了由他编选的《李大钊诗文选集》。在此书的"前言"中，贾芝同志饱含深情地描绘了李大钊的"诗人"与"战士"一身而二任的人品和性格。他认为，以儒家思想为核心的中国传统文化在李大钊身上表现得十分显著。李大钊烈士忠厚谦逊、自律勤俭、刚毅不屈、自立自强，流露着一股雄健不已的献身精神，正是这种"诗人"与"战士"的气质和品格，使其革命战士的形象更加丰满。

贾芝同志借纪念五四运动40周年之机，选编了一部《李大钊诗文选集》，我认为用意深长：第一是系统地向青年介绍李大钊的优秀诗作；第二是通过这些作品，使读者体认李大钊的精神境界；第三是通过对优秀作品的感悟，认识到养成这些品质的中国传统文化的优越性，由此，李大钊才成为这些优秀品质的身体力行的发扬者。

访谈人：明朝忠臣杨继盛②因弹劾奸相严嵩而下狱被杀，留下了"铁肩担道义，辣手著文章"的著名联句，这也成为李大钊"铁肩担道义，妙手著文章"这副对联的文化渊源。那么，在您看来，"铁肩"与"妙手"、"道义"与"文章"在李大钊烈士身上如何有机地融合为一？

刘桂生教授："铁肩担道义，妙手著文章"，这副李大钊曾经多次书写的对联，真不愧是他本人精神和形象的真实写照。"铁肩担道义"体现了他崇高的品格，"妙手著 文章"体现了他精湛的学问和崇高的理想。

访谈人：这是否就反映了您在开始时所说的纪念与研究两者关系的特点？

刘桂生教授：是的。1957年前后的纪念活动，以刘弄潮、贾芝及多位前辈学者作出的贡献最多。1957年，社会主义改造已经完成，社会主义建设事业也已提上日程，举行李大钊逝世30周年的纪念活动，不仅表明了梦想成真的自豪之情，更宣示了社会主义事业必胜的信心和决心。更何况，这时共产党的中心任务已由领导革命战争、建立社会主义政权转移到领导社会主义建设、寻求国家繁荣富强之路上来。社会主义革命和建设对于共产党员的素质和能力有更高的要求。革命先烈李大钊恰好是德才兼备、文武俱能的模范代表，是知识分子

---

① 贾芝（1913—2016），山西襄汾人，李大钊女婿，曾任中国社会科学院少数民族文学研究所所长、中国社会科学院荣誉学部委员，时任《民间文学》执行副主编。

② 杨继盛（1516—1555），字仲芳，号椒山，河北容城人，嘉靖进士，因弹劾严嵩而下狱被杀，死后被追谥"忠愍"。

与工农结合的典范，是第一次国共合作的推动者和领导者。在这一系列纪念活动中，陈毅、董必武、林伯渠等领导人的题词或文章，既展示了李大钊的光辉形象，又把他从高高的云端还原到现实生活之中，为社会主义建设和毛泽东当时设想的"第三次国共合作"再立战功，更好地与中国的革命和建设事业相联系。

访谈人：还想请您继续谈谈 1979 年 10 月 29 日首都举行李大钊诞辰 90 周年纪念会对研究工作的推动。

刘桂生教授：1979 年举行的李大钊诞辰 90 周年纪念活动，是党的十一届三中全会以来规模最大、影响最深的一次李大钊纪念活动。《人民日报》等主流报纸发表了李大钊诗选、朱德和叶剑英等同志的题词、李葆华和李星华等同志的纪念文章，以及李新同志的主题报告。在党中央的统一领导下，这次纪念活动又一次掀起了李大钊研究的热潮。

这次纪念活动，李新①同志做了大量准备工作。20 世纪 70 年代末 80 年代初，他主持编写《伟大的开端》等多部近代史文献和著作。在纪念李大钊同志诞辰 90 周年主题报告的准备过程中，为了集思广益，他邀请多位学者座谈，我有幸参与了这些著作的编辑工作和主题报告的撰写起草工作，从而见证了这次纪念活动的筹备情况。

值得一提的是，在早期的研究工作中，关于李大钊早期政治思想和革命立场的转变问题，存在一种模仿苏联学者套用马克思思想演变框架的倾向，认为李大钊超越了同时代的其他民主主义者，直接由激进的民主主义跨越到马克思主义的立场上来。这并不符合李大钊思想发展的实际情况，也不利于正确评价李大钊的思想转变历程，同时也影响了对党的早期历史的正确认识。李新在主编《伟大的开端》等近现代历史资料，特别是为党中央起草《李大钊烈士碑文》初稿的过程中，已经意识到纠正这些僵化或洋化意识的必要性。李新同志不愧是一位精通中国近现代史、民国史和新民主主义革命史的学术造诣深厚的学者。

1979 年 10 月 29 日，首都举行李大钊同志诞辰 90 周年的纪念活动，纪念会在首都剧场举行。受党中央指派，由李新作主题报告《研究李大钊，学习李大钊》。李新在报告中指出："在宣传和研究李大钊的时候，我们应该采取科学的态度，也就是实事求是的态度。为此，我们必须把事实搞准确，而且立论要公

---

① 李新（1918—2004），重庆荣昌人，曾任中国人民大学党委副书记、中共党史研究会副会长、中共中央党史研究室副主任，时任中国社会科学院近代史研究所副所长。

平，既不能苛求于前人，也不必溢美于先烈。李大钊处于我党的幼年时期，他的思想、言论和革命活动，不可能不受当时条件的限制。"报告同时指出："他的品德很高，他的文章很好，他的功劳很大，但也不是没有缺点和错误的。"①这篇报告既吸收了当时李大钊研究的新成果，又把今后李大钊研究的任务和方向确定为"研究李大钊、学习李大钊、宣传李大钊"这样一个完整的理论与实践相结合的方向，为今后纪念和研究李大钊的工作指明了方向。

　　访谈人：您刚才谈到，李大钊早年并非所谓激进的革命民主主义者，我想借今天的机会，请您再谈谈对这个问题的看法。

　　刘桂生教授：是的，关于五四时期李大钊革命立场转变的问题，过去有过一种占主流的看法，认为李大钊早期就是激进民主主义者，在五四之后立即转变为马克思主义者。我曾根据马克思的经典著作以及在欧洲讲学时的实地走访，考察过这一问题，我的认识是：只有在专制国家才产生民主的需求，而激进民主只能产生于已经实行了民主的国家。德国是传统的专制国家，革命者多为民主主义者；而英国和法国实行民主已久，革命者对当时的民主不够满意，才追求更为激进的民主。历史上著名的激进民主主义者几乎都来自英国，这就是明证。从专制到民主、再到激进民主，是个循序渐进的过程。青少年时期的李大钊身处专制的北洋军阀统治之下，不可能突兀地站到激进民主的立场上来，成为一个激进革命民主主义者。李大钊与当时的其他民主革命者一样，也一度被袁世凯的民主谎言所蒙蔽，希望依靠袁世凯的强人政治来结束国内的政治混乱。袁世凯去世之后的北洋政权依然实行专制统治，建立民主共和国依然是革命的首要目的，李大钊显然不可能超越这个阶段，一下子就站到激进革命民主主义的立场上来。直到俄国十月革命之后，李大钊接受了马克思主义，才转到社会主义革命的阵营中来。李大钊是激进的民主主义者这一结论，是由苏联确定的马克思由激进的民主主义者转向社会主义者的思维定式而形成的，是用马克思思想发展的框架来套用李大钊。这样做，从表面上看是歌颂了李大钊对中国革命的贡献，实际上违背了历史事实。显然，过度而不切实的赞誉，反而会损害革命先烈的形象和权威。承认李大钊由一般的、普通的民主革命者向社会主义者转变，这不仅不会削弱李大钊本人的光辉形象，反而显现出李大钊真实的人物性格。我们的同辈学者朱成甲教授，在分析李大钊早年对袁世凯的认识转变过

---

　　① 李新. 研究李大钊　学习李大钊——在首都纪念李大钊同志诞辰九十周年大会上报告的摘要［N］. 人民日报，1979-11-01.

程中，也否定了所谓激进民主主义者的说法。

1983 年，中共中央为李大钊新建烈士陵园，以弘扬他的共产主义革命精神。在新建陵园之内，安放有李大钊同志的汉白玉雕像，并为李大钊同志竖立墓碑。镌刻在墓碑上的《李大钊烈士碑文》，由时任中共中央党史研究室副主任的李新起草，经中共中央顾问委员会讨论，由主任胡绳定稿。碑文全面如实地评价了李大钊光辉的一生，其中有李大钊"一九一六年回国后，积极参与正在兴起的新文化运动。…… 一九一七年俄国十月社会主义革命的胜利使大钊同志受到极大的鼓舞和启发。他逐步明确地站到马克思主义的立场上来，成为中国最早的马克思主义者和社会主义者"。最后的结语是："中国共产运动的先驱者，伟大的马克思主义者李大钊同志永垂不朽！"①

由此可见，1979 年的李大钊诞辰 90 周年纪念活动，尤其是 1983 年李大钊烈士陵园的新建及碑文的确定，为今后李大钊的纪念和研究工作奠定了扎实的理论基础。

访谈人：在纪念大会召开不久，又新建烈士陵园，这两项措施对当时的思潮以及李大钊研究有什么具体影响？

刘桂生教授：在李大钊诞辰 90 周年前后举办的系列纪念活动，既展现了中国共产党缅怀革命先烈的优良传统，又与当时党面临的时代形势有密切关系。纪念日当天，《人民日报》发表时任全国人大常委会委员长叶剑英同志的亲笔题词："学习李大钊同志献身于共产主义事业的革命精神，为在本世纪末实现社会主义的四个现代化而奋斗。"② 20 世纪 70 年代末，虽然已经拨乱反正，各项事业逐渐回到正轨，并开始实行改革开放，但是，"十年动乱"造成的对党的领导地位的质疑，以及改革开放造成的思想冲击，依然在少数群众中存在。在这个时候，为中共创始人之一的李大钊举办纪念活动、新建陵园、树碑立传，实为肯定党的领导核心地位和社会主义的根本方向，并为改革开放事业鼓舞人心、凝聚力量。另一方面，正如李新在纪念大会主题报告中所说，评价伟人李大钊，我们"不能苛求于前人"，要考虑到"当时条件的限制"，固然他的品德很高、文章很好、功劳很大，"但也不是没有缺点和错误的"。要历史地、辩证地看待领导人的贡献和失误，为全面评价其他党和国家领导人做好思想准备。此后的李大钊和其他历史人物研究，也明显受到这种辩证思维的影响，越来越多的伟

---

① 中国共产党中央委员会. 李大钊烈士碑文［N］. 人民日报，1983-10-30.
② 叶剑英同志为纪念李大钊同志诞辰九十周年亲笔题词［N］. 人民日报，1979-10-29.

大人物走下神坛，回归到人民群众中间。这也符合李大钊研究的"既竖立墓碑，又接上地气"的特点。

访谈人：您的经历和真知，使我们对李大钊纪念活动的精神价值及其时代意义有了更为深入的认识。看来，同在马克思主义阵营内，对历史人物的认识，也要根据具体国情来进行。时代的不同，文化、政治传统的差异，这些都是要充分考虑到的因素。由此可见，开展"接地气"的研究工作，才能还原历史人物的真实形象，才能正确引领后人的革命步伐。

（原载《高校马克思主义理论研究》2017 年第 3 期）

"五四"的历史与历史的"五四"
——访著名历史学家刘桂生教授

[访谈人简介] 李珍，清华大学马克思主义学院博士研究生。

在纪念五四运动一百周年之际，我们就五四运动纪念与研究的相关问题，与著名历史学家刘桂生教授作了多次访谈。刘桂生教授长期致力于思想史研究，在新文化运动史、五四运动史方面的成果尤为丰硕，是这一领域具有重要影响的历史学家。刘教授此前所发表的相关论著不仅惠及国内学术界，有些还被翻译成英文发表在国外的学术期刊上，为国际学界从事这一领域研究的学者提供了重要参考。兹将多次访谈的主要内容择要整理如下，以飨读者。

访谈人：刘教授，您好！感谢您接受我们的采访。今年恰逢五四运动一百周年纪念，在您看来，五四百年，最值得我们今天纪念的是什么？

刘桂生教授：要谈这个问题，首先要弄清楚纪念是从什么意义上说的。一般而言，重要的纪念有四种：一是对历史原典的纪念，二是对历史渊源的纪念，三是对从历史原典到当下的过程性的纪念，四是面向未来的展望性的纪念。

在我看来，五四百年最值得纪念的，恐怕并不仅仅是百年前所发生的事情，还有五四运动以来百年间的沧桑巨变；不仅仅是对未来新百年的展望，还有百年以前更久远历史的回顾。也就是说，不仅要知其然，还要知其所以然；不仅要知道来时的路是从哪里来的，还要知道去的路要往哪里走。

访谈人：的确，我们纪念五四运动，应当知史以明鉴、察古以知今。那么您认为，百年后的今天，我们应该怎样认识五四精神？刘桂生教授：学史的人喜欢从历史的角度来看问题。从历史的角度看，五四运动既有它自身的历史，即"'五四'的历史"；又有历史进程中五四运动所留下的影响以及不同时代对其价值的挖掘、分析、评判、利用等，即"历史上的'五四'"或"历史的'五四'"。"五四"的历史与历史的"五四"就像车之两轮、鸟之两翼，如影随形，相辅相成，五四精神也就在这样的关系中不断被解读、诠释，从而形成与发展着。

访谈人：刘教授，能否请您先就"'五四'的历史"谈一谈？

刘桂生教授：所谓"'五四'的历史"，也就是五四反帝爱国运动与新文化运动这些历史事件本身，即自 1915 年 9 月《青年杂志》（第二卷第一号起改称《新青年》）创刊到 1919 年 5 月五四运动在北京、上海等地发生期间的历史。在此之前，内忧外患，国运维艰，中国社会的灾难已极其深重。为了救亡图存，陈独秀在协助章士钊编辑《甲寅》月刊时，又创办了《新青年》杂志。《新青年》继承了《甲寅》月刊从政理上探求救国救民之路的方向，大力宣传"惟民主义"即民主主义，主张文学改良和白话文，以"与一般人生出交涉"。他们最初以介绍新思潮为宗旨，"一方面是讨论社会上，政治上，宗教上，文学上种种问题。一方面是介绍西洋的新思想，新学术，新文学，新信仰"①。当时社会上用以指称《新青年》杂志所发起的这一运动的，是"新思潮运动"，而不是"新文化运动"。胡适等人阐述这一运动的文章也冠以"新思潮的意义"之类的题目，围绕着《新青年》杂志的《新潮》《国民》《每周评论》等刊物，也多与传介新思潮有关。

访谈人：如您所说，《新青年》杂志创办之初以宣传新思潮为主张，所发起的运动被称为"新思潮运动"，但是为什么后来又被称为"新文化运动"呢？

刘桂生教授：这与五四运动所产生的巨大社会政治影响有着直接的关联。最初，陈独秀、胡适等人所倡导的新思潮和白话文等主张，除了青年学生，既存的各派政治势力或政治集团中响应的人并不多。但是，五四运动的爆发和它在政治上所取得的巨大成功，以及在社会上所产生的广泛影响，让中国国民党和研究系等政治势力的领袖人物看到了新思潮的巨大力量。于是，他们也转而呼应、响应新思潮，开始加入新思潮阵营，只不过出于认识的差异、理解的不同以及其他考虑，对这场运动，有些人称为"新文化运动"。

细的不谈，就从大端而言，孙中山先生在致海外中国国民党员的信中，对此说得很清楚。他说："自北京大学学生发生五四运动以来，一般爱国青年，无不以革新思想，为将来革新事业之预备。于是蓬蓬勃勃，抒发言论。国内各界舆论，一致同倡。各种新出版物，为热心青年所举办者，纷纷应时而出。扬葩

①　胡适. 新思潮的意义 [J]. 新青年，1919，7（1）：5-12.

吐艳，各极其致，社会遂蒙绝大之影响。虽以顽劣之伪政府，犹且不敢撄其锋。此种新文化运动，在我国今日，诚思想界空前之大变动。推其原始，不过由于出版界之一二觉悟者从事提倡，遂至舆论放大异彩，学潮弥漫全国，人皆激发天良，誓死为爱国之运动。…… 吾党欲收革命之成功，必有赖于思想之变化……故此种新文化运动，实为最有价值之事。"①

随着五四运动的发展，中国国民党和研究系等政治派别所主办的大量报纸杂志如《星期评论》《晨报副刊》等，对新文化运动进行了广泛讨论。一时间，新文化运动成为社会上的热点话题，或者说是当时流行的一个"关键词"。在这种情况下，陈独秀等人也开始采纳这种说法，"新文化运动"一词逐渐代替"新思潮运动"一词，遂成为此后大家讨论这一运动时所使用的标准用语。

访谈人：刘教授，能否请您谈谈，从新思潮运动到新文化运动，二者在本质上有什么差别？

刘桂生教授：以陈独秀等人为首的新思潮派，走的是救亡的路子，"德先生"和"赛先生"其实都是新思潮的观念，新思潮运动和五四运动实际上是内在地结合在一起的。要救亡就必须要有新思潮，仅仅主张救亡是不够的，旧的思想武器太落后，要有新思想才能救亡。随着五四运动的爆发，这一新思潮运动进入一个新的阶段，即新文化阶段。

访谈人：刘教授，您所说的这个新阶段，其"新"主要表现在哪些方面？

刘桂生教授：所谓的"新"主要表现在两个方面：首先是原来反对新思潮的党派在五四运动之后也不得不对其表示赞成和支持，这使得新思潮的社会政治影响力大大提升。其次是新思潮最初的提倡者陈独秀、李大钊等人在这时已经开始转向马克思主义，而这一时期新加入运动中来的各派政治势力，不少都还抱持着新思潮发起之初的一些观念，向往的还是旧的西方资产阶级民主共和的那一套理念，这就使得这一运动内部的矛盾空前加剧。这一点在孙中山先生在世时还不太明显，因为孙中山先生本身是欢迎俄国十月革命、主张"以俄为师""联俄联共"的。但是，在孙中山先生逝世后，蒋介石背叛孙中山先生的理想，抛弃五四传统，大搞独裁专制。而中国共产党人则针锋相对，高举五四大旗，为中国的独立和自由民主而奋斗。

---

① 孙中山全集：第5卷［M］. 北京：人民出版社，2015：166.

访谈人：继"新思潮"与"新文化"之后，中国共产党在20世纪三四十年代先后提出了"新启蒙"和"新民主"。在您看来，新启蒙和新民主是否也与五四运动有关？

刘桂生教授：是的。新启蒙和新民主是中国共产党对五四新文化运动的继续探索与发扬。新启蒙运动当时也被称为"新理性主义运动"，是中国共产党在20世纪30年代发起提倡的。这个运动主张继续发扬五四运动的革命传统精神，号召全国人民反对外来侵略，反对迷信盲从。

在新启蒙思想的基础上，又进一步提出以五四运动为界来划分旧民主主义阶段和新民主主义阶段的观点。在这一点上，毛泽东论述得很清楚，他在《新民主主义论》中说："在中国文化战线或思想战线上，'五四'以前和'五四'以后，构成了两个不同的历史时期。在'五四'以前，中国文化战线上的斗争，是资产阶级的新文化和封建阶级的旧文化的斗争……在'五四'以后，中国产生了完全崭新的文化生力军，这就是中国共产党人所领导的共产主义的文化思想，即共产主义的宇宙观和社会革命论。"① 这种认识不仅以五四运动为界标，将中国近代历史划分为两个阶段，而且将中国共产党领导的革命和五四运动的关系讲清楚了。可以说，中国共产党领导的革命，继承了五四运动爱国反帝、救亡图存的精神，是五四运动的深化和发展。

访谈人："五四"的历史与历史的"五四"，从根本上说，都是在中国这片土地上发生的，与中国文化有着不可分割的内在关联。五四运动期间，它的一些倡导者提出了激烈的反传统的口号，在这方面，您认为我们应该怎样认识五四运动与中国文化的内在关系？

刘桂生教授：你提的这个问题很好，五四新文化运动在某种意义上是一场具有内在矛盾的运动。五四运动，表面上反传统，激烈批评中国古代文化，但实际上，五四运动的发生却与中国文化传统具有密切的关系。如同学术界已指出的，当时，在新文化运动的倡导者和参与五四运动的学生身上，"天下兴亡，匹夫有责"的精神表现得淋漓尽致。追根溯源，五四运动的发生与中国文化传统尤其是其中的忧患意识有着直接的联系。《易传·系辞》（上）里讲，天地"鼓万物而不与圣人同忧"②，意思是说天地使万物生长，却对万物并无忧患，但是圣人不同，圣人对万物生长有忧患意识。《易传·系辞》（下）还说："《易》之

---

① 毛泽东选集：第2卷［M］. 北京：人民出版社，1991：696-697.
② 十三经注疏：上卷［M］. 上海：上海古籍出版社，1997：78.

兴也，其于中古乎！作《易》者，其有忧患乎！"① 这里的"中古"二字，指的是中国历史上的商周时期。也就是说，忧患意识在中国历史上起源很早，商周时期就已经出现了。同时，众所周知，希腊哲学发生于对天灾的恐惧，中国文化则发生于对责任感的忧患意识。恐惧与忧患全然不同：恐惧使人们向神明、上帝祈求，由它们来保佑人类；而忧患意识则是以人力来掌握人类自己的命运。从这一点来讲，忧患意识实际上是人的自觉意识。它的精神实质，就是在困难和灾难面前，"求己"而不"求神"，完全依靠自己的智慧与力量来承担责任、解决问题。这种忧患意识有着悠久的历史渊源，又在漫长的历史进程中发展成为著名的"天下兴亡，匹夫有责""自强不息，厚德载物"等文化传统，对中华民族生生不息、繁衍壮大起着至关重要的作用。

今天，我们纪念五四运动，首先就要把中国文化中的这种既不信神也不求人、自力更生、自强不息的真精神阐释出来，发掘提炼出来，让更多人理解掌握，并用这种真精神培养出更多富有中国文化生命力的五四式的新人，只有这样，才能真正有能力去对世界文化作出鉴别，学习吸收那些真正对中华民族有利有益的文化。

　　访谈人：的确，忧患意识不仅是我们面对困难和挑战时坚定的信念和勇气，而且是我们面向未来发展与进步的强大动力。回顾五四运动以来百年间文化发展的这段历程，您认为有哪些宝贵的经验或深刻的教训应当引起我们的重视？

刘桂生教授：对于这个问题，只能简略谈一点我自己的看法。在我看来，在五四运动后相当长的一段历史时期里，学术界、理论界普遍存在着一种认识，就是西洋文化或西方文化就是现代文化，包括中国文化在内的其他非西方文化都是传统文化或古代文化，传统文化要实现现代化，就必须学习西方，走西方的路。这是一种典型的一元论的文化观，或者说是"西方中心主义"的文化观。这种文化观的形成，与世界现代化发展进程的不平衡性密切相关。现代化进程首先发生在西方国家，随着西方国家的对外扩张，大量非西方国家先后沦为殖民地或半殖民地。这就如同马克思在《共产党宣言》里曾经讲过的："资产阶级，由于一切生产工具的迅速改进，由于交通的极其便利，把一切民族甚至最野蛮的民族都卷到文明中来了。……正像它使农村从属于城市一样，它使未开化和半开化的国家从属于文明的国家，使农民的民族从属于资产阶级的民族，

---

① 十三经注疏：上卷 [M]. 上海：上海古籍出版社，1997：89.

使东方从属于西方。"① 由此而论，一元论的文化观，在历史发展的某个阶段，诚然有一定合理性，但是，历史发展的事实表明：由于不同民族所处的发展阶段、生存环境、宗教信仰等各不相同，因此，人类文化从来都是多元多样而非一元一样的，各个民族现代化的道路也是多种多条而非只有西欧北美一种或资本主义一条道路。在文化问题上，想完全照着别人的路子走，完全变成别人的样子，实践起来必定要走弯路，甚至碰壁。在这方面，我们受到的教训很深刻。如果说百年间有什么经验的话，最根本的一条，就是坚持民族主体性，强调中国气派和中国作风，不论多么好的东西，都要根据中国的具体国情、中华民族的实际需要，使之中国化。中国共产党人的成功，很大程度上就与其将马克思主义中国化密切相关。

访谈人：确实，在文化问题上，我们走过很多弯路，曲折和教训让我们认识到坚持民族主体性的重要性。中国文化的建设，应扎根于中国优秀传统文化的土壤，在此基础上吸收和借鉴优秀的外来文化，方能让文化的发展枝繁叶茂。今天，我们已经沿着历史长河走到了五四新旧百年的交汇处，在您看来，中国的文化建设应当注意哪些方面？

刘桂生教授：今天的时代，已经由过去西方主导的现代化时代发展到世界各国各民族共同参与的全球化时代，习近平同志倡导的人类命运共同体理念得到越来越多国家的赞同，文化的多元多样性和文明的交流互鉴、交融互释性被越来越多的国家和民族所认同。与此同时，中国也已经告别了五四时期国家贫弱、任人宰割的历史，已经站起来、富起来并且正在逐步强大起来，进入了一个崭新的发展时代。在这样的时代里，我们更需要静下心来，认真反思百年来文化发展的历程，总结经验教训，揭示其中的规律，把握好未来发展大势。

我个人认为，今天中国文化的建设，首先，要摆脱"西方中心主义"的束缚，创建属于中华民族自己的接地气的话语体系；其次，要重新认识中华文化传统，恢复和树立民族文化自信。更关键的是，在学术文化建设问题上，要坚持"三来一体"的观念。"一体"指中华文化，"三来"指的是在建设中华文化的过程中必须坚持的三个基本原则："不忘本来，吸收外来，创造未来。"

访谈人：刘教授，您的"不忘本来，吸收外来，创造未来"的"三来"思想，自成一家之言。我在您此前的有关著作中了解到："本来"指中华民族的传统文化，是我们文化的本源；"外来"指以西方文化为代表的别

---

① 马克思恩格斯选集：第 1 卷 [M]. 北京：人民出版社，2012：404-405.

国文化;"未来"指的是我们今后文化发展总的趋向。这个观点,您倡导多年,已逐渐引起越来越多的共鸣和认同,在今天,我们该如何处理好这三者之间的关系?

刘桂生教授:这个思想和主张,也是我吸收前人的成果而总结出来的。我认为,"三来"作为一个整体,缺一不可。如果只强调"本来",就会变成复古;如果只强调"外来",就会重蹈历史上全盘西化之类的覆辙;如果只强调"未来",就会脱离实际,变成空想主义。只有正确处理好"三来"之间的关系,才可能把中华文化这个"一体"建设好、建设强,才会使中国不仅在物质经济方面强起来,还在精神文化和学术层面强起来。

今天,我们纪念五四运动,不是为了发思古之幽情,更重要的是以此为契机,发扬五四精神,树立文化自信意识,实现近代以来中华民族最伟大的梦想—民族复兴,与世界各国各民族一道,为建设和维护人类命运共同体作出应有的贡献。

（原载《高校马克思主义理论研究》2019 年第 1 期）

六、为师之道

博士学人与博士论文

博士论文不是一般的学术论文，而是为培养不同学科领域中的高层次专门人才、反映其学术造诣的特殊体裁的论文。一篇博士学位论文写得好不好，实质上关系到博士学人培养的质量问题。

一般而言，看一篇博士学位论文学术水平的高与低，总的标准是看它有没有把握住时代发展的脉搏，站在时代发展的前沿，严格按照学术规范发现并解决时代所提出的问题，从而有助于推动时代向前发展。从总体上说，凡是能够主动关注现实，把握时代脉搏，发现并解决时代所提出的问题的博士学位论文都是好论文，其作者都可视为达到相当学术水准的博士学人。

要达到这样一种水平和境界，我认为，博士学人至少应明确以下三个问题：

一、确立"预流"思想，争做"一线"学人

"预"是参预，"流"指时代学术潮流。预流，就是要投身到时代学术潮流中，敢于去做一个"弄潮儿"。任何一个时代都有属于这个时代的新思想和新材料出现，同时也有这一时代所提出的新问题。所谓"预流"，就是敢于和善于依据新思想，应用新材料，解决时代所提出的新问题。凡是做到这一点的，就称得上"预流"。我的老师陈寅恪先生曾这样教导我们：

"一时代之学术，必有其新材料与新问题，取用此材料，以研求问题，则为此时代学术之新潮流。治学之士，得预此潮流者，谓之预流，其未得预者，谓之未入流。此古今学术之通义，非闭门造车之徒所能喻者也。"①

我对这一番教导的体会是，"预流"思想的实际意义是要求博士生争取做一个"一线"学人。什么是"一线学人"？现在常听人说什么"一流大学""一流

---

① 陈寅恪. 陈垣敦煌劫余录序 [M] //金明馆丛稿二编. 北京：三联书店，2001：266.

学者"。大学如何先不说。学者固然可以分成若干"流"，但有一点不可不清楚，任何一位学人，凡是入流（不管几流）的，没有一个不是从"学术前沿"这样一条"线"上拼杀过来的，没有上过"一线"的人大概是入不了"流"的。所以，学术前沿这条"线"，是"入流"的必经之地。在我看来，做博士生，第一件事就是要争取做一个"一线"学人。上面这些话是对学生说的。教师方面又应怎么办，即怎样帮助学生走上"一线"呢？我的体会是，要做三件事：第一件是帮助学生弄清本门学科的"基原性"问题。所谓"基"，指的是基础，如基本材料、基本史料等等方面的问题；所谓"原"，指的是理论、原理，特别是哲学或认识论上的一些问题；第二件事是要帮助学生弄清本门学科形成、发展的种种内在机制；第三步才谈得上对前沿状况做分析、介绍。这样做，才能使学生切切实实地懂得究竟什么是"前沿"的实际状况，从而才有可能真心实意地争取去做一个"一线学人"。

二、进入学术传统，增强问题意识

曾听年轻教师反映，博士生在论文工作中经常碰到的困难是：在选题阶段，找不到可做的题目；题目确定之后，做着做着就跑题、偏题；等到总结时，仍然不清楚自己的成果与前人的相比究竟解决了什么问题。

我认为，这种状况所反映的问题是"问题意识"不明确。问题意识是博士生培养的核心，也是写好博士论文的关键。到目前为止，似乎还没有看到那所大学或教育主管部门把"问题意识"这一条写入博士学位论文的评价指标中去，也很可能正因为如此，长期困惑博士生的这些问题，一直没有得到足够的重视，看来确有提出来吁请大家共同关注的必要。

研究生与本科生不同。他们是研究者，要求出研究成果。因此，学会怎样发现问题、提出问题，怎样思索、怎样与前人对话，以至与自己的研究对象对话等等，都是十分重要的事。除此之外，还要反复思索，前人是怎样提出问题，怎样推进、又怎样解决。我们今天应该顺着前人的方向去做，还是"反其道而行之"更好等等。还要注意不要被"假问题"所缠住。举一个例：18世纪以后，西方不少思想家，包括黑格尔在内，曾经一再断言中国近古社会长期停滞不前。中国学术界有些人受到这种"学说"的影响，更着前人的步伐去做，现在也还有人在重复着做。但是，20世纪80年代初，我校何兆武教授等人用充分的事实和史料揭示了这一问题虚伪性，证明这一个假问题。显然，在假问题上即使你花再多的时间和精力，显然无法得出与中国历史实际相符合的结论。这种教训不可不吸取。

另一方面还要看到，正确、良好的"问题意识"会大大促进研究工作向前发展。问题意识是一把"双面刃"，它一方面向前"挖掘"，另一方面又不断向后"反馈"—向研究者报告前沿情况，并请求"指示"，有时它提问，你回答；有时你提问，它回答；彼此之间，形成良好的对话关系，互相推动，互相促进。这样一来，越来越使研究者不迷失方向，不迷失自我，自始至终十分清楚想着自己在做什么、为什么做；越做越觉得有心思，因而新思路、新方法不断涌出，自己的奋斗目标也随之而变得越来越清晰。

还要看到，学术研究具有很强的积累性。对博士生来说，要充分重视所在学校和学位点的学术传统。谁都知道，写好博士论文需要博士生个人的聪明才智和努力，但不可不看到，另一方面还取决于所在学位点指导思想、研究方法、文献资料等各方面的指导或帮助，两方面缺一不可。所以，博士学人要充分注意了解所在学位点的学术传统，要争取尽早地熟悉并进入这个传统，这样学习和研究才会取得事半功倍的效果。有些博士生对这一问题认识不足，不顾所在学校的学术传统而一味地按照自己个人的爱好去做所谓"研究"，势必事倍功半，甚至无法完成任务。

三、人、文合一

做博士学人与写博士论文，是一件事的两面。两方面之间，互相推动，其中贯串着三个决定性的因素，即：知、情、意。知是知识、学识；情是情绪、情感；意是意志、意愿，毅力。三者互相推动，才能把博士论文写好，人文学科尤其如此。

人文学科与自然科学不同，两者都是为着求真，但自然科学所说的"真"，一般指物质性的真，事实性的真，即主客观相符，主客观合一的真。人文科学所说的真，除了具有上述相同的含义外，在主观方面，强调知、情、意三者的合一。这种不同，有时会使两者之间会出现极大的反差。这里举一个例：马克思曾经写过一组分析伊斯兰世界的宗教与政治关系的文章①，如果单从这几篇文

---

① 见马克思. 希腊人暴动 ［M］//马克思恩格斯全集第 13 卷. 北京：人民出版社，1998：146-148；马克思. 希腊和土耳其 ［M］//马克思恩格斯全集第 13 卷. 1998：245-248.

章的表面内容来看，文章似乎是在讨论伊斯兰世界的宗教与政治的关系问题，而实际上，马克思同时有一封给恩格斯的信，他在其中告诉我们，他之所以写那几篇文章，根本的用意是借此抨击或讽刺基督教世界①。这个例子说明，如果我们只看马克思文章的表面内容就急于下结论，而不从多方面考察、探索，联系马克思的生平，特别是他的社会活动来探索，即把知、情、意三方面综合地联系起来探索，那么，我们又如何能够发现马克思信中所透露的深层用意呢？

要把下面这番道理想通：究竟是人写文，还是文"写"人。大家知道，掌握一种思想的过程就是被这种思想所掌握的过程。恩格斯在《反杜林论》一书中这样告诉我们："思维的至上性是在一系列非常至上地思维着的人们中实现的。拥有无条件的真理权的那种认识是在一系列相对的谬误中实现的，二者都只有通过人类生活的无限延续才能实现"，人的思维"按它的本性、使命、可能和历史的终极目的来说，是至上和无限的，按它的个别实现和每次实现来说，又是不至上和有限的。"② 由此可见，恩格斯的了解和我们的了解是一致的，都是要把知、情、意三方面合起来，才能切实了解社会历史问题，这一点是由人的社会实践的根本特性所决定的。

深入认识人、文合一的道理以及两者之间的互动关系，有助于博士生迅速走上"做学问与做人合一"的道路上去。研究过程同时也就是研究者个人的学术成长过程和学术人格的成长过程。所以，除了人写文一面之外，还要看到"文写人"的一面。

弄清了上述三个问题之后，剩下还有一个大问题，去看就是选题。在选题问题上，我的认识是：

1. 从指导思想上说，选题的原则是："大小兼顾，小题大做，先顾其大，后顾其小"。什么是"大"？简单说就是题目意义重大，这不用多说，所须注意的是"小"。什么是"小"？这个"小"，不是说"无足轻重""没有意义"。它的根本意思是"核心""关键""重点""要害""具体化"等等。选题的意义力求"重大"，这，谁也没有不同的意见。问题是怎样才能把这种重大的"意义"，加以提炼或浓缩，使之转化成一个具体问题，以便安放在一个合适的"题目"之内，从而使它集中、鲜明而又有力地表现出来，这就叫作"小"。"小"字的功夫做不到，选题就算没有完成。所以，我把这整个过程叫作"大小兼顾，

---

① 1854年5月3日马克思致恩格斯信［M］//马克思恩格斯全集第49卷．北京：人民出版社，2016：555．

② 马克思恩格斯选集［M］第3卷．北京：人民出版社，2012：463．

小题大做，先顾其大，后顾其小"。当大者，一定要大；当小者，非小不可，否则就会"尾大不掉"，"大而无当"，无法收场。这种事例，学术界不少见。

搞研究是向未知领域进军。这种宏大志向，如果不进行转化，使它变成一系列经过精心设计的具体问题和科学实验，怎样才能付诸实践？真理都是具体的，所以，"小"不是别的，而是"大"的具体化。所以，所谓"小题大做"，它的实际意义是"抽象意义具体化"。如果只有"大"，没有"小"，那么，这个"大"，实际上是不存在的，因为它还停留在"愿望"和"志向"阶段。学者只有懂得"小"，会"小"，能"小"，"大"才能实现。从认识论上说，完整的认识过程包括"从具体上升到抽象"，再"从抽象上升到具体"这样两个层次的飞跃。后一层飞跃所包含的"具体"如果不出现，认识过程就没有完结。我们选题时，不能忘记认识论上的理论根据。

下面举两个例子来说明。马克思写《资本论》，起先拟定的题目是《政治经济学批判》，比较大。但是，随着时间推移，题目一次一次地改，一次比一次小，最后确定为"论资本"，中文本译作《资本论》。"资本"显然只是整个政治经济学体系中的一个局部问题，然而，只有它才能把马克思新创的全部经济学体系"纲"起来，这不就是"以小见大"吗？又如，1905年，爱因斯坦提出狭义相对论，对物理学界当时众所周知的古典物理学那种"百孔千疮"的学科体系进行拯救时，他不把自己的论文取名为"物理学体系的改造与创新"之类，而只是称作《论动体的电动力学》，从"电动力学"这样一个较小而具体的问题入手，完整地提出狭义相对论，揭示了空间和时间的本质关系，引起物理学理论的革命。这岂不又是"小中见大"吗？两个事例都体现着"从一般上升到具体"的认识"飞跃"。

2. 其次要充分搞清楚两种差别，即博士论文与知识性专书的差别和博士论文与一般学术论文的差别。

先讲博士论文与知识性专书的差别。博士论文是研究工作的最后成果，它是"研"出来的。知识性专书是综述前人研究成果的集成性的东西，靠编辑，也只能靠编辑来完成。博士论文靠的是一个"研"字，因此题目非小不可，大了就无法"研"；反之，知识性专书的题目不能不大。如果不大，内涵不丰，那么谁来买一本内容又偏又窄的知识书？这一点不搞清楚，就会出现用编书的办法来"写"博士论文的奇怪现象。用这种办法"写"出来的"博士论文"，题目往往就大。用这种办法"培养"出来的人大概也不会搞研究，而只会"编书"。这样，岂不是把培养博士的过程变成培养"编士"的过程，培养目标从根本上就改变了。正本清源的办法是在认识上彻底弄请博士论文的基本结构。一篇博士论文，除综述前人研究成果的部分外，主体部分可分为六个部分，即：论域、论题、论点、论据、论证方法、结论。选题这件事，发在"论域"与"论题"两部分之间，弄不清这两部分性质上的差别，就会把"论域"直接当作"论题"来做。这样一来，论文题目岂能不大？更谈不上什么问题意识。

接着来讲博士论文有与一般学术论文的区别。博士论文首先是一篇学术论文，但它比一般学术论文多一重任务，即出了学术研究任务外，还要负担表明作者本人在所学专业领域内已经具备符合博士标准的学术水平这样一种任务。从评审的角度来看，对一般学术论文，评的主要内容是文本身；对博士论文来说，所谓"评"，除了评文之外，还要评人，或者说，通过评文来评人，而最终落实在评人上。每位评委都要表态是否同意授予此人博士学位。正因为如此，博士论文的写作就比一般学术论文多出一项任务，即：作者要把他所从事的学科特别是他所研究的课题的历史发展过程和目前研究状况如数家珍一般地叙述出来，让评委判断他够不够得称为这一研究领域里的一个"行家里手"，也就是说能不能授予他博士学位。反之，一般学术论文就不须写上这些东西。如果每一篇学术论文都要写上这类"如数家珍"一般的东西，那么，那一份学术刊物有这么大的篇幅来容纳呢？这里说的虽然是笑话，但对搞清问题，是有帮助的。

总之，培养合格的博士学人，写好博士论文，涉及的问题很多。这里所谈的，只不过是平日积累起来的一些零星认识，提出来供大家参考，不对之处，还望批评指正。

（原载《清华大学人文社会科学学院建院十周年纪念集》，2003年）

大学者，有大师之谓也

——谈博士生导师与博士点、博士生、博士论文的关系

一、博士生导师与博士点

任何一位博士生导师，不论开创博士点的也好，增补的也好，都必然属于一个博士点。大家知道，政府中有一种"官"叫不管部部长，是内阁阁员，却不属于任何一个部。但大学里的博士生导师，却没有一个是不在"博士点"的。博士生导师上岗后的第一件任务就是要为所在的"点"制订学术发展规划（对增补的博士生导师来说就是"参与制订"）。规划不是别的，而是今后学科发展的方向和总指针，也是招收博士生的总依据。制定规划，不用说，第一项要求就是要认清本门学科的发展前沿；第二项要求就是要结合本校实际情况确定学科发展的"制高点"；再次就是确定"突破口"。有这样一种情况值得注意，即：只考虑"前沿"的情况，而忽视对"制高点"的设置。如不结合本校实际情况来考虑"制高点"的设置，那么，要攻上前沿恐怕是未必顺利或者有困难的。还要看到，招生计划必须根据学科发展的需要来制定，比如，每年应招多少学生；对学生的知识基础怎么挑选；外语条件怎么挑选等等，这些都必须根据学科发展的需要来决定。有了规划再招生，才能做到"任务等人"，而不是"人找任务"，这一点很重要。

二、博士生导师与博士生

导师的主要任务是引导学生走上学科发展前沿，帮助学生形成问题意识，并在这一基础上把学位论文写好。下面，我举个例子，看看前辈的导师怎样自

己"身先士卒"地做科研，又怎样用前沿性的课题来锻炼学生，从而指引学生走上学术前沿，并把学生培养成"大才"的。

我举的这位导师是我校物理系教授、曾任西南联大理学院院长、新中国成立后任中国科学院副院长的吴有训先生。吴先生是 1922 年由清华送去美国留学的。1925 年获得美国芝加哥大学的博士学位。他的导师是著名的康普顿效应的发现者康普顿教授。康普顿效应在 1923 年就已由康普顿教授提出，但当时没有得到物理学界的普遍承认，对它争议很大，主要问题是理论体系不完整，实验也做得很不够。但两年后，即在康普顿教授有了吴有训先生这个大帮手又做了许多工作之后，康普顿效应终于得到物理学界的普遍承认。这就是说，成就的取得确有吴先生的功劳在内。吴先生 1925 年毕业后回到清华物理系任教。他对该系研究生科研工作的指导，根据 1981 年出版的《清华大学校史稿》记载，一开始就用康普顿效应和拉曼原理等指导学生对 X 射线进行研究。有的学生进行气体对射线散射的计算；有的学生则把 X 射线在单原子气体中散射的公式推广运用到多原子气体中，或计算某些双原子气体散射 X 射线的强度等等。从 1937 年出版的《清华大学一览》中可以找到吴先生指导的研究生的姓名和他们的论文题目：王大珩的题目是"关于中质子的散射"；钱伟长的题目的是"晶体对于 X 射线的散射"；黄席棠的论文题目是"液体对于 X 射线的散射"；陆荣善的论文题目是"多原子气体所散射 X 线的强度"；等等。这张名单把这样一个道理展示在我们面前：一位身处学术前沿的导师，用前沿性的课题来锻炼学生，从而培养出一批站在前沿的学人，有的后来发展成为"大家"。今天的中国知识界，对王大珩、钱伟长等几个名字大家都很熟悉。当然，今天时代不同了，高等教育和科学研究的情况也大大不同，但有一点依然没有变，那就是："只有身处学术发展前沿的导师，才能引导学生走上学术发展前沿"。这就是老清华的办学经验至今还虎虎有生气的奥秘所在，也就是梅贻琦校长当年所说的"大学者，非有大楼之谓也，乃有大师之谓也"这句话最好的注脚。

三、博士生导师与博士学位论文

怎样才能把博士学位论文写好，从目前来看，有两种情况值得注意（这里说的是文科的情况）：

第一，目前流行着一种把博士学位论文写成专供大学生阅读的知识性读物的倾向，要看到，这是两种性质不同的文化产品。博士学位论文是高度学术性的产品，是学术界通向未知领域的开路先锋或锐利武器。对它的要求是专、精、新；反之，提供给大学生阅读的专门性知识书籍则是一种普及性（或叫作高层次普及型）读物，它是对学术界已有知识的整理或综述。博士学位论文是非经相当时期的研究写不出来的，它背后要靠大量独立的科学研究工作做支撑；反之，知识性的读物则是靠大量收集资料、用编辑工作就能完成。花的工夫不同结果也不同。试想，如果在博士培养阶段花三年工夫去"写"（实际上是"编"）这样一篇所谓"博士学位论文"，那么，这个学生还能受到什么科学训练呢？

第二，在选题问题上，目前有一种爱写大题目的毛病。我对这个问题的认识是：眼光要大，题目要小，或者叫作"小题大作，先顾其大"。要教会学生善于从大处着眼，小处下手。这里需要解释的是"小题大做"的"小"字，容易被人误解为"无足轻重""没有意义""没有价值"等类的意思。但事实绝不是这样，这里所说的"小"，指的是问题的"关键"或"要害"，是各种矛盾的扭结点。想来大家都还记得毛泽东同志说过的一句话：做事要学会"牵牛鼻子"。我上面所说的"小"，指的就是问题的"牛鼻子"。科学研究是向未知领域进军，假如不把"牛鼻子"牵住，怎能推动整个工作向前进展呢？"小题大作"的意思不是别的，而是"抓要害""牵牛鼻子"。什么是"先顾其大"？这句话包含两层意思：第一层是必须先对问题有个通盘的了解，然后才能把关键和要害找出来；第二层是当把要害抓住后，还要把整个问题的价值和意义放在一个更大的范围内，用全局眼光来思量或考察，这样才能把问题的意义估得更准或看得更深。

第三，还要认清这样一番道理：完成一篇博士学位论文，在认识上必须经过两次"飞跃"，首先是从个别到一般或从具体到抽象的飞跃。也就是说，先要从调查研究、整理资料入手，通过个别，把一般性的东西找出来，完成第一次"飞跃"。然后就是从"一般"再上升到"具体"，这样一个认识过程才算完结。要说明这个问题，可以举马克思和爱因斯坦两位先生为例子。大家知道，马克思写《资本论》时，最初取的书名是《政治经济学批判》。后来他一边写一边改，书名也越改越小，最后确定为"论资本"（即《资本论》）。"资本"显然只是整个政治经济学理论体系中的一个比较具体、比较小的问题。爱因斯坦的情况也是这样。他初登历史舞台的时候，古典物理学的理论体系已经被新出现的各种实验成果和理论冲击得体无完肤，"百孔千疮"，矛盾百出。爱因斯坦写的论文题目不叫什么"古典物理学理论体系的大批判和总改造"，他不这样做，而只是就"电动力学"这个物理学中提出的问题来讨论。论文题目虽然小，但丝毫也不妨碍其中写出具有重大意义的理论。可见，"小题"是可以"大作"的，而"大题"想要"大作"，那却是不可能的事。

（原载《学位与研究生教育》2004 年第 9 期）

七、清华园溯源

清华园溯源

1959 年，我从北京图书馆所收藏的"样子雷"① 一家保存的清代宫室建筑的烫样和图样中，找到一幅道光二年绘制的"熙春园"平面图。② 根据这张图，再参证其他历史文献，我们对清华大学校园沿革的认识又前进了一步。原来，今天的清华园是康熙年间修建的"熙春园"的一部分，具体些说，是它的东半部。在乾隆三十二年（1767 年）至道光二年（1822 年）间，这座园子曾是清帝圆明园的组成部分，前后有 55 年之久。③

"熙春园"是一座皇家园林，位于圆明园以东，故又称"东园"。它的四至：东起今北院，南到热能工程系馆（旧机械馆），西至西院东侧，再转北到化学馆以西（这里有条复道——"过街楼"与圆明园中的长春园相通）。这个范围和新中国成立前的清华大学差不多，它的面积是"东西面宽二百四十丈五尺，南北进深一百九十二丈五尺"，四周围墙的长度是"八百五十五丈三尺"。④

"熙春园"早期的主要建筑在今天的"荒岛"上，分为两组，前面一组叫前所，位置在今天游泳池的北畔，正房叫"尊行斋"，南房叫"环碧堂"，东房叫"藻德居"，西房叫"花韵轩"。东房后面有个小院，叫"函春书屋"，是个书房。后面一组叫后所，就在今"荒岛"的正当中，它本身又分成前后两院，前院叫"嘉董斋"，后院叫"临漪榭"，两处一共有房屋二百六十四间（据道光年间修缮房屋的工程单据）。

康熙皇帝为这座园子题写过匾额。这件事在吴振棫（生于乾隆年间，后来

---

① "样子雷"是清代一家传世的姓雷的宫廷建筑设计工匠，民国以后，家道中落，后人把大批建筑模型（俗称烫样）卖给北京图书馆。

② 这张图和另外几份房屋修建工程单记都是在北京图书馆舆图组冯宝琳女士的帮助下找到的，在此表示衷心感谢。

③ 此处所说年限据张思荫. 清华园变迁史补正 ［M］//燕都说故. 北京：北京燕山出版社，1996：131.

④ 据北京图书馆藏《熙春园周围大墙底盘样》所载。

官至云贵总督）的《养吉斋丛录》中有所记载，他说："熙春园在长春园东南，有复道相属，俗称东园，隙地多种麦，康熙时已有之。园有'松簧馆'、'德生轩'、'对云楼'、'藻德居'、'竹净室'诸榜额，有康熙时御书者"。①

吴振棫又说，这座园子到嘉庆年间曾大加修葺，还添建了一些房屋，如"省耕别墅"、"抱扑草堂"等。一处叫作"草房"的地方，还是模仿热河避暑山庄的建筑盖的。

吴振棫的话，不禁使我们想起一个问题，即工字厅这组房子究竟建于何年？这组房子，早年的记载中不见提到，而道光二年所绘的平面图中则已经完整地存在，这样看来，它似乎应建于嘉庆年间。

"熙春园"至道光年间，被分成两座园子，分赐皇亲。西面的一座以原"熙春园"的主要建筑为中心，取名"近春园"，赐给嘉庆帝第四子瑞亲王绵忻居住，故俗称"四爷园"。道光八年（1828年）绵忻逝世，其子奕誌袭郡王爵，仍住该园。咸丰十年（1860年）英法联军火烧圆明园，近春园随之荒废，并非毁于劫火。同治朝试图择要重修圆明园时，近春园残存建筑全行拆除，运走木石料"抵用"，园址随即荒芜，以致清华学校接收时，径以"荒岛"称之。

东面的一处，以工字厅（当时叫工字殿）为中心，依然叫"熙春园"，赐给嘉庆帝第三子惇亲王绵恺。道光十八年（1838年）绵恺逝世。十八年后，即道光二十六年（1846年），道光帝以自己的第五子奕誴过继为绵恺嗣子，袭郡王爵，园仍归之，俗称"小五爷园"。咸丰即位后更名清华园，② 并御题园额，名称沿用至今。

"近春园"和"清华园"，以今天静斋前的马路为分界线。"清华园"的大门（当时叫"大宫门"），在今天停车场。园内的房屋，又可分为两组，一组以工字厅为中心，有房屋一百三十五间，③ 游廊六十九条，垂花门一座（据当时修理房屋的工程单据）。在今天"自清亭"附近，当时还有一座小楼，称"佛楼"。另一组是"永恩寺"，在工字厅的东南方，即今天第一教室楼前面，这是一座两层进深的长方形院落，是座家庙。今天在那里高耸入云的两棵大柏树，就是永恩寺的遗物。

---

① 养吉斋丛录［M］线装本卷十八，第15页。
② 明代和清代各有一个"清华园"，但不是一个地方。明代的清华园在今天北京大学西校门外，马路以西，海淀镇以北的一片田野上。清代的畅春园就是在它的基础上修建的，康熙帝后期常年住在这儿。今天北京大学西校门外马路对面，还有一块"畅春园西北界"的界碑立着，这是它唯一的遗迹。
③ 据北京图书馆藏《熙春园周围大墙底盘样》所载。

以上所述已经把清华大学校园的历史上溯到清代康熙年间。那么，我们是不是还可以继续往上追溯呢？答曰："可以的"，因为修建于清初皇家园林一般都是在明代旧有园林的基址上修建的，这可以说是一条普遍规律。根据这种认识来推断，那么，在"熙春园"这一片土地之上，明代很可能还有一座园林。至于这座园林叫什么句子，主人是谁，景物如何……等等，今日一时尚无法知晓，只好留待今后继续查寻和考证。

写到此，这篇文章本来可以结束了。但前面说过，张思荫先生在《清华园变迁史补正》一文中所引的证明近春园并非咸丰（奕詝）赐园而系瑞亲王绵忻父子赐园的史料，十分精当，很有说服力，不忍割爱，故全部摘引如下，以飨读者并为本文作结。

（一）道光二年八月内务府议奏："查熙春园现奉谕赏给惇亲王绵恺居住，所有该园原设苑丞、园户等拨归绮春园、长春园当差。"这表明熙春园此时正在全部改赐皇亲。

（二）北京图书馆藏《圆明园外围水道图》在熙春园处注为"惇亲王园"，近春园处注为"瑞亲王园"。图系清"样式房"绘制，成图当在道光朝前期。

（三）道光二十六年正月，样式房清点熙春园房屋，图注"小五爷园"字样。表明该园为绵恺嗣子奕誴所居。

（四）道光三十年八月一幅近春园图上注有"四爷园""四爷旧住，瑞郡王住"字样。表明近春园是嘉庆四子瑞亲王绵忻及其子奕誌的赐园无疑。绵忻既住过，其受赐当在生前（道光八年）。而该园直至道光三十年仍为"瑞郡王住"，其间似无改赐皇四子奕詝（咸丰）之可能。退一步讲，若奕詝住过近春园，在他于道光三十年正月继帝位之后，称其"潜邸"赐园为"四爷园"那是断不可以的，更何况他与奕誴是兄弟，岂有称弟为"小五爷"而称兄为"四爷"之理，这与辈分不合。"四爷"指绵忻才是合乎情理的。所以近春园的主人是瑞亲王绵忻父子，而非咸丰帝奕詝。"奕詝赐园"之讹，实出自 20 世纪 20 年代《清华园与清华学校》一文关于道光帝为其四子一女赐园的"相传"轶闻。①

（原载《清华校友通讯》复刊第 2 期，1980 年 10 月）

---

① 此文载 1921 年 4 月《清华周刊·本校十周年纪念号》，无作者署名，文中有"相传道光帝赐第四子文宗（咸丰帝奕詝）以近春园"一语，可见误传之起因，确在于此。

八、文献辑佚

龚自珍佚文系年笺注

一、跋《白石神君碑》旧拓本 *

道光辛巳正月，探梅邓尉①舟中，携此展观，并携《隶释》②一部。此本小漫漶处注于旁。洪氏③颇不喜此书，疑不类汉④。予亦谓然。持《三公山石刻》⑤相比，气味夐别者。曩见孙退谷⑥家宋本，今在翁阁学⑦家。阁学殁后，不知今在谁氏。此亦是百年前旧拓本。书毕而舟抵木渎口矣。定公。

同舟者顾君涧薲⑧。舟中以舟师鸡毛笔书此。

——据邓氏家藏原件

＊原件无题，据文意拟。

【系年】文中已叙明写于道光元年辛巳（1821 年）正月。

【笺注】

①邓尉：苏州著名产梅地，与杭州之西溪、南京之龙蟠齐名。此次探梅，龚自珍有《清平乐》词忆其事云："黄尘扑面，寒了盟鸥愿。问我名场谁数见，冷抱韩陵一片。别来容易经秋，吴天清梦悠悠。梦到一湾渔火，西山香雪归舟。"自注云："谓辛巳正月探梅之游"。

②《隶释》：南宋洪适撰，共二十七卷，乾道三年（1167 年）刊行。是书搜集汉魏碑版一百八十九枚，疏通文字，考辨史实，集印成帙。后作者又将续得者，依前书之体例撰成《隶续》二十六卷，于淳熙八年（1181 年）与《隶释》合编为一付梓。然书稿为经办人遗失，未刊即亡。今传之《隶释》《隶续》合刊本，乃明万历十六年戊子（1588 年）王云鹭所刻（《四库提要》将"王云鹭"之名误为"王鹭"），其中《隶释》部分，因有原书可作依据，自较可信；《隶续》部分，则因为后人并合残稿而成，卷数虽与原书相符，面目远非其旧。

③洪氏：指洪适。适为皓之子，迈之兄，初名造，字景伯，饶州鄱阳人，

北宋政和七年（1117年）生，淳熙十一年（1184年）卒。绍兴十二年（1142年）中博学鸿词科，官至尚书左仆射，同中书门下平章事，谥文惠，事迹具《宋史》本传。

④不类汉：《白石神君碑》乃东汉灵帝和六年（183年）所立，然拓本之字迹与一般汉碑不类者甚多。洪适曾于跋文中辨其不似之处云："汉人分隶，固有不工者，或拙或怪，皆古意。此碑虽布置整齐，略无纤毫汉字气骨，全与魏晋间碑相若，虽有光和纪年，或后人用旧文再刻者尔。"故龚氏乃有"疑不类汉"之议。

⑤《三公山石刻》：即《三公山碑》，刻于汉灵帝光和四年（181年），与《白石神君碑》同为元氏令王翊等人所立。因两碑刻时相近，故举而比之。

⑥孙退谷：孙承泽号。孙承泽字耳伯，又号北海，顺天府上林苑采育人，先世籍山东青州府益都县。明万历二十年（1592年）生，清康熙十五年（1676年）卒。崇祯四年（1631年）进士，官至刑部都给事中。先后降大顺李自成，后又降清，官至吏左侍郎。顺治十年（1653年）以"病免"，乃于北京西山卧佛寺之阴，筑退谷，自称"退谷逸叟"，拥书万卷，致力于史籍编辑工作，成《思陵勤政记》《崇祯山书》《学典》《元明典故编年考》《畿辅人物志》《春明梦余录》《天府广记》等。承泽生平喜聚书，其家玉凫堂藏书万余卷，有"藏书甲天下"之誉。甲申变后，书多散佚。仕清后又广汇天下奇书秘籍而藏之，多稀世之珍。

⑦翁阁学：指翁方纲。方纲字正三，号覃溪，直隶大典人。雍正十一年（1733年）生，嘉庆二十三年戊寅（1818年）卒。乾隆十七年（1752年）进士，官至内阁学士，收藏古籍及文物甚富，于金石、谱录、辞章、考据有深造，著有《复初斋文集》三十五卷及《集外文》四卷。

⑧涧蘋：顾广圻号。广圻字千里，又号涧蘋、思适居士，江苏元和人。乾隆三十一年（1766年）生，道光十五年（1835年）卒。平素不事科第，年三十，始成县学生。家贫，以代人校刻书籍为生，为孙星衍、张敦仁、黄丕烈、秦思复、胡克家、吴鼒诸人校刻宋本《说文》《礼记》《仪礼》《国语》《国策》《文选》等数十种，均以精确著称。吴晗《江浙藏书家史略》称其"论古书舛谬处，细若毛发，分如乱丝，一经剖析，豁然心开而目明"（第23页）。除精于校刊外，广圻对经史、训诂、天文、舆地诸学，造诣均极深。所著有《思适斋文集》十八卷，《思适斋笔记》若干卷，《遁翁苦口》一卷。广圻年长于自珍，故自珍向以丈称之。二人相识，当在嘉庆二十四年以前，盖是年广圻有《浪淘沙》词，自注云："为定庵赋叶小鸾眉子研，定庵时方学佛也。"此即一证。邓

尉探梅之年，自珍年仅三十，而广圻则已五十六矣。其后八年，自珍与广圻相约五年之内相见，广圻答书云："敢不忍死以待。"然五年方过，未及六载，广圻逝矣，二人终未获一见。

自珍之于广圻，推尊备至。《己亥杂诗》有追忆诗二首，其一云："万卷书生飒爽来，梦中喜极故人回。湖山旷劫三吴地，何日重生此霸才。"自注云："梦顾千里有作。"其二云："故人有子尚壇粥，抱君等身大著作。刘向而后此大宗，岂向陈、晁竟目录。"自注云："千里著《思适斋笔记》，校定六籍、百家，諟正其文字，且生陈、晁后七百载，目录方驾陈、晁，亦足豪矣！"可谓写定广圻一生之学术评价。

二、致邓守之①信（其一）

守之仁弟足下：

望吾弟之车尘②，至于不可复见而后反。归来恍若有亡。转一念曰：吾平生好奇，然未一出塞。足下乃从名将③至长城，书剑磊落，又足美也。古来诗人文人之为记室参军者多，然几人有此英遇耶？重以公子④之贤贤而好客，遥想两君高谭驳辩，倾出心肠，足令塞禽惊舞矣！兄枯寂本惯，足下及默深去后，更可缄舌裹脚，杜绝诸缘。待明年春杪，两君并辔归时，兄尔时当出定⑤，一话塞上风景耳。见在终日坐佛香缭绕中，翻经写字，以遣残年，亦无不乐也。足下处一切人，无论何时何地，总须晓得它好处，使其心委曲以受异，量之善，虽其非善也，而胸中自有安放它处，则足下之福矣！负其门风之高，与其天姿之不俗，空腹高睨，唇吻处皆訾謷，兄前所云能清不能浊，能室而不能市者，危之道也。心所谓危，不得不以告也。《汉官仪》⑥仅抄十分之二，必不干没。默深所允寄还物，乞促之，促之，兄。

【系年】此信当写于道光二年九月或十月，理由详见注②"车尘"。

【笺注】

①邓守之：邓传密字。传密又名尚玺，清代著名书法家邓石如（完白山人）之子，嘉庆元年（1796年）生于安徽怀宁。幼年父母双亡，家甚贫。喜书法，得乃父之传，以送字访友为生，先在陈用光处，后依李兆洛，再依杨芳。道光二十五年（1845年）魏源考中进士，并分发到扬州之后，守之又前往源处，

327

"在旅邸为抄《墨子章句》"（见李柏荣：《魏默深先生师友记·邓传密》）。咸丰后，守之曾出任衡阳教谕，后十余年终。

②车尘：道光二年，邓守之在北京应院试，不中。时杨芳以直隶总兵驻古北口，邀守之前往其任所"读书"（见李兆洛：《养一斋文集》卷十八《与邓守之》）。按清朝制度，院试通常于八月乡试之前举行，故守之离京时间绝不可能在八月之前。此次有魏源与守之同行。盖魏于是年在北京应顺天乡试，考中举人第二名，杨芳请魏源前往其任所，教读其子，故二人同行。按照清朝制度，乡试于八月间举行，九月间放榜。放榜后，魏源才有可能与邓守之一起前往古北口。故知守之离京时间当在九月、十月间。况信中尚有"望吾弟之车尘，至于不可复见而后反。归来恍若有亡"等语，可以推知此信当写于邓、魏离京之后不久。

③名将：指杨芳。

④公子：指杨芳之长子承注。

⑤出定：佛教术语，意与"入定"——入于禅定相对。《观无量寿经》："出定入定，恒闻妙法。"

⑥《汉官仪》：自珍有《最录〈汉官仪〉》一文。此文见《龚自珍全集》，上海：上海人民出版社，1975年，第251页。

三、致邓守之信（其二）

足下闻之，当为我鼻涕一尺也。此皆由兄不孝，不能在家承欢服养，帮家严、慈料理家务。终鲜兄弟，家无主器者，以致殄及先人手泽。客游无味，至兄而极。见在必欲南归，以慰亲心，其故有四：家严晚年失书籍，何以消遣，盖性无旁嗜，以书为生，以书为命，从此仿佯无倚，亟须慰藉其目前，一也。家慈本以积病之躯，夜半受惊，恐月来魂魄未定，二也。家严况有降一级留任处分，又奉旨赔修牙署，而当日一切要紧文案，亟须查办，此善后事宜，竟乏帮办之熟手，三也。家严未免心结郁块，咎及家人。家人未能无□□，□之无济，亟须兄归，调护一切，免再生乖戾，四也。至于妻子受惊，欲往慰恤，此不在话下矣！而说者阻兄曰：幸补一缺①，又须开缺。明年到京，定例不准随到随补，必扣足一年方补，例以杜卖缺之弊也。如此则功名耽误一年，一说也。会试在即，未免荒功，二说也。到家无补于事，三说也。此三说者，皆泛泛之交，悠悠之谈也。兄补缺本属倖倖，譬如明年冬间方补，比之同衙门诸君，已为便宜，岂有恐功名耽误一年，而不归省视父母之理？虽□吃亏，亦必行，一解也。若言文章学问，则不可一日荒疏，感言歎，则浅甚矣！兄则掉头径去，视此朋友，若固有之，视其待我之厚，若固当然者，此语吾弟深解之也。弹压家人，勿令内言之出阃，而日以一菽一粟饷从者，必欲言之，此三言而已。仲春相见，留此奉问兴居不罄。愚兄龚自珍三叩头，初十灯下。徐君浩堂亦有来借屋之说，如果亦佳事也。守之仁弟先生待右，不尽欲陈。龚自珍叩头。

此信末尾，有包世臣之附笔一则，录之如下：

> 定公遭此奇灾，匆匆南下，非足下来不可。军门②通达人情事理，必能见听，即挹之③亦非不近人情者。明年春末夏初，仍可前去，如是方为真朋友两全之道也。世臣适在此，见书附笔。

【系年】此信当写于道光二年十一月初十日。查现存龚自珍道光二年《十月廿夜大风，不寐，起而书怀》一诗，其中有"家书前夕至"一语，而无他事。可见此时，即这一年的十月二十日，龚自珍在京尚未得知家中发生火灾之事。此信末尾有"龚自珍三叩头，初十灯下"等字样，可知此"初十"，决非十月初十日。同时也不可能是十二月初十日，因为如果是十二月初十日才离京南归，加上三十三日的路程，那就得到道光三年正月中旬才能到家。而从第二封信的内容看，并非如此。因为龚自珍在"天寒岁暮"之时已在家中，并且还准备"正月初旬，即买棹北上"。所以，可以断定，此信末尾的"初十"应是"十一月初十"。另外，从此信的内容来看，详述"必欲南归"之理由，末尾还有"仲春相见，留此奉问兴居不罄"等语，似应写于离京南归之前夕。还有此信最后包世臣"附笔"所述，也是写于离京南归前的有力佐证。

【笺注】

①幸补一缺：指二年前（即嘉庆二十五年，1820年）得任内阁中书舍人一事。

②军门：指杨芳。

③挹之：杨芳之子承注之号。

四、致邓守之信（其三）

守之仁弟足下：

天寒岁暮，足下旅居，何以为怀，未卜年内有试事否？兄冒三十三日之冰雪，踉跄而归①。家严、慈幸皆无大恙，家慈受惊不小，儿子等几乎不救。痛定思痛，言之心骨犹栗。而奇灾之后，万事俱非，或者柳子厚所云②：黔其庐，赭其垣，以示人，是亦祝融③回禄④之相我耶。此事颇有别情⑤，患难起于家庭，殊不忍言。然外间固有微闻之者，未卜足下曾闻之否也？兄暂得依恋膝下，以度残年，而试期又迫⑥，正月初旬，即须买棹北上，相见甚迫。兄此行尚有一辈泛交俗论，笑我辛苦于无益之地者，有谓我名场不思上进，反属不孝者，兄皆听之。要之，吾辈行事，动辄为若笑，岂为所惑而动哉！珍叩头。

再者，家藏五万卷，尽矣⑦！而行箧之携以自随者，尚不减千余卷，名之曰劫外藏书，编列五架，其为我朝夕拂拭之，勿令虫鼠为祟，宝此丛残，殊为不达，苦恼之余，弥复惭愧。吾弟应怜而笑之也。珍再说如此。时鼓四下，寒月到窗。

【系年】此信中当写于道光二年年底。信中云："兄冒三十三日之冰雪，踉跄而归。"南归的原因，是"祝融回禄之相我"。祝融、回禄，相传中的火神。"祝融回禄之相我"，意思即火神光顾，也就是说家里发生火灾。据吴昌绶《定庵先生年谱》载："道光二年壬午……是冬，所居不戒于火，藏书烬者十八九。"龚自珍《己亥杂诗》第六十七首也有自注云："壬午岁，不戒于火……"壬午岁，即道光二年。可见此信写于龚自珍因故居失火而南归之后。信中有云："天寒岁暮，足下旅居，何以为怀。""兄暂得依恋膝下，以度残年，而试期又迫，正月初旬，即须买棹北上，相见甚迫"。又可知此信当写于年底。

【笺注】

①踉跄而归：道光二年（1822年）冬，龚父苏松太兵备道署不戒于火，自珍冒风雪而归。

②柳子厚所云：出自柳氏《贺进士王参元失火书》一文。文中云："黔其庐，赭其垣，以示其无有，而足下之才能乃可显白而不污。其实出矣，是祝融、回禄之相吾子也。"文见《柳宗元文集》第三十三卷，北京：中华书局，

1979 年。

③祝融：传说中的火神，亦借指火或火灾。

④回禄：传说中的火神，亦借指火或火灾。

⑤别情：龚宅起火原因不明，此数语出自自珍之口，研究者极可注意。

⑥试期又迫：即道光三年（癸未）之会试。按此为龚自珍第四次参加会试，亦未中。

⑦家五万卷，尽矣：吴昌绶《龚定盦先生年谱》道光二年条云："是冬，所居不戒于火，藏书烬者十八九，其后岁以酒醴奠亡书百种，皆绝无仅有之本也。"

五、致魏源信

默公足下：

一切见与守之札自悉。为我呫呫否耶？前信颇有戏语激怒默公之言，今则无暇复游戏矣！患难之交，心学未到。默公有道之士，竚闻棒喝，不尽所欲言。

自珍 □□
——据邓氏家藏原件

【系年】此信与道光二年（1822 年）龚自珍致邓传密（守之）信三封，向为邓氏子孙装裱一册，信中又有"一切见与守之札自悉"一语，由此推知此信亦当写于是时前后。

六、记佚塍 *

予之拥三宝，十华，三十九弄也，各有塍；花有塍，画有塍，印亦有塍，乃至玉圭亦有塍，岂独帖无塍乎？有之，今逸之也。何以塍？玄晏斋孙氏①刻本，段鹤台②丈所贻，高出世所称《玉版》③者万万也。丁卯、戊辰间获之，壬午、癸未④间逸之也。获于京师，逸于京师也。逸之何以弗补塍？曰：难为塍，难为补。尽此一生，复能获一玄晏斋本乃补之也。何以书之？曰：胸中一段缠绵，不可断绝，书之以遣之也。曰：至室⑤在前，何必缠绵而思彼。彼本虽亚于至室，而与予周旋久也。然壬午之灾[6]，彼不预焉。盗攫之，终在人间，既胜于三千种之同夕永逝[7]，而又未必不为识者所珍，破涕为笑可也。其复来归，佛之灵也。癸未五月抄。

——据邓氏家藏原件

*原件无题，据文意拟。

【系年】作者已于文末注明此文写于道光三年（1823 年）五月。

【笺注】

①玄晏斋孙氏：即孙慎行。慎行字闻斯，号淇澳，江苏武进人。嘉靖四十四年乙丑（1565 年）生，崇祯九年丙子（1636 年）卒，万历二十三年（1595 年）进士，官至礼部尚书，著有《恩恤诸公志略》等书。卒谥文介，事迹具《明史》本传。

②段鹤台：字玉立，江苏金坛人，贡生。包世臣《艺舟双楫》有《与金坛段鹤台玉立明经书次东坡韵》一诗，其中有云："昔吾语文笔，于中必有我……嗜此二十年，长者力先荷。"由此段氏年长于世臣，而世臣又长自珍十七岁，故自珍以丈称之。

③《玉版》：法帖名，亦称《玉版十三行》，乃王献之所书曹植《洛神赋》之残迹十三行，宋末贾似道命廖莹中刻于青石板上者。因石色深暗，美如碧玉，而字体研劲，摹刻极精，故称《玉版十三行》。

④丁卯：即乾隆十二年（1747 年）。戊辰：即乾隆十三年（1748 年）。壬午：即道光二年（1822 年）。癸未：即道光三年（1823 年）。

⑤至室：犹大室，即正妻。此处借喻孙氏刻本所配之名帖。

⑥壬午之灾：道光二年九月二十八日，自珍南方住宅——即其父江南苏松太兵备道署之书楼——遭火灾。

⑦三千种之同夕永逝：此次火灾。自珍"所搜罗七阁未收之书，烬者什八九"（《己亥杂诗》第六十七首自注）。

七、跋《发大心文》①

癸未夏，余编初集二百二十篇竟，其正集九十又八篇，以此文②竟。过时以往语言文字为定庵二集。自记。

——据《定盦文集》自刻本

【系年】文中叙明此数语写于癸未夏，按即道光三年，1823 年。

【笺注】

①此《跋》今本《龚自珍全集》未收。

②此文：即《发大心文》。由此语便知该文之写作日期当在道光三年夏以前。

八、致张维屏①信

自珍二十年所接学士大夫，心所敬恭者十数子，识我先生晚。先生于平生师友中，才之健似顾千里②，情之深似李申耆③，气之淳古似姚敬堂④，见闻之殚洽似程春庐⑤，偻指自语，何幸复获此人。

手书至，若以仆为可语者。雒诵不厌，袭而藏之，与诸师友手墨，置一篚中，以贻子孙。藉知近状安善，改擘江西，距家益近。世兄英英欣欣，谭次书味安详，又知其工杂体文，尚倚声，不愧骥子。《诗人微略》⑥一书，读之大喜，竟命笔伸纸，作一序文⑦；惟拙书欹斜，不能藏缮一通，聊用稿本寄左右。

承询述作，近居京师，一切无状。昌黎所谓"聪明不及于前时，道德日负其初心"⑧二语，足以尽之。文集尚未写定，此时无可言者。惟将来写出。有一事欲与古人争胜，平生无一封与人论文书也⑨。自负之狂言，为先生发之。

闻阮尚书⑩云，有林伯桐者⑪，美才也，而又朴学。其述作若何，乞示知，其穷达又若何也。顺承动定不宣。弟龚自珍三顿头四千里外，南山先生史席。时辛卯九月望。

魏君源居忧吴门，其所著《诗古微》⑫颇悔少年未定之论，闻不复示人⑬。弟已迁居烂面胡同北头路东，惠书勿误。

——据张维屏《花甲闲谈》卷六

【系年】作者自署，此信写于道光十一年辛卯（1831 年）九月十五日。是年，张维屏以所辑《国朝诗人微略》一书寄自珍。自珍为之序（现存）。此信即随序寄出者。

【笺注】

①张维屏：字子树，号南山，又号松心子、珠海老渔，广东番禺人，乾隆四十五年庚子（1780年）生，咸丰九年己未（1859年）卒。道光二年进士，历官湖北长阳、黄梅知县，江西袁州同知，南康知府。道光十六年退职回家，任学海堂堂长。在鸦片战争期间，激于爱国热情，写下歌颂广东人民抗英斗争及殉国将领的著名诗篇，格调高昂。著有《松心诗集》《松心文钞》、辑有《国朝诗人微略》等行世。

②顾千里：见《跋〈白石神君碑〉旧拓本》"涧薲"注。

③李申耆：李兆洛字，亦作绅锜，号养一老人。乾隆三十四年己丑（1769年）生，道光二十一年辛丑（1841年）卒。嘉庆十年进士，官安徽凤台知县。父死去官，主讲于江阴暨阳书院近二十年。所著有《养一斋文集》《诗集》及《历代地理韵编》等。申耆少从卢弨习考据训诂之学，后受经世学派风气之影响，转究天文、舆地、历算等经世之学，时人以"学该汉宋"（汪喜孙语）、"博综古今"（刘逢禄语）称之。龚自珍于申耆之学，亦推尊为"鱼龙光怪百千吞"（《己亥杂诗》第一百三十二首），非偶然。而申耆之于自珍，亦极推崇，以"绝世奇才"视之。申耆致邓传密书，语及自珍及魏源，有云："默深初夏过此，得畅谈。又得读《定盦文集》。两君皆绝世奇才，求之于古，亦不易得，恨不能相朝夕也。"（《养一斋文集》卷十八）

④姚敬堂：姚学塽字，亦作镜塘、晋堂，浙江归安人。乾隆三十一年丙戌（1766年）生，道光六年丙戌（1826年）卒。嘉庆元年进士，官内阁中书。时和珅为大学士，中书例执弟子礼。敬堂耻之，遂归。和珅伏诛，始入都供职。后转兵部主事，迁职方郎中。居京师数十年，敝衣蔬食，未尝受人一物。所僦僧寺破屋，不蔽风雨，处之晏如。有《姚兵部文集》行世。自珍对敬堂之为人，极心折。

⑤程春庐：程同文字。同文原名拱，号大理，又号密斋，浙江桐乡人，嘉庆四年进士，任兵部主事、军机处行走十余年，曾充会典馆提调，承修《大清会典》八十卷，裁酌损益，不假旁助。自谓生平精力尽于是书。春庐于学，无所不窥，"尤长地志，凡外国舆图、古今沿革，言之极审，而辽、金、元三史中建置之异同，称名之淆舛，他人所不易明者，独疏证确凿，若指掌纹"（梁章距《密斋文集序》）。后擢大理寺卿，旋授奉天府丞，引疾归里，道卒，时道光六年乙酉（1826年）。著有《密斋文集》及《诗存》。《己亥杂诗》第五十五首忆春庐云："手校斜方百叶图，官书似此古今无。只今绝学真成绝，册府苍凉六幕孤。"自注云："程大理同文修《会典》，其理藩院一门及青海、西藏各图，属

余校理，是为天地东西南北之学之始。大理殁，余撰《蒙古图志》竟不成。"

⑥《诗人微略》：即张维屏所辑之《国朝诗人微略》一书，分初、二两编，初编六十卷，嘉庆二十四年刊；二编六十四卷，道光十年刊。

⑦作一序文：此序现存，见《龚自珍全集》（中华书局版，第 206 页）。然张维屏未将此序刻入《诗人微略》一书中，其弟子李长荣记其事云："先生生平所有著述，从不请人作序。昔翁覃溪学士方纲有《粤东三子诗序》。盛子履学博大士有《粤东七子诗序》、姚石甫廉访莹有《听松庐诗钞序》、龚定盦舍人自珍有《诗人微略序》，先生皆感其意而不载其文。至师友评语，亦不录入。尝曰："文章千古事，得失寸心知。果有可知，不患无知者，若借重于人，人言未必合我意也。"（见《松心诗录》卷首）

⑧"聪明不及于前时，道德日负其初心"：二语均见韩愈《五箴序》，载《昌黎先生集》卷十二。

⑨平生无一封与人论文书：张维屏复书云："来书谓平生无一篇与人论文书，以此自负。屏不以为然。足下将谓并世无可以谈古文者耶？抑善《易》不言《易》之意耶？屏谓工文者，不必以论文贵，亦不必以不论为高。春鸟秋虫，欲鸣则鸣，顺其自然可耳。"（《松心文钞》卷七）

⑩阮尚书：指阮元，字伯元，号芸台，江苏仪征人。乾隆十九年甲申（1764 年）生，道光二十九年己酉（1849 年）卒。乾隆五十四年进士，历官礼、户、兵部侍郎、尚书，两广、湖广、云贵等总督，终体仁阁大学士，卒谥文达。元一生精研经籍，以提倡学术自任，在广东设立学海堂，在浙江设立诂经精舍，招士子学习进修。校刊《十三经注疏》，汇刻《学海堂经解》，又辑《经籍纂诂》等，流布海内。著有《研经室全集》。自珍《己亥杂诗》第一〇九首赞阮元云："四海流传百轴刊，皤皤国老尚神完。谈经忘却三公贵，只作先秦伏胜看。"

⑪林伯桐：字桐君，号月亭，广东番禺人。乾隆四十三年戊戌（1778 年）生，道光二十七年丁未（1847 年）卒。嘉庆六年举人，屡试进士不第。为学海堂学生、学长。邓廷桢督两广，延课其子。道光二十四年起任德州学正，旋卒。著有《毛诗通考》《易象释例》《三礼注疏》《春秋左传风俗》《史记蠡测》《公车见闻录》《修本堂文集》《月亭诗钞》等。张维屏称："其著述实事求是，其为人盖博闻强识而让，善敦行而不怠者也。"（见《复龚定盦书》，载《松心文钞》卷七）

⑫《诗古微》：不赘。

⑬不复示人：《诗古微》一书有初刻、二刻两本。初刻本仅上下两卷，系未定本，约刊于道光初年（二年？）。二刻本分上、中、下三编，凡二十卷，有作

者自序，刊于道光二十年，当为定稿本。由此可见作者生前对此书曾作长期之修改。此处所谓"不复示人"云云，盖即修改未定之故也。

【附录】《松心文钞》卷七张维屏复自珍书，借韩愈之名言誉自珍，极有参考价值，摘录如下：

"屏始闻人言，足下狂不可近。及见足下，及温厚朒笃。人言固未可信也。"

"昔老友徐芗甫，能为古文，穷困以死，其业未成。徐君殁十余年而获交恽子君，相见无几，一别永诀，言之于邑。恽君殁十余年而获交足下，亦复别易会难，思之弥增怅惘。子居与足下，皆昌黎所谓能自树立，不因循者。子居逝矣，其文必传。名山盛业，又当为足下期之。"

九、致孔宪彝信

绣山①仁兄阁下：

客岁以谒林敬过阙里②，宿君家西斋三夕③，与哲弟经阁④谭艺剧欢。今春接奉手书，并同年吴虹生⑤书，具聆一切。小女名阿等，今年五岁，乃灶婢所生，其母已死。敬承不弃，使他得勷邸第苹繁，荣宠之余，载深渐悸。一切俗礼往返委折，非弟所知。王子梅⑥云：只须阁下寄一物事为信，简明之甚。弟倾居浙西，均有住址，去年曾留经阁六兄处也。兹乘子梅东行，寄呈《己亥杂诗》一本⑦，乞惠览。此候侍奉曼福、文章大吉

　　　　　　　　　　　　　　　　　　龚自珍叩头状

　　　　　　　　　　　　　　　　　八月十四日吴下寓舍

　　　　　　　——据《清代名人书札》影印件，1927 年中华书局出版

【系年】据此信内容所叙诸事，当知写于道光二十年（1840 年）。

【笺注】

①绣山：孔宪彝号，亦作秀珊。宪彝字叙仲，山东曲阜人，道光十七年（1837 年）举人，官内阁侍读学士，工诗文，善绘画，尤精绘梅。曾主讲滋阳启文书院。辑有《阙里孔氏诗钞》《曲阜诗钞》；所著有《韩斋文稿》《绣山文钞》《对岳楼诗录》及《续录》等。自珍赞其诗"古体浑厚，得力昌黎、昌谷居多；近体风旨清深，当位置于随州、樊山之间"（见《对岳楼诗录题跋》）。

自珍与宪彝之交往，约始于道光七年（1827 年）之前，是年宪彝请自为其母请撰墓志铭，二人交往后渐频繁。鸦片战争爆发，宪彝力主抵抗侵略。

②过阙里：指道光十九年（1839 年）九月自珍为接在京之眷属而北上过阙里一事。

③三夕：《己亥杂诗》第二百八十六首记其事云："少年奇气称才华，登岱还浮八月槎。我过东方亦无负，清尊三宿孔融家。"自注云："馆于孔经阁宪庚家。"而孔宪彝诗集中对此事亦有记载，即《龚定庵自吴中寄示〈己亥杂诗〉刻本，读竟题此，亦效其体》一首之自注所云："君去冬来曲阜，宿余韩斋三日，余在京师，今夏始返。"

④经阁：孔宪庚号，宪庚字叔和，又号经之，宪彝之弟，亦工诗文，善绘画，道光二十九年（1849 年）拔贡，著有《十三经阁诗集》《疏华馆纪念诗》等。自珍此次来曲阜，宪彝适赴京，乃由宪庚接待。行前有《赠仁和龚定庵巩祚礼部二首》，其一云："铭幽三百字，巨笔仰如椽。我母藉千古，贞珉勒十年。执鞭心最切，佩德意难宣，幸得高轩过，重留翰墨缘。"其二云："风雨论文好，西斋泼旧酩。诗翻匡鼎说，学抱杜陵才。冀北驱车去，江南鼓棹来。主宾深契洽，花亦素心开。"（《十三经阁诗集》卷二）

⑤虹生：吴葆晋字，亦作红生、荭生，又字佶人，河南光州人，乾隆五十六年辛亥（1791 年）生，道光九年进士，官内阁中书侍读，后迁扬州知府、淮海兵备道，署江苏按察司使、两淮盐运司使等。因捕海盗，死于清江。著有《半舫馆填词》（又名《半花阁诗余》）。自珍与孔家缔姻好，即延虹生做媒。自珍谓一生与虹生有"七同"，即戊寅同年、己丑同年、同出王植门下、殿试同不及格、同官内阁、同改外、同日迁原官。《己亥杂诗》第三十首称："事事相同古所难，如鹣如鲽在长安。"可见二人情谊之深。

⑥王子梅：名鸿，江苏吴县人，原籍天津，为龚自珍庚午（嘉庆十五年，1810 年）同年王大淮（海门）之子。官山东聊城县丞，有《子梅诗稿》。其时，王大淮适任曲阜知县，故王氏父子俱参与龚、孔联姻之事。

⑦寄呈《己亥杂诗》一本：此诗寄至后，孔宪彝有《龚定庵自吴中寄示〈己亥杂诗〉刻本，读竟题此，即效其体》五首，其一记两家联姻事云："一家眷属神仙侣，有女能文字阿辛。莫爱南朝姜白石，学爷才调自惊人。"又一记《己亥杂诗》云："不须言行边新录，此即君家记事珠。出处交游三十载，新诗字字青珊珊。"最末一首更有赞自珍"戒诗以后诗尤富"之句。

十、挽吴虹生^①夫人

风雨我来频，忆昨宵宾俎朋樽，堂后捣重阳菊叶^②。

佩环仙去早，盼隔岁锦褓绣裸^③，墓前拜寒食梨花。

——据龚家尚《家珍拾遗》

【系年】吴虹生夫人逝世于道光十六年丙申（1836 年），此事盖是年四月自珍致虹生信"闻高己（此字中华书局版《龚自珍全集》误为"巳"）生允为夫人设祭"一语可以为证（见《龚自珍全集》中华书局版，第 348 页）。此信之写作日期，亲见此信之张祖廉断为道光十六年。当从之。

【笺注】

①吴虹生：见《致孔宪彝信》"虹生"注。

②重阳菊叶：龚家尚注云："（定盒）伯与观察为己丑同年，同官中书舍人，往还无虚夕，尝令其妻手制菊花糕饷客。"

③锦褓绣裸：龚家尚注云："虹生无子，时小星已有熊兆也。"

十一、挽卓海帆^①夫人

饮水溯渊源，忝门墙^②趋诣抠衣，鹄立听珩璜绾佩；

栽花名姊妹^③，荷闺阁言情略分，雁行怆筝柱斜下。

——据龚家尚《家珍拾遗》

【系年】不详。

【笺注】

①卓海帆：卓秉恬字，又字静波，四川华阳人，乾隆四十七年壬寅（1782 年）生，咸丰五年乙卯（1855 年）卒，嘉庆七年进士，历官鸿胪寺少卿、顺天府丞及吏部、礼部、兵部侍郎、尚书等，自道光二十四年起任体仁阁大学士，道光三十年起任武英殿大学士，卒谥文端。

②忝门墙：龚家尚注："定盦伯为卓海帆相国门下生。"

③名姊妹：龚家尚注："伯母何太宜人又与相国夫人为姊妹行。"

（原载《永久的思念——李埏教授逝世周年纪念文集》，2011 年）

魏源佚札系年笺注

余为中华书局之新版《魏源集》，即 1983 年版，增补了佚文 50 余篇，适季镇淮师转《近代文学史料》编辑索稿于余，乃将其中一部分书信略加注释，考订各件之写作年份，录以应命。

一、致龚自珍

定庵仁兄先生左右：

别后到此①，曾寄一函，想经入览，至今未获教言，日夜如结。南中竹报，想已接得，未审行止何如？②念念。

守之③近过府考，日内想有定局。虽无得失可言，然亦一系念之事也。

源近日身体如常。日与学生辈讲解经义，欲得程瑶田先生《丧服足征录》（在《通艺录》中）④一查，敬恳兄向胡竹村⑤或刘申受⑥先生两处代借寄来，约两旬奉还，或汪孟慈⑦处借之亦可（傅执甫⑧处寄来），至祷，至感。

近日作功夫，有新作，祈示一读。便中总望常赐教言为幸。谨此奉闻，即请著安，唯自爱不宜。

再者，近闻⑨兄酒席谈论，尚有未能择言者，有未能择人者。夫促膝之言，与广廷异；密友之争，与酬酢异；苟不择地而施，则于明哲保身之义，深恐有失，不但德生之疵而已。承吾兄教爱，不啻手足，故率而诤之。然此事要须痛自惩创，不然，结习非一日可改，酒狂非醒后所及悔也。

前弟与把之⑩俱有致守之信，不审收到否，浩堂⑪先生仍在尊寓否？均此致意。

二十七日源顿首上

——据邓以蛰家藏原件

【系年】据此信之内容，知写于道光二年十一月二十七日，理由如下：

一、据"源……与学生辈讲解经义"，"弟与挹之俱有致守之信"及"别后到此，曾寄一函"等数语，知此信乃道光二年魏源初抵古北口直隶提督杨芳任所时所写。"挹之"即杨芳长子承注之号。而此信之写作时间绝不早于是年九月，因魏源系于考中顺天乡试举人第二名之后，始应聘而往杨芳处者。清制乡试通常于八月举行，九月放榜，故魏源之行期，必在放榜之后，不早于九月。然此信又不致晚于十二月。因是年十一月下旬，龚自珍即因南方住宅失火而南归，故不致晚至自珍离京之后。

二、再据"浩堂先生仍在尊寓否"一句，知此信亦非十月间所写。因徐浩堂向自珍借屋一事起于十一月上旬，是月十日自珍致邓传密信有"徐君浩堂有来借屋之说"一句，此即一证。显然只有借屋之意起于先，而迁入之事在后的道理，进而魏源才有可能询徐"是否仍在尊寓"？

综上可知，此信既非头尾两个月，即九月和十二月所写，亦大当中的十月份所写，那么显然只可能写于十一月，因而这"二十七"三字必然是"十一月二十七日"。

【笺注】

①到此，指抵古北口。

②行止何如：是年九月二十八昌，龚自珍南方住宅（即其父苏松太兵备道署）起火，此时正考虑是否南下，故魏源有"行止如何"之问。

③守之：邓传密字。传密一名尚玺，名书法家邓石如（完白山人）之子，安徽怀宁人，生于嘉庆元年（1796 年），约卒于咸丰十余年。与龚自珍、魏源友善。

④程瑶田：字易畴，安徽歙县人，生于雍正二年（1725 年），卒于嘉庆十九年（1814 年）。乾隆三十五年举人，经学名家，专治名物，以学力邃密著称，其释经论学诸文之总集，名曰《通艺录》。

⑤竹村：胡培翚号。培翚字载屏，安徽绩溪人，乾隆四十七年（1872 年）生，道光二十九年（1849 年）卒。嘉庆二十四年进士，官户部主事，后主讲于钟山、惜阴、泾川等书院。精研《仪礼》，有《仪礼正义》四十九卷。

⑥申受：刘逢禄字，逢禄又号申甫，江苏阳湖人，乾隆四十一年（1776 年）生，道光九年（1829 年）卒。嘉庆十九年进士，后授礼部主事，其学承外祖父庄存与之遗绪，专治《公羊》，成《公羊何氏释例》《公羊何氏解诂笺》等多种。嘉庆末道光初，以其学教之龚、魏。

⑦孟慈：汪喜孙字。喜孙为汪中之子。乾隆五十一年（1786 年）生，道光二十七年（1847 年）卒。嘉庆十八年举人，官河南怀庆知府，著有《孤儿编》《从政录》等数种。孟慈之于时学，力破汉宋门户，盛赞程瑶田之学，谓其精博处非他人所能及。《通艺录》一书"非读书数十年之功不能成，亦非读书数十年这功不能读"（《从政录·再示左生书》）。

⑧傅执甫：不详。

⑨自"近闻"二字起至段末，一九一五年七朋十五日曾刊载于《甲寅》月刊第一卷第七号，系该刊编辑陈独秀自邓传密之孙邓以蛰处借得原稿而选刊者。

⑩抱之：杨芳长子承注之号。

⑪浩堂：徐浩堂。

二、致邓传密（其一）

接手札，具悉行旌安稳抵京，甚慰。源与抱之处此，每有寂寥之感，惟有勉理旧业，来春相见京师耳。

札中言本欲回车来口，因源向抱之有成言，是以不来。源反躬自思，不但无此语，即询之抱之，亦并未尝向足下言之。且文驾之去也，军门[①]劝之，抱之劝之，足下亦自决之，而忽有微词于源。何源之命蹇，动辄而得咎耶，足下非妄怨人者。源惟有自反而已。天寒尚慎眠食，以时力学自重为祝。[②]

前携去之高、刘二先生书，不过一两日便可抄就，祈便中付下为幸（抱之要抄）。此系执甫之书，即付彼处寄来可也，又及。

——据邓以蛰家藏原件

【系年】背景参见上信据"来春相见京师耳"一句，便知此信写于道光二年底。

【笺注】

①军门，指杨芳。

②此信自开头至此处，曾刊载于《甲寅》月刊第一卷第七号。

三、致邓传密（其二）

守之仁弟足下：

两接手书，具稔动履安和，甚慰悒念。

前书[①]谓源与抱之退有后言，方切悚惧。昨札则已释前疑，而止谓词貌之间，不甚亲洽。夫舍其大而责其细，宽其重而就其轻，是故人之恕也，交久而不略其文貌，责过而不忽于细微，是故人之周也。源素性粗疏，动多尤悔，故人知之，岂自今日。然在他人，则将以为不足责备而置之，自非直谅肫勤之君子，其尚肯齿诸朋友之别，而规诲不倦乎？近与抱之讲习切磋，颇知自反，尚望时贶良药，以针以砭，不致遐弃，以全始爱。《诗云》："无我恶兮，不寁故也"。[②]明春入都面晤，乃竭其愚。

前接秋舫[③]书，言足下受定公之托，颇不容易，未知日内光景何如？定公正月即可抵京否？日内闲户作何工夫？念念。天寒惟珍重，一切不宜。

源顿首
——据邓以蛰家藏原件

【系年】据"明春入都面晤"及"定公正月即可抵京否"等语，知此信亦写于道光二年冬。

【笺注】

①自"前书"二字起至信末，亦曾刊载于《甲寅》月刊第一卷第七号。

②见《诗·郑风·遵大路》。此处"寁"借为"接"。全句意谓"你不要憎恶我，便不接近故人"。

③秋舫：陈沆号。沆原名学濂，字太初，湖北蕲水人，乾隆五十年（1875年）生，道光六年（1826年）卒，嘉庆二十四年状元及第，授翰林院修撰，官至四川道监察御史。与魏源相识甚早，交至笃，一生致力于辞章，有《简学斋诗序》《白石山馆遗稿》等。

四、致邓显鹤[①]（其一）

湘皋先生阁下：

江淮握别[②]，伏维道履绥和，著述日富，云天在望，曷胜神驰。

源羁寓无聊，海艘迭警，不胜漆室之忧，托空言以征往事，遂成《圣武记》十四卷、《海国图志》十五卷③，先刊成一种，呈请诲正。余俟秋冬续刊再寄。闻在裕制军④公祖幕中⑤特附一部，便中望为转呈，未敢修书通候，恐涉冒昧耳。邹勚绩⑥兄近在何地，今亦寄一部，乞为转交，不及致信为歉。涧东⑦先生康铄如旧否？亦附去一部。如驾在武昌，则命舍弟带往新化可也。此问近履，惟珍重自爱。

二月廿日魏源顿首

自海警以来，江淮大扰，源之生计亦万分告匮，同人皆劝其出山。夏间当入京师，或就彭泽一令，或作柳州司马。中年老女，重作新妇，世事逼人至此，奈何！

——据李柏荣：《金潭访逸》（稿本）

【系年】此信及下一信，李柏荣自记 1944 年秋得自金潭魏氏家中。据信中"遂成《圣武记》十四卷、《海国图志》十五卷，先刊成一种"数语，知此信写于《圣武记》初刊之时。而《圣武记》之成书日期，据魏源自序，为道光二十二年七月，即"海夷就款江宁之月"。刻成自更在其后。由此知此信所署之"二月廿日"，当为道光二十三年之"二月廿日"。

【笺注】

①邓显鹤：字子立，号湘皋，湖南新化人，乾隆四十二年（1777 年）生，咸丰元年（1851 年）卒。曾任宁乡训导，晚年主讲于常德郎江、濂溪两书院，并主撰《宝庆府志》、辑成《〈楚宝〉增辑考异》《资江耆旧集》《沅湘耆旧集》等。显鹤一生喜搜集明末遗民遗文，曾撰成《明末湖南殉节诸人传略》一书，再次发现王夫之，贡献于文化者甚大。与魏源相识亦甚早（嘉庆十九年二人一同进京赴试），友谊持续三十余年。

②道光十八年，邓显鹤过魏源扬州挈园小住，有《宿扬州魏源深挈园留题一首》，（郭嵩焘等编《沅湘耆旧集续编》卷五），此后不久即返湘，此处所谓"江淮握别"指此。

③十五卷：或为"五十卷"之误，但另一种意见则认为此处所指系五十卷本以前之分册本。今并存此二说于此。

④裕制军：即裕泰。泰字东岩，号余山，满洲正红旗人。乾隆五十三年（1788 年）生，咸丰元年（1851 年）卒。由官学生考授内阁中书，官至湖广总督，任期自道光二十年十一月起至三十年十一月止。

⑤幕中：按邓显鹤自道光十八年自扬州与魏源分别之后，即返湘。朱琦于

道光十九年夏赴京途经长沙，曾与显鹤会面，说明其时已在湖南。后来即入裕泰幕，他的《题张见津洞庭再生图引》云："癸卯（艰险道光二十三年）冬，重游鄂渚，遇见津于节署，……"可证。此前尚有《寄呈余山督都五首兼简幕府诸友》诗，在《癸卯榜发琼儿幸厕解额感而有作》前，即当作于九月放榜前，其诗下注："时豫楚饥民百万，聚武昌，公分路振恤，全活甚众。"据《清史稿》，道光廿三年秋七月，河决东河中牟九堡，与诗注相合，均为本年事。可证显鹤时在裕泰幕。故此信末尾有"如驾在武昌……"的推测。

⑥勋绩：邹汉勋字。汉勋，湖南新化人，嘉庆十年（1805 年）生，咸丰三年（1853 年）卒。咸丰元年举人，于天文历算、方舆沿革，声韵训诂、文字俱有深究，与魏源合著《尧典释天》，又代魏源绘制《唐虞天象总图》《璇玑内外之图》等。有《邹叔子遗书》行世。

⑦涧东：欧阳辂之号。辂字念祖，又字碉东，湖南新化人，乾隆三十三年，（1766 年）生，道光二十一年（1841 年）卒。乾隆五十九年举人，屡试进士不第，敝衣垢履，岸然公卿间，源甚敬之。有《涧东诗抄》。晚年归里奉终，源有诗《京师送欧阳涧东丈南归》赠之。以丈言，盖以前辈相尊也。

五、致邓显鹤（其二）

（前残）……印成，谨由小云①世兄寄一部求教。此次南归，亦拟将从前说经之书及诗文草陆续付雕，为扫除文字之计。且见定庵②、海秋③诸人俱忽然长逝，不能不预为计也。

《耆旧集》④中《张陶园诗选》⑤略读一过。集中《张锅魁歌》⑥最有名，海内俱推为陶园第一压卷之作，不知何以见遗？或卷帙浩烦，偶尔失检耶？望将《缅甸贡象行》⑦之类划去一首（此等痴肥臃肿之作，不必存也）。而以《张锅魁歌》补入，或可佐千虑之一得乎⑧，岳云楚树，望远为劳，千万珍重，为道自勖。

魏源顿八月五日京师——据李柏荣：《金潭访逸》（稿本）

【系年】据"此次南归"及"海秋……忽然长逝"二语，知此信写于道光二十四年。盖汤海秋卒于当年七月，而魏源亦因罚停殿试而南归。

【笺注】

①小云：邓瑶号。瑶为显鹤之兄显鹃之子。

②定庵：龚自珍号，余不赘。

③海秋：汤鹏字。海秋为益阳人，嘉庆六年（1801年）生，道光二十四年（1844年）卒。道光三年进士，官礼部主事，入直军机，著有《浮邱子》《汤海秋诗集》等。

④《耆旧集》，指《沅湘耆旧集》。

⑤张陶园：张九钺之别号。九钺字度西，号紫岘，湖南湘潭人，康熙六十年（1721年）生，嘉庆八年（1803年）卒。乾隆二十七年举人，出知峡江、南昌、南丰、海阳等县，晚年主讲于昭潭书院，为乾隆一朝之名诗人。有《陶园文集》八卷、《诗集》二十四卷、《诗余》二卷。

⑥《张锅魁歌》：见《陶园诗集·豫章三集》。写秦人张某，卖锅魁（烤面饼）于成都市，勇力过人，曾为官军虏负军粮，途遇少数民族首领聚众劫粮，缚众卒。张奋力搏战，救众卒而归。

⑦《缅甸贡象行》：原题为《沅州观缅甸国进象歌》，见《陶园诗集·滇游集》，内容写乾隆十六年缅甸国进象十二头，其时作者适游滇，遇之广沅州，故作歌记其事。

⑧按：今《沅湘耆旧集》中并未删除《沅州观缅甸国进象歌》，亦未增入《张锅魁歌》。显鹤未采纳魏源建议。

六、致邓显鹤（其三）

两载入都，得晤世兄昆弟①，欣悉道履之祥，且后生蔚起，足征世泽未艾，慰何可言。

源羁寓无聊，海艘迭警，不胜漆室之忧。托空言而征往事，遂成《圣武记》十四卷、《海国图志》十五卷，已次第刊成，寄请诲正。承手教褒及，弥增愧恧。至以不入史馆为源歉，则非源志也。今日史官以蝇头小楷、俳体八韵为报国华国之极事，源侧其间，何以为情，不若民社一隅之差为近实耳。补缺无期，委署尚易。近已奉檄权扬州东台县，初学制锦，未知能不伤割否，如托庇平安，则公役之暇，尚拟将平昔残稿，次第灾梨。中年以后，不能更增新业，止可了其旧债，大约可得八、九卷。去岁偶订诗稿，亦有四卷，容暇抄寄，以备世兄辈他日补入《耆旧集》，附骥以传耳。

旧雨零落，吾两人相望如晨星，又迢递千里，不知此生尚有合并之日否？道远不能时奉书。

——据《宝庆府志》卷一〇二，艺文略三

【系年】据"近已奉檄权扬州东台县"一语，知此信写于道光二十五年冬。

【笺注】

①世兄昆弟：指显鹤之子邓琳、邓琮。

七、致胡林翼

蕴之①仁兄大人阁下：

不晤积载，契阔良深。夏间驾过江南，适弟甫遭大故，戢影东台。顷过广陵，晤童石塘②太守，始知行旌北上，一麾出守，就近迎养③，差慰积念，并承绵注，拳拳关切，悯范叔之寒，代为束手，尤见故人良友之谊。

弟半载东台，只因漕务受前任之累，赔垫四千金。现在交待〔代〕，尚未算值。清查发仓之初，未知如何出脱，其尤急者，全家数十口指日悬磬。而先榇至今留滞东台，未能奉移。其窘为生平所未尝。倘吾兄有信致云湖④都转师（系家兄辛巳座师），望为筹一馆地，俾两载内稍裨薪水，则锡类之仁，身家均感矣。

至江省钱漕日累一日，将来不知作何究竟。吾兄告迎黔阳，洵系卓见。何子贞⑤已得差否？春间曾寄银五十两，托其买高丽参，为家中医药急需。倘子贞出差，望向子愚⑥代询之。其参亦望觅便寄石塘处也。

又严仙舫⑦兄一信望并寄去为荷。谨此布渍，即颂升安。

愚弟制魏源顿首

八月十二日

——据北京图书馆藏原件

【系年】据"夏间……弟甫遭大故，戢影东台"一句，知此信写于道光二十六年。盖是年夏魏源以母丧去官。此信即初去官而仍居东台时所写。

【笺注】

①蕴之：胡林翼号。胡原号"咏芝"，或作"润之"，"润芝"，亦可作"蕴之"，盖湖南方言，"咏""润""蕴"俱同读。至胡林翼之生平，则不赘。

②童石塘：童濂号，时以知府衔任淮北监掣同知。

③迎养：胡林翼于道光二十六年报捐知府，分发贵州试用。贵州系其家乡湖南的邻省，所以此处说他"一麾出守，就近迎养"。下文"告迎黔阳"亦指

此事。

④云湖：但明伦字，时人任两淮都转盐运使。

⑤何子贞：何绍基字。绍基号蝯叟，湖南道州人，为名书法家。嘉庆四年（1799 年）生，同治十二年（1873 年）卒。道光十六年进士，任国史馆协修、修纂、总纂等，咸丰六年出任四川学政，晚年主讲于山东泺源、长沙城南等书院，与魏源交甚久。源死后，古微堂诗、文稿等俱长期存于绍基手中。

⑥子愚：何绍基胞弟绍京字。

⑦严仙舫：严正基号。正基乃如煜之子，原名芝，字厚吾，湖南溆浦人，生年不详，卒于同治二年（1863 年）。嘉庆十八年考中湖南秋试副贡生，后出知河南武安、禹州等县。道光二十年任郑州知州。二址六年迁奉天复州知州。后以病去职。旋由江南督抚委办清查各属钱粮事宜，寻授常州知府，广西右江道、湖北布政使等。咸丰二年任通政副使，五年改任通政使。源与正基为世交，盖其父邦鲁曾从正基之父如煜问学。源写此信时，正基适赴部引见，将授复州知州。

八、致陈起书

松心①仁兄亲家左右：

秋垣②世兄来高邮，奉到手言，并大集四本，快读数日，茅塞顿开。子由造就已过子瞻。而五言古诗，高古处直逼汉魏，本朝实在三数人间，已录其所爱者为一册，存之案头，以当晤对，其原集交世兄携还，以防散佚。

弟近亦收拾文集，惜道远不能就正。今有所欲言者，窃谓诗集宜分体，不必编年，三百篇其大例也。况山林闲适，非如杜、韩、苏诸公，出处关系史事，何必各体杂陈，徒迷读者之目。且集中精华，全在五古，故选以冠首。诗以言志，取达情为上，拟古太多，则蹈明七子习气。古人如陶、阮、陈、杜皆抒胸臆，独有千古；太白、青田乐府，一时借古题以述时事；东坡和陶，借古韵以寄性情，字字皆自己之诗，与明七子优孟学语，有天渊之别。此诗家真伪关不可溢。惜集中拟古、次古韵诸题，美者固多，终恐掩瑜之累，窃望删之。又集中咏怀诗多，山水诗少；离别诗多，关系诗少。蜀山之高，沧海之阔，以至桂林阳朔，奇秀甲天下，一叶扁舟，溯洄其间，何患清妙之气，不勃勃腕下？又如乡俗之淳漓，年荒钱荒之得失，近来楚粤兵事之琐尾，作歌志哀，以备采风，何患律诗不与杜陵媲美。昔人时非天宝、位非拾遗之诮，谓泛论朝政，出位言高，非谓家乡切虑，民风谣俗，亦在所禁。试问国风采自何人耶？近年想有感时之作，无妨附入。

尊兄云翁③诗，选入《沅湘集》者，将赠书之作——湘潭次白马王彪韵，次谢惠连韵皆删去。云翁诗甚少，又无专集，望将此二诗附刻于尊集次兄韵之下，则两全基美矣！廿载至交，千里一纸，不敢以宣暄套语塞责，谨以代晤，惟察而教之是幸。姻愚弟魏源顿首。

——据陈起书：《撼山草堂诗集》卷首

【系年】据信中"秋垣世兄来高邮"一句，知此信写于魏源任高邮知州之时，即咸丰元年秋至三年四月之间。再据"近来楚粤兵事……"一句，知必写于太平军进入湖南之后，乃咸丰二年事。

【笺注】

① 松心：陈起书，字通甫，号松心。湖南郴州人，嘉庆三年（1798 年）生，咸丰五年（1855 年）卒。自幼从其兄起诗习诗文，兼求经世之学，由贡生（按：此据《清史稿》本传。清代生员有附生、廪生等称，五贡为副贡、拔贡、优贡、岁贡、恩贡，此处"附贡生"三字疑误。（待查）候选训导。太平军入湖南，起书力倡团练，后被俘绝食而死。著有《撼山草堂诗稿》。

②秋垣：当为起书之子。起书次子名善墀，不知即此人否？

③云翁：陈起诗，号筠心，亦作云心，故称曰"云翁"。乾隆六十年（1795 年）生，道光二十一年（1841 年）卒。未冠即为学政徐松所赏识。既长，有经世志，与魏源、李克佃、何庆元等友善。道光九年成进士，授吏部主事，时与魏源等讲求天下利病，谓国事"当以兴水利为急务"，如"费无所出，则请整饬盐法以供用，而漕运亦可省，然后兵农诸政，可次第议行"。"江督陶澍改淮北票盐，起诗以书发其端，且为画策，前学政徐松撰《新疆志略》，号杰作，起诗为刊水道之误；武进李兆洛邮寄《天文分野图》，多所订正"。（以上引文均见李柏荣：《魏默深先生师友记》第 42 页）著有《云心遗稿》，中有《长沙市楼别魏默深》诗云："西风吹木叶，与汝倚阑干；斗酒一为别，湘江终古寒。家山梦中碧，银汉夜深宽；莫遗音书寂，南飞有羽翰"。又《怀魏默深》诗云："去年冬及尽，远道有双鱼；孤馆仍风雨，天涯少尺书。一尊残腊酒，半库亩故乡庐；只此和妻子，寒宵对绮疏"。

九、致周诒朴①

老年兄弟，值此难时，一切有为，皆不可恃。惟此横出三界之法，乃我佛愿力所成，但办一心，终登九品。且此念佛法门，普被三根，无分智愚男女，皆可修持。若能刊刻流布，利益非小，子其力行毋怠。

——据周诒朴《原刻〈净土四经〉序》

【系年】周序写于咸丰八年，其中有云："六年春，魏源自秦邮（按即高邮）驰书问讯，并手录《四经》序而见贻"。据此知此信写于咸丰六年丙辰（1856 年）。

【笺注】

①周诒朴：字树槐，号星叔，湖南湘潭人，嘉庆十四年进士，陶澍之长婿。官山西沁源，江西吉水等县知县。年未五十即告归。著有《壮学斋文集》等。

（原载中国社会科学院文学研究所编：《近代文学史料》，中国社会科学出版社，1985 年 12 月）

九、简历和年谱

北京市文史研究馆馆员刘桂生传略

　　刘桂生（1930—　　），笔名刘堃、刘刘辵，云南昆明人，1930 年生。民革成员。幼时在昆明读中小学，抗日战争胜利后转至上海读高中。1948 年考入广州珠海大学外文系，1949 初转入岭南大学政治历史学系。1950 年转入北京清华大学历史系。1952 年毕业，分配到政治理论课教研室工作，随即送往中国人民大学研究生部中国革命史班学习。1953 年毕业分配回清华中国革命史教研室任助教，1965 年升讲师，1978 年升副教授，1984 年升教授。行政工作先后担任文史教研室负责人、思想文化研究所副所长、校务委员会委员，同时任北京市第七、第八届政协委员。1993 年，改任北京大学历史系与清华大学历史系之双聘教授及博士生导师，主持北京大学中国近现代史博士点及博士后流动站之工作。1998 年转回清华；同年，被聘为北京市文史研究馆馆员。

　　刘桂生的专长为中国近现代思想史。学术思想受业师陈寅恪、刘节、雷海宗、邵循正、丁则良以及同系孙毓棠、周一良诸教授之影响，承袭老清华"中西交汇、古今贯通"之学风，以"身、心、家、国、古、今、中、外"八事相通为要领，以维护发展民族文化之自我更新为目的；强调为学须具"预流"思想和"一线"观念，重视多学科交叉和多种语言、多种档案在史学研究中之作用。刘桂生对上述诸项原则，身体力行，奉行不渝。如人所熟知的"罢黜百家，独尊儒术"问题，刘桂生在前辈学人柳诒徵教授研究工作之启示下，应用二十五史之电脑检索工具通检二十五史，并查阅历代文集中有关董仲舒之传、论，再详勘明治时期日本学人对此一问题之论述，论定我国流行多年之陈说实系章太炎、梁启超等人沿袭日人旧说演化而成，系仿照欧洲历史图像描绘中国之历史实际。又如对严复思想之研究，刘桂生在张恒寿教授研究工作之启示下，论定严氏一生，无论早年或晚年，其文化观基本上一致，不存在目前国际汉学界和国内学术界流行的所谓前期力主"全盘西化、尽弃儒学"，后期则"抛弃西学，回归儒学"之所谓"回潮现象"，从而使严复思想研究摆脱"左倾"思想之影响。又如在李大钊思想研究方面，刘氏在所著《辛亥革命时期李大钊政论试析》一文中，用语境分析方法，论定我国学术界流行多年的所谓李大钊在青年时代即具有成熟的"激进革命民主主义思想"之说系断章取义，歪曲史料而形成，不能成立。此说现已为国内外学术界普遍接受。

在著作方面，刘桂生曾协助中国李大钊研究会会长王学珍主持《李大钊文集》（1999 年版）、《李大钊全集》（2006、2013 年版）之注释工作。在教学方面，刘桂生自 1985 年起开始招收史学硕士研究生；自 1993 年起开始招收史学博士研究生，接收博士后研究学人，其中博士生尚小明之论文《士人游幕与清代学术》获我国首届百篇优秀博士学位论文奖。

在国际文化交流方面，刘桂生 1980 年曾应法国政府外交部之邀请，前往该国巴黎法国高等社会科学院近代中国研究中心及巴黎第七大学、巴黎第八大学、里昂第三大学、波尔多第三大学、马赛第一大学讲学，所讲课题为《留法勤工俭学运动史》和《李大钊思想之发展历程》。1990—1991 年及 1995 年上半年，应德国海德堡大学之聘请，前往该校担任汉学研究所教授，讲授"中国古代思想史"和"中国近代思想史"两门课程。1997 年上半年，再次访问该校。下半年，应美国"二十世纪中国史研究会"之邀请，前往美国柯德棱市出席该会之年会，并在大会做主题报告。1998 年上半年，应德国对外文化交流协会之邀请再次前往该国讲学。2000 年 9—10 月，应俄罗斯科学院东方历史研究所之邀请，前往该国访问。2001 年 5 月，前往德国海德堡市参加由海德堡大学与荷兰莱登大学联合举办之"现代中国史学与史学思想研讨会"，并在会上做有关陈寅恪史学思想之专题发言。如今，刘桂生已届九十二高龄，仍孜孜不倦地奔走在文化探索的途程中。

（原载《北京市文史研究馆馆员传略》）

自订年谱简编

1930 年　一岁

8 月 24 日，出生于云南昆明。

1942 年　十二岁

9 月，入昆明求实中学初中部。

1945 年　十五岁

9 月，入云南大学附中高中部，转上海市立市北中学，大同大学附中一院高中部。

1948 年　十八岁

9 月，入广州珠海大学外文系。

1949 年　十九岁

2 月，入岭南大学政治历史学系历史学组，从陈寅恪教授学习"唐史"一学期，暑假后新学年习"魏晋南北朝史"一年；从金应熙讲师及陈华助教习"中国通史"及"中国近现代史"。

1950 年　二十岁

9 月，转入北京清华大学历史系二年级，从雷海宗教授习"世界史"、从邵循正教授习"元史"及"清史"、从丁则良副教授习"宋史"。时孔繁霱、孙毓棠、周一良、吴晗教授，何基副教授、王永兴讲师、陈庆华助教、张寄谦助教均在系。

1951 年　二十一岁

7 月，回广州清理留存岭南之书籍衣物。校园遇陈师母，邀至陈宅小坐。寅恪师询及京中各方面之情况，颇为详尽，清华园中之事物，尤在先生怀念之中，情溢言表。座中得闻先生对《秦妇吟》研究之新见。

10 月，参加全国政协土地改革工作团第十六团，经武汉至江西省上饶专区东乡县愉怡区汶田乡工作，担任乡工作组副组长，翌年 5 月回京。

1952 年　二十二岁

9 月，调入中国人民大学马克思列宁主义研究班中国革命史分班学习。何干之教授讲授"中国革命史"，王南、谢韬二位教授讲授"马列主义基础"课。时李新任副教务长兼中国革命史教研室主任，故在教学及学术活动中多所接触，深受其教益。

1953 年　二十三岁

7 月，调回清华大学中国革命史教研室任助教，协助教研室主任刘弄潮教授研究李大钊之思想与生平。

1956 年　二十六岁

2 月，代表清华之教研室参加由北京大学、清华大学、北京师范大学、中央民族学院、北京外国语学院等五院校合组之"中国现代史资料编辑委员会"，该会由北大党委宣传部副部长、中国革命史教研室讲师许世华主持日常工作。

辑得李大钊佚文《法俄革命之比较观》，考订出佚文《此日》等多篇，撰文介绍于《历史研究》该年第 7 期及次年第 2 期。

1957 年　二十七岁

7 月，下放南苑农业生产合作社劳动锻炼。

1958 年　二十八岁

9 月，调回清华中国革命史教研室。

1959 年　二十九岁

2 月，参加清华校史编撰工作。

1962 年　三十二岁

9 月，参加"技术统治论"思想研究及资料编译工作。

1964 年　三十四岁

3 月，上项研究工作被《自然辩证法研究通讯》杂志评为上年度全国 4 项优秀成果中之一。

1965 年　三十五岁

12 月，提升为讲师。

1969 年　三十九岁

4 月，分派至江西南昌鲤鱼洲五七干校。

1971 年　四十一岁

10 月，五七干校撤销返校，分在校政工组工作。

1979 年　四十九岁

7 月，提升为副教授。

11月，主编《赴法勤工俭学运动史料》四卷，由北京出版社陆续出版。

1980年　五十岁

1—3月，应法国政府外交部之邀请，与中国社会科学院近代史研究所副所长李新教授同往法国讲学。李新教授在巴黎第三大学讲授晋冀鲁豫根据地创建史（李新原为该根据地之党委组织部组织科科长）。我本人在巴黎法国高等社会科学研究院近代中国研究中心、巴黎第七大学、巴黎第八大学、里昂第三大学、波尔多第三大学、马赛第一大学讲授"从留法勤工俭学的兴起到中共旅欧支部的建立"。

1983年　五十三岁

5月，在《人民日报》发表《马克思主义在中国"早期传播"问题辨析》。

12月，与李新教授同被邀往广州中山大学、暨南大学及广东省委党校等校讲学。

1984年　五十四岁

8月，提升为教授。

1985年　五十五岁

担任清华大学思想文化研究所副所长。

1986年　五十六岁

4月，在《清华大学学报（哲学社会科学版）》发表《辛亥革命时期李大钊政论试析》。

1988年　五十八岁

1月，当选为北京市政协委员。

1989年　五十九岁

夏，《辛亥革命时期李大钊政论试析》一文由 Marilyn A. Levine 翻译成英文后刊载于美国 Chinese Studies in History Vol. 22，No. 4.

1990年　六十岁

9月，当选清华大学校务委员会委员。

10月，应德国海德堡大学之聘，担任客座教授，在汉学研究所讲授"中国古代思想史"，"中国近代思想史"两课，历时一年。

1991年　六十一岁

10月，当选为清华大学学位评定委员会委员，担任社会科学系（后为人文社会科学学院）学位评定分委员会主席。

1993年　六十三岁

3月，应聘为北京大学历史系与清华大学历史系之双聘教授，在北京大学主持"中国近现代史"博士点。（此点原为邵循正教授1984年创立，未及招生，邵教授因病去世，改由陈庆华教授主持，招得孔祥吉一人为研究生，未开学，陈教授因病去世，北京大学遂改聘刘桂生接替。）

1994年　六十四岁

11月，在《北大史学》发表《论近代学人对'罢黜百家、独尊儒术'的曲解》。

1995年　六十五岁

4—6月，应德国海德堡大学客座教授之聘，继续在汉学研究所授课。

1997年　六十七岁

6月，为石泉教授所著之《甲午战争前后之中国政局》一书作序。此书乃陈寅恪教授指导之唯一中国近代史研究生论文。

8月，撰文介绍自德寻访之陈寅恪先生之学籍材料，以《陈寅恪、傅斯年留德学籍材料之劫余残件》为名发表于《北大史学》第四辑。

10月，应邀参加美国"二十世纪中华史学会"之年会，在会上做"论近代学人对'罢黜百家、独尊儒术'的曲解"之学术报告。

1998年1月　六十八岁

4月，应聘为北京市文史研究馆馆员。

4—6月，应德国对外文化交流协会之邀请，在海德堡大学汉学研究所授课。

由北大调回清华历史系。因见《光明日报》载清华校内有主张设立"汉学系"之消息，上书党委，力驳此议。

1999年　六十九岁

7月，赴香港中文大学参加"现代中国之文化资源、企业与社会"学术研讨会。

9月，应云南大学历史系之聘，担任兼职教授，回滇授课。

10月，参加注释工作的《李大钊文集》（五卷本）由人民出版社出版。

12月，主编之《严复思想新论》由清华大学出版社出版。

12月，往广州中山大学参加陈寅恪教授南下讲学50周年纪念大会。

2000年　七十岁

9—10月，应俄罗斯科学院东方历史研究所之邀请，前往该国访问。

2001年　七十一岁

5月，前往德国海德堡市参加由海德堡大学与荷兰莱登大学联合举办之"现代中国史学与史学思想研讨会"，在会上做有关陈寅恪史学思想的主题发言。

11月，前往福州参加严复逝世80周年纪念大会，参加《科学与爱国——严复思想新探》一书之首发式。此书内载有本人《〈新潮〉中的严复形象论析》一文。

2004 年　七十四岁

5 月，应维也纳大学副校长魏格林之邀，赴维也纳出席有关国际汉学讨论会。

2005 年　七十五岁

10 月，参加北京文史馆访问团到德、法等国考察。

11 月，出席清华大学和新加坡大学联合举办的首届中国经学学术研讨会。

2006 年　七十六岁

7 月，李帆、曲洪波著《刘桂生教授访谈录》发表于《史学史研究》。

8 月，赴山东烟台参加"第二届中国近代思想史国际学术研讨会"。

11 月，在《民革中央纪念孙中山诞辰 140 周年学术研讨会论文集》发表《近代"文明"理念与民族自信心和文化创造力——孙中山文化思想初探》。

2011 年　八十一岁

4 月，出席清华大学国学研究院成立大会。

2012 年　八十二岁

2 月下旬，应邀到云南大学讲学，以"中国近现代思想史的跨文化研究"为题做学术讲座。

10 月，参加清华大学国学研究院主办《梁启超与现代中国》新书研讨会。

12 月，受聘为文化部国家图书馆民国时期文献保护工作专家委员会委员。

2016 年　八十六岁

5 月，出席清华大学国学研究院九十周年纪念研讨会，在开幕式上作"谈谈国学研究的双向互动"主题发言。

11 月，在《清华大学学报》发表《学历史要"接地气""懂国情"——我对清华历史系学术思想的几点认识》。

2018 年　八十八岁

11 月，出席马克思主义学院院史座谈会。

2019 年　八十九岁

10 月，出席"'陈寅恪与近代中国的学术与思想'暨纪念陈寅恪先生逝世 50 周年学术研讨会"，作"寅恪师治学精神之感召力——课堂讲授及侍侧忆记"主题发言。

2020 年　九十岁

11 月，参加清华大学人文学院、清华大学研究生会主办的师门论坛，主题为："传'道'之路：清华史学之传统及传承"。

2021年　九十一岁

6月，接受凤凰卫视"寻访海外红色足迹"节目采访，讲述旅欧中国共产主义运动之起源。

12月，中国李大钊研究会授予"李大钊研究终身成就奖"。